A EXPERIÊNCIA DA ANÁLISE

sua clínica e seu discurso

NORBERTO FERREYRA

A EXPERIÊNCIA DA ANÁLISE
sua clínica e seu discurso

TRADUÇÃO
Isabela Maria de Abreu

EDITOR
José Nazar

Companhia de Freud
editora

TÍTULO ORIGINAL
La experiencia del análisis

EDITORAÇÃO ELETRÔNICA
FA - Editoração Eletrônica

CAPA
Renata Aguiar

ILUSTRAÇÃO DE CAPA
The Bewilderer Planet – 1942
Max Ernest

TRADUÇÃO
Isabela Maria de Abreu

REVISÃO DO PORTUGUÊS
Nancy Faria

REVISÃO DA PSICANÁLISE
Antonia Portela Magalhães
Iaci Torres Pádua
Isabel Martins Considera

EDITOR RESPONSÁVEL
José Nazar

Rio de Janeiro, 2004

FICHA CATALOGRÁFICA

F447e

Ferreyra Norberto.
A experiência da psicanálise / Norberto Ferreyra.
– Rio de Janeiro: Companhia de Freud, 2004.

345 p. ; 23 cm

ISBN 85-85717-81-5

1. Psicanálise – Discursos, ensaios, conferências. I. Título.

CDD-150.1952

Companhia de Freud editora

ENDEREÇO PARA CORRESPONDÊNCIA
Rua da Candelária, 86 - 6º andar
Tel.: (21) 2263-3960 • (21) 2263-3891
Centro - Rio de Janeiro
e-mail: ciadefreud@ism.com.br

Sumário

1. Pirro e os céticos

Ciência, religião e psicanálise – Promessa e *Versagung* – Ética e existência – Investigação e experiência – Bachelard e a *doxa* – Kuhn e o paradigma – Stengers e o ceticismo – Pirro e os céticos – Fenômeno e *epoché* – Neutralidade do analista – Suspensão do juízo e indiferença completa – O sujeito suposto saber, o gozo e a verdade – A escolha do sexo – O infinito atual – O objeto parcial

Este seminário não tratará apenas de aulas; estará aberto para que todos vocês possam trabalhar os temas que lhes evoquem problemáticas singulares com relação à experiência da análise.

A última reunião do seminário do ano passado referiu-se à experiência em sua relação com a ciência, a psicanálise, a filosofia e a religião. Particularmente, questionamo-nos, então, se é possível o experimento em psicanálise ou se, de preferência, há que se falar da *experiência da análise*. Montaigne citava como um dos males de sua época que, quando se perguntava o que é a experiência, acontecia algo parecido com o que ocorreu a Sócrates com Mênon, quando lhe perguntou o que é a virtude: Mênon enumerou uma série, uma classificação de virtudes, com a qual não só se complicava o problema como se perdia a possibilidade de enunciar o que fosse *uma* virtude. Ao longo dos séculos, definiram-se diferentes posições, nas diversas atividades humanas, sobre o que é a experiência. A minha pretensão é que, neste seminário, a pergunta sobre a experiência da análise receba respostas em cada reunião, pelas conclusões, pelos corolários, pelas digressões e pelas diferenças que apareçam entre nós.

Em sentido geral ou amplo, a ciência, a religião e a psicanálise são formas de articular a promessa. Cada uma destas atividades, no campo que lhe corresponde, articula a possibilidade de uma promessa, que pode adquirir diversos conteúdos, segundo a pertinência do campo e do objeto. Mas, em todo caso, promete-se, faz-se possível alguma ilusão. Freud, em "Esboço da psicanálise", situou diferenças entre a ciência, a religião e a psicanálise. A ciência – disse – se submete à verdade e tem a particularidade de romper com alguma ilusão. A religião, como a ciência, promete uma unidade. A unidade prometida pela religião é futura e também atual, enquanto a prometida pela ciência é sempre futura, está mais adiante, em algum momento, virá... A psicanálise faz funcionar esta *Versagung* em sua própria estrutura: não só na estrutura, onde se constitui o possível sujeito do inconsciente, como também nas coordenadas da prática, nisto que – só em termos enunciativos – podemos chamar de dispositivo analítico. A promessa é uma maneira particular de se situar frente a um mal-estar e, neste sentido, a posição da ciência se especifica fortemente. Em *A terceira*, de Lacan, pode-se ler a possibilidade de que a ciência, em seu avanço, chegue a acabar com o mal-estar. No caso de o mal-estar acabar, já não será mais necessária a psicanálise.

Por isto, na última reunião do ano passado, disse que se trata de ter uma posição, como psicanalistas, que contemple a situação destas diferentes atividades humanas. Diante do avanço da ciência, não se trata de se colocar contra, mas de se admitir uma certa subordinação referente à existência do mal-estar. A nossa responsabilidade como psicanalistas não é trabalhar para que o mal-estar permaneça, mas trabalhar enquanto ele persistir.

Freud também situa algo que, segundo a leitura ou, inclusive, a vontade de cada um, pode ser considerado ideológico ou ético. Diz que ele (ele ou, talvez, a psicanálise? Coincide Freud com a psicanálise?) é contra toda atividade humana que, para existir como tal, necessite que outra se extinga. É uma posição forte a de Freud. Porque a estruturou em seu ato, ele era o mais indicado para saber que uma certa violência não é alheia ao homem, a respeito da qual cabe uma abstenção, requerendo que, para que algo exista, não dependa de que algo que existia não exista mais; ou, em todo caso, não desconheça que existe. Como vocês vêem, isto poderia ser aplicado tanto a grandes períodos da história como a questões mais íntimas e pessoais; por exemplo, a escolha do sexo. E pode ser aplicado a desenvolvimentos em diferentes comunidades analíticas. Sempre há algo disto, diante do qual a questão é tomar uma posição.

Porém, vamos partir de um nível mais laxo, mais narrativo, mais descritivo. Trata-se de algo que acontece na história do pensamento científico – o fato de que, assim expresso, coincida com o título do livro de Koyré não implica que tudo o que diga esteja guiado por isto. Proponho a questão em termos descritivos e usarei dois exemplos. Farei referência a um movimento que ocorre na ciência, a respeito do qual seguirei as linhas de Bachelard e de Kuhn, diferentes em épocas e em enunciados, mas coerentes nos pontos que indicarei. Trata-se de que, no tocante ao descobrimento, à instalação de um campo de pesquisa na ciência, parece não bastar um acúmulo de experiência, entendida aqui em sentido lato, aquela em que seja possível produzir algum conhecimento, em relação ao objeto determinado, neste ou naquele campo; estas coordenadas estão determinadas na ciência. Contudo, quanto ao *movimento* deste conhecimento, ambos os autores – e nisto estão de acordo com Koyré – postulam que, para ocorrer um descobrimento, não se trata mais de acumular: o progresso da ciência pode acontecer desde que haja um momento de ruptura. Gaston Bachelard determina isto em relação à ruptura com a opinião, que transforma um campo de opinião, a *doxa*, em um campo científico. Kuhn não usa os mesmos termos, mas a sua orientação é idêntica, quando se refere ao que chama *paradigma*, que não é acessível aos cientistas enquanto sujeitos e que não é visível nas articulações teóricas ou nas demonstrações científicas. No entanto, é o que dirige todo o acionar científico em um determinado momento. Kuhn observa, e aqui pode articular-se com Bachelard, que há, no desenvolvimento científico, momentos em que o paradigma cai: torna-se, então, visível.

Isto nos leva a uma questão que se opõe à função do esquecimento, pela qual o mais patente, mais visível, se esquece. Nos exemplos que Freud apresenta, o mais patente na percepção, o que precisa ser evocado ou recordado, está por fora da consciência; o eu não tem acesso a este esquecimento. Na ciência, por outro lado, seguindo Kuhn, quando algo se faz visível, é lembrado; e o fato de que seja lembrado faz com que o paradigma não funcione mais. Isto não faz senão situar-nos a posição do sujeito tratado na ciência. Não é tudo ao contrário da psicanálise, mas destaco as diferenças que nos interessarão. Há uma não-consciência ou, em termos de Kuhn, uma não-visibilidade do paradigma para os cientistas que estão sob ele, para os que o praticam ou instrumentalizam ou, ainda, para os que por ele são praticados ou instrumentalizados. E a questão, coincidindo com Bachelard, se apresenta não em termos de acumulação, mas, de repente, se produz um descobrimento do paradigma, sendo que – e isto é importante – não tinha havido nenhuma aprendizagem dele. O acúmulo de experiência em relação a um campo não dá, de *per se*, o descobrimento de um paradigma; o que guia o acionar científico em cada campo é descoberto de repente, sem que isto dependa da aprendizagem. E o que se descobre é a possibilidade de uma abstração especial, que será eficaz enquanto engendre um poder do conceito.

Isabelle Stengers é uma filósofa da ciência. Escreveu livros em co-autoria com Judith Schlanger, por sua vez também filósofa da ciência, e com Ilya Prigogine. Considerando-se o que recordei a respeito de Bachelard e Kuhn, a autora diz que, quando há uma revolução científica, embora pareça referir-se ao poder do conceito, a conceitos que pudessem mostrar a sua eficácia em relação ao real, ela tem a ver com o consenso, e de uma maneira muito particular. Na realidade, Bachelard e Kuhn diziam algo que, nos anos sessenta, poderia ter sido rotulado – talvez com justiça – de cientificismo, mas que, nas coordenadas atuais, pode ser pensado de outra maneira. É o seguinte: embora a sanção tenha a ver com o consenso, não se apóia particularmente nele. O que ocorre a um descobrimento, ou melhor, o que se segue consecutivamente a um descobrimento, tanto para os descobrimentos particulares como para os que dêem lugar a uma possibilidade de abstração geral não existente até então, o que o sucede é uma derrota do ceticismo dos cientistas; nestes termos o propõe Stengers. Não se trata apenas de que os cientistas o aprovem, nem que haja apenas consenso, mas que esta aprovação entra em confronto – podem pensá-lo em termos de resistência – e o que ocorre é que o ceticismo cai. Por isto, referir-nos-emos particularmente ao ceticismo e, a partir daí, derivaremos uma das questões que dizem respeito à experiência da análise.

Primeiramente, quero esclarecer que, seguindo Lacan, os "progressos" que possam existir em uma atividade ou saber humano não são possíveis de maneira linear, pois só se realizam quando se defrontam com um *impasse*, no estrito sentido deste termo: sem saída. O ceticismo tem Pirro como fundador: no século IV a.C., formulou questões que, no Seminário

"O objeto da psicanálise", Lacan associa à experiência da análise. Farei uma breve explanação sobre o que é o ceticismo. Neste sentido, o próprio Lacan recomenda o livro *Os céticos gregos*, de Victor Brochard. É certo que em Pirro há influências asiáticas, a partir da viagem que fez, acompanhando Alexandre da Macedônia. E há, digamos, dois Pirros: o menos efetivo, pela transmissão, foi o de Cícero; o mais efetivo foi o de Diógenes, por Timon, etc. Em todo caso, a pergunta diante da qual surge, como posição, o ceticismo, é: "o que são as coisas?". Há poucas perguntas a serem feitas; uma delas é esta. Posteriormente, alguém poderá perguntar-se quantas são, mas esta pergunta está subordinada à anterior. O ceticismo parte da crença de que existem os fenômenos, "os quais não diferem muito das realidades", diz Pirro. Vocês vêem que esta dupla da linguagem, "fenômeno" e "realidade", que serve para o entendimento – como, de alguma maneira, diria Hume – serve para nos situar com relação ao que são as coisas. Diante desta pergunta, a resposta pirroniana é que o melhor, ou o mais adequado, ou o que se deve fazer (esta confusão de palavras é mais ou menos a mesma que tinha Pirro) é manter-se sem emitir juízo. Há duas pautas ou normas metodológicas da posição cética: é necessária uma *epoché*, uma suspensão do juízo ou uma indiferença completa. Porém isto diz respeito a uma crença de que os fenômenos existem: não é que se afirme que nada existe, o que seria outra posição da qual talvez se aproximem os estóicos ou os cínicos. Não é a do ceticismo pirroniano que Lacan cita. Neste não emitir juízo, o enunciado é: "eu não defino nada", porque é impossível definir e porque nada é inteligível. Não só não é inteligível através dos sentidos, como também através da razão. Não é só que o homem possa ser confundido pelos sentidos, mas que o entendimento está afetado inclusive no que se refere à razão. Então, não se trata de dizer sim ou não, mas da impossibilidade; trata-se de se negar – depois veremos que não é exatamente uma negação – a emitir um juízo.

Isto pode ser associado à questão da suposta neutralidade do analista. Em uma determinada época, falou-se muito sobre isto, mas, hoje, mesmo que se possa supor, bem, somos todos lacanianos e já se sabe que isto não existe, embora possa ser praticado *underground*, ou seja, sem sabê-lo. Inclusive a própria afirmação de que seria necessário suspender um juízo tem para Pirro o caráter de aparente. Especialmente os seus discípulos – Pirro quase não deixou versos escritos – se preocuparam em deixar claro que inclusive o dogmático deve ser tomado como aparência para que, digamos, não se saia das características do fenômeno. Brochard diz que estes céticos examinam sempre sem encontrar. Diante da pergunta da qual partem – "o que são as coisas?" – dizem que nunca poderiam pronunciar-se. Há muitos esforços para sair das contradições que esta posição situa. Por outro lado, sustentar que o dogmático é só aparente suscita talvez uma contradição. E eles formulavam a sua filosofia como uma conduta para a vida; então, era pouco possível manter a idéia de que este não fosse o bem. A sua filosofia não enunciava, à maneira aristotélica, quais são os bens, mas talvez assinalasse qual era o melhor bem, que poderia ser a suspensão do juízo.

Quanto à "indiferença completa", em outras palavras, é um corolário da suspensão do juízo. Há duas anedotas em que Pirro, no entanto, encontrou algo em sua vida: momentos em que esta indiferença completa foi alterada, digamos, de uma maneira evidente para outro. É importante que esta posição seja sempre para outro; com relação à posição cética, sempre há outro. Por isto, se situa-se como linha de conduta. Aconteceu de um cachorro perseguir Pirro, fazendo-o subir numa árvore: ele então disse que isto não abalaria a sua posição em relação à *epoché*, à suspensão do juízo. Porém, isto se duplicou, quando se tratou não mais de um cachorro, mas de sua irmã, com a qual teve um aborrecimento. Pirro perdeu então as estribeiras, mas teve uma frase feliz, reconstruída por seus discípulos: *Não vai ser uma mulher que me fará perder este estado de indiferença completa.* Precisamente, é possível que uma mulher possa questionar este estado, não no sentido imediatamente sexual, mas no de colocar em jogo uma inexistência frente à qual a posição dos homens, ou de muitos deles, pode alterar-se.

Vemos que a posição de Pirro não deixa de ser frente ao mal-estar. É certo, e há que se levar em consideração, que o mal-estar não tem hoje as mesmas coordenadas que no século IV a.C., porque o estado da ciência, ou pré-ciência, por exemplo, não era, naquele momento, o mesmo que atualmente. Porém, pode-se dizer que esta indiferença, que chegou a formar escola, a dos céticos, procura tomar uma distância diante do mal-estar. Pirro opinava que o mal-estar podia ser provocado por quatro questões: por sua falta; por se estar privado de algum bem; por ter algum bem e poder perdê-lo; e por participar de algum mal. A partir destas quatro fórmulas, às quais se vincula o mal-estar, a resposta é a suspensão do juízo e a indiferença completa. A posição de Pirro se apóia no sentido comum, apesar de que, naquele tempo, este sentido comum rejeitava a posição cética. E há uma diferença importante no tocante aos estóicos e aos cínicos. Disse que a posição de Pirro era de indiferença completa; vejamos, por exemplo – conto casos para que haja também algum imaginário ao qual se ater – o procedimento de Pirro, que vendia seus frangos e seus leitões no mercado, mas os vendia à maneira pirroniana, ou seja, não limpava os utensílios, etc. Era uma linha de conduta. Não fazia nenhum esforço para se destacar; é verdade que algum psicanalista poderia interpretar isto ao contrário, mas, enfim, não havia psicanalistas naquela época. Pirro pode argumentar então que não se trata de um esforço para se tornar singular e isto é muito importante, porque, através da suspensão do juízo e no marco em que estava inserido, na minha opinião, se tratava de conformar algum Um.

Esta referência ao ceticismo foi para ilustrar a de Stengers, no que diz respeito à ciência. As questões que abordamos a propósito de Pirro estão presentes em toda referência a um ceticismo. E vemos que, nas crises da ciência, a derrota de um ceticismo é sempre diante do que já está dado.

Falo agora do conhecimento: há nele talvez um movimento de acúmulo, mas este movimento sempre conforma algo que já está dado, assim como a lei e os costumes estavam para o sentido comum entendido por Pirro. E a ruptura, a distância, que pudesse ser criada em relação a este estado de coisas era – vimos em Pirro – a indiferença completa. Isto não impede que se obedeçam às leis e aos costumes, mas implica não poder nunca pronunciar um juízo sobre o que é cada coisa ou se há um bem e um mal. O que sugeria Pirro dizia respeito a um *vel*, ante o qual não havia, por parte de Pirro, nenhuma pronunciação, nenhum juízo que recortasse em seu enunciado e trabalhasse em sua enunciação alguma escolha em relação aos termos deste *vel*. Isto se apresentava ao próprio Pirro, na sua lógica, em relação estrita com um sem saída frente a um *vel*, que não deixa de estar presente na psicanálise, por exemplo, tratando-se da alienação.

Há um permanecer sem opinião – entendamos juízo – que é condição da posição pirroniana. Já dissemos que na ciência ocorrem derrotas do ceticismo. A partir disto, segundo Stengers, há consenso. Não se trata de um acordo para que o exposto fique bem ou para que sirva. Em todo caso, um conceito ou paradigma ou abstração necessária geral não pode funcionar se não for produzida uma derrota do ceticismo, isto é, se não houver um pronunciamento. No entanto, insisto, o pronunciamento não se refere apenas ao acordo dentro das próprias letras da ciência: talvez apoiada nas letras haja uma posição que, por sua vez, derrote outra sobre o que já estava dado. Estas questões que se apresentam na ciência não são talvez completamente diferentes de algumas da psicanálise; só que, nesta, a posição do sujeito no discurso é outra. E, no meu entender, está bem caracterizada na distinção que comentei sobre a operação do esquecimento.

O que vou comentar agora diz respeito ao que torna uma análise possível. Esta questão está presente em Freud, por exemplo, nos diferentes modos e tempos que ele levava para admitir alguém em análise. Está formalizada de outra maneira em Lacan, através do que ele situa como o sujeito suposto saber, ou seja, a existência de um lugar lógico, onde, ao saber da língua que todos compartilhamos, alguém, um sujeito lhe possa ser suposto. O problema que Lacan suscita nisto, em "O objeto da psicanálise", é interessante. Após uma discussão com outros psicanalistas, o que agora não vem ao caso, se apresenta a questão de que, quando alguém pode analisar-se, no estrito sentido de que seja possível a análise com outro, que, na contingência, funcionará como analista, quando isto é possível, há uma condição: que a este outro, com o qual alguém escolhe analisar-se, lhe seja suposto saber acerca de algo. Podemos, a princípio, deixar este algo como indeterminado, mas se trata de um saber mais específico: como diz Lacan, trata-se de saber acerca do gozo, de como se goza. Este enunciado é formal, vazio, pois é o que deveria ir sendo desvelado em grande parte do seminário. Entretanto, podemos deixá-lo formulado como uma condição da análise, que está fortemente indicada tanto em Freud como em Lacan.

Vou fazer uma digressão sobre a associação livre, ainda que este seja um passo posterior à possibilidade de uma análise. A associação livre poderia ser comparada com uma teoria do empirismo; já veremos onde está a diferença. O empirismo – tomemos Hume em particular – propicia leis para a associação, como, por exemplo, a contigüidade e a semelhança. Estas leis não são estranhas para quem tenha lido Freud ou tenha estado relacionado com algum tratamento "pelo espírito". Depois, a questão se complica com a referência ao entendimento, ao espírito, à imaginação, mas não vamos entrar nisto. Trata-se da particularidade de uma experiência tão sensível quanto a análise. Ninguém poderia dizer que não há uma experiência do sensível na análise; outra coisa é que a experiência se possa conceitualizar de maneira tal que o sensível encontre o seu lugar na estrutura; mas creio que seria equivocado dizer que o sensível não é um dos sentidos implicados na experiência da análise. Podemos acrescentar, sim, que não se trata da equivocação dos sentidos; os sentidos não são equívocos como tais, mas por sua relação com a linguagem. Há um livro, creio que data do século XVII, chamado *O discurso físico da palavra*, de Géraud de Cordemoy, no qual o que se chama discurso físico da palavra situa, inclusive no nível do sentido, uma dimensão que vale a pena levar em consideração; já comentaremos isto no momento adequado. Trata-se agora de que o que torna diferente a associação livre da associação proposta pelo empirismo é que aquela, "livre", não o é na realidade; e, embora as suas leis estejam, a princípio, no nível das palavras, por semelhança e contigüidade, a causa que está relacionada a estas semelhanças ou dissemelhanças se situa em outro lugar. O que observamos na experiência da análise, no que se considera como regra fundamental – e é sempre necessário dá-la claramente, ainda que seja apenas na enunciação – é que há outra dimensão da palavra, diferente do discurso físico, o qual torna possível que a associação não seja a do empirismo. Estou- me referindo às coordenadas que tornam possível a análise enquanto experiência do falar. Em Freud, há uma coordenada, relacionada com a experiência da análise, chamada de associação livre. E nele há também outra coordenada: a que o faz dizer, em *A interpretação dos sonhos*, que, para isto, é condição a suposição de outra cena. Freud não está dizendo que esta outra cena exista e sim que é necessário supô-la, para poder interpretar. Podemos acrescentar, lendo Lacan, que o próprio inconsciente é a interpretação; não me refiro ao desejo, mas ao inconsciente, que, em seu trabalho, interpreta. Vêem que, até para entrar no registro do inconsciente, é necessária a suposição desta outra cena. Esta é uma coordenada que faz a experiência da análise, no nível a que me estou referindo, como experiência do falar.

Neste sentido podemos ler Lacan, quando diz que o desejo é a sua interpretação. Ele quer dizer, no meu entender, várias coisas: que, em relação ao desejo, não há outra coisa senão a interpretação; e que, onde se encontre o desejo, só há uma interpretação. Há um marco para a interpretação, dado pela associação livre e pela suposição da existência desta outra cena. Isto situa já estabelecida a possibilidade de que uma análise ocorra, isto é, no próprio momento em que aquela suposição de saber se estabelece. Esta suposição de saber é correlativa no tempo ao enunciado da regra fundamental, ou seja, ao que vulgarmente se chama o começo de uma análise. Porém, aqui, Lacan destaca um problema. Há um sujeito suposto saber, alguém, um "sujeito", entre aspas por enquanto, no que lhe é suposto que sabe acerca de algo; e lhe é suposto que sabe tudo. Mas há algo que não lhe é suposto: a verdade.

No próprio estabelecimento do sujeito suposto saber há uma ruptura, um desvio entre o que diz respeito ao saber e à verdade. E Lacan, em "O objeto da psicanálise", parodiando o que para ele seria um analisante, diz que nisto se situa a possibilidade do engano: aquele engano sobre o qual, dois ou três anos antes, havia falado, em um seminário que intitulou "Os quatro conceitos fundamentais da psicanálise". Nele dizia que o que mais teme quem vai ser analisado é que aquele com quem escolhe analisar-se possa enganar-se. Em relação a quê? Em relação a que lhe seja suposta a verdade. Isto quer dizer: a verdade daquele que fala. E tem as suas conseqüências. Em troca desta verdade, que lhe é escamoteada necessariamente, é oferecido um gozo. Com isto defronta-se a prática analítica. E tem mais: no meu entender, toda a prática analítica tem parte de seu fundamento na posição que se possa ter diante deste gozo.

É aí, diz Lacan, que se exige algo daquele com quem alguém decidiu analisar-se: o que se exige é uma posição pirroniana, é que não haja nenhum juízo, que haja uma indiferença completa e que haja uma conduta em relação a isto. Vocês vêem que o que se chamou de neutralidade do analista encontraria aqui um eco vertiginoso. É natural e lógico que o encontre. No entanto, há que se interrogar, como o faz Lacan, sobre a possibilidade de que, mesmo sendo esta posição pirroniana necessária em um primeiro momento, posteriormente se deva tomar outro rumo. A que concerne esta verdade não suposta? Disse que concerniria ao gozo, se entendemos como gozo aquilo com que um ser puro falante se encontra, quando envolvido nestas redes, onde é efeito do significante como sujeito.

Em troca desta verdade escamoteada, é oferecido um gozo. Como parodia Lacan, é: "Agora te ofereço o meu gozo; vamos ver se podes gozar disto. Faze de mim um masoquista que se enamora da tua angústia", etc. Esta provocação é uma demanda fundamental na análise, pelo menos no começo da análise, e se mantém sempre à espreita. E o analista deve ter uma posição a respeito. Vocês vêem que não me estou referindo a uma posição moral, mas a uma posição que, na experiência da análise, torne possível que esta demanda fundamental não se satisfaça. Caso se satisfizesse, a experiência ficaria despojada de toda relação com a verdade, ao se aceitar aquilo, oferecido como gozo, como objeto.

Assim sendo, observem o paradoxo: a verdade aparece protegida pelo gozo, este gozo que às vezes é tão vituperado por nós, que o sofremos enquanto seres falantes, mas que, no entanto, dá uma proteção a respeito da verdade. Concerne também esta verdade ao que se chama sintoma? Sim, efetivamente. Contudo, há algo mais, e disto partiremos nas próximas reuniões: trata-se de que esta verdade, em um sentido mais particular, mais singular, talvez concirna à escolha do sexo, à escolha sexual.

E aqui se encontra uma questão delicada, onde se podem situar contradições. Refiro-me à "neutralidade" do analista e a pequenas escanções ou momentos em uma análise: tudo isto pode estar contido em um par de frases em uma análise. É necessário levar em consideração que, diante deste gozo que mencionei, manter uma posição pirroniana, no sentido de neutralidade, de não emitir nenhum juízo, seria precisamente desandar ou impedir a experiência da análise, pois dela não se trataria mais.

Esta escolha que concerne ao sujeito, e é uma escolha sexual, como se relaciona com o gozo? Desenvolveremos esta questão em outro momento. Porém, consideremos já que esta verdade pode estar relacionada com a escolha do sexo. Ter uma posição não pirroniana a respeito não quer dizer que se tenha que emitir algum juízo; quer dizer que não se é indiferente em relação ao sexo. Como corolário lógico disto, o que ocorre é o maior respeito por esta escolha sexual.

Falei de um *impasse*, um sem saída, algo que a princípio parece sem saída, diante deste oferecimento de um gozo, um sofrimento, e o escamoteio da verdade. Se não há uma posição diante disto, aí há um *impasse*. E podemos tomar como regra geral, descritiva, que nos *impasses* sempre é necessário derrotar certo ceticismo, assim como vimos que ocorre no caso da ciência. Na psicanálise, este ceticismo, esta indiferença completa, pode remeter a um ceticismo em relação ao inconsciente. Uma experiência em termos do inconsciente não poderia acontecer sem que mediasse a sanção, não só com relação ao sujeito suposto saber, mas em algo que aparece como uma rejeição, que é o não satisfazer, é o dizer não a isto que se oferece como moeda de intercâmbio.

Em "Análise terminável e interminável", de Freud, apresentam-se questões acerca do que se pode predizer ou dizer sobre o futuro a partir do presente de uma análise. É um texto construído em relação às possibilidades de um encurtamento da cura analítica, à possibilidade ou não de prevenir conflitos futuros, à possibilidade ou não de um tipo de vacina contra conflitos futuros não previstos. Parte da base transferencial deste artigo se encontra na análise que havia feito Sandor Ferenezi com Freud. Creio que, na parte V deste texto, se pode ler: "Depois de tudo, nos interpretamos a nós mesmos". Vocês vêem que isto é uma confusão. É um texto de 1937; nesta época, em "Esboço da psicanálise", por exemplo, poderíamos dizer que Freud retrocede em tudo o que escreveu desde 1900, dando-lhe outra dimensão. E aqui diz: "[...] nos interpretamos a nós mesmos". Este interpretar-nos a nós mesmos (salvo que a consideremos como uma frase à moda daquela de "Introdução ao narcisismo", onde "[...] o complexo de castração não tinha nada a ver", salvo que seja algo desta ordem, mas, bem, ninguém o disse ainda, e eu não vou dizê-lo hoje, de modo que podemos continuar pensando a mesma coisa), por parte do conjunto no qual Freud se inclui, o dos analistas, os que têm a possibilidade de ser escolhidos por outros para se analisar, isto marca outro *impasse* na experiência analítica. Este *impasse*, recortado em "Análise terminável e interminável", não se refere exatamente ao fim da análise, que, depois, Lacan formalizará de outro modo. O que está mais discutido neste texto se refere a como predizer os conflitos futuros ou, então, os que não aparecem, se é possível, por exemplo, provocar a transferência negativa para que não apareça mais adiante, etc. Freud diz que isto não é possível, não por uma questão moral, mas porque é uma impossibilidade de fato, "[...] exceto que o analista tome a seu encargo o destino", diz ele. Na minha opinião, esta maneira de dizer de Freud inclui: "[...] exceto que o analista tome a seu encargo a verdade". Este tomar a seu encargo o destino implicaria crer que é possível que seja suposta a verdade.

São *impasses* distintos, onde o ceticismo, o não poder inventar algo novo como posição, conduziria ao fracasso. Não se trata só de que não se pode, não se pode prever, não se pode chamar o que ainda não está convocado pela própria regra fundamental: aí situa-se um *impasse*. No meu entender, Freud, ao escrever este artigo, sai de toda posição pirroniana.

Vamos dizer algo mais sobre a associação livre, para ir entrando no tema. Nesta suposição de saber, de um sujeito que sabe tudo, nesta concepção, neste desgarramento, que implica também a suposição do saber, há uma produção de saber inconsciente, que é chamada pela associação livre. E este chamado não deixa de provir daquele a quem lhe é suposto saber como fazer a tarefa. Diante do "Diga o que lhe ocorra, descreva sem julgar, como se visse uma paisagem pela janela do trem [...]", o analisante se defronta com a possibilidade de produção do saber inconsciente. No interior desta experiência da análise, a produção deste saber tem seu lugar. Mas esta produção aparece como infinita. Muitas das questões que levam à angústia – não todas – têm a ver com esta dimensão infinita que é a produção do saber inconsciente.

É possível, e talvez necessário, que a posição de quem tem o lugar de escutar tome dois caminhos. Por um lado, a adjudicação de uma potência ao analista, uma potência fálica; por outro, que esta mesma posição do analista possa ser um limite a esta produção infinita. Então, uma potência adjudicada a quem está neste lugar, sobre a qual se dará esta produção e, por sua vez, é necessário que esta potência encontre um limite, um término, para a própria produção do inconsciente. Isto quer dizer, simplesmente, que possa estar dirigida a ele.

Há duas possibilidades em relação a isto. O significante, ou seja, o efeito da palavra sobre o sujeito, o fato de que falamos, faz com que se estabeleça um fora de medida. Isto pode ser lido em Lacan. Algo escapa à medida, quando o significante nos faz o que somos, seres falantes. Vou falar agora sucintamente sobre isto, para continuar na próxima reunião. Este fora de medida se relaciona com o que, em termos matemáticos, se chama infinito atual. O infinito atual não é o que se pode obter ao somar $n+1+1+1...$, pelo qual chegamos ao que se chama um infinito potencial. O infinito atual, por outro lado, se refere a *todos* os números. É um conjunto infinito, mas atual. E é o infinito para o qual nos abre a associação livre. Que o analista apareça como término, lê-se em relação ao infinito potencial, porque este é o que se encontra no "...+1+1+1...", que nunca termina de se somar; por isto é potencial. Porém, se estamos falando de um término a quem está dirigido, então esta posição do analista teria que ser o lugar onde esta série termina potencialmente. É aí que o analista encontra a sua potência. Mas é no infinito atual que esta potência é um limite. Aliás, é onde é necessário que a potência seja um limite: não no sentido potencial, mas atual.

Isto leva à atualidade em psicanálise ou na análise; o que são coisas diferentes (já vejo que disse mais do que queria dizer). A atualidade na análise: o que é atual no suceder de uma análise. É outro dos pontos fundamentais em relação à experiência de uma análise, e podemo-nos aproximar dele seguindo Freud.

Dizíamos que nesta ação do significante há algo sem medida, que é um número. E depende do trabalho analítico, ou seja, do que é possível que ocorra na experiência da análise, que este número seja uma cifra e que o que aconteça seja um sintoma, entendendo como sintoma o que torna possível estar em relação a uma cifra, considerando que nisto se amarra um nome. Contudo, fica este "sem medida". A meu ver, podemos remeter-nos estritamente neste sentido ao seminário de Lacan, "A lógica do fantasma": a medida possível é o que se chama a proporção, que, sempre, leva ao desejo. "O desejo é a sua interpretação": quer dizer que se encontrou uma proporção, que torna possível uma medida, enquanto interrogou uma cifra e permitiu que se estabelecesse um sintoma, ou seja, o que, a princípio, parecia apenas como protegendo a verdade, o gozo e o sintoma amarrado a ele, que isto possa desmontar-se para que haja algum dizer acerca disto.

Definitivamente, no meu entender, em uma análise se trata de algo que pode ser evocado em um livro de Heidegger chamado *Aufenthalte*, que quer dizer "Estadias", ou *Séjours* em francês. Falo em dois idiomas porque neles, de origem latina, se inclui a palavra "dia" ou *jour*. Heidegger escreveu este livro acerca de uma viagem em que partiu de Veneza e percorreu as costas e as ilhas gregas. Trata-se de traçar a diferença entre um turista e um viajante. Diz ele que de turistas o mundo moderno está cheio. É pouco provável achar, ou teria que procurar muito para encontrar uma *Aufenthalte* ou estadia. Além das ressonâncias românticas, ou amorosas, ou de ódio que isto pudesse ter, reflete a questão de que seja possível uma estadia. No entanto, isto não só quer dizer uma detenção, uma espera, como também o que, na espera ou na detenção, há de suspensão. *Halt*, em alemão, quer dizer "ter-se"; há uma referência à posição de algo ou de alguém. "Tem-se", não no sentido narcísico, mas no de se sustentar diante de algo. *Aufenthalte* provém de duas palavras e remete a: lugar de morada, de resguardo, de alimento. Creio entender, e por isto trago o texto de Heidegger, que não se trata de encontrar uma estadia. Pelo menos, não se trata simplesmente disto. Trata-se de estabelecer a possibilidade de uma detenção, uma suspensão, uma espera que, por ser *Aufenthalte*, tem outra dimensão que a própria espera. É uma espera atenta, é um estar atento a algo. Então, levando em consideração o que é a associação livre em sua diferença com o empirismo, é estar atento ao fato de que aquilo que me causa está por fora. Digo "por fora" porque, e não é de estranhar, neste texto de Heidegger, se ressalta que, mais que compreender, é importante ver. Vocês observam que neste "ver" já está toda a teoria do conhecimento. Em todo caso, estamos situando o nível do que se chama a causa em psicanálise e o estrangeirismo do sujeito em relação ao que o faz falar.

Convém lembrar algo mais em relação à experiência da análise, além das razões que, em seguimento ao que havia sido apresentado no ano passado, dei, a princípio. Refiro-me, agora, ao objeto parcial. Indo, não mais ao discurso do analista, mas ao da psicanálise, o objeto parcial assegura as identificações. Isto está de acordo com uma lógica que podem encontrar, por exemplo, em *O eu e o isso*, onde a identificação é consecutiva à perda de um objeto. Esta identificação, há que se reiterar, está do lado do objeto. O fato de que seja o objeto parcial o que assegura as identificações está na base do laço social, tal como o estabelece a política. A respeito da interrogação deste laço social, assim instituído, também é necessário que a experiência da análise tenha algo a dizer. É que a transferência apresenta as mesmas condições em relação à possibilidade de estabelecer o laço social. Este laço pode ser interrogado a partir da função do amor, presente na psicanálise: talvez seja necessária a experiência da análise fazer referência a isto e, então, a análise necessite de uma doutrina do amor, para interpretar o que ocorre na transferência. Não é de se estranhar que Lacan comece o Seminário "A transferência" com o diálogo sobre o amor que acontece em "O banquete", de Platão.

Isto que disse é outra das razões pelas quais me parece necessário interrogar a experiência da análise. É possível rejeitar a dimensão do inconsciente, ou seja, como diz Lacan, a dimensão do grande Outro, para salvar a verdade. Rejeitar a dimensão do inconsciente é outra possibilidade de salvar a verdade; não mais de protegê-la, como no caso que mencionei antes, mas de salvá-la, e isto às vezes gera um discurso político.

Prefiro deixar para a próxima vez a questão do não pirronismo do analista diante desta verdade, para começar a trabalhar a relação deste ponto com a escolha sexual. Interessar-me-ia que vocês pudessem estar atentos, talvez no sentido da *Aufenthalte*, para que haja possibilidade de alguma produção de trabalho, aqui. O que citei e, em algum ponto, parafraseei de Heidegger, fala de uma maneira de se posicionar a respeito do mal-estar; não é outra coisa senão isto. O mal-estar do homem moderno é adjudicado neste texto à pouca possibilidade de que não sejamos turistas; o turista espera, mas não está atento. Quando perguntaram a Lacan, uma vez, o que ia acontecer com Mao-Tse-Tung, respondeu: "Aguardo, mas não espero". Esta posição de aguardar é, para mim, uma fórmula que faz a dimensão de interpretação do desejo. É o desejo. Aguardar não é esperar. É outra coisa. Na minha opinião, o que diz Heidegger sobre a "estadia" diz respeito à possibilidade de aguardar.

E a lógica da experiência da análise é, neste sentido, coerente. A possibilidade de aguardar, de estar atento, de despertar do sonho em que às vezes permanecemos, concerne a uma promessa da análise. Porém – digamos isto como "paradigma enunciativo" – a análise faz desta promessa algo da estrutura, isto é, em sua falha. Contudo, não deixa de estar presente na psicanálise, como promessa, a possibilidade de permitir uma *Aufenthalte*, uma estadia, um *séjour*, um estar atento, um aguardar.

Carlos Quiroga: Acho que o que você disse tem relação com a função do enigma. Freud, em relação à experiência dos juízes, em "O diagnóstico dos fatos e a psicanálise", afirma que o enigma para a psicanálise não é o complexo, mas o próprio sujeito. E fala ali do segredo. Em alemão, "segredo" contém a palavra *Hein* que, por sua vez, se relaciona com "estadia", "estar". Refere-se, penso eu, ao sujeito articulado, em suspenso, tal como você falava, em relação ao enigma. Supõe a possibilidade de que o desejo do analista estabeleça as condições para um sujeito articulado, para a possibilidade de existência do sujeito. Haveria algo da responsabilidade desta existência do sujeito; não da pessoa, do indivíduo, mas do próprio sujeito.

Norberto Ferreyra: No seminário "O desejo e a sua interpretação" e no que se costuma chamar "Lacan oral", sobre *Hamlet*, Lacan deixa estabelecido para a psicanálise algo que tem a ver com a sua observação. É necessário que o enigma funcione como tal, e talvez tenha esta relação que você propunha; mas a questão que se apresenta é que não há Édipo. Não há um Édipo para este enigma. Dito de outra maneira, não há outro Édipo possível senão o que já foi. Este problema se apresenta, mas vamos às questões mais concretas da análise, como, por exemplo, a associação livre. Não se trata agora de perguntas-morcego, mas de questões lançadas para nos preocuparmos ou para nos ocuparmos delas. Não me refiro a se a associação livre é efetivamente livre: sabemos o lugar de variável matemática ligada que lhe dá Lacan. Contudo, a associação livre tem um limite? Não digo no sentido em que falei antes. A associação livre não poderia ser um dos termos da experiência, em que, nestes tempos da psicanálise, pode acontecer precisamente uma via de não-análise? Não me refiro à regra fundamental, tampouco a enquadrar a associação livre como uma coordenada, mas a como isto funciona em uma análise. Às vezes, e talvez muitos participem desta experiência, a associação livre, dito simplesmente, pode aparecer como uma resistência. Porém, não quero dizer somente isto. Não me refiro a um problema da análise particularmente, mas a algo que faz a atualidade na psicanálise, a prática na clínica da psicanálise.

Provavelmente, sem querer, tenha falado de atualidade na psicanálise e na análise, tanto no discurso da psicanálise como na própria prática. Vale a pena interrogar esta atualidade. É algo que Freud respeitava muitíssimo. Com Lacan, isto adquire outra dimensão, mas não deixa de estar presente o que para Freud é o "desejo atual". Há diferentes maneiras de se posicionar diante de uma análise. Cada maneira, cada posição, na medida em que não seja pirroniana, pode, efetivamente, levar a uma análise.

Isto diz respeito ao estilo do qual alguém pode apropriar-se em sua formação. Digo "apropriar-se" porque, parece-me, na formação do analista não pode deixar de estar presente que há uma apropriação da sua formação. Isto de que "não se aprende" significa que há uma apropriação desta formação, que é um desejo.

Neste ponto, o que penso sobre a questão do enigma é que o desenvolvimento das coisas, inclusive dentro da política da psicanálise, faz com que a função de enigma possa ser dogmatizada, não no sentido de determinar diretamente que seja necessário fazer isto ou outra coisa para que se possa trabalhar, mas de que se aponte para um ideal que está além do próprio laço social constitutivo da análise. Às vezes, o enigma é difícil de se situar nestes termos: por um lado, por razões de estrutura, naquela referência a Édipo; mas, para isto, pode-se encontrar mais uma volta. Há, no entanto, também questões de transmissão, onde se chega, não a um desaparecimento do enigma, mas sim a uma estandardização dele. Eu não acredito que a IPA seja a dona da estandardização; em todo caso, é quem tem as maiores ações nesta empresa, embora ninguém esteja isento desta questão.

E a estandardização vai contra o que é um enigma. Ela existe na formação, que imaginariamente se pode adjudicar à formalização, mas, para mim, é o contrário. Penso que, quando há uma rejeição do inconsciente, é inevitável uma estandardização, porque tal rejeição implica ter que se procurar um bom resguardo, não mais uma *Aufenthalte*, mas um bom resguardo frente à castração. E sabemos que o único resguardo contra a castração é a castração. Em outras palavras, a ameaça de castração faz parte do enigma, quando se estandardiza a função do enigma.

Estas dificuldades, na prática, são atuais, por um lado, porque levam à política e à transmissão da psicanálise, mas também porque levam ao que é atual na análise. Se tomamos a teoria dos sonhos de Freud, vocês vêem que se trata do desejo infantil, etc., mas nada ocorre se não houver um desejo atual; se não houver, não há sonho e não há possibilidade de analisar o sonho. A atualidade de Freud talvez seja redimensionada por Lacan: veremos se é efetivamente assim e em que medida. E também há que se levar em conta que nisto entra o enigma, se entendemos como enigma algo diferente de um impasse.

Participante: Acho que uma das perguntas que se desprende do que foi dito é: em que sentido a psicanálise colaborou ou pode colaborar para uma salvaguarda da verdade? Em que medida a psicanálise não poderia deixar de salvá-la? Em que ponto não pôde ou não conseguiu não tentar salvar a verdade até este momento? Se, neste momento, não podemos dizer que haja uma posição clara a respeito, por exemplo, do fim da análise, não tem isto relação com os pontos em que a psicanálise não renunciou a salvar a verdade? Esta questão é relativa à promessa que a psicanálise situa na estrutura como *Versagung*. Porém pergunto isto em relação ao ponto referente à escolha do sexo: por que a psicanálise deixou e, penso, continua deixando a questão relativa à escolha do sexo do lado do objeto, independentemente da crítica de Lacan à teoria da escolha de objeto? Apesar disto, a psicanálise continua deixando esta questão do lado do objeto e não do lado do sujeito. Você dizia, Norberto, algumas vezes, "escolha do sexo" e, em outras, "escolha sexual". É a mesma questão, mas, se dizemos "escolha sexual", percebe-se mais claramente que se situa no referente ao objeto, isto é, a escolha do objeto sexual. Esta inclinação da psicanálise para o objeto, no que se refere à escolha do sexo, não é uma forma de salvar a verdade? E possivelmente tenha a ver com as questões não resolvidas em relação ao fim da análise.

Participante: Agora me surge uma pergunta: o fato de que não haja Édipo, afirma a morte do sujeito?

Norberto Ferreyra: Bem, esta é uma pergunta enorme. Em todo caso, não é que não haja complexo de Édipo, é que não há alguém que possa ser Édipo.

Participante: Se o inconsciente é uma hipótese, o sujeito é uma hipótese. O fato de que não haja Édipo afirma, estabelece, orienta a respeito da morte do sujeito.

Participante: As coordenadas que tornam possível a análise põem em questão o empirismo?

Norberto Ferreyra: Ao dar estas coordenadas, eu as situei especialmente no princípio de uma análise, com uma simultaneidade no tempo, que lhes é necessária em sua própria lógica: o fato de que alguém possa crer que há outro que sabe tudo sobre ele, menos a verdade e, por sua vez, que este outro reaja, dando a regra fundamental. Quanto à hipótese da existência de um sujeito, acho que, na psicanálise, isto tem vários vieses. A princípio, pode-se tentar uma resposta: o que seria algo sem sujeito? E neste ponto é delicado fingir hipóteses. Newton dizia que ele não fingia hipóteses; ante cuja afirmação podemos imaginar que Koyré responda que as respostas de Newton são hipóteses, tanto quanto as de outros, embora só as dos outros seriam hipóteses no nível em que se está falando. E, na experiência da análise, a questão de *hypotesis non fingo* tem o seu lugar. No entanto, há algo que também está dito nestes textos: "finjo que finjo hipóteses". Isto diz respeito à experiência da análise, já que se trata da própria dimensão do simbólico: se algo caracteriza o ser falante é que pode fingir fingir. Então, parece-me que a questão da hipótese está na estrita relação com a condição do ser falante.

Isto se vincula à posição de Lacan a respeito do que se chama *semblant*, que não vou desenvolver agora. De qualquer maneira, articula uma das questões fundamentais da experiência. O nível da experiência é o da palavra, enquanto meio com o qual se pode estar em relação a um real, no dizer de Lacan. Ou, dito de forma mais simples, a palavra é o meio com o qual se trabalha, com o qual se opera. E este meio oferece a possibilidade de fingir fingir. Isto é assim pelas palavras; não se trata de uma posição, digamos, corporal; inclusive, se o corpo entra nisto, como imagem, é pela posição que se deu ao corpo no que se diz. O fingir que se finge não sai do campo do fenômeno, ou seja, não diferencia o fenômeno da vida. E aí, a meu ver, pode-se fazer a pergunta sobre se entro com hipótese ou não: em que entro com hipótese? É possível que o problema não fosse o mesmo para Newton, já que o nível da sua experiência era diferente. No entanto, para a psicanálise, o nível da experiência interroga a hipótese na possibilidade, dada pelo simbólico, de fingir que se finge.

Participante: (Intervenção não registrada, referente à "neutralidade" do analista.)

Norberto Ferreyra: Não pensava em falar da neutralidade do analista como um fenômeno atual. Ele o é, mas não se trata só disto. Referia-me a uma estandardização da formação do analista, inclusive nos círculos mais sofisticados. A ameaça da estandardização afeta a psicanálise no seu próprio fazer diário. Em todo caso, propus-me abordar a questão, não exatamente com referência à neutralidade, mas no sentido mais amplo de como sair desta posição pirroniana exigida no início. Uma das coordenadas para isto, na experiência, se refere à escolha sexual. Há que imaginar por um momento que, quando se situa uma posição pirroniana a respeito da escolha sexual, não é que não se emita nenhum juízo: é uma sanção que não contém em si elementos que concirnam à relação do desejo com o sexo. Esta relação, que é o meio onde se dá a escolha, só pode ser causada – ou seja, só pode ser dita por alguém, na medida em que se possa dizer – desde que se aguarde, se mantenha a suspensão – no sentido que venho dizendo, não *a la Hitchcock*, embora às vezes possa tomar tais rumos; é neste meio que se pode aguardar a possibilidade de que o mal-estar aconteça. Porém, quando este mal-estar ocorre, então acontece outro dos *impasses*, que é a reação terapêutica negativa, claramente marcada por Freud. Quando digo *impasse*, refiro-me a algo que leva a um fim que não é o que teria a análise como tratamento do mal-estar. Neste caso, o mal-estar entra em uma dimensão, de que trataremos em seu momento, onde se torna impossível continuar a análise. Ninguém poderia negar que isto é presença do mal-estar, de uma maneira muito clara. Então, o tratamento do mal-estar diz respeito também ao fenômeno da reação terapêutica negativa, que tem as suas conseqüências práticas e clínicas. E penso também que a escolha do sexo, ou sexual, é uma das questões que levam à reação terapêutica negativa. E a verdade que está em relação a esta escolha é, às vezes, pela indiferença, o que mais é afetada. Que o desejo seja sexual quer dizer que há uma posição em relação ao sexo. Não é que o analista deva dizê-la, isto é, esta posição. No entanto, o analista é sexuado. Basta ler o Seminário "Os quatro conceitos..." para admitir que esta é uma condição para a análise.

Neste sentido, falei da neutralidade como um fenômeno que pode afetar qualquer um de nós, inclusive nestes momentos. Porque o *impasse* estabelecido no início, a respeito do sujeito suposto saber, encontra ou não a sua saída dependendo de algo que, a princípio, é muito banal: quais são os desejos que se encontram, que se cruzam nesta análise? E, depois, já não tão banal, dependerá daquele a quem se supôs algo: aqui, sim, há uma responsabilidade.

Quanto à morte do sujeito, prefiro não responder, porque não seria preciso neste momento. Em todo caso, devolvo com outra pergunta: o que seria sem sujeito? Parece-me que há que se manterem ambas as perguntas. Se consideramos o empirismo como referência lateral, efetivamente, para ele o sujeito se constitui na experiência; ou melhor, se determinou que o sujeito se constitui em relação ao dado. Podemos tomar estas referências. E, na psicanálise, pareceria haver algo semelhante: momentos de constituição do sujeito. Lacan dá esquemas disto. Na transferência, há momentos em que o sujeito se mostra e se desorganiza ao mesmo tempo. É uma suposição necessária para entrar na experiência? Parece que sim. Mas é melhor interrogá-la. Porque, quando se trata do sexo, parece que o sujeito não decide. Então, a pergunta é: agora, que sabemos que há inconsciente e sintoma e todas estas coisas, não é lícito nos perguntarmos se, nestes termos, há um sujeito? Pode-se dizer que sim, que a psicanálise o afirma de uma maneira ou de outra. Mas, pode-se dizer que este sujeito decide? Não me refiro a uma decisão consciente ou no nível de um enunciado. Mas, inclusive em outros termos, pode-se dizer que haja uma decisão? No nível da experiência, em certas análises, é talvez possível vislumbrar passagens da história, do discurso, onde pareceria que este sujeito tomou uma decisão: "Vou embora daqui!", etc. Em todo caso, são perguntas para retomar e renovar.

É possível, e talvez necessário, que, nas próximas reuniões, haja um tempo não só para discutir e comentar o que eu expuser, como também para discutir temas que tenham sido trabalhados ou temas por vir. Quem puder e quiser, que fale comigo acerca disto e, se houver acordo, poderá realizar-se. Talvez isto seja para mais adiante, mas penso que vocês deverão tê-lo presente. Alguns gostam de falar de uma maneira, e outros, de outra, e isto pode ser levado em consideração.

29 de abril de 1992

2. A ciência e o ceticismo

Husserl e a posição cética – O relativismo e a verdade – Lógica e pensamento – A contingência e a função fálica – Verdade e sugestão – Interpretação e construção – A causa: pulsão ou amor – O ceticismo antes e depois de Descartes

Vou começar lembrando dois pontos da reunião passada, que concernem à continuidade com o primeiro dos que consideraremos hoje, e que confluem em uma só palavra: ceticismo. Uma dimensão se referia ao ceticismo operando na ciência: a cada revolução ou evolução científica – deixo as duas palavras para não comprometer, hoje, uma definição sobre o pensamento científico – se vincula uma queda do ceticismo. A outra dimensão do ceticismo, do pirronismo particularmente, nós a lemos em Lacan, com relação à direção da cura, sobretudo nas preliminares e, particularmente, concerne à instauração do sujeito suposto saber. Recordo-lhes que, na ciência, o ceticismo se apresenta como algo que se deve vencer, algo derrotado pelos cientistas, que se encontraram diante de novas descobertas, chame-se isto de uma revolução – em termos de Bachelard, uma mudança de paradigma – em termos de Kuhn, ou, ainda, de uma evolução. Em todo caso, cada um destes pontos no desenvolvimento da ciência implica a derrota de um ceticismo.

Definimos o ceticismo – digamos hoje simplesmente – em termos da possibilidade restringida, quase inexistente para os sujeitos, no tocante à emissão de um juízo acerca da existência de algo. Já aqui começam os problemas, porque se trata de se este algo é por fora deles ou interior. Em relação à psicanálise e especialmente ao comentário sobre Pirro, que pode ser lido em

Lacan, tomei o ceticismo como *não mais disto que daquilo*: uma não-definição, uma não-pronunciação acerca da existência de algo por parte daquele que, contingentemente, está na posição de analista. Há variantes a respeito do ceticismo, algumas das quais desenvolvi na reunião passada; não vou aprofundá-las hoje. O tema que vou começar toca novamente no ceticismo, mas talvez para nos levar a abordar os problemas de outra maneira.

Queria que a enunciação do que aqui possa ser dito, não só por mim, mas por qualquer um de vocês, tivesse uma orientação tal que pudesse alterar aquilo que um discípulo de Zenon respondia a seu mestre (segundo Jean Wahl). O discípulo dizia: *Sim, vejo as soluções, mas não vejo o problema.* Isto é importante, porque, a meu ver, na transmissão da psicanálise, em geral e particularmente hoje em dia, qualquer um pode estar sob os efeitos disto que enunciava o discípulo de Zenon. Alguém que está em relação à psicanálise pode estar vendo as soluções, mas sem poder ver o problema. E é difícil pôr em prática a solução, se não se pode situar o problema. No trabalho que aqui faço, é evidente que muitas das respostas estão em Lacan e em Freud; mas me parece necessário, na transmissão, chegar a uma enunciação deste tipo: que seja possível situar os problemas. As soluções podem já existir ou não. O fundamental é que, no discurso da psicanálise, não se chegue a uma situação fechada, que desse lugar a uma resposta como a daquele discípulo de Zenon. Quando é assim, a prática deste discurso ou bem se torna subjetivamente insuportável, ou bem a sua eficácia acaba adormecida.

Para abordar o ceticismo, vamos considerar dois lugares de uma obra de Husserl, *Pesquisas lógicas*: parte do capítulo V e, especialmente, o capítulo VII. Escolhi-a por duas razões: primeiro, porque fala do ceticismo, e também porque o autor é um contemporâneo de Freud. Nasceu em 1859, cinco anos depois dele, e morreu em 1938, um ano antes. Certamente, fez também os cursos de Brentano. Vou abreviar alguns passos, para que isto não se torne cansativo. Quero referir-me a questões que começam com o ceticismo e chegam a abordar os problemas de outra maneira... e gostaria também de saber quais são os de vocês. Posso determinar os meus, de algum modo os estou determinando, no que lhes digo. Gostaria também de saber quais são os de vocês, para, assim, poder, com as soluções que já estão propostas, talvez ao dobrar a esquina, operar de outra maneira.

A intenção geral de Husserl – uso a palavra "intenção", já dominada por este discurso – é mostrar que a lógica pura não se remete exatamente à lógica do pensamento. Ou seja, que a lógica pura, a sua elaboração, os seus axiomas, os seus princípios, as suas demonstrações, o conceito de verdade, os conceitos em geral, enfim, as suas leis não coincidem com as leis do pensamento, de modo que não é necessário um fundamento psicológico, psíquico, para a existência de uma determinada lógica.

Na lógica, a objeção mais grave que se pode fazer a uma teoria ocorre quando ela se choca com as condições evidentes de uma teoria geral. Quando, na teoria, algo se contrapõe a construir uma teoria geral, disto decorre uma objeção grave. Husserl diz que, neste ponto, há dois tipos de condições: as subjetivas e as objetivas. Nas primeiras, inclui-se o estado de desenvolvimento desta subjetividade e também sua relação com o conhecimento. Uma coisa é a subjetividade, outra é a relação de determinada subjetividade com o conhecimento, chamada noética. Quando a relação da subjetividade com o conhecimento está perturbada, temos o caso de uma objeção noética com a construção de determinada teoria. E também pode haver obstáculos no objetivo: podem obstruir-se ou obstacularizar-se às próprias leis ou verdades proposicionais contidas em determinada teoria.

Husserl considera o ceticismo levando em conta que parte do ponto de que não há possibilidade de conhecimento objetivo; ou, então, o que não é a mesma coisa, situando que todo conhecimento é subjetivo. Qualquer uma das suas duas formulações concerne a uma posição cética. Então, cético é, para ele, a delineação de que algo seja verdadeiro para mim e não para o outro, e vice-versa; esta viria a ser uma posição subjetiva e cética. Na medida em que seja impossível um conhecimento objetivo e possível um subjetivo, Husserl traz o tema do contra-sentido, em que, de qualquer maneira, se formula uma relação de conhecimento. Então, recapitulando, falamos de funções noéticas no que concerne à relação entre a subjetividade e o conhecimento, ao passo que as relações objetivas concernem, quanto ao ceticismo, às próprias leis da teoria, sem que proclamem um conhecimento objetivo. Podemos, assim, considerar o ceticismo como uma posição a respeito do conhecimento do objeto ou, então, invertendo isto, como uma relação positiva em alguns casos e, em outros, negativa – no sentido de "negar-se a" – considerando que todo conhecimento é subjetivo.

Isto seria, em princípio, um relativismo individual. Husserl, neste ponto, faz coincidir ceticismo com relativismo. Porque, em termos de relativismo individual ou subjetivo, o que pensa fulano pode ser verdade para ele, e o que pensa beltrano será verdade para beltrano. No entanto, há contra-sentido em que a verdade seja uma para um e outra para outro. Às vezes, na psicanálise, pensa-se que cada um pode ter a sua interpretação: isto haveria que ser visto, porque está fundamentado na suposição de uma equivalência ou coincidência entre as leis da lógica pura e as leis do pensamento; isto é, entendo, implica uma impossibilidade de que a causa esteja por fora.

Há também um relativismo chamado específico, que considera a constituição de uma espécie capaz de conhecer. Uma coisa é um indivíduo, outra uma espécie, à qual, sim, pode pertencer um indivíduo. O relativismo específico considera que cada espécie pode julgar o que é verdadeiro e o que não é, segundo a sua constituição ou segundo as leis do seu pensamento. Aqui, o problema se apresenta de outra maneira, mais interessante. Trata-se da construção de uma espécie: há o recorte de um determinado discurso e há um determinado conjunto de seres – seres falantes, podemos dizer, a partir da psicanálise – que estão sob este discurso e que, segundo o estar sob as leis deste discurso, vão julgar o que é verdade e o que não é. Husserl objeta isto: este relativismo específico também é cético, porque não permite que exista uma verdade pura, lógica, uma vez que as verdades de uma espécie só valem para ela. A verdade ideal, a verdade da lógica, seria para todas as espécies. Isto desprenderia a situação do sujeito com relação à lógica pura; não sendo assim, a lógica pura só encontra o seu fundamento em uma ordem psíquica, como é a equiparação das leis da lógica às do pensamento.

Insisto na importância desta formulação de Husserl porque é um esforço para desvincular a questão lógica da questão do pensamento. Isto é importantíssimo em psicanálise. Quando se trata de psicologia, há uma coerência, há – para os que sejam mais amorosos – uma comunicação, uma identidade entre as leis do pensamento e as leis da lógica, o que é um grande problema. Eu poderia trazer agora a noção de significante e resolver logo o problema, rapidamente. Porém, o significante só pode ser situado em relação a este problema. Por isto, dizia que as soluções podem estar dadas, mas a maneira de determinar os problemas leva, talvez, não a soluções diferentes e sim à possibilidade de que as soluções possam ser praticadas, ou seja, a que não haja nisto mímese nem impostura.

Sobre este relativismo cético, Husserl faz uma pergunta – notem que está formulada no condicional: seria possível que existisse outro conjunto de seres, outra espécie que, submetida a outros princípios, tivesse as mesmas verdades lógicas, ou será que estaríamos submetidos ao fato de que cada espécie tem a sua lógica, a sua verdade? Husserl diz que, então – e me parece que isto não é alheio ao discurso de Lacan, não na interpretação que faz Lacan mas com relação a como são tomados certos termos – a constituição de uma espécie é um fato. Há duas dimensões: uma é a da verdade lógica pura e a outra se refere à constatação de um juízo, ou seja, se este juízo é verdadeiro ou falso a respeito de uma determinada verdade lógica. Os juízos têm relação com os fatos. A lógica pura é o que dá a verdade ou a falsidade de um juízo. São dois níveis diferentes. Assim é para Husserl. E ele diz que o ceticismo não pode fazer um conceito geral da verdade, além dos indivíduos e das espécies (quando digo "espécie", escutem, sem que isto seja nada mais que uma questão retórica, refiro-me à escolha do sexo e à divisão dos sexos). Desde Husserl, a crítica ao ceticismo é que não permite distância entre as leis lógicas e as que correspondem aos juízos: então, a constituição de uma espécie é um fato. E fundar a verdade em um fato implica dar a ele o caráter de um fato. Fundar a verdade em um juízo coincidente com a lógica pura, como o faz o ceticismo, o relativismo específico, outorga a ela, à verdade, um caráter de fato. A conclusão a que chega então o ceticismo é que, se não existisse a espécie humana, não haveria nenhuma verdade. A esse respeito, Husserl faz algo que parece um jogo de palavras, e é categórico: *Então, existe a verdade de que não existe uma verdade.* Vejam que, depois de tudo, é a mesma crítica que poderia ter sido feita a Pirro, considerando-se que o não pronunciar-se sobre algo já é um pronunciamento. Afirmar que cada espécie tem a sua verdade e que a espécie humana tem as suas verdades particulares faz a verdade depender da existência desta espécie: se esta espécie não existisse, então a verdade não existiria. Husserl responde que esta é uma afirmação positiva, uma vez que sustenta que existe a verdade de que não existe uma verdade.

Os desenvolvimentos podem ser mais ou menos complicados, ter mais ou menos despenhadeiros, mas vemos que os problemas se situam sempre no mesmo nível, ou melhor, no mesmo canto, embora em diferentes níveis. Diz Husserl: *Não se pode subjetivar a verdade por referência ao sujeito ou à espécie e considerar o seu objeto como existente em absoluto em si.* Não se pode subjetivar a verdade, torná-la subjetiva com respeito a um indivíduo ou a uma espécie e, ao mesmo tempo, conservar o ser do objeto de conhecimento como, em absoluto, existente; deste modo, para uma espécie a subjetividade apreende de determinada maneira, e esta maneira de apreender é, segundo o seu fundamento psíquico, as leis de seu pensamento, etc.

No entanto, há outra possibilidade, na qual Husserl aposta, que eu interpreto como pôr uma causa por fora do sujeito. Ele diz que caberia a possibilidade de uma verdade atemporal, eterna; isto, sem dúvida, é discutível; mas o que aqui me importa é que se determina uma separação entre a existência de uma lógica pura e as leis de pensamento de um indivíduo ou de uma espécie. Husserl diz que, quando se considera Deus como referência, faz-se *um lindo jogo*: Deus cria o homem e o homem cria Deus e tudo se resolve aí. E estabelece algo fundamental. A minha intenção não é fazer com que Husserl diga outras coisas; não poderia. O próprio Husserl me impediria. Porém, em relação ao que se pode ler em Husserl, quero referir-me ao problema que vimos tratando com relação à direção da cura e, fundamentalmente, a este pirronismo que, diz Lacan, é demandado ao analista, e talvez o analista possa aceder a isto em um primeiro momento, mas não pode ficar nesta posição. Husserl é complexíssimo, assim o reconhecem os que escreveram sobre ele. E, neste capítulo VII, refere-se aos fatos, contrastando-os com as leis puras da lógica: os fatos são contingentes. Vimos que o problema afeta a verdade como pura lógica: os juízos dependem dela, mas não coincidem com ela; trata-se de uma verdade eterna, atemporal, geral. E os fatos são contingentes. Quando intervém a contingência, a questão ainda se complica. Não para Husserl, que, vimos, a resolve em termos de relativismo individual e relativismo específico. Mas a questão toca em algo que conhecemos como espécie e, dentro da espécie, como um pequeno grupo, o dos psicanalistas: de que maneira o quadro da sexuação ou – como prefiro chamá-lo – da função fálica se vê afetado pela contingência?

A contingência pode ser tomada a nível formal e assim a toma Lacan. No entanto, também, nesta orientação, vemos que a contingência faz com que algo se transforme em um fato, isto é, que haja um juízo a respeito e um fato. Certamente, pode-se falar de fatos de discurso. Porém, antes de chegar a isto ou para chegar sabendo qual é o problema, vemos que a contingência a respeito de que algo seja verdadeiro ou não é o que vai de encontro à existência de tais juízos. Neste ponto, é fundamental marcar a diferença com a psicologia. Esta faria equiparar as leis do pensamento às da lógica pura e, então, não há saída: a questão se encerra e a causa de si do sujeito sempre fica em si; não há algo por fora do sujeito que possa aparecer como causa. Uma psicologia pode fazer desenvolvimentos muito interessantes, mas, se aquilo está afirmado em sua enunciação, vai impedir sempre determinar a causa por fora do sujeito.

Husserl formula outra crítica: que se faça partir leis necessárias de fatos contingentes. Ele traça um quadro lógico, que nos faz pensar no quadro da sexuação segundo Lacan. Há um lado que se chama contingência e outro que se chama necessidade. Husserl observa que, neste nível de fundamentação psíquica, leis necessárias parecem desprender-se de fatos contingentes. Então, se somos psicanalistas e lemos Lacan, que falou do necessário e do contingente, nos perguntamos o que lhe está dizendo Husserl (porque eles, Husserl, Lacan e Freud falam entre si). A objeção de Husserl, com relação ao necessário e ao contingente, se refere ao seu lugar na psicologia, no critério de que não há uma verdade que vá além do indivíduo ou da espécie. E Husserl traz aqui uma criatura que também foi apresentada por Lacan no Seminário 20, *Encore*. Husserl já a mencionou em uns capítulos anteriores neste livro: trata-se dos anjos. Diz Husserl: *não haverá anjos matemáticos?* Vemos que já se trata de outra espécie e pode sugerir, inclusive, uma referência ao gozo. Em todo caso, os anjos matemáticos poderiam talvez produzir outras demonstrações, traçar outros caminhos, mas com as mesmas leis e axiomas; o que, neste caso, remete ao nível da lógica pura. Se houvesse outra espécie, os anjos, com outra maneira de fazer os teoremas, neste caso, as verdades, no nível dos axiomas e dos princípios, não poderiam ser as mesmas que para nós?

Também neste capítulo, há uma crítica a um autor chamado Sigvart, que, para Husserl, vem representar a posição de relativismo específico: a posição que, como dizia, faz com que a lógica pura coincida, com relação ao juízo, em uma espécie. Sigvart diz: *É uma ficção que um juízo possa ser verdadeiro prescindindo de que alguma inteligência o pense.* A isto chama Husserl de *um sentido psicológico da verdade.* Para ele, *alguma inteligência* é referência às leis do pensamento: há então uma remissão da verdade lógica pura ao fundamento psíquico, segundo a inteligência que o pense. Por outro lado, Husserl diz: *O imutável é a verdade e não o juízo.* O imutável é a verdade lógica pura e não o juízo que atribui valores de verdade; e se o juízo coincide com as leis do pensamento, como sustenta Sigvart, o caminho é o do relativismo individual ou o do relativismo específico. Husserl diz: *Não se pode relativizar a verdade e manter a objetividade do ser.*

Nesta busca de Husserl e levando-se em conta o que viemos falando nestas duas reuniões, trata-se apenas de encontrar o lugar de um sujeito que apareça como assento de algum saber? A princípio, para abrir juízo sobre se é possível encontrar um assento, um sujeito para este saber, toma-se a dimensão de uma referência à verdade: a dimensão da verdade. E isto é coerente com algo que nos ensina Lacan: se na psicanálise não existisse a dimensão da verdade, tudo seria sugestão. É uma afirmação forte. Lacan não está dizendo onde está a verdade, mas que, se esta dimensão não existe, só há sugestão. É possível pensar a respeito muitas coisas acerca do psiquismo e acerca das leis da lógica pura. Recordemos que, nesta função da transferência que se chama sujeito suposto saber, dissemos que o psicanalista não é depositário da suposição da verdade; que a verdade não está suposta ao analista. Lacan é muito claro a respeito e diz que a partir daí se estabelecem importantes problemas que vocês poderão ter lido na lição que lhes recomendei; problemas que se referem às preliminares da análise e ainda ao próprio desenvolvimento da análise.

O analisante pode chegar à posição de dizer, tal como parodia Lacan: *Agora você vai-me dizer que estou enamorado da minha angústia...*, posição que entraria no "masoquismo", dito muito entre aspas. O que quer dizer que alguém seja masoquista? O desejo é masoquista? É absurdo considerá-lo assim. Diante de um comentário de Stein, Lacan observa que sustentar que o desejo seja masoquista implica uma observação tão geral que não diz nada. Em todo caso, o analisante, ao não supor a verdade, pode considerar que há algo que oferece em troca. O *em troca* é importante, porque, no meu entender, é o único ponto onde se pode entender o que é a não satisfação da demanda. É um ponto importantíssimo. A não-satisfação da demanda é a rejeição ao que é oferecido em troca do que não é suposto ao analista, ou seja, a verdade. No entanto, é necessário que o analista esteja no discurso não sem esta dimensão, que há que se levar em conta. Se não a levasse em conta, diz Lacan, e é possível comprová-lo, tudo é pura sugestão.

A verdade não é suposta ao analista e, no entanto, alguém pode tomá-la como tal: há, por assim dizer, um manejo possível da verdade que exclui sua própria dimensão. Na análise, a verdade não só tem a dimensão do meio dizer, mas também a de que é impossível supor-se. Quando alguém faz esta operação, que lhe permite analisar-se com alguém, quando faz esta suposição de saber a respeito do gozo, é necessário que fique rejeitado o que é oferecido a este outro em troca do que não lhe é suposto: a verdade. Se aquele que, contingentemente, está em posição de analista se aceita como depositário ou interlocutor da verdade, daí à sugestão é só um passo; há aí um manejo da verdade. É o que se chama de o poder da transferência, que não reside exatamente no que é suposto, mas em se supor suposto do que lhe é negado como suposição. Este é, no meu entender, o poder da transferência.

Para ir a outras questões, podemos fazer uma pequena aproximação do que se pode entender, neste ponto, pelo que se chama gozo, ou seja, uma medida provável, uma medida possível do efeito da existência de uma verdade, enquanto ela *afete* todo aquele que disse, ao falar, alguma afirmação acerca de algo. "Afetar" se refere, aqui, a que o seu dizer encontra a sua determinação no que é dito.

Medida		Proporção
	Cifra	D E S E J O
Número		
	Sintoma	

Trata-se de nos aproximarmos, não de uma definição, mas sim de uma idéia do gozo. Pode-se entender por gozo, primeiramente, uma medida provável. Ao falar de probabilidade, estou falando de uma contingência, no que podemos levar em consideração Husserl. Então, o gozo é uma medida provável do efeito da existência de uma verdade enquanto ela afeta – ao afetar, há efeito – todo aquele que fez, ao falar, alguma afirmação acerca de algo; seja a de que algo existe, um traço do *partenaire*, de Deus, o que quer que seja (bem, Deus é o *Partenaire* maior). Afetar, neste ponto, se refere a que o seu dizer encontre sua determinação no que é dito. Aqui, é estabelecida uma questão referida ao tempo, que tratarei de lhes transmitir.

Tudo isto tem a ver, espero que tenha a ver, com a fórmula de Lacan em *L'Etourdit*, onde fala do *que se diga*. Aqui, trata-se de que algo foi dito, e a medida em que se pode reconhecer o estar afetado pelo efeito de verdade que possa haver é a medida em que é dito. Isto é, há uma atualização do 'disse' ao 'é dito'. Nomeio aqui pilares da prática analítica: neurose de transferência, por exemplo. A repetição, na transferência, no sentido freudiano, o que se atua e não se diz, tudo isto é referível a 'o que foi dito', às palavras ouvidas por alguém, alguma vez. É uma maneira de se imaginar um passado, ou seja, uma maneira de se imaginar alguém em um passado. É preciso ver se o passado existe; já em Freud se coloca a questão de que o passado existe pelo atual. Se o passado existe pelo atual, então algo é dito com relação a que algo foi dito.

Assim, estabelecem-se, na análise, dois caminhos. Por um lado, passar de um dizer que é dito ao que foi dito. Ao mesmo tempo, nisto mesmo, marcar o que é dizer: marcar a atualidade do dizer. Quero dizer que não há nada além disto. E este é tema de final de análise. Final de análise pode significar para um determinado sujeito que seja real – isto é, ao mesmo tempo alheio e próprio – que a única coisa que o faz existir como tal, a única coisa que o sustenta, quando fala ou quando escuta ou quando está sentado ou quando se põe de pé, a única coisa que o sustenta é um dizer; um dizer é o que arma o seu corpo.

Então, trata-se de marcar o que é dito em relação ao que foi dito, ou para personalizá-lo, com relação ao que ele disse. Agora, onde se pode verificar esta dimensão da verdade do que foi dito ou do que é dito? Trata-se de confrontar o que é dito com o que foi dito? Neste ponto, estabelece-se uma objeção freudiana: o caso das lembranças encobridoras, que encobrem e, ao mesmo tempo, mostram que o que foi dito, o que sustentou o sujeito em um momento, está no que é dito, mas tem uma consistência tal que vai mais além da verificação de se isto sucedeu ou não. Esta é a dimensão do descobrimento de Freud acerca da questão dos fatos como acontecidos ou como fantasiados.

O Seminário "A lógica do fantasma" é um dos poucos lugares, junto com "O desejo e sua interpretação", onde Lacan diz claramente que Freud precisou criar a dimensão de "a outra cena", prévia a qualquer anterioridade lógica. "A outra cena", que, em *A interpretação dos sonhos*, funciona como um princípio, resulta prévia a toda dimensão lógica. Levando agora em consideração o que disse hoje, isto concerne somente à lógica pura e a seus princípios ou também aos princípios do juízo? A outra cena é um postulado? Lacan também diz, em vários seminários, que, a respeito do sujeito, há uma anterioridade lógica. Ele é definitivo nisto, que separa a psicanálise da psicologia. Refere-se a que o sujeito está em relação a uma lógica que lhe é anterior e se constrói em relação a esta lógica que o precede. Precedendo-o, não coincide com ele. Quando coincide, é o caso da psicose.

Vamos voltar ao que escrevi no gráfico. Na reunião passada, a respeito de algo que, no dispositivo analítico, se produz com relação à posição do analista, mencionei o infinito atual e o potencial. Gerard Pommier, em seu livro *A ordem sexual,* faz referência à posição do analista com relação ao infinito atual, mas não nos termos em que vou estabelecer a questão. Embora o infinito atual seja impossível de imaginar, com relação a ele há uma medida, há algo que estabelece a regra fundamental, que tem relação estrita com a angústia e que se mitiga pelo sujeito suposto saber.

Uma pessoa vai ver alguém porque sofre por algo e supõe: "Este cara sabe qual é a minha solução". É nestes termos, embora às vezes se coloque de maneira mais rebuscada: tem que lhe supor algo. Mas algo fica reservado: a verdade, que não lhe é suposta. O outro responde, atendendo a esta queixa ou ao que seja: tal como Lacan magnificamente o desenvolve, esperará a oportunidade de dizer algo, para que aquele possa sair da posição em que está com relação ao seu sintoma. Nas preliminares ou nos primeiros passos de uma análise, ocorre que a medida daquilo que aquele diz encontra uma referência constante e atual na potência do analista. O que é suposto ao analista implica atribuir-lhe uma potência fálica, que o torna função e termo de todas as coisas: como se fosse a medida das coisas. Pode-se chamar isto de "enamoramento", pode-se chamá-lo de modos diferentes; a potência fálica pode ser fantasiada ou fantasmática de diversas maneiras, como um transvasamento de vida, de sangue, o que quer que seja, porém levando, em todo caso, a que esta potência tenha que ser transferida para aquele que assim a atribui ao analista. É desta forma, pela instauração do sujeito suposto saber em si, que o sintoma toma lugar. Há uma medida da qual o analista, no início, é termo. Talvez vocês tenham experimentado isto pessoalmente: no início, às vezes, pequenos sintomas desaparecem, certas questões se dissolvem, e isto não ocorre sem este fantasma da potência atual do analista. Digo atual porque se trata deste momento. Logo veremos que não é assim. Mas o fato é que esta potência fálica atribuída ao analista serve para aliviar a angústia; é certo que isto deve ser relativizado, porque cada caso é singular, e isto mesmo pode ser para alguém uma fonte de angústia e, então, terá que conduzir as coisas de outra maneira, mas sabendo, de qualquer maneira, que a lógica é esta.

Então, a medida à qual aludo no gráfico é a que, em um princípio, é requerida do analista. O número se refere ao que possa afetar esta medida. Vocês viram que as questões concernentes aos números são interessantes na análise, não só pela associação livre que possa produzir-se a seu respeito, como também porque fazem a possibilidade, para aquele que contingentemente está na posição de analista, de somar ou subtrair: por exemplo, sessões ou dias. O tempo e o dinheiro na análise são questões nas quais se pode somar ou subtrair; há que se ler, a princípio, assim.

De qualquer maneira, o que é cifra para alguém, isto é, um número com algum tipo de significação ou que pode traduzir alguma posição a respeito do gozo, o que é cifra para alguém, repito, também é suposto ao analista. Quando o sintoma se instala na transferência, quer dizer que esta cifra já foi suposta ao analista. Não é mais um número, mas sim uma cifra. Aqui se pode situar a função do enigma. E a decepção que possa provir de que o analista não tenha esta cifra – e isto é a interpretação – esta decepção faz com que a posição do sujeito a respeito do sintoma varie de modo fundamental, isto é, que a cifra deixe de ser algo que é atribuído ao analista.

No gráfico, escrevi também proporção e desejo. Uma coisa é a proporção que se possa fazer com relação aos números e outra coisa é quando a proporção já se refere a cifras a respeito de um sujeito. Estas cifras indicam a possibilidade do deciframento do que está no sintoma. Foi dito muitas vezes que o deciframento é uma leitura que faz surgir uma determinada cifra, que é a que nos interessa, porque sempre está relacionada com o gozo. É uma cifra de gozo. E daí é extraída. No movimento de extração desta cifra pelo decifrado, algo é extraído do gozo, de modo que a proporção formada com a cifra é diferente da formada com o número.

No entanto, isto traz problemas. Alain Badiou, por exemplo, se pergunta como fazer, nesta época em que estamos dominados pelo número. Bem, ele escreveu um livro com isto; por conseguinte, algo se pode fazer. Badiou formulou, neste sentido, toda uma teoria. Aqui, interessa-nos quanto à possibilidade de que o número eclipse a cifra. Dito de outra maneira: a possibilidade de que o sintoma deixe de existir. Isto teria como conseqüência um maior bem-estar geral e, em resumo, o desaparecimento da psicanálise. Esta seria a conseqüência de que o número pudesse proporcionar-nos o bem-estar, não com relação a um mal-estar, um bem-estar definido pela ausência de mal-estar.

O número está associado à ciência, isto é evidente e me limito a mencioná-lo. E vocês vêem, voltando ao gráfico, como medida-número e cifra-sintoma são dois campos de prática, de discurso, que têm seus cruzamentos, seu apoio necessário e suas relações pertinentes.

Vou agora a algo que diz Freud, em 1938, em "Esboço de psicanálise", e que alguém poderia apressar-se a não levar em conta. Diz: *Nosso saber sobre este assunto* [refere-se à psicanálise] *terá que ser convertido então também* [refere-se ao final de um processo analítico] *em seu saber*. Nosso saber ter-se-á convertido em seu saber. Já vêm rapidamente as possíveis objeções: saber do psicanalista? Sugestão? Imposição de uma verdade? Não nos foi dito que não se trata de dizer a verdade nem de construir ou transmitir um saber? Porém, penso que esta frase de Freud pode ser entendida de duas maneiras: linearmente, sustentar-se-ia que a psicanálise, tocando os pontos mais íntimos da reeducação, desempenha a função de transmitir um saber de um para outro; é possível tomar esta direção e, efetivamente, escreveram-se livros e formaram-se instituições dentro dela. Mas também se pode afirmar que o "nosso saber" é diferente do "seu saber": são dois níveis diferentes no enunciado de Freud. Na reunião passada, comentei, de "Análise terminável e interminável" – texto contemporâneo ao "Esboço..." – aquele *[...] nos interpretamos a nós mesmos*: é o mesmo tipo de enunciação. "Esboço de psicanálise" foi escrito para divulgação da psicanálise; é um texto inconcluso, que Freud começou a redigir já em Londres. "Nosso saber" não somente nomeia a comunidade dos analistas como também é uma maneira de dizer algo a respeito do saber do psicanalista: para poder dizer, tem que escrever a palavra "nosso". Em outro nível, a conversão de um saber em outro não é simplesmente uma passagem, já que existe este "nosso saber" – e a comunidade analítica deve encarregar-se daquilo que lhe é suposto, deve responsabilizar-se por esta suposição; então, o analisante terá o seu saber, nos termos do fim de análise. O fato de que Freud o diga desta maneira não tem apenas uma dimensão retórica, de divulgação e convite: nomear este ponto de saber do psicanalista requer o "nosso", que permite que os analistas se reúnam. E a sua conversão em um saber do analisante não é exatamente uma transferência; trata-se, sim, de dois diferentes níveis de dizer. O seu saber existe porque há um "nosso saber".

Isto é dito por Freud em relação ao final de análise. Para Lacan, há diferenças neste sentido, mas não terminantes. O que importa é que, já em Freud, este saber que o analisante obtém se dá partindo do que não sabe. Em outro lugar deste mesmo texto, Freud explicita que a diferença entre a análise e a confissão reside em que o analisante obtém um saber a partir do que não sabe. Se cruzarmos estas duas frases do mesmo texto, vemos que não se trata simplesmente do traspasse de um saber de um a outro; são frases tridimensionais. Este "não saber" implica uma relação com o 'não saber' fundamental por parte de quem está em posição de analisante.

Estas referências a Freud têm a ver, parece-me, com questões da nossa experiência; falei destas questões, e o fundamental seria que vocês pudessem retomá-las e, por sua vez, dizer algo. Em "Construções em análise", Freud observa que fórmulas como "eu nunca pensei nisto [...]", "nunca me passou pela cabeça [...]" indicam que há certa verdade naquilo que é dito, e comenta: "Por desgraça, esta fórmula, que é tão bem recebida pelo analista, chega aos seus ouvidos com mais freqüência depois das simples interpretações do que após ter produzido uma construção ampla". A fórmula de aceitação de que algo tenha sido tocado, de que alguma verdade tenha sido dita, esta fórmula que, diz Freud, agrada ao analista, é mais fácil ser recebida depois de simples interpretações do que após uma construção. Por quê? Talvez, penso eu, pelo que a construção tem de oráculo. Mas não só por isto.

Freud dá ali como exemplo a interpretação de uma parapraxia: o "j" de *Jauner* é substituído pelo "g" de *Gauner*, ao que o analisante responde, substituindo o "g" de *gewagt* por um "j". Agora, este trabalho com a letra, com a linguagem, vem colocar um limite a este "bem recebido" pelo analista. Quando uma construção é aceita, há uma satisfação para o analista... enfim, a menos que o analista repudie particularmente a si mesmo; não se trata de uma questão subjetiva, mas objetiva, é uma satisfação referente ao desejo do analista, a que algo seja bem feito, ou seja, que se diga bem. Porém isto tem restrição, tem um limite para o próprio analista, quando se trata das interpretações, tal como Freud as situa, em 1937, em " Construções...". A construção talvez possa conseguir, como ele diz, um grau de verdade histórica e, na nossa próxima reunião, nos referiremos a isto; a construção pode ter um assento, um lugar, mas isto não é tão freqüente. Não estou exatamente questionando as construções: digo que nelas há uma satisfação para a qual o analista não conta com o mesmo limite, quando se trata de uma interpretação. Isto talvez esteja relacionado com esta suposição de verdade a que me referi. Nada é mais satisfatório do que satisfazer uma demanda; não me refiro a que a demanda seja satisfeita, mas ao fato de satisfazê-la.

E quero voltar a algo mais: o que, na construção, se refere ao destino, ao oráculo. Freud, a respeito de Édipo, diz: "A compulsão do oráculo deveria redimi-lo de toda culpa". Isto parece muito lacaniano, certamente. E aqui deixo lançada uma questão. Há pelo menos duas maneiras de trabalhar na prática analítica: colocando como causa a pulsão ou o amor. Ao se colocar a pulsão como causa, é possível que se provoque uma compulsão, inclusive, e fundamentalmente, uma compulsão a ser analisada. Ao se colocar o amor como causa, talvez isto não aconteça. Em todo caso, tenhamos presente aquela frase, "a compulsão do oráculo...": pouco a pouco, vamonos aproximando do sexo.

Samuel Cabanchik: Antes de retomar a questão do ceticismo e os comentários de Husserl a respeito, quero dizer algo sobre esta frase de Freud, "nosso saber terá se convertido em seu saber": não diz explicitamente que seja tomado um saber do outro. Dá motivo para pensar que a psicanálise fez possível esta coincidência, mas as fontes de ambos os saberes podem ser diferentes. No que diz respeito a Husserl, em *Meditações lógicas*, toma um aspecto do ceticismo pirrônico. É um aspecto que, no fundo, quase o faz coincidir com a certeza: nenhum dos dois perde, no tocante à relação com a verdade, porque nenhum pode equivocar-se: o certo é que é como se tivesse a banca, ou como se jogasse valendo ponto e fosse banca ao mesmo tempo; de algum modo, o cético pirrônico não aposta. Os dois se subtraem à possibilidade de apostar em relação à verdade, e a posição pirrônica parece, assim, a da certeza. Mas há um ponto onde, parece-me, não se pode homologar o relativista. Em todo caso, aceito que se sustente que não é possível o ceticismo pirrônico, ou seja, digamos que não é ceticismo de verdade, porque o ceticismo pirrônico supõe algum tipo de relação com um fora: caso contrário, a suspensão do juízo não poderia tratar de algo a que não se tem acesso, ao passo que o relativista suprime este outro que está por fora; ele não diz *eu não tenho acesso a isso*, mas *eu não sei nada disso*. O cético, por outro lado, inclusive o pirrônico, diz: *eu não tenho acesso a isso*; não o nega. A operação pela qual Husserl homologa o ceticismo pirrônico com o relativismo me parece um passo em falso, exceto que se queira dizer que não se pode ser cético pirrônico. Também vale a pena deter-se nesta volta metalingüística contra o cético: *pelo menos digo que não digo nada*. É como se o cético pirrônico dissesse: *não creio nem em tal coisa, nem no seu contrário*; *nem em 'p', nem em não 'p'*. Porém, suponhamos que se situe o mesmo operador de crença diante da proposição. Ele não diz: "*eu não creio em 'p' nem creio em não 'p'*"; ele não usa esta proposição, apenas a menciona. Ou, ainda, diz: "Disse: '*nem creio em 'p' nem creio em não 'p'*'". De qualquer forma, o segundo nível de linguagem está dizendo: *Eu digo...* Isto possibilita um dizer que não supõe uma crença, que não é expressão de um juízo de crença. É ininteligível formular: *creio que nem creio nisto nem no contrário*. Não parece que o cético diga isto, mas *Digo que nem creio nisto nem no seu contrário*. Neste dizer não parece haver uma crença subjacente. Então, não sei se se pode incluí-lo naquela pirueta metalingüística.

Norberto Ferreyra: O ceticismo pirrônico, tomado por Lacan no Seminário "O objeto da psicanálise", situa-se melhor frente à uma alienação, diante da qual há esta abstenção, este dizer não. Não é que não se creia, mas sim que não é possível pronunciar-se. A distribuição da negação, *não..., não...*, que Cabanchik citou, concerne a um tema que Lacan já havia citado antes deste seminário, que a vincula à alienação: *ou não penso, ou não sou*. Formalmente, esta distribuição da negação implica um nível da alienação que não é o que se oferece na contradição. Isto tem, para a alienação, uma série de conseqüências que figuram no Seminário "A lógica do fantasma". Porém, ainda neste desenvolvimento formal, Lacan acompanha Freud na afirmação de que, no inconsciente, não existe a contradição. Para construir esta alienação, ele supôs a existência de outra cena com anterioridade lógica. Isto remete a um espaço onde vai a escritura. Poder-se-ia dizer muito sobre isto, mas a questão é a de uma anterioridade lógica e uma cena que é quase anterior a esta mesma anterioridade lógica. Assim sendo, e com relação ao "creio", poderia tirar-se a crença do marco de uma cena?

Falemos agora de sexo: é no âmbito, no quadro da perversão, que se joga uma decisão do sujeito em relação à crença. O que ficou pendente, e talvez permaneça assim por várias reuniões, é se esta é decisão ou escolha do sujeito.

Anabel Salafia: Lacan foi um estudioso de Husserl e, de acordo com esta condição, pode-se ler, por exemplo, o Seminário XI. Um dos pontos que Norberto mencionou refere-se a esclarecer todo psicologismo em relação à psicanálise, a fundamentar onde e através de que Lacan vai esclarecê-lo. Vai fazê-lo com relação à coalescência da causa com o ideal; creio que é neste seminário que diz que, neste ponto, se resolve o problema do psicologismo em psicanálise. Husserl, de maneira muito geral, se propõe a resolver o problema do psicologismo na lógica. O problema do psicologismo não é apenas da psicanálise; é problema na filosofia, na lógica, também na matemática, onde, por exemplo, Stuart Mill, se o lemos desde Frege, é psicólogo em sua teoria do número; podemos dizer que Frege rompe com a psicologia do número, dando uma fundamentação diferente. Mas vou ao seguinte: *as leis de lógica pura não coincidem com o pensamento*; isto é muito importante, porque, ainda hoje, há epistemólogos que sustentam que as leis de lógica pura coincidem com o pensamento. Na Argentina, assim o afirma, por exemplo, o discurso de Gregório Klimovski. Norberto observou que propor uma separação entre ambas tem o mérito de deixar a causa de fora. E acredito que se pode comentar algo sobre o que disse Cabanchik no tocante a que, tratando-se de Pirro, há algo que tem que se deixar de fora.

Samuel Cabanchik: Sim, porque o que se suspende neste sentido é o juízo.

Anabel Salafia: Claro, mas cabe uma diferenciação. Pode-se suspender o juízo com relação a algo que está de fora, considerando o fato de que o sujeito não é causa de si, etc.: podemos situar assim o não saber. Agora, o cético, no sentido moderno do termo, é a posição de incredulidade com relação a algo que está dentro, não fora. Que diferença há entre o ceticismo de Pirro e o de Hamlet? Hamlet é um filho do ceticismo de Montaigne, mas o de Hamlet está colocado no fantasma. É que o termo "certeza" muda de estatuto a partir de Descartes. Com o *cogito* nasce outra ordem de certeza, nasce uma convicção; e a certeza no que é relativo ao eu do *cogito* é a certeza paranóica. A partir de Descartes, o ceticismo é o de Hamlet, é hamlético: já não é mais uma posição ética e, sim, fantasmática; é uma incredulidade fantasmática. O mesmo poderíamos dizer a respeito do estoicismo ou do cinismo. O fantasma põe isto dentro, e a questão que se apresenta é pelo que fica de fora. O mesmo vale quanto a se existe ou não a verdade. Norberto situou a positividade neste sentido em uma afirmação de Husserl.

Norberto Ferreyra: É uma crítica de Husserl. Ele situa em Sigwart a existência de uma afirmação positiva a respeito de algo e o critica porque é o contra-senso do ceticismo. Quando Lacan situa Pirro, efetivamente diz que temos que considerá-lo na realidade desta história grega, que é, diga-se de passagem, sem Descartes. A partir do lugar considerado pela ciência, Descartes faz com que o fantasma esteja no mundo. Podemos pensar que isto, que aparecia como externo, depois dele e através da ciência, sofre uma interiorização. Talvez isto se vincule ao que disse de Heidegger na reunião passada. Neste livro, *Aufenthalte*, ele diz que fazem falta viajantes, não os turistas. No viajante há um momento de detenção, de estar, de fazer para si um lugar, o que parece ser muito mais difícil para o homem moderno. A inquietação do homem moderno, isto que o belisca, talvez tenha a ver com a interiorização de algo sobre o qual, antes, se podia emitir um juízo, ou não emiti-lo, como no ceticismo, mas, em todo caso, estava de fora. A ciência produz um movimento onde pode haver interiorização de algo que estava de fora.

Participante: É como se, a partir da modernidade, tivessem mudado as condições do argumento cético. O ceticismo ressurge mais ou menos no século XV. Há um ceticismo cujo sentido é assegurar o poder do Papa. O argumento cético permitia dizer que, como não se pode provar a verdade de nada, mais vale crer naquele que está representando a verdade: outra vez, há algo por fora. E Descartes começa metendo-se nesta discussão. Ele quer favorecer o poder papal, mas, no fundo, os seus argumentos são bem mais protestantes. Descartes começa as *Meditações...* dizendo que há uma luz natural, que é o mais bem repartido do mundo. É a mesma coisa que diziam os protestantes: há algo que todos temos, uma compreensão direta da verdade; por isto, cada um pode interpretar o texto divino, de modo que o poder papal fica interdito. Os céticos, por outro lado, queriam sustentá-lo, dizendo que, na realidade, ninguém pode saber nada e, então, mais vale que haja um Papa. Este é o cético moderno, embora pré-cartesiano.

Participante: Norberto sugeriu evocar a verificação da verdade pelo sintoma. Efetivamente, poder-se-ia dizer que não há outro ponto de verificação da verdade, em termos da psicanálise, a não ser pelo sintoma.

Norberto Ferreyra: Lacan diz que, em todo caso, trata-se de articular uma cena em significantes, isto é, verificá-la em todo o seu ser e por seu sintoma.

Participante: Refere-se aí à veracidade da existência da cena primária no caso do Homem dos Lobos.

Norberto Ferreyra: A veracidade, que se buscou na existência efetiva da cena, refere-se a articular a cena em significantes. Se levarmos em conta o que o próprio Lacan reconhece em Freud, onde se tratava da anterioridade de um marco, uma cena, inclusive com respeito à lógica, vemos a importância deste dizer de Lacan: articulá-la em significantes; não fala de imagens, sem o prejuízo de que as imagens possam ter valor de significantes. E a esta verificação se chega pelo ser e pelo sintoma. Que sintoma? O do sujeito; não há outro. E Lacan diz que, pela ação do significante, o sujeito encontra o objeto parcial; e, pelo significante, o sujeito tem uma "potência auscultadora". Isto é interessantíssimo e talvez se vincule ao tema do interior-exterior. "Auscultar" é escutar algo do interior do corpo. Há uma potência auscultadora do sujeito que é favorecida pelo significante. Parece-me que isto é fundamental com relação à psicossomática. Ainda que nela se possa tratar da voz, seja o que for que se situe a seu respeito, não pode deixar de lado esta potência auscultadora. É como se alguém escutasse por dentro. Além do que isto tem de referência a Freud, já que o *eu* se comporta assim com relação ao *isso*, a potência auscultadora do sujeito, se não encontra uma ordem, clinicamente se apresenta como fenômenos psicossomáticos ou, se há um nível de restituição, como hipocondria. Insisto, trata-se de uma interioridade que se escuta. E Lacan enuncia esta potência auscultadora como do sujeito, não do significante.

Participante: Freud, no "Projeto...", com relação ao juízo de realidade, diz que o sujeito só pode apreender e querer aquilo que tem uma ressonância interna, no sentido de implicar o corpo. Parece-me que isto se vincula à questão do interno, mas também ao dispositivo da análise, no sentido de produzir esta caixa de ressonância, onde a convicção seja possível. O dispositivo da análise é um modo que, antes, não existia, onde esta ressonância possa ser escutada? É suficiente para isto o dispositivo?

Norberto Ferreyra: Há uma caixa de ressonância e é a transferência, sempre e quando estiver em jogo a dimensão da verdade. Quanto ao vazio do corpo, trata-se da angústia. Nesta auscultação, neste escutar uma interioridade, trata-se da angústia. Quando Lacan diz que é a certeza, é assim porque se está auscultando a angústia. A angústia se ausculta. Quanto ao dispositivo, a elaboração de certa angústia em uma análise está na possibilidade de que esta auscultação possa passar a escutar o que se diz. Isto é clinicamente evidente, por exemplo, em casos graves. Se alguém fala, e há uma certeza, e o nível desta certeza refere-se à angústia, mas esta angústia tem sua coordenada de certeza em função da potência auscultadora, se é apenas isto, então é mais angústia: não há limite. Exceto que se possa dar um passo, um passe de discurso, de modo que esta angústia seja pelo que se diz. Podemos falar de potência auscultadora, ressonância, escuta interior (estas últimas expressões já não se usam muito). Caso se fique nesta ressonância interior, que só pode ser auscultada, se não há por parte do analista um limite, de modo que haja um passe ao dizer, se o apoio da certeza, da crença ou descrença não passa ao dizer, se não há isto, a angústia não tem limite. Neste caso, o sujeito se enfrenta diretamente, não com o infinito atual, mas com o infinito que soma 1+1+..., onde o sujeito, a cada palavra que diz, quer somar um mais para exteriorizar este vazio que é a angústia, e a única coisa que faz é interiorizá-lo cada vez mais: depois virão enfermidades ou um surto.

As coisas colocadas dessa maneira seriam simples; complicam-se porque, como se trabalha com palavras, se estabelece aquela dimensão da ressonância. No sentido estrito que Lacan define para o dispositivo, o tratamento do real pelo simbólico, o simbólico se refere à existência de um dizer, e não indica que este dizer possa ser escutado auscultadoramente. Esta é a ruptura com a medicina. O dispositivo oferece esta possibilidade e, ao oferecê-la, promete. Como vimos na reunião passada, a promessa na psicanálise tem algo muito difícil de cernir, já que ela se faz com aquilo mesmo com que se trabalha: as palavras. Não é uma questão ideológica; é que se trabalha com a palavra, e é difícil que a palavra não tenha um nível de promessa. Neste caso, a análise, que é parte da formação de quem vai dedicar-se à psicanálise, torna possível certa abstenção, ou seja, que as coisas possam ser ditas de uma maneira que não favoreça esta promessa. Só isto, porque quem pode impedir que aquele que escuta o que alguém diz faça a idéia de uma promessa? Ninguém pode impedi-lo. Com este tema, engancha-se a reação terapêutica negativa. Talvez na próxima reunião falemos da função do super-eu, não somente com relação ao gozo, mas também quanto à conformação do super-eu como tal, e nos iremos aproximando ao sexo; porém, pouco a pouco.

Participante: É uma promessa.

Norberto Ferreyra: Evidentemente. Como o sexo não vai ser uma promessa?

13 de maio de 1992

3. A escolha de sexo

A suposição da verdade – Interpretação e construção – Percepção e equívoco – Substituição e identificação – Bissexualidade e escolha sexual – O supereu e o gozo do Outro – O sexo do objeto – Asco e inveja – A moral sexual – Decisão e escolha – Decisão e realização

Na reunião passada, deixei propostas duas questões, que podem ser alternativas para continuar hoje. Uma delas é a aproximação da escolha sexual. A outra se relaciona com o lugar da causa, na pulsão ou no amor. Chegamos à pergunta pela questão da escolha de sexo, entendida esta não como algo que fosse levado a cabo conscientemente pelo sujeito, mas como um ato inconsciente: no caso de que seja possível uma escolha de sexo, o sujeito deste ato é o do inconsciente. Também nos perguntamos se isto tem relação com o fato de que ao sujeito suposto saber não se suponha a verdade e com o que se oferece em troca.

$$\frac{S\ s\ S}{\text{verdade}}$$

$$\downarrow$$

"em troca" (outra coisa)

Ao *sujeito suposto saber* se supõe tudo, menos a verdade. Em troca, é-lhe oferecida outra coisa que não a verdade. Esta outra coisa está no lugar da verdade. Ao sujeito suposto saber, por definição, se supõe o saber; mas nem sempre se entende que não se supõe a verdade. Como saber e verdade não coincidem, como são disjuntos, como há um excesso da verdade, então ocorre isto e, em troca da verdade, há algo que se dá. Isto é fundamental com relação à demanda de análise, que fica estabelecida não só pela suposição deste saber, como também pelo movimento de rejeição ao que foi oferecido em troca da verdade, negada supor.

Entende-se que esta função não é eletiva do analisante; não é que ele decida não dizer a verdade, não se trata disto. É uma questão de estrutura. O que está em jogo não é uma decisão do eu: é que é impossível supor a verdade; há uma impossibilidade de se supor a verdade do Outro.

Porém, o fato de que aquele que pede uma análise não possa supor a verdade não o impede de crer que a supõe. Uma das condições básicas para o início de uma análise é que possa crer que supõe esta verdade. E, ao mesmo tempo, tem que haver, em relação a isto, uma rejeição: não exatamente de que suponha a verdade, mas do que é dado em troca; quase sempre se trata, a princípio, de algo que toma a forma de objeto na transferência. Não é que isto substitua a verdade, não é tão simples. Isto está *no lugar de*. Não cumpre a função da verdade. Se a cumprisse, haveria um valor de substituição e, então, de algum modo, teria relação com a verdade. Mas não tem. Não é uma simples substituição. Está *em lugar de,* mas não cumpre a mesma função: não é que conserve algo do substituído, da verdade. Por isto, disse que é *em troca de*. Trata-se de dar algo *em troca de*. Não satisfazer a demanda é precisamente rejeitar isto que é proposto *em troca de*. Evidentemente, não se trata de rejeitar a pessoa ou o sujeito; trata-se de não considerar isto que é oferecido, não levá-lo em conta como um índice de verdade; não é, em termos de Freud, um índice de verdade histórica; não é referência imaginária ou simbólica nos avatares deste discurso. Há que considerá-lo como o que é: uma troca de gozo, da qual o analista deve abster-se.

E surge a questão sobre a que concerne esta verdade, cuja suposição é negada por razão de estrutura. É uma verdade do sujeito, uma verdade histórica, uma verdade relacionada com algum saber em especial? Lacan destaca que toda verdade, pelo que se ata de saber com relação ao sintoma, resulta concernir ao gozo. De modo que, dito formalmente, esta verdade pode concernir ao gozo. Porém, já na reunião passada, fomos além, para perguntar-nos se esta verdade, sem desmerecer a premissa anterior, pode referir-se à escolha de sexo. Em cada indivíduo intervém uma verdade na escolha de sexo, e nos perguntamos se esta é uma das formas que toma esta verdade, que não pode ser suposta. Assim, deixamos colocada esta questão.

Na reunião passada, falamos também do ceticismo. Referimo-nos a ele por não se pronunciar pela existência positiva de uma coisa ou de outra: *não mais disto do que daquilo*. Referi-me ao ceticismo pirrônico e à consideração que Husserl faz do ceticismo. Convém conservar na memória que, a princípio, isto é o que se pede ao analista; pede-se *não mais disto do que daquilo*. Esta aparente neutralidade, este não pronunciamento do analista, pode ser importante, por se referir à abstinência na análise: a suspensão de preconceitos, opiniões e outras coisas do gênero. Talvez isto seja necessário em um princípio, mas não se pode sustentar uma análise a partir desta posição: porque, então, o que fica neutralizado – utilizo especificamente esta palavra – é o desejo do analista, que, de uma maneira ou de outra, se pronuncia.

Por isto, peguei em particular *Construções na análise* e *Análise terminável e interminável*. É interessante considerar, a partir desta perspectiva, o que Freud diz sobre temas como a interpretação e a construção. Não se trata do que se chamou contratransferência, mas da dimensão de não-neutralidade do analista. Estou de acordo em que não se trata de opinião, não se trata de valorização do que se diz, porém o analista não pode ser neutro a respeito, do que se diz, porque ele mesmo está incluído no que é dito, como um valor de mudança.

Assim, chegamos a um ponto que Freud tematiza em *O eu e o isso*: *O dinâmico só encontra no fenômeno uma explicação equívoca. O ato de percepção não dá razão alguma de porquê algo é percebido ou não.* E acrescenta: *A equiparação do inconsciente ao pouco ou não perceptível é o mesmo que manter a equivalência psíquico = consciente.* Vimos que, tanto para o empirismo como para os pirrônicos, a abstenção de emitir juízo diante dos fatos não impede reconhecer sua existência; salva-se o fenômeno, o que quer dizer que ele se dá por existente, mesmo que não haja um pronunciamento a seu respeito. E, como acabamos de ver, Freud diz em relação aos fenômenos algo que, no meu entender, resulta importantíssimo em psicanálise: diz que o fenômeno sempre tem uma explicação equívoca. E, com relação ao dinâmico – isto é, para ser breve, o inconsciente e o consciente – não há motivo para que o ato de percepção resulte em equivocidade. Há uma determinação, tanto para o ato de percepção como para o fenômeno. O fenômeno existe: existem a alucinação, a alucinose, a ilusão ótica, que têm que ser salvos, ou seja, outorgar-lhes o seu estatuto. Mas não se pode fazer uma interpretação a partir do fenômeno. Isto é o que Freud sublinha, podemos dizer que como entrada epistemológica, em *O eu e o isso.*

Freud está falando de uma anterioridade à percepção, de algo que modula a percepção. Não se trata simplesmente de que cada qual vê segundo o seu olho, o que é verdade em um sentido físico. Tampouco é que cada qual veja o que quer ver, mas o que se determina a partir de outro lugar. Isto, determinado desde outro lugar, faz com que o equívoco não se dê na percepção: equívoco há na palavra. Na ilusão, na alucinose, não há equívoco; há, sim, no discurso que as sustenta.

Caso se afirmasse que o equívoco está na percepção, por ser ilusão ou alucinose ou alucinação, com diferentes graus de perda do sentido da realidade, do espaço, do tempo, com reconhecimento na ilusão, sem reconhecimento na alucinação, etc. Se se tratasse disto, teria muito pouco sentido tratar estes fenômenos com as palavras; haveria outros métodos muito mais eficazes. Então, não há que buscar explicação no nível do fenômeno, onde, diz Freud, a explicação seria equívoca.

Neste texto de 1923, Freud diz que os detratores da psicanálise aduzem que o inconsciente é pouco perceptível, que quase não se percebe; a equiparação do inconsciente ao pouco perceptível ou ao não perceptível leva, definidamente, diz ele, a sustentar que todo o psíquico é consciente. Sobre isto, vou desenvolver mais adiante um comentário, com relação a questões formuladas por René Thom, em seu livro *Apologie du logos*. Ele não leva especialmente em conta a psicanálise, mas, ao se referir às condições do científico, dá quase todas as que a psicanálise cumpre, pelo menos tal como eu a entendo. Não porque eu pense que a psicanálise deva ser uma ciência, penso que não é; nem que deva ser o mais científica possível, mas tampouco que deva resguardar-se de toda pretensão neste sentido. Penso que, efetivamente, há uma relação de dependência com respeito à ciência, que vem desde o descobrimento do inconsciente e em relação com o seu próprio desenvolvimento. Sabemos que as questões da ciência afetam o real, tornam possível transmutações no real dos corpos que, por sua vez, podem dar causa a outros fatos. Porém, insisto, não é que eu pense que a psicanálise seja uma ciência. As direções vinculadas com a ciência servem para localizar em que situação uma está com relação à outra: não penso que esteja numa relação de complemento nem de suplemento, mas que é outro âmbito com respeito ao saber; e que não faz uma relação de completude quanto à ciência.

A referência a *O eu e o isso* nos permite certa aproximação ao tema da escolha de sexo. Insisto, tomo a escolha de sexo como um dos pontos aos quais pode estar referida a verdade sobre a qual falei; não é o único. Não digo que esta verdade, que não pode ser suposta, seja a escolha do sexo; digo que tal escolha pode ser uma das maneiras como se apóia esta verdade.

Há algo que, em relação à substituição e ao tema da identificação, está maravilhosamente exposto por Freud em *O eu e o isso*. É preciso levá-lo muito em consideração, não apenas para uma clínica do luto como também, na realidade, com referência a toda a clínica. Freud vai fazendo umas reflexões acerca da palavra; por exemplo, que a palavra é essencialmente resto mnêmico da palavra ouvida. Ele é incisivo quanto ao fato de que só há palavra se houver palavra ouvida. Neste sentido, diz que a percepção é para o eu o que a pulsão é para o isso. E refere-se à possibilidade de substituição ou afastamento da carga libidinal que o isso coloca em algum objeto; aqui é importante, como diz Freud em *As pulsões e suas vicissitudes*, observar que a carga para o objeto é indiferente, isto é, é indiferente ao sexo a que esteja referido o objeto. Bem, um tema poderia ser "o sexo do objeto", o que não é o mesmo que o objeto do sexo... como todo o mundo poderá rapidamente imaginar. *O sexo do objeto* seria um tema possível para que alguém o preparasse.

A substituição desta carga, o que vai ao lugar desta perda, se produz como uma identificação no eu; esta é, diz Freud, a maneira de conservar o que se perdeu para o *eu* ou, ainda, de retirar a carga do objeto. Não é a mesma coisa: no primeiro caso, trata-se de conservar o laço com o objeto; no segundo, trata-se de que o aparelho psíquico, contando com o tempo necessário, possa separar a sua libido do objeto. A substituição de uma carga libidinal deixa sempre como corolário uma identificação.

Vocês vêem que o termo "substituição" não só se situa na conformação do eu – é óbvio que o eu está feito assim – mas também no processo da perda do objeto e também da tomada do objeto: como corolário, fica sempre uma identificação. Vou dar um exemplo um pouco forte. Embora seja de Freud, não tenho nada a ver com isto, só em tê-lo escolhido. Ele diz que, nas mulheres que tiveram uma vida erótica, digamos, abundante...

Participante: Intensa, diz Freud.

...Bem, vejo que leram este ponto atentamente. Enfim, nas mulheres que, felizmente, tomaram esta decisão, no que as admiro, se reconhecem, após determinado tempo, certos caracteres; o que dá a entender que os laços libidinais destas mulheres com seus objetos amorosos deixaram identificações quanto ao "caráter do eu". E Freud traz, aqui também, como em *Totem e tabu* e em outros lugares, o exemplo dos primitivos – já se sabe que os "primitivos" servem para tudo, Freud não escapa a isto:

A crença dos primitivos em que as qualidades do animal ingerido como alimento se transmitem ao indivíduo e as proibições baseadas nesta crença constituem um interessantíssimo paralelo da substituição da escolha de objeto pela identificação. Esta crença se encontra certamente entre os fundamentos do canibalismo, e atua em toda a série de costumes que vai desde a comida totêmica à comunhão.

E continua: *As conseqüências que aqui se atribuem ao apoderamento oral do objeto surgem depois realmente na escolha sexual do objeto ulterior.* Ainda que isto possa estar relacionado à histeria, ou – quanto ao oral – à melancolia, vê-se que este modo de deixar o objeto e a correspondente identificação estão, para Freud, em estrita relação com a escolha do objeto sexual ulterior. O "apoderamento oral do objeto", este tema do domínio, no sentido do objeto por parte do sujeito, torna possível a busca do objeto sexual seguinte. Há uma substituição da escolha de objeto por uma identificação. Isto, sim, é estritamente uma substituição. Se só se entende que o um vem depois do outro, se não se considera o que há de substituição, então se deixa de lado a ordem de prazer que há neste processo.

Há que se situar o termo *substituição* do mesmo modo que quando falamos de metáfora e metonímia. Na criação de uma metáfora, há uma mudança no nível da significação, uma elaboração de um processo de gozo; há uma demarcação do gozo, um marco para este gozo. Penso que nisto é o mesmo; que neste sentido há que se entender a substituição da escolha de objeto por uma identificação. Talvez a trava consista em pensar nisto como algo que leva muito tempo, embora seja o habitual, o que ocorre todos os dias: constantemente qualquer sujeito está fazendo isto – o que se vincula com a posição no fantasma; mas não vou entrar agora nesta questão. Quero insistir em que se trata de algo habitual, cotidiano. E, quando alguém escolhe um e não outro, pelos motivos que sejam, há sempre uma perda em relação às outras alternativas. Há que argumentá-lo assim. Senão, a psicanálise parece ser uma especulação que vai às "coisas profundas", e Freud não queria isto; de outro modo, não teria partido de onde partiu. A substituição da escolha de objeto pela identificação é algo habitual, cotidiano.

E aqui encontramos por que Lacan, na aula de "O objeto da psicanálise", que mencionei em outra reunião, parodia este analisante. Ele o faz emulando Freud, quando fala que o eu diz ao isso: *Podes amar-me, pois sou parecido ao objeto perdido*. Este diálogo entre as instâncias e o que propõe Lacan, entre analisante e analista, têm a virtude de introduzir o oferecer e o retirar, ou o oferecer-se e o retirar-se, com relação à demanda do Outro.

De onde vem esta identificação? Como sempre, a certa altura de seu argumento, Freud diz: do pai, mencionando a primeira identificação com o pai. Mas, em nota de pé de página – prudente, como sempre – observa que referi-la ao pai é, na realidade, para simplificar. Foram suscitadas questões acerca do pai totêmico, ao qual nos referimos com esta identificação primária. Gerard Pommier, em seu seminário, oferece uma interpretação a respeito, com referência à condução da análise. É importante que Freud observe que é para simplificar. E acrescenta um exemplo espirituoso – como sempre: Freud escolhe as mulheres para dar exemplos interessantes, talvez porque seja a única maneira de suportar o que elas evocam. Refere-se ao caso de uma mulher já casada, isto é, uma pessoa que já conheceu o que há que se conhecer: ela diz que aceitou o fato de que algumas pessoas têm pênis e outras, não; aceitou que há mulheres que não têm pênis... mas há outras que têm; há os que têm pênis, que são os homens, e as que não têm, que são as mulheres... mas as mulheres que não têm pênis são as que valem muito pouco; as que valem têm. Trata-se do valor do falo. A questão não é mais se é mulher ou homem. Por isto, digo: a questão é o pai totêmico, mas o que há por trás ou pela frente deste pai? Não diremos, como se disse, "o casal parental", mas sim como, com prudência, observa Freud, diremos que tomamos o pai para simplificar, mas que se trata do atributo fálico, de modo que isto não é alheio à mãe com falo; não com pênis, mas com falo. Este é o nó da identificação primária. Todas as outras identificações resultam, neste sentido, secundárias.

Freud não está falando exatamente da escolha do sexo, mas trabalhando o tema. E diz que a disposição triangular do Édipo e a bissexualidade constitucional do indivíduo vão determinar todos estes processos entre o objeto perdido e a identificação.

$$\left\{\begin{array}{l}\text{Triângulo do Édipo}\\ \text{Bissexualidade constitucional}\end{array}\right.$$

Aparelho psíquico

O triângulo edípico e a bissexualidade, que é importante anotar em Freud como constitucional, resultam, assim, em pilares do aparelho psíquico; dão conta de que um determinado sujeito tome determinados caminhos e não outros. São as premissas para cada sujeito. Atrevo-me a dizer que este não é exatamente um problema freudiano, senão um limite de Freud. Em todo caso, ele o enfoca tomando o Édipo chamado total ou duplo, positivo e negativo, o que dá quatro posições possíveis para cada sujeito. Positivo quando, "normal", se orienta para o outro sexo, e negativo quando se orienta para o mesmo sexo. Isto dependerá, em última instância, da "energia da bissexualidade", isto é, de cada parte da sexualidade. Na revista *Litoral*, apareceu um breve artigo de Guy Le Gauffey que se refere a este tema: adverte que Freud nunca propôs ou aceitou que o recalcado fosse a bissexualidade. Não é que alguém seja homem porque recalca ser mulher e vice-versa. O *isso* é, digamos, muito amoroso, e então se direciona aos objetos sem importar de que sexo sejam. É ideológico sustentar que alguém é homem porque recalca ser mulher e vice-versa; no entanto, há tratamentos que são conduzidos sobre esta premissa. O que para Freud define a diferença entre disposições sexuais depende da quantidade de energia que esteja de um e de outro lado do sexo.

Chegamos agora ao ponto mais importante do que lhes quero dizer hoje. Uma questão é o que aparece como identificação, e outra é o resíduo libidinal que fica de cada processo de identificação ou de cada processo de perda de objeto. O *isso*, ao abandonar um objeto, sempre produz uma identificação, e também há um resíduo libidinal. Há no *eu* um resíduo das distintas operações relativas à perda de objeto. Freud diz que, no final do complexo de Édipo, na chamada destruição do complexo de Édipo, se produz uma modificação no *eu*, que resulta opor-se ao conteúdo do *eu*: surge o *ideal do eu* ou *supereu*. Para Freud, em 1923, o *supereu* se constitui pelos resíduos provenientes das identificações produzidas a partir das distintas perdas de objetos; não se trata das identificações em si, senão de seus resíduos libidinais. A partir da declinação do complexo de Édipo e com base no que, por enquanto, continuamos chamando bissexualidade, surge o ideal do eu ou *supereu*.

Freud diz também que o *supereu* não é simplesmente um resíduo, mas uma enérgica formação reativa contra os mesmos resíduos. O *supereu* é também formação reativa contra os seus próprios conteúdos. Caso contrário, não se poderia entender a índole das ordens superegóicas. A constituição do *supereu* vai contra estes mesmos resíduos que o constituem, porque são resíduos libidinais. Além disto, estão em Freud as relações e os conflitos entre as diferentes instâncias. Mas o que me parece mais importante é a simultaneidade que assim fica estabelecida. Antes do período de latência, no ponto da escolha do objeto sexual, se constitui o *supereu*. Ele pode estar referido à cultura, à introjeção, mas não é só isto, já que, como vimos, o *supereu* está contra isto mesmo com que está constituído. E isto é importantíssimo.

Se não fosse assim, haveria uma coerência lógica do *supereu*. Esta questão equivale, em outro nível, à da contradição no inconsciente. A suposição de uma coerência lógica no *supereu* é consistente com linhas como as de Bateson, da escola de Palo Alto, com sua referência à dupla mensagem. Contudo, o *supereu*, em seu próprio movimento de constituição, vai resguardar uma reserva libidinal constituída por estes resíduos. Cada processo de identificação deixa – em termos freudianos – energia livre que é desligada, dessexualizada; inclusive, diz Freud, pode-se falar a respeito de sublimação. Freud situa aqui um erotismo despojado da energia necessária para encadear a destruição agregada; não é energia que una e sim energia livre, que não pode unir – vemos que, neste contexto, a palavra "energia" é pertinente à escolha de sexo. E, com isto, faz-se o *supereu*; estamo-nos referindo a restos de identificações. Disto surge uma dissociação das pulsões. E, a partir desta dissociação, surge o imperativo rigoroso e cruel do *supereu*. Parece-me que esta explicação freudiana do *supereu* pode dar pistas para se começar a debater a questão da bissexualidade.

Gerard Pommier, em *A exceção feminina*, diz que a bissexualidade pode ser entendida em termos de um gozo passivo e outro ativo: isto é um guia, mas, evidentemente, não basta. Convém-nos indagar se, na escolha do sexo, o *supereu* está implicado. Creio que tem um lugar importantíssimo, já que sua constituição se situa no momento em que o complexo de Édipo se fecha, como Édipo completo e em relação com a bissexualidade.

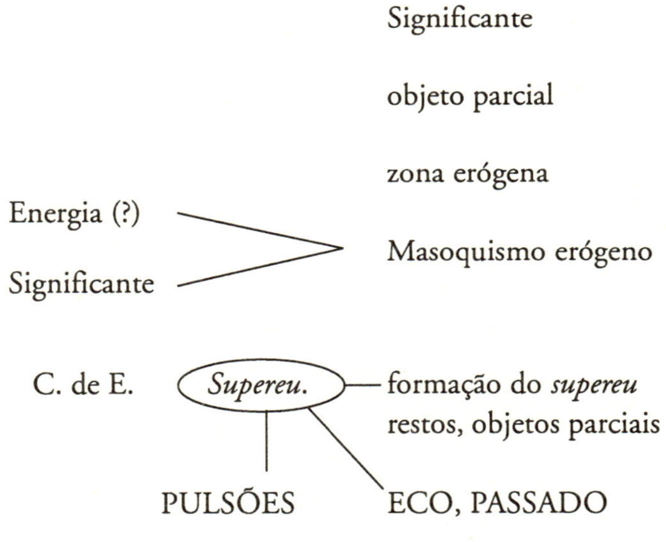

Incluí também no esquema a definição do *supereu*, por Freud, como um eco do isso e como o passado que se atualiza. Os questionamentos suscitados em relação ao momento de escolha do sexo, coincidente com o findar do Édipo, estão em Freud relacionados a uma energia. Tanto para a bissexualidade como para o masoquismo erógeno, para a própria zona erógena, sempre se trata de quantidade de energia libidinal. Está presente a questão de se as pulsões estão juntas ou não, mas o tema sempre remete a uma noção de energia. A partir da bissexualidade, a escolha do sexo só pode explicar-se pela identificação, mas isto é arriscado, porque, como sabemos, a identificação é ao traço, e o objeto não pertence a esta linha de identificação.

Assim está formulado em Freud. Em Lacan, talvez não esteja desenvolvido em termos muito diferentes, porém é possível pensar outras coisas. Em todo caso, insisto, há que se partir de não considerar a bissexualidade como algo que se reprime. Isto está claro no próprio Freud; exceto talvez em alguns artigos do princípio, como o que, em 1908, se refere às fantasias histéricas. Mas não era isto o que interessava a Freud, como se vê na disputa com Fliess. Não lhe interessava conceituar que o recalque de um sexo tornasse possível a escolha do outro.

Para avançar nisto, terá que se entrar na consideração do que se chama o gozo do Outro. Direi somente duas palavras, para deixar aberta a discussão. O Outro é lugar, tanto da garantia como da promessa, em termos de promessa de gozo. É lugar de garantia, não por garantir a verdade, mas por garantir um lugar para ela. E, como isto implica um gozo, é ao mesmo tempo uma promessa de gozo. Daqui podemos partir para abordar de outro modo, incluindo as precedentes referências a Freud, a escolha do sexo. Pode haver diferentes maneiras de abordar a questão. Quando se esgote esta, tomaremos outras, para ver de que trata esta verdade que, por estrutura, o analisante não pode supor; verdade que, por estrutura, ninguém pode supor. Não se trata de que cada um tenha a sua verdade, o que seria, digamos, uma concepção muito liberal. Porém, resulta muito claro – não sei se pude transmiti-lo – que, das instâncias psíquicas freudianas, o *eu* e o *supereu* são as que falam.

Participante: Que relação há entre a promessa de gozo e a promessa de felicidade?

Norberto Ferreyra: Bem, acho que esta relação eu não conheço... Se a felicidade se refere a coincidir com algum ser, com o ser como o falo, então é uma promessa de gozo fálico; haveria uma coincidência do ser com o falo. A promessa de felicidade é fálica. Contudo, estamos falando de outro tipo de promessa, que não vai pela via do gozo fálico, senão pela do gozo do

Outro. Estamos novamente nas questões que formulei com referência ao infinito atual e que produzem o próprio dispositivo da análise. Não basta lermos isto nos livros, temos que tratar de explicar o que ocorre aí dentro.

Participante: Com relação ao teu comentário sobre substituição e escolha de objeto por identificação, pode-se relacioná-lo com a dessexualização que Freud propõe como inerente à identificação?

Norberto Ferreyra: Sim, Freud quase a considera uma sublimação. Parece-me que a substituição sempre implica um limite ao gozo, uma modificação do gozo, poderíamos dizer, da energia. Em todo caso, implica uma modificação daquilo com o que o sujeito goza. Refiro-me a qualquer substituição, sem entrar em julgamento de valores. Então, quanto à tua pergunta, penso que, sim, há uma semelhança, por implicar uma modificação de gozo. Há uma frase de Freud, creio que a citei há pouco tempo, em que, falando do sonho e a respeito da exigência pulsional, diz que esta se substitui pela realização de desejos. Neste sentido, entendo o que é uma substituição.

Evidentemente, há condições para que a substituição se produza. Por isto, há casos em que a substituição não é produzida, e são clinicamente importantes. Um analisante pode admitir substituições em determinadas redes significantes, e tudo vai muito bem, mas em outra linha de significantes começa a se travar, não há possibilidade de substituição, não há possibilidade de metáfora, não se produz quase nenhum sentido, ou nenhum sem-sentido, o que, neste ponto, dá no mesmo. A substituição se apóia no significante e no objeto parcial – e isto é a substituição; não há outra coisa. E a substituição é comandada por um significante. Daí se conclui que é impossível uma modificação na escolha de sexo. O que se pode é dar as condições para que apareça tal escolha, não a que foi, mas a que é, a que é possível, segundo o sujeito de que se trate; que haja uma escolha de sexo. Estou-me referindo ao que tenho como hipótese: há um tempo, um momento, no discurso, que constitui um sujeito, onde ele tem certo grau de decisão a este respeito? Não falo evidentemente do *eu*, nem do *supereu*; estou falando do sujeito. Parece-me que talvez haja uma relação entre a decisão e a substituição; porém isto seria outro tema. E também, insisto, alguém teria que trabalhar a questão do sexo do objeto.

Anabel Salafia: Há uma questão relacionada ao objeto, não ao da escolha sexual, mas ao objeto na relação com a verdade que Norberto situou. No começo da reunião de hoje, você dizia que a verdade que não é suposta ao sujeito suposto saber, implica um gozo oferecido em troca. E dizia que esta verdade não suposta poderia concernir à escolha do sexo. Mas também dizia que não somente a isto concerne esta verdade. Então, com relação à verdade não suposta ao sujeito suposto saber, o que é que não se refere à escolha do sexo? Dito de outra maneira, e indo à questão do sexo do objeto, situa-se precisamente que o objeto é *a*ssexuado. O próprio Lacan o chama *a*ssexuado. Tudo o que possamos considerar a respeito da relação entre esta verdade não suposta e a escolha do sexo, tudo dependerá do objeto, mas o objeto em questão não é o sexual. É um objeto relacionado com o gozo e, no entanto, esta relação com o gozo está deslindada, por uma razão de estrutura e desde o começo; se considerarmos como começo, em Freud, os resíduos do *isso,* de todos os modos nos levaria ao objeto *a*ssexuado.

Norberto Ferreyra: Entendo que o tema do *a*ssexuado estabelece duas questões. Por um lado, indica que o desejo é sexual. Ter-se-ia que ver se, neste sentido, o gozo é sexual. Pode-se afirmar que o desejo é sexual, mas que o gozo seja sexual não pode ser dito, se dizemos que o desejo é sexual; porque o desejo não é o mesmo que o gozo. Quanto ao *a*ssexuado, o objeto parcial, com o significante que o faz surgir, é o que fará possível que o objeto seja *a*ssexuado. O que quer dizer que é um objeto apto para substituir o grande Outro. Assim se pode ler em *Encore*, embora não esteja dito desta maneira. Substituir o grande Outro é substituir algo que não existe, que é suposto. E, além disto, deve ser uma substituição efetiva, ou seja, tem que estar ali; não pode ser apenas mais uma invenção, tem que funcionar, tem que ter uma existência lógica, enfim, tudo o que possa dizer-se sobre o objeto *a.* E que seja *a*ssexuado quer dizer que o gozo com relação ao grande Outro não é sexual, no sentido em que o é o desejo. Se o desejo é sexual, o gozo do Outro não o é; pelo menos não quanto à própria sexualidade.

Poder-se-ia objetar que, ao dizer isto, esqueço que somente o desejo de alguém pode ser reconhecido como o desejo do Outro. Efetivamente, o aparecimento do desejo de alguém é sob a forma de ser o desejo do Outro.

Assim é como aparece o desejo de qualquer sujeito, porém, quando o desejo é desejo, implica um gozo que é claramente sexual, e há um objeto sexual; desde já, com a relatividade que provém de não haver um objeto definido, porém, há estritamente um gozo sexual. Quanto ao objeto *a*ssexuado, é a única coisa que assegura a Lacan – isto está dito no Seminário 20, *Encore*, em 1972/73 – a possibilidade de falar do grande Outro como uma dimensão. Não falava apenas de sua inexistência: há algo, o objeto *a* como *a*ssexuado, com o qual o sujeito se relaciona no tocante ao grande Outro. Tem que ser como *a*ssexuado porque, se fosse sexuado, já estaria como causa do desejo, o que é outra questão.

Anabel Salafia: De qualquer forma, Lacan nunca vai apontar – pelo menos eu não poderia indicá-lo – o que funciona como causa do desejo com relação ao sexo. A função da causa se situa determinada pelo signo de um sujeito, que é o que pode ser para outro causa do desejo; é a definição do amor. E a escolha de objeto aparece determinada pelo signo do sujeito, podendo ser a feminilidade, mas não o sexo; ou a virilidade, mas não o sexo. Assim, quanto a funcionar como causa do desejo, quero dizer, não dentro do fantasma, senão com referência à divisão dos gozos. No que diz respeito ao fantasma, é claro que tudo tem significação, que é sexual, pelo fato de dever-se ao falo.

Osvaldo Arribas: Quero fazer uma pergunta em relação ao desejo enquanto sexual e à aptidão do objeto para substituir o grande Outro. Lacan, em "Os quatro conceitos...", em resposta a uma pergunta a respeito das zonas erógenas, diz que, além das zonas de borda, há zonas de queda da sexualização. E, a respeito, diz que ali podem-se localizar duas grandes vertentes do desejo, falando em relação à função do asco e da inveja. A minha pergunta é, Norberto, o que poderia dizer disto, com respeito ao desejo e a estas zonas de queda da sexualização?

Norberto Ferreyra: Quando Lacan se refere ao asco e à inveja em termos de queda do desejo, não é que não haja desejo; sempre há.

Osvaldo Arribas: Ele fala de uma queda do objeto sexual por uma pendente de realidade. Então, diz, o objeto sexual fica reduzido a um pedaço de carne, no exemplo do asco histérico. É uma queda da sexualização do objeto. Ele não diz que o desejo se dessexualize, mas que o objeto sexual cai em uma pendente de realidade e, neste sentido, se dessexualiza e a carne é somente isto, um pedaço de carne. O que me chama a atenção é que relacione as duas grandes vertentes do desejo – não está falando do gozo – com as funções do asco e da inveja, quando vem falando acerca da *esquizia* pelo menos do olho e do olhar.

Norberto Ferreyra: "Queda" refere-se, neste caso, a uma menos-valia sexual do objeto; fica deslibidinizado, desinvestido. Não sei exatamente como responder a esta pergunta. Parece-me que esta citação não corresponde a uma zona erógena; isto é, não se trata de um objeto que esteja relacionado com uma zona erógena. Isso ocorre porque a investidura não é a mesma que a daquele objeto que corresponde a uma zona erógena, quanto à qualidade e também à quantidade da libido. O desejo pode ser o mesmo, mas o objeto fica caído como tal, como objeto sexual, ainda que o desejo seja intenso, porque o recorte do objeto não corresponde a uma zona erógena. Este tipo de expressões, "pedaço de carne", etc., são às vezes os insultos mais terríveis, por exemplo, entre mãe e filha. É tão potente o insulto como potente o incesto que existe lá. A queda do objeto, neste ponto, não faz senão mostrar o quão incestuoso é o desejo de que ali se trata. Sempre se trata de um recorte, mas que não é apto para a zona erógena de onde é extraído. Então, a extração libidinal fica menosprezada em seu valor: quanto ao objeto, não quanto ao desejo. Retomando o critério da substituição, diria que há uma defasagem relacionada à substituição. O desejo se apoia na possibilidade de substituição. O objeto, em compensação, não é substituível. No exemplo que estamos discutindo, o objeto se transforma em algo único, não no sentido do Um, nem de unicidade, mas de... *unidez*? Vamos combinar, pelo menos por esta noite, de falar de *unidez* com relação a este exemplo do asco. Nesta *unidez* do objeto, é impossível que haja representação. Aquele ou aquilo que estiver no lugar desta *unidez* não poderá ser substituído. Em compensação, um objeto sexual sempre pode ser substituído.

Osvaldo Arribas: Você diz *unidez* pelo lado do objeto e não pelo lado do traço.

Norberto Ferreyra: Na citação de Lacan que você trouxe, e que é alguns anos anterior a *Encore*, apresentam-se duas grandes vertentes do desejo. A inveja também é o recorte mínimo para aniquilar o outro, e este recorte mínimo também implica uma *unidez*: o mínimo necessário para que se torne impossível ser substituído, o que é uma forma de matar; é a mais efetiva, estando alguém com vida. Matar alguém em vida pode referir-se a isto: reduzi-lo ao mínimo, a ponto de não poder ser substituído. Se alguém lhe diz: "Você é um filho da...!", pode ser substituído por vários outros. O mesmo para "Vai à...", ou "Você é um cachorro!" "Não, sou um cavalo!", poderá responder: sempre há substituição. Distinto é se tomar um traço, que, inclusive, pode não pertencer ao objeto; o que importa é a sua redução a isto, onde é impossível ser substituído; não haveria outro objeto igual. E, por isto, esta questão é aplicável ao diálogo, se assim se pode chamá-lo, entre mãe e filha.

Anabel Salafia: Parece-me que esta questão tem a ver com o poder de separação do olho. Mencionou-se a *esquizia* do olho e o olhar: este recorte do objeto, esta pontualidade da direção da inveja em seu caso, é referente ao poder de separação do olho. Este poder desinveste. E, diz Lacan, trata-se de uma dessexualização; não é o mesmo que a função do *a*ssexuado.

Norberto Ferreyra: Nem é o mesmo que a função da dessexualização que víamos em Freud para o caso da identificação, em que há uma divisão das pulsões com energia livre. O esquema pode ser muito simples. Trata-se de que cada perda de objeto possa ser bem realizada, nos termos requeridos para que a substituição se possa dar, tanto para que o objeto possa ser substituído como para que o sujeito possa se substituir ao falar. Se isto não ocorre, então, como diria Freud, a quantidade de energia livre, de pulsão de morte livre, desligada, que não encadeia nada, é cada vez maior. E, como Freud explica em outros textos, isto pode ser voltado para fora, e a forma que pode tomar é: "o mínimo". Isto quer dizer que é o máximo, porque se trata da maior destruição que se pode conseguir através da palavra. É com palavra. É uma palavra que aponta ao ser do outro e que não tem substituição; quem a recebe não pode obter uma representação que a substitua, em nenhuma língua. É o mesmo que, em outro nível, jogar com o próprio nome.

José Milano: Creio que na quinta reunião do Seminário "O objeto da psicanálise", Lacan fala da *a*percepção do objeto. Observa que chegou a se falar de amadurecimento do objeto, e diz que o objeto escapa ao campo do perceptual. A questão é colocar isto em relação com a verdade. E, diz Lacan, no que se refere à verdade, trata-se do sexo. A respeito do sexo, acrescenta, há a moral sexual, que dá ao objeto o estatuto de objeto perdido. O argumento de Lacan a respeito da *a*percepção aponta para levar o objeto *a* à sua dimensão de causa. O que me pergunto é, sendo a verdade aquilo não suposto, e sendo que, no que se refere ao objeto, concerne ao sexo, e considerando o ponto da escolha, e da decisão...

Norberto Ferreyra: A questão é se esta escolha implica uma decisão.

José Milano: A pergunta é se, então, não haveria um ponto que escapa à transferência, já que ao Outro não lhe é suposto um saber relacionado com a decisão que o sujeito tomou quanto ao sexo. E a minha pergunta é, também, se a borda que a verdade faz, ao saber esta conexão com a verdade, iria pela via deste algo de decisão relacionado ao sexo. Lacan sustenta ali que o recorte deste objeto é em função da verdade, e que a verdade se refere ao sexo, sem prejuízo de que este tenha um tratamento moral, onde o objeto toma estatuto de mítico e perdido. A minha pergunta refere-se à sua hipótese de um ponto de decisão possível relacionado à escolha.

Norberto Ferreyra: Que haja decisão quer dizer que seja possível, numa análise, localizar um ponto onde houve alguma decisão a respeito. Não exatamente escolha; escolha há, de fato.

Participante: Lacan afirma que o Outro diz: '*serás homem*' *ou* '*serás mulher*'.

Norberto Ferreyra: Isto faz referência ao lugar do Outro como garantia da verdade ou como promessa de gozo.

Participante: A questão é se nisto não lhe é suposto um saber sobre esta escolha.

Norberto Ferreyra: É certo que a moral considera o objeto como mítico e perdido, porque é a única maneira de apaziguar o instinto. O que a psicanálise subverte a respeito é que este mítico e perdido o transforma em falta. A posição do sujeito não é a mesma, se está relacionado com o que falta; não mais com algo mítico e perdido; pode dispor muito mais de sua ação. Sua ação sexual, a ela me refiro, pode estar muito mais disponível para um sujeito, se está relacionada com a sua falta. A questão é se houve uma decisão a respeito desta ação sexual – digo "ação sexual" no sentido amplo, para não empregar "ato sexual" nem "relação sexual"; trata-se das ações que ele crê sexuais, que classifica como tais. Se houve uma decisão, há uma liberdade possível, não só a que tenha sido propiciada pela moral; não me refiro à moral em seu sentido social, mas ao que a moral faz com o objeto. A questão é se, ainda na presença desta moral, pode ter havido uma decisão. O certo é que, mesmo quando ela tenha existido, a moral vai ocultá-la. Basta escutar reportagens com transexuais, por exemplo, para advertir que, logo quando falam, estão perdidos; por se tratar de reportagens, estão tomados pelo artefato e não fica lugar. Então, a escolha fica dita como imaginária, ou então como se não houvesse nenhuma decisão: *Eu sou assim*, o que poderia ser respondido por qualquer um. Não é que em um caso tenha havido decisão e, no outro, não. Mas, no caso de que tenha havido uma decisão a respeito da escolha, então a eficácia do inconsciente também se demonstra em uma decisão do sujeito do inconsciente. Já sabemos que o inconsciente decide, que é eficaz: a questão é se também o sujeito decide.

Participante: A decisão se situa como um fato passado? Houve uma decisão? O que disto pode caber na análise?

Norberto Ferreyra: Isto suscita toda uma maneira de analisar. Penso que, neste sentido, há um ponto em que o passado é inexistente. Por mais que alguém diga *Houve uma vez*, por mais que empregue o pretérito perfeito ou o mais-que-perfeito, sempre se trata de inventar um passado onde se situar. O tempo dos verbos, em seu possível auge no discurso, torna possível a interpretação. E o que me parece possível é chegar a que houve uma decisão. O *houve* é uma maneira retórica; o sujeito não pode dizer que, neste ponto, decide, porque a escolha do sexo já está determinada. Não me refiro a uma escolha imaginária, mas a uma posição sexual definida. Pode haver variantes a respeito. E a escolha pode não estar constituída. Mas uma análise pode levar às portas disto. Tampouco se trata de que a decisão seja tomada na análise, embora ela possa ser tomada, se não estiver suficientemente construída, quero dizer, se a escolha não tem a eficácia suficiente. Será uma questão clínica ver se a escolha, e a decisão, se houver, se conjugam no passado, no presente ou no futuro.

Participante: Você falou de uma decisão do sujeito do inconsciente, que, de acordo com "Os quatro conceitos...", é o indeterminado, o não realizado: poderia estar relacionado a algo ainda não decidido?

Norberto Ferreyra: O sujeito sempre escapa; quando alguém vai pegá-lo, não está mais lá. Contudo, na escolha do sexo, você o encontrará. Quero dizer, você vai encontrar o objeto, e o sujeito, quando você encontrar o objeto, vai em seguida; o sujeito, por assim dizer, sempre vai estar correndo na frente. Neste ponto é inatingível, porém em algum momento fica situado com relação ao objeto. Por isto a via é o objeto. Quanto a se o inconsciente como o não-realizado pode equivaler a algo do não-decidido, não sei se é a mesma coisa, porque, desde *A interpretação dos sonhos,* a exigência pulsional é substituída pela realização de desejos. Então, a respeito da exigência pulsional, é sempre o não realizado. Enquanto a respeito da realização de desejos – não do desejo – no sonho algo se realiza: sonha-se. Não estou falando em termos de satisfação, senão de realização. Se não o levássemos em conta, somente consideraríamos um ir para frente, um abismo que devora tudo. Na dimensão do grande Outro, o não realizado se coloca de outra maneira, mas este é outro problema.

Participante: Creio que, na primeira reunião, você apresentou, para o analista, a questão de como pôr termo às substituições, que poderiam ser intermináveis. Este pôr termo, é um momento de decisão em uma análise?

Norberto Ferreyra: Basicamente, o analista é tomado como término das representações. Tem que estar aí para tomá-las – não como pessoa, o que seria um grave erro. É meta final do sonho, do chiste, que o analisante não vá, por mais que diga que esteve enfermo. Isto parece absurdo, mas não o é, porque, se não se considerasse como a meta, como o lugar ao qual tudo isto está dirigido, seria impossível analisar, já que se abriria um leque imenso de possibilidades, que são as mesmas que levam à neurose, que é ampliação da variedade de metas, para evitar uma: o incesto.

27 de maio de 1992

4. O tempo do supereu

Verdade e escolha de sexo – A moral e a atualidade do objeto – Tempo e identificação – Tempo e diferença sexual – Substituição e sexualidade – Lacan, cético? – O indiscernível – O tempo como diferença

Quero voltar a ler algo que disse na primeira reunião e que marca a orientação deste seminário. Depois, vamos continuar com o que vim desenvolvendo na reunião passada. O que, para mim, abarca o sentido deste trabalho e dá razão ao nome do seminário é o seguinte:

> *O objeto parcial assegura as identificações segundo a lógica de que à perda do objeto sucede a identificação. Esta identificação está do lado do sujeito. Que seja o objeto parcial o que assegura as identificações está na base do laço social, tal como o estabelece a política. É a respeito da interrogação do laço social assim estabelecido que a experiência da análise tem algo a dizer, porque a transferência apresenta as mesmas condições em relação à possibilidade de estabelecer o laço social. Este laço se pode interrogar a partir de que o amor tem uma função na psicanálise; a psicanálise necessita de uma doutrina do amor para interpretar o que sucede na transferência. Por isso, no Seminário* 'A transferência', *Lacan começa com* O banquete, *de Platão, falando sobre o amor.*

Na reunião passada, referimo-nos ao problema da escolha de sexo como um dos pontos onde se amarra a verdade; e mais, José Milano interveio para dizer que, em "O objeto da psicanálise", Lacan diz que a verdade está no sexo; não no sentido de uma revelação, senão em que o sexo é um lugar onde se assenta a verdade. Neste sentido, consideramos a hipótese de que, na escolha de sexo, haja uma escolha do sujeito. Não me refiro, evidentemente, a uma escolha consciente. Trata-se de saber se, na trama das identificações e a respeito do complexo de castração, é possível para o sujeito do inconsciente alguma decisão a respeito da escolha de sexo. Esta é a hipótese, e convém tê-la presente ao escutar o que trabalhamos. Posso dizer "trabalhamos" porque, por sorte, na reunião passada, o trabalho posterior à minha exposição inicial abarcou quase a metade do tempo.

Vimos que Freud é muito claro no que chega a dizer a respeito da definição sexual ou da escolha de sexo. As coordenadas que põe em jogo são o complexo de Édipo e a bissexualidade; entende-se, evidentemente, que elas se cruzam com o complexo de castração. O sexo ao qual o sujeito aparece adscrito sempre depende do complexo de Édipo e da bissexualidade, atravessados pelo complexo de castração. Quanto à bissexualidade, situou-se um interrogante: vimos que aparece como definitória, porém é, digamos, a terra do inexplicável. Não há como medir, quanto à bissexualidade, o que possa definir a adscrição a um ou a outro sexo. Freud, ao mesmo tempo em que é claro neste ponto, deixa algo como inexplicável: não é exatamente um enigma, mas é que, com respeito à bissexualidade, ninguém poderia explicar esta maior ou menor "quantidade" que leva a estar em um sexo ou em outro. E há que levar em conta que, nesta "energia" da bissexualidade, não se trata do recalque de um sexo para se adscrever ao outro; nisto Freud é contundente; não é que alguém recalque ser mulher para ser homem, ou que recalque ser homem para ser mulher. Não concerne à noção freudiana de recalque. O ponto de decisão da bissexualidade é segundo a disposição. Há em jogo uma disposição libidinal, de modo que os acontecimentos da história, coordenados pelo complexo de Édipo e pelo complexo de castração, não definem em última instância, já que fica este dado, insisto, inexplicável, da bissexualidade.

Também na reunião passada, alguém situou uma função da moral que apresenta o objeto como mítico e perdido. Como resposta aproximada, observei que, para apaziguar a pulsão, para isto a moral apresenta o objeto como perdido e mítico, ou seja, como se nunca mais tivesse que estar presente. Esta desatualização do objeto tem lugar às vezes em certa orientação da psicanálise e me parece que faz parte da moral psicanalítica. Se há algo atual, é o objeto.

Com referência ao atual e ao passado, na última reunião formulou-se a pergunta de se, no caso de se poder sustentar que houve uma decisão do sujeito quanto à escolha de sexo, esta decisão teve lugar no passado ou no presente da análise, o que define uma questão na direção da cura. Dissemos, então, que, no caso de ter havido este momento de decisão, há uma maneira de conjugá-lo, ou seja, como se pode conjugar em uma análise: em tempo passado, presente ou futuro, e segundo os diferentes modos dentro de cada tempo. Assim se situa a atualidade: quanto a confrontar passado, presente e futuro, não há outra coisa que o discurso. O passado se encontra como invento? Há algo disto, em realidade. Na análise, trata-se de inventar um passado onde situar-se; não no sentido de uma origem, mas no de criar certas coordenadas do discurso que o sustentem, o qual sempre, necessariamente, inventa um passado; cria-o. Freud é claro a respeito: as lembranças encobridoras mostram como este passado é inventado. Porém isto não quer dizer que não haja existido; este invento é um dos índices da existência de algo, ou de alguém, que talvez possamos chamar sujeito, que produz a invenção; sendo ele próprio, possivelmente, produto desta invenção.

Disse também que, na escolha de sexo, convém fazer referência ao *supereu*. Sabemos que este é herdeiro do complexo de Édipo, o que diz quase tudo a respeito dele. *Quase tudo* porque resta algo, de que podemos tratar, com relação ao tempo. Antes de mais nada, há um gozo a elaborar na análise. Nesta época dos *fax*, que, indo e vindo, vão participando de todo tipo de atividade, uma vez me ocorreu que poderia chegar o momento em que um *fax* chegasse a dizer: *Fax you!* Isto pode chegar para qualquer sujeito que seja chamado por um *fax*; entre o *fax* e o *faxismo* há, às vezes, somente um passo. Quero dizer que o momento de dizer *Fax you!* é um momento de possibilidade de amar o inconsciente. Este *Fax you!* não será senão: *manda uma mensagem para ti mesmo*. Na realidade, é um gozo do imperativo. E a análise, não em seu fim, mas sim em uma das orientações que a constituem, aponta para elaborar todo gozo que provenha de um imperativo. O *Fax you!*, embora pareça desalienar o sujeito, enquanto imperativo, não cria senão outra volta de gozo, um gozo que depende do imperativo, necessita ser elaborado na análise. Claro que, tampouco se trata de branquear a consciência.

Isto vinha com respeito ao tempo e aos tempos que correm. A respeito do passado, Freud se refere ao *supereu* em alguns artigos de 1924 e 1925, que vou citar. Em "A declinação do complexo de Édipo", referindo-se às aquisições morais que são conseqüência da declinação do Édipo, diz: *Em todas estas aquisições morais parece haver se adiantado o sexo masculino, sendo transmitidas depois, por herança cruzada, ao feminino.* E, um ano depois, em "Algumas conseqüências psíquicas da diferença sexual anatômica", diz:

> *Eis aqui um interessante contraste na conduta de ambos os sexos. Quando o varão, em análoga situação, descobre pela primeira vez a região genital da menina, começa a se mostrar indeciso e pouco interessado: não vê nada ou repudia sua percepção, a atenua ou busca desculpas para fazê-la concordar com o que esperava ver. Só mais tarde, quando uma ameaça de castração chegou a influir sobre ele, dita observação torna-se importante e significativa para ele; sua lembrança, sua repetição, lhe desperta então uma terrível convulsão emocional, e lhe impõe a crença na realidade de uma ameaça que até esse momento havia considerado risível. De tal coincidência [recordem esta palavra] de tais circunstâncias surgirão duas reações que podem chegar a fixar-se e que em tal caso, já separadamente cada uma de per si, já ambas combinadas, já em conjunto com outros fatores, determinarão permanentemente suas relações com a mulher: o horror diante dessa criatura mutilada, ou então, o triunfante desprezo da mesma. Todos estes desenvolvimentos, no entanto, pertencem ao futuro, embora não a um futuro muito remoto. A reação da pequena menina é diferente. No mesmo instante adota o seu juízo e toma sua decisão: viu-o, sabe que não o tem e quer tê-lo.*

Vejam vocês qual é a diferença. O varão fica um tempo hesitando, fica olhando, duvida e não toma uma decisão. Intervém o recalque, mas, fundamentalmente, fica hesitando, como se não tivesse visto o que viu e joga com isto: período de latência. Por outro lado, a menina, assim que vê, emite um juízo. O varão pareceria demorar em emitir um juízo; o juízo existe, mas ele quase não se inteira de que emite este juízo. Na menina, logo há um juízo: *[...] viu-o, sabe que não o tem e quer tê-lo.* Estas posições marcam de maneira precisa uma diferença sexual; podemos referi-la à percepção, ao próprio objeto, como vocês queiram, mas em todo caso é o que se chama uma diferença sexual, e o é por duas referências fundamentais: ao tempo e à identificação.

O que no menino fica em *souffrance*, suspenso, quanto à decisão de emitir o juízo, *tem - não tem*, não é assim na menina. Isto não a impedirá de criar, depois, universos como este: onde todas as mulheres têm, menos as que não valem nada. Na reunião passada, recordei o exemplo de Freud, onde uma mulher casada, que se supõe já saber tudo, dizia: *[...] muitas mulheres não o têm, porém essas são as que valem menos.* Então, não se trata de que, naquele juízo, a menina já aceite o de que se trata; trata-se de que há um juízo, no mesmo instante, e isto parece explicável como diferença sexual. No menino, a rigor, não é exatamente duvidar, mas sim suspender o juízo, não chegar a emiti-lo ou, em todo caso, à diferença da menina, não se inteirar rapidamente; há um tempo diferente.

Cruzemos este parágrafo de Freud com o outro que lhes li, a respeito das aquisições morais, onde o sexo masculino parece adiantar-se quanto à consciência moral, que remete ao *supereu*. Este adiantamento é diretamente proporcional ao seu atraso em emitir o juízo. Em outros lugares e também nestes textos, Freud diz que a menina terá uma posição mais laxa a respeito do *supereu*; será mais pessoal que impessoal, menos universal. O varão será mais universal, categórico, rígido. Porém, vimos uma diferença fundamental quanto ao tempo de emitir um juízo, em relação específica com a decadência do complexo de Édipo e com a diferença sexual anatômica. Vocês vêem que aqui o importante é o tempo. Não falo, evidentemente, do cronológico. O fato é que isto indica certas variantes a levar em conta na direção da cura. Não é o mesmo analisar um sujeito, se é homem ou se se apresenta como tal, ou, então, se é mulher. Há um ponto em que, clinicamente, não se pode deixar de lado o fato de que alguém se apresente como mulher ou, então, como homem, o que, sem dúvida, é atribuível à constituição do *supereu*, porém não só a isto, mas também a esta referência ao tempo. Insisto, creio

que, em termos de temporalidade, existe uma relação importante entre a aquisição rápida do *supereu* no varão e seu atraso para emitir juízo frente à castração.

O tempo do *supereu* está dominado por duas circunstâncias, que são diferentes. Uma é a contingência ou, digamos, a probabilidade, para o caso do varão, e outra é, para o caso da menina, a privação. Em um caso é o que pode ser, o que é possível que seja: a ameaça de castração. No outro, é o que já foi. Com relação a isto, entende-se que, como diz Freud, o complexo de castração atue sempre no sentido indicado por seu próprio conteúdo: inibe e restringe a masculinidade e estimula a feminilidade. Assim se situa melhor a relação entre o complexo de castração e isto que aparece a seu lado, sustentado por ele: o *supereu*. Em outros lugares, depois de *O eu e o isso*, Freud outorga especial importância ao *supereu*. Diz assim que, em toda enfermidade psíquica e a respeito da etiologia das neuroses e psicoses, é sempre fundamental levar em conta "a conduta do *supereu*". Eu quis introduzir a referência ao tempo e ao *supereu* na dimensão que diz respeito à emissão de juízo sobre a existência ou não do falo materno, no varão e na menina. É possível que aqui se situe uma diferença sexual. Podemos deixá-lo localizado entre sinais de interrogação: esta decisão, a emissão deste juízo, este instante, na menina, já implica uma escolha sexual? E, no varão, o atraso em emitir este juízo e o horror correspondente, o não poder reagir exceto com a fobia ou a tomada de precauções, que constituem a restrição da masculinidade, implica uma escolha sexual? A hipótese é que a decisão quanto a esta escolha possa manifestar-se no atraso ou na instantaneidade do juízo.

Voltemos à questão como a situa Lacan em seu seminário; nele não deixa de estar presente que o "serás homem" ou "serás mulher" é ouvido como dito a partir do lugar do Outro. Trata-se de uma experiência de palavra, por isto se joga no lugar do A, do grande Outro. Contudo, eu lhes falei de uma não coincidência, de uma possível discordância. De onde provém esta discordância fundamental para o sujeito, que é talvez a base do sentimento de culpa? Se fosse possível uma concordância sexual – chame-se ato sexual, em um desenvolvimento de Lacan, ou relação sexual, em outro esclarecimento posterior – se fosse possível alguma unificação sexual, se isto fosse possível sem nenhum resto, poderíamos falar de coincidência sexual. Seguramente vocês ouviram dizer isto de outras maneiras. Trata-se de que esta discordância sexual já está presente na função do objeto parcial.

Não me refiro somente à diferença de gozo, nem à diferença entre gozo obtido e gozo esperado, embora isto deva ser levado em conta. Refiro-me a que, como diz Lacan, o inconsciente fala de algo que é o falo e os objetos parciais. Não diz que o falo ou os objetos parciais falem, senão que, quando o inconsciente fala, fala disto. E acrescenta que entre estes objetos, incluídos o falo e a sexualidade (deixemos entre parênteses o que aqui possa significar sexualidade), se tecem relações constitutivas, que obedecem à condensação e ao deslocamento. Vemos algo que já destacávamos em outra reunião. Na substituição, há deslocamento e condensação, metáfora e metonímia; para que haja condensação, tem que haver deslocamento, e para que haja metáfora é necessária a metonímia; e, toda vez que falemos de metáfora e metonímia, nos estaremos referindo à substituição. Trata-se aqui de que há uma relação entre a substituição e a sexualidade.

Isto também pode ser dito de outra maneira. Com respeito à pulsão, não tem objeto. Na reunião passada, discuti a possibilidade de que o objeto cumpra a substituição. Agora, eu o situo a partir de um outro ponto de vista. São diferentes perspectivas, para ir em direção ao mesmo; assim sucede em psicanálise, como em outros campos. Então, digo: porque falamos de substituição, há sexualidade. Não sabemos o que ocorre nos animais, porque eles não falam; bem, aí está a diferença: o falar implica a substituição, que, como tal, é a sexualidade. Isto é importante, porque define um ponto de tomada de decisão com relação a seguir diferentes linhas possíveis. Estamos falando da sexualidade, não do ato sexual nem do sexo. Lacan dizia que o falo e os objetos parciais se entrelaçam com a sexualidade. O que é a sexualidade, senão esta possibilidade de substituição que aparece por metáfora e metonímia na linguagem? Então, falar é sexual? Que alguém fale, implica uma sexualidade; se alguém fala, necessariamente há sexualidade. Os seres falantes são, como tais, seres com sexualidade, o que não equivale a seres com sexo. Lacan diferencia ato sexual de sexualidade; esta última se entrelaça com o falo e os objetos parciais. Este entrelaçamento, feito possível pela substituição, faz com que haja sexualidade. O falo e os objetos parciais não seriam tais se não houvesse sexualidade.

Então, a sexualidade é algo que está no ar? Bem, sim, tem a ver com o que se diz, o que se transmite. No sentido em que hoje e aqui o estou situando, dizer "sexualidade humana" resulta uma redundância, já que a substituição, a metáfora, isto mesmo é a sexualidade.

Esta discordância se situa já de entrada, pelo próprio falar. A palavra, *lalangue*, o mundo da linguagem, cria um universo que não é que seja sexual, mas sim que é a sexualidade, implica, como tal, a sexualidade. Aqui se situa uma digressão que – depende de como vocês escutem e de como eu diga – pode ser importante. Trata-se de algo que, em uma das *Regulae...*, a número XI, diz René Descartes: *Vocês sabem bem que as palavras, não tendo nada parecido com as coisas que elas significam, não deixam de nos fazê-las conceber.* Isto remete a várias questões. No século XVII já havia alguma aceitação do abismo entre as palavras e as coisas; não é que Descartes o tenha descoberto. O importante é este *Vocês sabem bem...*, a partir do qual Descartes sugere uma substituição. Não quero dizer que a palavra substitua a coisa, mas sim que, porque há esta fenda, existe a substituição.

Jean-Pierre Cavaillé, em *Descartes, a fábula do mundo*, destaca uma diferença entre Saussure e Descartes. Dito rapidamente, para este último, o uso da língua não deixa de ter um papel de instrumento, que não terá para Saussure; e, em Descartes, o signo não remete somente ao referente, mas também aos pensamentos; assim opina este autor, apoiando-se, por sua vez, em Jean-Luc Marion. Porém, interessa-me agora destacar que este *Vocês sabem bem...* não deixa de aludir ao saber com o qual se quer educar; dito de outro modo, é um preceito da educação. Não só "que se saiba", senão "que se diga", mas também que se saiba bem. *Vocês sabem bem...*, na história das idéias e do sujeito, abre ou dá lugar – como na reunião passada comentou Anabel Salafia – a uma possibilidade do fantasma, com relação ao sujeito recortado do *cogito* cartesiano. Lacan o diz de outra maneira: *Você não pode ignorá-lo.* "Vocês sabem bem..." não deixa de ser um dos componentes do fantasma. E pode-se ver como, neste imperativo, intervém certa função do *supereu.*

Situei a discordância em diferentes níveis: entre as palavras e as coisas; na não-coincidência sexual, por exemplo, no ato sexual. Porém isto se pode entender de duas maneiras. Pode-se afirmar que a substituição surge precisamente por esta não coincidência sexual. Mas, ao mesmo tempo, podemos pensar que existe algo, um terceiro que, no deslizamento da substituição, impede pensar um sexo como oposto ao outro. Alguém poderia admitir uma discordância ou incongruência ou não completude sexual e, no entanto, postular cada sexo como oposto ao outro; o que é uma forma do fantasma e implica que esta oposição formou, em algum tempo, uma unidade que poderia voltar a existir. Então, não só a substituição – sempre deslizante, porque se apóia na metonímia – é o que impede postular sexos opostos; há algo que é terceiro. E isto, terceiro, é o que Lacan chama objeto *a*.

Diz ele:

> *Entre o homem e a mulher há necessariamente esse objeto terceiro, do qual a função da substituição, sempre deslizante, não permite em nenhum caso tê-los por opostos, em referência a alguma verdade eterna; situando-se como sexuado em relação a sua inscrição como tal no ato de sua conjunção ao sujeito do sexo que se chama oposto*

– ou seja, não permite que o sujeito se inscreva como sexuado por sua relação com alguém do sexo oposto. Definir-se como sexuado por situar-se em relação a alguém do sexo oposto, não é senão uma das formas da complementaridade, a conjunção de duas partes que se unem sem um resto que sustente alguma diferença; seriam duas dissemelhanças, opostas, cuja diferença se perde quando se unem. É claro que, na clínica, encontramos sujeitos em que o escolho mais importante radica em que tudo o que seja dito no transcurso da análise entre em um campo de indiferença, de não-diferença, nos termos de duas dissemelhanças que, ao se unirem, perdem a diferença, sem resto. É um problema clínico que resulta muito trabalhoso: introduzir alguma diferença, até a própria presença do analista ou o *semblant* que possa ser pertinente ao momento da análise, não alcança, não dá lugar a que fique um resto de uma operação, um resto de uma sessão ou de um enunciado que corte este ar indiferente; algo que dê lugar à sexualidade.

Lacan distingue duas caras do objeto *a*. Uma delas podemos referi-la à prática, diferenciando-a da clínica. É quando se refere ao objeto *a* como *ousia* da ausência de relação: como resto, como o núcleo, como a substância que sustenta uma diferença, o que concerne à prática. E, na cura, o objeto *a* se apresenta sob as diferentes espécies de objeto parcial. São duas dimensões do objeto *a*. A primeira se refere à prática, que não só inclui o clínico; na prática, o *a* é a *ousia* da ausência de relação, núcleo, "matéria", "substância" com relação ao "ser", e coloco entre aspas estas palavras porque, a rigor, o objeto *a* não é nem matéria, nem substância, nem ser. Trata-se da constância da ausência de relação. E, em sua dimensão clínica, já dissemos que aparece, na cura, sob as diferentes espécies de objeto parcial.

Na díada sexual, o objeto *a* "representa" a diferença. Coloquei entre aspas a palavra porque, se houvesse possibilidade de que a representação de uma diferença estivesse assegurada mediante substituição, então o objeto *a* não teria por que existir. Ele não representa, ao aludir este termo à "representação"; se o fizesse, se incluiria entre as representações e faria parte do processo de substituição; seria substituível. O objeto *a*, sem ser substituível, é o único que pode substituir, como vimos em outra reunião: pode substituir o grande Outro. É particularidade do *a*, que situamos como *a*ssexuado, a possibilidade de substituir o grande Outro, ou seja, que o sujeito, até em sua sexuação, se enfrenta com o *a*ssexuado; nunca com o grande Outro. Entre o sujeito e o grande Outro sempre está o objeto *a*. Se o sujeito, como diz Lacan, faz o Um para igualar ao Outro, entre o Um e o Outro está o *a*. Se não fosse assim, haveria uma relação de complementaridade entre Um e Outro.

Porém, diz Lacan, o Um, sem ser, pode ligar-se ao grande Outro, que inexiste, mas pelo Um que não é – como diz Alain Badiou – ou, como creio melhor dizer, pelo Um sem ser, por esta via pode, às vezes, ligar-se ao grande Outro. O que é em Lacan um corolário quanto à relação entre o Um e o Outro, que também é enganosa, se não for pela existência do objeto *a*. A prática analítica seria diferente se se tratasse de que estão o Um e o Outro. O Um sem ser, não sendo, é garantia de que a verdade não seja toda.

Partimos da questão do sujeito suposto saber, no princípio da análise, e dissemos que a única coisa que não lhe é suposta é a verdade. O analisante supõe um saber àquele que escolhe, contingentemente, mas, ao escolhê-lo, o faz necessário – no lugar do analista – o supõe sujeito de algum saber. Mas, por uma questão de estrutura e não de vontade, não lhe supõe a verdade. A análise só poderá ocorrer se o analista não crê que a verdade lhe seja suposta e admite que é assim por razão de estrutura: deste modo, há certa garantia de que a verdade não seja toda; nunca poderá esperar sua completude do lado do sujeito suposto saber. Por isto, sempre há um resto do que se diz. Este resto pode ser uma diferença ou uma indiferença: dependerá do lugar que a verdade tome no desenvolvimento de uma análise.

Para Lacan, e também o diz assim Alain Badiou, não há critério da verdade. A verdade não é tal ou qual, não é uma revelação, mas uma operação. Não há uma certeza da verdade. E Badiou observa que, talvez por esta não-certeza, por esta não-revelação da verdade, Lacan foi acusado de cético. Bem, nas primeiras reuniões, referimo-nos ao ceticismo. A referência ao ceticismo vai de mãos dadas com a questão da verdade. Sustentar que não há critério da verdade, que a verdade é uma operação e não há nela certeza nem revelação, pode tomar um rumo cético. Porém sabemos que a posição de Lacan a respeito do desejo do analista contradiz, na prática, este ceticismo. Ele diz que, quando ocorre a sexuação do sujeito, o Um da medida – todo o Seminário *A lógica do fantasma* pode ser percorrido a partir da pergunta sobre se o *a* é mensurável – não pode medir a incomensurabilidade do *a*; o Um nunca poderá chegar a medi-lo. E há uma discordância entre o Um da medida – que, em todo caso, é de gozo – e o Um da identidade. É outra maneira de situar o que vínhamos dizendo. Se, mesmo sendo impossível medir a potência de gozo do *a*, o Um da medida, o que mede, pudesse ter relação de equivalência com o Um da identidade – não me refiro ao nome próprio, mas ao Um da identificação – o problema estaria resolvido: bastaria dizer que há algo inexplicável, como efetivamente diz Freud. Porém, Lacan diz que há um Um da medida e há um Um da identidade, que estão sempre em discordância: parece-me que, assim, a bissexualidade passa a outro lugar, ou lugar do inexplicável.

O inexplicável, dissemos, obedece à bissexualidade. É inexplicável enquanto a decisão sexual dependa da disposição para um ou outro sexo. Não é um enigma. E, assim, o complexo de Édipo não faria senão forjar um ritual a partir desta disposição libidinal: traçar a dialética da bissexualidade, que é o diálogo com a Esfinge. Estou falando, creio, nos termos de Freud. E isto resulta inexplicável, no sentido de que não é calculável; não é possível calcular nestes termos aonde irá parar cada sujeito. Assim, nenhum tipo de decisão resulta possível. Neste sentido, é inexplicável. Desde já, há explicações de Freud, que estão nos tomos de suas *Obras Completas*. Refiro-me a que, em Freud, a bissexualidade se situa em um ponto inexplicável, já que a sua explicação não permite calcular, prever; é incalculável, sem que situá-lo assim implique supor que um cálculo deva ser exato.

Lacan, por sua parte, em *A lógica do fantasma,* diz que há um Um da medida; este Um, padrão da medida, não consegue medir o *a,* que sempre é um resto. E, também, está o Um da identidade, chamem-no de traço unário ou como prefiram. Ocorre que, até entre estes dois, não há concordância. Se houvesse concordância entre o Um da identidade e o Um da medida, que está referido ao gozo, então o problema remeteria à bissexualidade. Lacan, neste ponto, não fala de bissexualidade; refere-se ao sexo, em todo caso, ao ato sexual. E, ao manter esta diferença entre o Um da medida e o da identidade, então, em minha interpretação, pode sustentar-se outra coisa que o inexplicável da bissexualidade.

Tomemos o caso dos transexuais – já mencionei que, nas reportagens que fazem a seu respeito, costumam terminar confundindo tudo. Quando falamos de uma escolha de sexo, uma escolha sexual, estamos dizendo que há um discernimento; determinado sujeito escolheu – ou é escolhido para – determinado lugar sexual no discurso, e isto é discernível; pode-se discernir que escolheu este e não o outro – o que não equivale a que ele tenha feito ativamente tal escolha. Porém, de acordo com a noção de bissexualidade que trouxemos de Freud, este discernimento remete a uma questão de quantidade, segundo a disposição libidinal de cada sujeito como fator decisório – tendo, de todos os modos, em conta que não se trata de que alguém recalque ser homem para ser mulher ou o inverso. Desta forma, isto seria totalmente discernível, se não fosse por algo que é a verdade.

No meu entender, Lacan situa, como um lugar da verdade, o sexo. É porque a verdade pode apresentar-se como indiscernível. Para Lacan, e nisto podemos considerar sua conceitualização dos discursos, na verdade se trata de um lugar; não do discernimento de um valor de verdade. Há, sim, um valor de gozo, um objeto de gozo, mas não há um valor de verdade. Mais ainda, em ocasiões posteriores, por exemplo o Seminário XXVI, *L'insu...*, Lacan chega a dizer que a psicanálise é uma prática sem valor: quer dizer, onde o valor da verdade não é discernível; onde a própria verdade pareceria ser indiscernível. Há uma operação de verdade, há onde situá-la no discurso, mas não há revelação nem certeza sobre ela; não há mais que um lugar, onde opera algum significante. O indiscernível, mesmo que o ponhamos em uma fórmula ou então em outra, é o mesmo: não importa quantas permutações façamos. O indiscernível anula uma marca, uma diferença. Então, há um "valor da verdade" – entre aspas – que, paradoxalmente, poderia anular as diferenças. O indiscernível da verdade reside em que é tão permutável que não importa que esteja em um lado ou em outro; não importa o valor que tenha senão o lugar onde esteja, porque o valor é de gozo e não de verdade. Este não-discernimento atenta contra uma diferença. Então, entende-se por que a diferença se apóia no objeto *a,* e não na verdade.

Se se apoiasse na verdade, bastaria falar; com a substituição, com a metáfora, que permitem o meio-dizer da verdade, que está em relação com a indiscernibilidade da verdade. A verdade fala; mas isto não quer dizer que somente seja da linguagem. Por exemplo, eu dizia que o diálogo entre Édipo e a Esfinge é uma dialética sobre a bissexualidade: o que quer dizer que aí está presente o objeto *a*. O que faz falar em o Édipo e a Esfinge, neste enigma, senão o objeto? O objeto é causa de que ali se fale; a partir dali, situa-se o enigma, e sucede tudo o que sucedeu depois. Entretanto, o que faz falar é o objeto. Isto não quer dizer que o objeto seja da linguagem, porém faz falar. Se não, bastaria a substituição. O que é uma diferença entre a psicanálise e outros discursos. Por exemplo, é uma diferença importante com a filosofia. Trata-se da função do objeto, na prática e como ponto de apoio na sustentação de uma diferença.

Participante: Isto tem a ver com a diferença entre identificação sexual e escolha sexual?

Norberto Ferreyra: Situei a identificação do lado da substituição, porém a identificação ocorre neste entrelaçamento entre o falo, os objetos e a sexualidade; ocorre frente a cada perda de objeto. E víamos também que pode suceder uma identificação com o objeto. Isto quer dizer que, embora seja do lado do sujeito, onde ocorrem a perda e o apontamento da identificação, o sujeito pode ser objeto. Disto se trata no masoquismo, que, segundo Lacan, é a posição do sujeito como objeto. Se houvesse uma escolha de sexo por parte do sujeito, teria que se dar uma diferença entre a identificação sexual e... outra coisa que, se houvesse, seria a escolha de sexo; se houvesse, digo, não sei. No caso de que haja escolha de sexo, no sentido de um sujeito que eventualmente decide, no sentido de uma decisão do sujeito, evidentemente não se trata de uma identificação.

Em *A lógica do fantasma,* Lacan diz também que a sexualidade se introduz como conjunto vazio, o que remete a que o ato se faça uma vez e outra, seja entre o sujeito e o Outro, seja entre o Um e o Outro, seja entre o *a* e o Outro. Lacan diz que, entre o *a* e o grande Outro sem barrar, é impossível que se escute a verdade. Se o valor que tem a palavra do Outro encontra a potência do objeto e não há nada em que esta palavra fique rota, quebrada, mas que o objeto pode fazer equivalência com a palavra, se o Outro fica assim, sem barrar, então é impossível que a verdade se escute. A localização do Outro barrado é uma operação que se pode fazer a respeito do sujeito suposto saber. Esta castração, esta barra do sujeito suposto saber se define, em primeiro lugar, em que é suposto, inexiste; e, em segundo lugar, em que não lhe é suposta a verdade. É lógico que não lhe seja suposta a verdade, já que o saber não equivale à verdade; neste sentido, a verdade é indiscernível. De modo que, entre *a* e A, a verdade não se escuta. Lacan não diz que não se diga, não se trata de que alguém não fale; trata-se de que não se escuta.

Se a análise transcorresse sem a função do *A*, tudo seria sexual. Para que haja uma interpretação, diz Lacan, é necessário que o lugar do grande Outro esteja dessexualizado. E toma o exemplo de Kris, o dos *miolos frescos.* Quando Kris, em lugar de interpretar, recorre à bibliografia e explica a seu paciente que se equivocou, este *acting-out* sucede porque se sexualizou o grande Outro. Para que a realidade sexual do inconsciente se situe na transferência, é necessário que o lugar do grande Outro não esteja sexualizado. Neste sentido, no meu entender, a sexualidade entra como conjunto vazio.

Carlos Quiroga: Você falou de escolha e disposição: não sei se pensou algo com relação à escolha de neurose, como a situa Freud, e, por exemplo, a disposição à neurose obsessiva. Há alguma relação entre o tema da escolha do sexo e a escolha da neurose, ou a disposição a uma ou outra neurose? Aqui também caberia perguntar se há um sujeito desta escolha. Por outra parte, Freud, em *A sexualidade na etiologia das neuroses*, diz que, quando ele advertiu que o fator acidental não era tal, em referência à mentira histérica, perdeu a possibilidade de estabelecer coordenadas mais fixas a respeito da escolha da neurose. Isto se refere à questão do trauma, que toca o inexplicável ou, pelo menos, o incompreensível para o sujeito. Freud fala ali de quantidades não mensuráveis. É interessante, aliás, que fale de quantidades mensuráveis e não mensuráveis. Bem, o fator acidental lhe permitia diferenciar entre ter vivido passivamente, o que determinaria a histeria, ou então ativamente, para a neurose obsessiva. Neste artigo, ele não descarta esta perspectiva, mas admite que não é o mais importante, ao perder o seu lugar anterior o fator acidental. Então, pareceria ganhar valor o fator constitucional; haveria certo inatismo a respeito da escolha de neurose; mas Freud diz que não é exatamente assim, e sim que a questão radica preferencialmente em algum componente da pulsão. Isto me faz pensar em uma posição de Freud no sentido de situar a pulsão em um tempo anterior ao constitucional. E esta é uma possível linha de leitura para *Três ensaios...*

Norberto Ferreyra: Não pensei, particularmente, na possibilidade de uma semelhança ou equivalência entre a escolha de sexo e a escolha de neurose ou a disposição à neurose. Talvez haja, de certo modo. Em todo caso, como vimos vendo a relação entre o sexo e a verdade, vale esclarecer que o laço que o sujeito mantém com a verdade modifica segundo o ponto onde o sujeito sustente o seu gozo. Lacan observa esta conseqüência. Quanto ao tipo de laço que o sujeito mantém com a verdade, pode-se estabelecer rapidamente: recalque para a histeria; renegação no fetichismo, etc.: qualquer um dos mecanismos básicos. Segundo a posição a respeito do gozo – há um tipo de gozo no fetichismo, outro na neurose – resulta diferente o laço com a verdade. Tratando-se do gozo, podemos situar uma determinação do laço do sujeito com a verdade, com relação ao sexo. Por isto, o sexo pode ser um dos pontos onde a verdade toma o seu lugar.

Isto remete à divisão, que antes tracei, entre substituição e objeto. Lacan inventou o objeto *a*, que tem, por excelência, a possibilidade de substituição. Em relação a isto, o ponto onde o sujeito sustenta o seu gozo está determinando a sua relação com a verdade. Se alguém é fetichista, a sua relação com o objeto fetiche determina a sua relação com a verdade. Isto quer dizer, por exemplo, que o seu discurso vai estar cheio de renegações, assim podemos dizê-lo claramente. E, se a histeria trata de encontrar a cumplicidade do Outro para que diga se o sexo existe ou não, já que a histeria interroga sobre a existência do sexo, nisto se situa a sua relação com a verdade, mas sempre com referência a seu gozo. Segundo seja o gozo, será o laço com a verdade, e não o contrário. Isto pode vincular-se com a escolha ou a disposição para as diferentes neuroses. No ponto onde o gozo é dirigido pelo objeto, ali é onde o sujeito vai estar determinado em seu laço com a verdade. Se no fetichismo há uma renegação, este será o laço do sujeito fetichista com a verdade. Porém, isto se baseia em que há um objeto-fetiche. E, assim, pode-se entrar em diferentes nosologias, com referência ao objeto e à sua relação com a verdade; sempre partindo da posição onde o sujeito sustenta o seu gozo, ou seja, onde subtrai o valor do gozo. Subtrair tem, neste caso, o sentido de romper a norma: é a singularidade do sujeito.

Griselda Garcia: Em relação à verdade, fiquei pensando neste comentário em que alguém atribuía ceticismo à Lacan. Parece-me, no entanto, que Lacan dava muita importância à verdade. Ele sempre destacou o caráter particular da verdade, sem universalizá-la. E neste mesmo seminário se disse, citando Lacan, que, sem verdade, a psicanálise seria sugestão. A verdade é, finalmente, da ordem de um lugar, mas, se não estivesse funcionando para cada sujeito em sua particularidade, não haveria busca; haveria uma mera substituição, de um caráter, inclusive, irrisório. Tudo resultaria relativo. O fato de que haja um lugar de verdade define uma âncora. E, com relação a este lugar, irá situar-se o fantasma, o que tem relação com a posição do sujeito a respeito do seu gozo. Parece-me que o fantasma lhe dá uma significação de verdade, sendo que a verdade não é, a rigor, da ordem da significação. O fato de que o fantasma seja definido por Lacan como significação de verdade apresenta um paradoxo: se é significação, deveria remeter a outra significação; não haveria significação de verdade. Se fosse de verdade, não poderia ser significação; e, se fosse significação, não poderia ser de verdade. Parece-me que esta é a própria trava do fantasma, que se apresenta para cada sujeito como significação de verdade – e talvez aqui se situe o seu caráter de fixação e de determinação, a que recentemente se aludiu com respeito ao fetichismo – mas vela a condição da verdade como lugar, que não é significação, mas, no entanto, opera.

Norberto Ferreyra: Parece-me que é possível manter o que diz Badiou sobre o ceticismo. Em *Construções na análise* ou em *Análise terminável e interminável*, vê-se claramente que o lugar da verdade não é o mesmo para Freud e para Lacan. Há uma diferença importante, que tem a ver também com o fim de análise. Isto não quer dizer que Freud situasse a questão em termos de revelação ou de certeza e isto se pode advertir inclusive em sua abordagem sobre a bissexualidade. Mas, de qualquer maneira, o funcionamento da verdade é diferente. Em Lacan, trata-se de um lugar, que sempre está referido a um valor de gozo. Este lugar tem um valor, mas o valor não é da verdade, mas de gozo. Por isto, dizia-lhes que, quando Lacan situa esta diferença entre Um da medida e Um da identidade, em outros termos está "re-situando" a questão da bissexualidade, que Freud formulou como inexplicável e no constitucional.

Noemi Sirota: Enquanto você falava, suscitou-me a pergunta de quais seriam as coordenadas para pensar a operação verdade; que classe de operação é esta. Ao final da sua exposição, precipitou-me uma resposta, que quero pôr à prova. Pensei que a relação da verdade com o valor ou o sem-valor tem a ver com uma operação de subtração. Pode-se pensar a operação verdade como uma subtração do valor de gozo de alguma significação?

Norberto Ferreyra: A este respeito posso referir-me a duas coisas das que mencionei. Uma delas se refere à questão do indiscernível. Quando, seguindo Alain Badiou, disse que a verdade pode ter um caráter de indiscernibilidade, me referi à subtração de uma marca. Se a verdade é permutável em seu valor, embora não em seu lugar, o que se subtrai é uma marca; é a subtração de uma diferença. Que a verdade seja indiscernível, quer dizer exatamente que a verdade subtrai algo. E o cernimento de alguma verdade para o sujeito pode trazer como conseqüência uma mudança em sua posição frente ao valor de gozo, por exemplo frente ao objeto sexual. Outra questão é a do indecidível, que se refere ao novo, ao acontecimento; mas é outro tema. A verdade participa de uma subtração; não me refiro exatamente a retirar uma marca, uma diferença. Por exemplo, se alguém tem sua potência de gozo posta em determinado objeto, fetiche ou não, como condição erótica, pode ser que, no cernimento de uma verdade de seu discurso, esta condição erótica perca força; essa condição podia levar a um comportamento sexual não de todo satisfatório para o sujeito, ou então demasiado satisfatório; não se trata de medir a satisfação. Em todo caso, pode variar este valor de gozo. E a subtração é de uma diferença. Por isto o significante Um aparece no discurso do analista como produto; a perda de potência do significante Um é perda desta marca, o debilitamento desta marca.

José Milano: Freud, em seus desenvolvimentos sobre o complexo de Édipo, situa no encontro com a castração uma série de decisões, e uma delas parece referida ao sexo. É nas que ele chama saídas: as posições passiva, ativa ou de rechaço da sexualidade. Ele o diz referindo-se ao menino e à menina. Mas nunca se esquece de assinalar que esta decisão está condicionada pelo desconhecimento ou pela ignorância de duas coisas: o menino ignora o órgão genital feminino e ignora a capacidade reprodutora do órgão masculino. No que você veio desenvolvendo, Norberto, que lugar pode ter isto que, de acordo com Freud, fica excluído por ignorância ou desconhecimento? Estabelece-se nisto uma relação com a verdade?

Graciela Berraute: Tenho um questionamento neste mesmo sentido. Tomando Freud, Norberto se referiu aos diferentes tempos no varão e na menina: a decisão instantânea, nela, e a vacilação, no varão. Você se referiu, Norberto, a esta diferença, no tempo, a seu aparecimento na análise segundo os tempos da conjugação verbal. Parece-se que esta conjugação verbal já fica indicada, do lado do varão, em "posso perdê-lo" e, do lado da mulher, em "já o perdi". Porém há uma variante possível na mulher: a função da inveja. Parece-me que, nisto, contido no "quero tê-lo", se situa algo que concerne à diferença. E é referível à diferença que Freud situa entre neurose obsessiva e histeria, segundo se faça ou não ativo o passivo. Na função da inveja, a menina é a ativa.

Outra questão que me parece de interesse é como relacionar esta diferença entre as posições do varão e da mulher com a afirmação primordial e com a negação: a menina emite um juízo afirmativo; no desconhecimento da vagina ou da função reprodutiva do pênis, está em jogo a negação? De que perspectiva pode considerar-se a diferença sexual, em termos da afirmação primordial e da negação, pelo que se põe em jogo nas teorias sexuais infantis? Sendo que, nestas, intervém algo que é da ordem do juízo. Em síntese, a questão que formulo é: a diferença sexual, com relação ao juízo.

Norberto Ferreyra: A relação entre a afirmação primordial e a negação é de outro tipo, já que se referem ao sujeito e, assim sendo, ocorrem em outro lugar e em outro momento. Em todo caso, aquela afirmação da existência de algo, por parte da menina, não implica uma relação de conhecimento. Quanto ao desconhecimento da vagina ou da potência reprodutora do pênis masculino – neste ponto não se trata do falo da mãe – parece-me que o importante não é exatamente que isto se conheça. Para dar outra perspectiva a estas palavras de Freud, digamos que este desconhecimento não implica que seja possível um conhecimento, mas que o sujeito está decidindo em ausência de algo; sendo um menino, a decisão é tomada em ausência de uma capacidade própria do sujeito, como o seria a função de reprodução, da qual não disporá até a puberdade. Trata-se da ausência deste real, pelo qual o sujeito é tocado, mas com relação ao qual, no entanto, está impedido de introduzir qualquer variação. Um homem ou uma mulher estão potencialmente capacitados para introduzir uma variação na espécie, coisa que não pode fazer um menino; além do que esta questão se refere às funções da vagina e do sêmen.

Anabel Salafia: A colocação de Freud a respeito destas questões está feita na via do saber; não em relação com a verdade, mas no terreno do saber. As considerações que fizeram José Milano e Graciela Berraute se referem ao plano do saber, não ao da relação com a verdade. Parece-me fundamental considerar isto. Fora do plano do saber, que é o do fantasma, o menino ou a menina já são posições a respeito do gozo do Outro. Então, Freud fez estas formulações com respeito ao que havia encontrado como fantasma. A linguagem não pode dar conta, em termos de significação, do que é o sexo no inconsciente. Isto é o que dá a função da negativização do falo; por exemplo, que a linguagem não possa dar conta da relação do sexo com o pensamento. Questões como a do tempo, enquanto função da diferença, vão à relação entre a escolha do sexo e a verdade, de maneira mais direta do que a via do saber. Refiro-me à possibilidade de situar a função do objeto. Suponhamos, no que se refere ao tempo como uma função da diferença, ou como uma posição a respeito do gozo, em que medida isto corresponde à escolha de sexo?

Norberto Ferreyra: O menino é metafórico, diz Lacan: não existe nenhum menino, apenas que é metáfora deste objeto terceiro da díada sexual. Não há menino por fora disto. Por isto, a escolha sexual é a respeito de "homem ou mulher", não de "menino ou menina". Então, não se trata, nisto, de puberdade ou adolescência ou infância. É errôneo dizer que alguém escolheu ser um menino ou ser uma menina, ou que foi escolhido como menino ou como menina, não importa como se diga, porque situá-lo assim implica supor que o menino não é metafórico, isto é, que não faz metáfora do terceiro da díada sexual; e este é, como dizíamos, o que estabelece a diferença. É errôneo, então, postular uma identidade sexual de menino ou de menina; conduz a algo diferente da relação sexual como logicamente inexistente. O menino, que também pode dizer-se menina, é metafórico. E Freud, em *Bate-se em uma criança*, observa que este fantasma foi encontrado especialmente nas meninas; e não só isto, mas que o menino no qual se bate pode ser o clitóris. O que quer dizer que, sempre, é o objeto. Objeto, aliás, inexistente, como clitóris ou como pênis, já que Lacan adverte que a castração reside em que o objeto fálico não existe; nem o clitóris nem o pênis têm valor de objeto.

Anabel Salafia: O menino é metafórico com relação ao tempo como diferença.

Norberto Ferreyra: O tempo se situa como diferença por esta solução do complexo de castração; e também se pode fazer referência ao tempo biológico de desenvolvimento para a puberdade. Porém este último é simbólico. A referência de Freud ao período de latência marca fortemente a questão do tempo. Que vá ou não acompanhado de uma dimensão biológica é, em certo sentido, acessório. O que aqui conta é uma diferença quanto ao tempo. A metáfora é o tempo.

Anabel Salafia: Situa-se a questão do tempo como diferença, no que se refere à operação verdade. Lacan indica esta operação no trajeto que vai do isto à lógica e da lógica ao sujeito; ali se situam os passos do que Lacan chama operação verdade. Gostaria que, talvez nas próximas reuniões, se situassem exemplos a partir dos quais se pudesse considerar a função do tempo como diferença. Creio que isto abriria uma via para tematizar a escolha do sexo em sua relação com a verdade. Refiro-me a que a função do tempo como diferença pode ou não fazer-se efetiva na análise: nisto se ligam a escolha do sexo em sua relação com a verdade e a direção da cura. A função do tempo como diferença pode, efetivamente, ser tomada pela via da unidade de medida como o Um da medida, diferente do Um da identificação. Em termos de identificação, a escolha do sexo sempre remeteria ao pai ou à mãe, etc.; é uma função da identificação, chamada identificação sexual. Porém hoje mesmo se formulou a pergunta pela diferença entre identificação sexual e escolha do sexo. É uma questão ainda aberta. Parece-me que uma das vias se refere à função do tempo como diferença, que talvez poderia apresentar-se através de exemplos.

Carlos Quiroga: Com referência ao sentimento de culpa referido a esta discordância fundamental, na primeira reunião, Norberto situou a reação terapêutica negativa com relação à escolha de sexo. Pensei na possibilidade de situar com respeito a isto a referência ao inexplicável ou, inclusive, ao "sem tempo". Freud situa a reação terapêutica negativa com relação ao sentimento inconsciente de culpabilidade e se mostra bastante cético quanto à possibilidade de abordá-la. Chega a dizer que teria que abordá-la de maneira diferente da habitual e, a respeito, põe em relação o *supereu*, o isso, a filogênese. E diz que, se há alguma chance para abordar isto, é quando este sentimento de culpa toma o seu apoio em uma relação erótica abandonada; quando é, diz, o único resto de uma relação erótica.

Norberto Ferreyra: Sim, diz que há alguma possibilidade de sair da reação terapêutica negativa quando há alguma perda conservada como tal, como perda, pelo sujeito; então, o sentimento de culpa pode chegar a se elaborar com relação a esta perda. Por isto, referi-me ao *supereu*. Fiz alusão a Descartes, ao *supereu* no fantasma, etc. Mas, fundamentalmente, o tempo marca o *supereu* que, em sua própria constituição e se recordamos a metáfora de Freud, é um eco, com o qual a regulação do *supereu* não faz senão marcar um tempo. Também diz que o *supereu* é a atualidade do passado, diz que atualiza o passado. Pareceria haver um ponto onde a atualidade não deixa de estar comandada pelo *supereu*, porque este tem a função de que algo passado seja atual. O eu não tem esta função; a atualidade do eu é, como diz Freud e também para Lacan, atender a suas diferentes servidões. A via do *supereu*, por uma parte, remete ao gozo; ali se situam os imperativos que mencionei, o *Fax you!* Mas também o *supereu* é a única instância do aparelho psíquico que parece conservar esta dimensão do tempo. Não é uma dimensão cronológica, por algo em referência à filogênese. Em todo caso, esta dimensão é dirigida pelo *supereu*. Na pulsão também se situa uma temática de tempo, já que está a premência, está a constância da sua energia. É possível que a "identidade feminina" concirna à relação entre o *supereu* e a pulsão, talvez diferente para a mulher e para o homem. Estamos tratando de construir as distintas diferenças sexuais e, a partir disto, ver se é possível postular que tenha havido uma decisão a respeito. É certo que o tempo intervém como variável e, em relação a isto, parece-me importante a referência ao *supereu*.

Anabel Salafia: Creio que Lacan também situa a operação verdade no trajeto da significação do falo à lógica e da lógica ao sujeito. Quanto à referência à subtração do valor de gozo com relação à verdade, a minha pergunta é: esta subtração, implica o ato? Neste ponto situa-se a diferença entre Lacan e Freud, com relação à verdade; Freud permanece do lado do saber, e não é casual que tenha chegado até o topo da castração, enquanto Lacan o ultrapassa em seu ensinamento. Porém, parece-me que, na escolha do sexo, Lacan começa a tematizar o ato analítico. Então, talvez como conseqüência deste ato, far-se-ia possível esta subtração.

Norberto Ferreyra: Simplesmente, como na análise não há ato sexual, há ato analítico.

Carlos Quiroga: Concordo com que Freud está no plano do saber, mas de acordo com o tempo. Talvez os primeiros posicionamentos de Freud retornem depois dos anos 20, depois de *Além do princípio do prazer*, já tocando no problema da verdade. Talvez o caminho de Freud tenha sido: do trauma ao fantasma e, de outra maneira, do fantasma ao trauma. Assim situo a citação que mencionei antes, sobre a pulsão como um tempo anterior. Parece-me que o sentimento inconsciente de culpabilidade está ligado a um tempo onde o sujeito não pôde estar. E talvez tenha que retomar certos posicionamentos kleinianos, por exemplo, a idéia de um *supereu* prematuro, o caráter pulsional do *supereu*. Em Klein o tema da pulsão está anterior, e isto mesmo decide certa derivação sexual do sujeito.

Norberto Ferreyra: O *supereu* é uma anterioridade lógica a respeito do sujeito; e o é pelo que tem de objeto. Dizíamos, em outra reunião, que a constituição do *supereu* se faz com restos de objetos que se foram perdendo. Esta objetalidade do *supereu* é o anterior, logicamente, no qual se situa um cruzamento a respeito do tempo; o tempo e o objeto *a*.

Participante: Teria que discernir – tomando a palavra que hoje você utilizou – uma questão com respeito ao tempo: algo do tempo que se situa *nachträglich*, em retroação, ou então um tempo que haveria que pensar de outro modo e que tampouco é cronológico: um tempo que não é cronológico e que tampouco é *nachträglich*, por retroação. Creio que a pulsão nos situa neste problema.

Participante: Com respeito ao tempo como diferença, Lacan observa, como diferença entre a neurose e a perversão, que, na primeira, o fantasma é atemporal, enquanto na perversão o fantasma está fora do tempo.

Norberto Ferreyra: Com relação ao gozo, o perverso está situado a respeito de um possível gozo do corpo; não é assim no neurótico. Esta diferença, efetivamente, tem a ver com o tempo. Efetivamente, "por fora do tempo" é diferente de "sem tempo". O neurótico conserva o seu fantasma, sem tempo; ele se conserva no fantasma. Para o perverso, por outro lado, é a cena, a cada vez. No ato perverso há uma encenação que se vincula com a posição a respeito do gozo; e isto mostra claramente como esta posição determina o laço com a verdade.

10 de junho de 1992

5. A inexplicável bissexualidade

O número de ouro – Um da medida ou unificante e Um da identidade ou contável – A proporção áurea e o incomensurável – A medida do gozo: sua economia – Verdade e subtração – Valor de uso e valor de gozo – O supereu e o objeto – Posição sexual do sujeito – *Lapsus* e subtração de gozo

Hoje, Diego Halfon-Laksman vai referir-se a um tema que está em diferentes seminários de Lacan; vai abordar em especial um ponto de *A lógica do fantasma.*

Também pensei em pedir a duas pessoas, que, brevemente, ao finalizar a minha exposição, digam os pontos que lhes pareçam que se podem discutir, ou relevem questões que lhes pareçam interessantes. Isto vem-se produzindo espontaneamente, mas talvez esta relevância ou pontuação permita organizar a discussão posterior, ao situar pontos a desenvolver ou que mereçam explicações teóricas. Em resumo, ponho à prova esta proposta de trabalho: após a minha exposição, duas pessoas pontuarão ou dirão o que lhes pareça do que tenha sido dito; depois, encaminhados e processados por esta pontuação, a discussão ficará aberta ao que cada um queira dizer.

Diego Halfon-Laksman vai-se referir a uma questão simples, porém importantíssima. Alude a algo que eu disse na reunião passada, com respeito ao Um da medida e ao Um da identidade. Ainda que esta referência teórica esteja situada no seminário de Lacan e em outros lugares – como no livro de Matilde Ghyka, *O número de ouro* – parece-me conveniente uma exposição a respeito, de acordo com o Seminário "A lógica do fantasma". Uma ressalva muito importante: há diversas versões deste seminário. A nomenclatura referida ao Um da medida e ao da identidade está no resumo de Jacques Nassif, porém outras versões empregam outros nomes. O fato das diferentes versões, ainda que seja uma limitação, pode contribuir para uma leitura mais detida dos textos. Não se sabe com certeza o que foi dito exatamente por Lacan; dispomos da relevância de Nassif, o que já é uma pontuação; e há várias versões desgravadas.

Recordo-lhes que o tema se situa com relação à nossa proposição sobre a bissexualidade como algo que aparece em Freud nos termos do inexplicável. Sua explicação da escolha do sexo fica relacionada com quantidades de libido; embora esta sempre seja masculina, o quantitativo pode inclinar a balança para o masculino ou para o feminino, sem mais explicações finais, além do cruzamento entre o complexo de castração e o complexo de Édipo.

Diego Halfon-Laksman: Com relação ao Um da identidade e ao Um da medida, trabalhei a versão que, por sua vez, Nassif comenta. A diferença se situa não exatamente entre Um da identidade e Um da medida e, sim, ao final da primeira reunião do Seminário, quando se refere à distância que é necessário pontuar entre o Um da totalidade e o Um contável. Neste sentido, Lacan introduz uma proporção que se indica assim:

$$\frac{1}{a} = 1+a$$

Não é a primeira vez que Lacan incursiona na problemática do Um, e tampouco será a última, ao longo de seu seminário. Vocês sabem que o Um adquire diversos valores, e são diferentes os dispositivos ou os artifícios de discurso com os quais vai prestando conta dos diferentes problemas a respeito dos quais quer falar. Concretamente, a apelação ao Um indica a presença do número. Isto pode fazer supor que se trata de uma quantidade, porém este é o primeiro equívoco que Lacan esclarece: não se trata de uma quantidade. Isto já está presente no Seminário "A identificação", onde apresenta o traço unário, diferenciando-o do Um plotiniano e do Um parmenídeo. Também ali diferencia o Um como unidade do Um do traço. Uma vez desfeita a possibilidade da identidade, abre-se o problema da identificação, que transita pelos trilhos propostos por Freud no *einziger zug*. Em "A lógica do fantasma", a introdução desta proporção permite a Lacan denominar uma relação que ele mesmo qualifica como incomensurável. Na fórmula, o 1 denomina o lugar do *a*, enquanto este *a* se incorpora pela primeira vez no corpo da mãe. É o 1 como Um unificante, separado do tema do traço unário. Sondando a condição do traço unário, abre-se uma nova problemática, na qual o *a*, "o amável produto de uma copulação precedente", em sua referência ao outro *a*, deve passar necessariamente pelo A do Um unificante, enquanto o pensamento materno é o que considera o *a* como 1, isto é, que faz unidade com o seu produto.

Com relação a este 1 que oscila, bascula entre o campo do unário e o tema da unificação ou totalização, Lacan escreve a proporção que se conhece como seção áurea; a divisão de um segmento em meia e extrema razão. A fórmula que escrevemos mais acima é quase uma proporção; na realidade o é, porque o segundo termo leva implícito um 1:

$$\frac{1}{a} = \frac{1+a}{1}$$

Lacan ainda não o escreve, porque este 1 implícito não é da mesma estofa dos outros. Deste modo, a fórmula fica como uma proporção pela metade; Lacan o esclarece assim para evitar qualquer confusão com o campo específico do qual parte, o da matemática. Em todo caso, a seção áurea lhe serve para pensar uma relação de outro modo incomensurável:

$$\frac{1}{a}$$

Pela exigência de economia que estabelecia Guillermo d'Occam, não tem que multiplicar desnecessariamente o número dos entes nem das operações que dão lugar aos entes nem dos entes que permitem a abertura de certas operações: na seção áurea, trata-se de reduzir ao mínimo o número de elementos que constituem uma proporção, que era o método privilegiado pelo qual, de Platão em diante, se delineou o preenchimento de um intervalo. O número mínimo de elementos resulta ser dois, que podem denominar-se como a e b, de tal modo que a seja maior que b:

$$\frac{a+b}{a} = \frac{a}{b}$$

A soma das duas grandezas em questão está para a maior das grandezas assim como a maior das grandezas está para a menor. Então, a seção áurea fica situada como o modo mais econômico (o que tem uma repercussão estética que não consideraremos hoje): somente dois elementos são necessários para produzir uma proporção que permita o preenchimento do intervalo entre os dois termos que se tenta comparar; em nosso caso, tratase da comparação entre o 1 e o *a*.

Tomamos um segmento AB. Podemos fazer uma construção geométrica, já que a incomensurabilidade não impede a representação em um sistema euclidiano. É incomensurável enquanto não se pode encontrar como raiz de uma equação de segundo grau, mas se pode encontrar na divisão de um segmento mediante régua e compasso, de modo tal que se cumpra a proporção dita anteriormente.

Chamamos a o segmento AC. A divisão harmônica pode efetuar-se mediante um ponto interior, mas também pode estabelecer-se por relação com um ponto exterior:

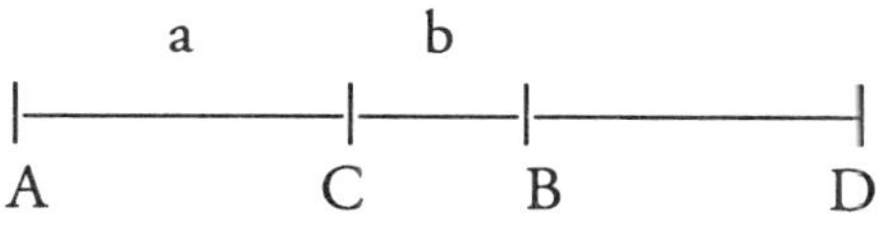

BD = AC
AC = a

O segmento AB está considerado como unidade.

AD = 1 + a

Então, retomando a fórmula: a soma dos dois segmentos está para o maior assim como o maior está para o menor. Estruturado desta forma, torna-se possível construir uma equação de segundo grau com uma incógnita, multiplicando os extremos e os meios.

Há muitos Uns e muitos *a*. O Um e o *a* não são unívocos. O próprio Lacan formula o reparo de que a apelação à matemática não é mais do que um recurso, e não impede os deslizamentos significantes.

Por outra parte, o segmento b resulta ser *a* elevado ao quadrado:

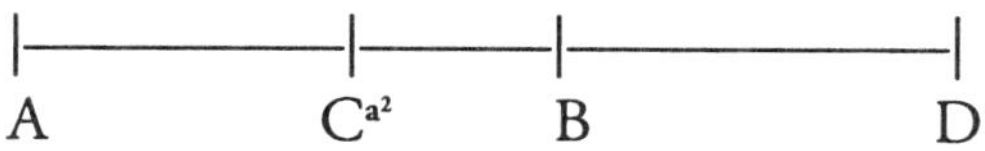

Isto requer uma demonstração mais extensa, que não vamos fazer agora. Porém o destaco porque é um ponto que também interessa a Lacan:

$a^2 = 1 - a$

São diferentes desenvolvimentos, diferentes jogos, que permitem denominar problemas em torno da relação do Um com o *a*. Entendendo-se que o Um é o da totalidade e o *a* é o que cada sujeito é, no real, na medida de sua subjetivação sexual no ato.

Participante: Qual é aqui a idéia de incomensurável?

Diego Halfon-Laksman: A idéia de incomensurável se refere à não-existência de uma medida comum. Não há modo de nomear o que do Um excede o *a*, ou, dito de outra forma, o que, por ser efeito da linguagem, a linguagem não pode nomear. Esta incomensurabilidade é necessário escrevê-la; para escrevê-la, Lacan recorre a este dispositivo que permite estabelecer uma série, com relação ao número de ouro, e esta série permite, por sua vez, nomear duas outras: uma que afasta, que abre a maior distância possível entre o Um e o *a*, e outra que aproxima o mais possível o Um do *a*. Neste espaço de indeterminação, introduz-se a medida que faz possível, não a relação sexual, mas sim que os envolvidos em um ou outro lado da tábua da sexuação possam encontrar-se copulando com os do outro lado... Bem, nem sempre.

Norberto Ferreyra: Efetivamente, como diz Lacan em "A lógica do fantasma", o *a*, por sua função lógica, necessita estar sustentado por uma referência numérica. Seguindo Freud nisto, ele diz que, quando o inconsciente fala, fala de sexo. Não diz que o inconsciente fale pelo sexo, mas de sexo. Isto é referência ao que disse na reunião passada a respeito de que, quando se fala, se fala do falo, dos objetos parciais, etc. Dito agora com mais precisão, quando o inconsciente fala, fala de sexo; não pelo sexo. Esta distinção é importante. Este Um do sexo, que pode chamar-se unificante – em seguida será o uniano; também pode chamar-se Um referido ao gozo, segundo os desenvolvimentos – tende sempre à unidade. Porém esta tendência à unidade, para mais ou para menos ($1 + a$; $1 - a$), nunca poderá reintegrar à linguagem a função lógica que cumpre o *a*. Na minha interpretação, o que assim se afirma é que, quanto à lei do incesto, resulta que para o Um do sexo, unificante, a aproximação ou o afastamento se verificam sujeitos ao "$1 + a$" e "$1 - a$", de modo que a unidade nunca pode cumprir-se.

Isto é um paradoxo e, em todo caso, requer que a proporção se cumpra. Pode ser que ela não se construa: em tal caso, a tendência unificante do sexo logra cumprir-se e, então, pode-se denominar o incesto. Volto a tratar de explicá-lo: Diego tomou o exemplo da mãe e do menino, onde o pensamento da mãe, dizia ele, se faz um com o do menino, é unificante. Se isto se cumprisse, ocorreriam duas coisas: o inconsciente não falaria de sexo e não haveria lei do incesto, no sentido de *não reintegrarás o teu produto*. Porém, como falamos, então acontece que se fala de sexo – e não pelo sexo – e, ao mesmo tempo, ocorre que algo não é reintegrável. Clinicamente, às vezes, isto pode aparecer como reintegrável: é porque a proporção não se constrói. O que não quer dizer que não haja objeto *a*; é só que a proporção, que é uma forma da metáfora, não se constrói. É uma fórmula não analógica, mas sim comparativa, razão pela qual inclui três termos, tal como o enunciou Diego. Tem que incluir três termos em sua referência, sendo uma proporção. Então, vale o exemplo da díada sexual e do produto. No que vimos dizendo, o fundamental é que a tendência unificante deste Um dá entrada a uma unidade de valor. Isto quer dizer: encontrar uma medida comum, um padrão comum pelo qual seja possível fechar o número, ou seja, que o Um seja Um; que não haja nada, nem para mais, "1 + *a*", nem para menos, "1 – *a*". Porém, quando há "...+ a" e "...– a", resulta que, por excesso ou por carência, o Um, como medida, como padrão, não chega a contar o *a*; ou porque se aproxima demais ou porque se afasta, – interno ou externo, como diz Lacan neste seminário – não chega a contar o *a*. Que o *a* não seja contável, neste sentido, quer dizer que não é reintegrável à linguagem. E, ao mesmo tempo, pela existência do *a* resulta possível contar: pode-se ver na fórmula que, pelo *a*, opera o 1. Em determinados sujeitos, não se pode construir a proporção. Quando se fala de incesto, trata-se de que o "*1 + a; 1 – a*" deixa de funcionar; há algo que parece realizar-se – ao estilo do sonho – quando esta proporção, esta metáfora, esta substituição não se pode cumprir. Quando não há substituição, algo é reintegrável. E isto que se torna reintegrável é o *a*. Aqui, situa-se a referência que fez Diego à mãe e ao menino.

O que disse se refere ao Um da medida, ou unificante, ou do gozo, como se chamará depois, por diferença com o traço unário. O traço unário se escreve, mas só pode funcionar como marca enquanto houver esta tendência unificante do Um; enquanto se estabelecer esta proporção. Do contrário, é o mesmo que se referir ao S_1 solto, não em metáfora. Se falo do S_1 solto, não digo nada do funcionamento de uma metáfora, e o traço unário, para funcionar como tal, necessita da metáfora; necessita de que a proporção possa ser construída e possa situar-se a substituição. Por isto, nas reuniões passadas, insisti na substituição.

Falou-se aqui da economia. Vou-me apoiar agora em alguns pontos que Diego abordou: eu não sabia que ele ia dizê-los desta maneira, e resultam muito interessantes. Em Freud e, de modo diferente, também em Lacan, trata-se de cernir o problema da satisfação. Em todo caso, é a satisfação ligada a um objeto. Levando em conta que, como disse, é falar de sexo e não pelo sexo, há, quanto ao gozo, um passo que merece ser cumprido. O *se goza*, dito de maneira impessoal, só quer dizer que algo se goza: o único que se goza é o corpo. Lacan, em *La troisième*, desenvolve claramente esta questão. A existência do objeto *a*, sob a forma dos objetos parciais, faz com que do *se goza* se passe ao *goza de*. Sem esta relação com o objeto, o corpo seria o que se goza, mas do corpo não se poderia gozar. Dito de outra maneira, se houvesse um Um unificante que pudesse ser completado, sendo este Um o corpo, não haveria nada que, para mais ou para menos, impedisse este Um, realmente, de unificar; o corpo faria Um. A fratura a respeito do Um faz com que o corpo se perca como tal, não como condição de gozo, mas do *se goza*. Lacan diz que o *se goza* – para alguns sujeitos ou, talvez, penso, para todos – é o máximo de ameaça – "ameaça" secamente, não de castração: o maior medo, a angústia, é ficar reduzido ao próprio corpo.

Vocês vêem que o Um, sem o que o traço unário não funcionaria como tal, ficaria isolado, detido, congelado, como sucede às vezes na psicose – no *se goza,* apresenta-se com relação ao fantasma de ser reduzido ao próprio corpo. Vê-se nisto que não falar é o mesmo que ser reduzido ao próprio corpo. Não me refiro à mudez, mas à impossibilidade de falar. Não é tampouco uma questão de inibição. Trata-se da angústia de se reduzir ao próprio corpo. O que remete a uma forma de reintegração do *a*: o *a* ficaria reintegrado, porque não haveria linguagem. O "fora de discurso" se encontra mais habitualmente na psicose, embora possa suceder clinicamente em momentos de qualquer análise: não se trata de mudez nem de inibição; é estar fora da linguagem, como se ela não existisse. E parte da questão da reação terapêutica negativa, que consideraremos em outro momento, se inclui nesta explicação.

Víamos que não se trata do sexo, senão, como diz Lacan, de como se realiza a subjetivação do sexo, isto é, de que haja um sujeito sexuado. Sexo há também nos animais, é uma diferença anotada nos cromossomos. O problema é o do sujeito sexuado. Neste sentido, vai-se tratar do "*1 + a*" e do "*1 – a*". Na potência do Um unificante aparece prometido um gozo; há uma promessa de gozo, que já assinalei com relação ao grande Outro; dissemos que o grande Outro é garantia da verdade e promessa de gozo. Isto traz a questão de como singularizar-se.

Como se subjetiva isto? Já que, neste sentido, o sujeito é produto da entrada do Um no Outro. O sujeito existe pelo apoio numérico desta diferença; chamamos de diferença que o Um nunca possa ser Um, que algo sempre fique por fora e não possa reintegrar-se numericamente. Não há nisto um número final, como na proporção do número de ouro. O número final existe como irracional e, em todo caso, nunca se chega a obtê-lo. Algo se afasta ou se aproxima, sem concluir nunca em ser Um; sempre há um resto.

No "*1 + a*", diz Lacan, o Um está recalcado. O "*plus un*", o "*mais um*", está recalcado, o que quer dizer que, neste ponto, pareceria não haver uma extração de gozo. Pensem no exemplo do incesto, onde isto se pode ver melhor imaginária e também clinicamente: o incesto não é senão algo que sucede no discurso, não é outra coisa. Não é que o sujeito se aproxime do incesto ou se afaste dele, mas que, por sua situação de sujeito do inconsciente, na medida em que é falado pelo inconsciente, se fala de sexo e o sujeito surge disto que se fala, surge de sexo; neste sentido, é um sujeito sexuado. Porém, trata-se de recortar um valor. Recordem que a linha que venho seguindo partiu de que a verdade tem seu apoio no sexo – *O objeto da psicanálise.* O que quer dizer que cada verdade deveria ter uma singularidade, não quanto ao valor da verdade que, como disse outro dia, é sem valor – mas quanto ao objeto com relação ao qual o sujeito estabelece seu gozo. Dissemos que a verdade se situará segundo o laço que o sujeito tenha com o gozo, ou seja, com o seu objeto em relação ao gozo; e não ao contrário. O valor da verdade não depende dela em si, mas que está em referência ao objeto em que a verdade se sustenta. O laço que cada um tenha com o objeto é o que sustenta a verdade que o determina, em relação com a qual se constitui como sujeito. Não é que a verdade constitua o objeto, mas sim que se constrói pelo laço que tem com o objeto.

Por isto, referimo-nos não a um valor de verdade, mas a um valor de gozo. Entendo que o valor de gozo se toma por referência a um objeto, de maneira tal que o valor que possa ter a verdade só existe com relação ao valor de gozo; a verdade, insisto, não tem um valor de *per se*, mas o seu valor se define no laço do sujeito com o objeto. E aqui se situa a relação com o grande Outro: que sempre está mediatizada por um objeto; não há relação direta com o Outro. O *a* oscila como resto e produto, mas, de qualquer maneira, sem ele o Outro não poderia funcionar como tal. Daí as referências que em reuniões anteriores fizemos ao *a*ssexuado.

Lacan diz que o A, o grande Outro, é uma apresentação verídica da maneira como o sujeito vem presentificar o *a*, e o sujeito o presentifica porque este aparece no campo do Outro. Mas o valor de gozo, que aparece recortado do gozo suposto ao grande Outro, presentifica o sujeito, porque o sujeito existe com relação a este objeto. Neste laço entre sujeito e objeto, funda-se uma verdade; não há verdade fora dele.

De que maneira aparece o sujeito? Pergunta Lacan: sob que forma o sujeito se mede ao sexo? Sob que forma o sujeito se mede, se compara com o sexo? Não estamos falando de escolha, mas do sujeito: como se mede, como se compara, como se inclui em Um ou em Outro? O sujeito está intermediado entre o Um e o Outro: como se compara, como terceiro termo, com relação ao Um e ao Outro? Lacan diz: como *a*. Como *a*, o sujeito se compara, se mede com relação ao Um e ao Outro.

A proporção que hoje escreveu Halfon-Laksman faz referência ao desejo: alude à significação do falo, que é o significante que se faz possível pela existência desta proporção. O sujeito fala – *fala* – o falo tem, neste sentido, a sua potência, pela qual o sujeito resulta encontrar-se entre o Um e o Outro. Como se mede? Mede-se com o *a*. Para se medir com o Um e com o Outro, não há outra confrontação senão com o objeto *a*. Assim é nos termos em que o vimos desenvolvendo hoje: de que algo não pode ser reintegrado. Se este algo pudesse ser reintegrado, então tudo poderia ser reintegrado pela linguagem, não haveria nada por fora dele, não haveria resto. Isso não seria o silêncio, e sim que não se falaria; não mais no sentido do recalque, e sim em que não haveria ser falante. Aqui se inscreve a diferença fundamental com os animais.

O valor de gozo vai ser tomado por este valor do *a* e, neste sentido, articulará o discurso do inconsciente. O inconsciente fala, mas, por que se articula este discurso? Algo o ordena, é a linguagem. Porém a linguagem existe como tal porque há algo que está por fora dela. Isto que está por fora da linguagem é o que não pode ser reintegrado. Ali está a lei. Se na psicanálise há uma lei, é a lei do incesto, entendido nos termos em que estamos falando; depois vêm toda a história, as identificações, etc. Porém, em todo caso, parte-se de que a lei é a do incesto. Vocês vêem que é uma lei econômica. E o valor de gozo é o princípio da economia do inconsciente. Entendem-se estas duas faces deste valor: por um lado, articula o que se diz; por outro, é o princípio da memória do inconsciente.

Isto posto, por que a verdade toma, através do objeto, o lugar do valor de gozo? Por que se assenta aí? Isto não é fácil de explicar. E aqui se situa a questão da dívida. Vamo-nos aproximar dela em termos do fantasma. Acredita-se, faz parte do fantasma, que o pai, papai, é o que faz possível tanto a existência de um Um unificante como o fato de falar; entende-se como o que articula o que se diz, ou como a causa do que se diz. Isto não é mais que um fantasma a respeito da função do pai: pode-se demonstrar que não há nada que esteja recortando esta tendência unificante do Um quanto ao gozo; não há nada que faça "1 – *a*". Porém, fantasmaticamente, é como se o pai aparecesse no lugar do *a*. Não digo que ele seja o objeto, mas que a função do objeto *a* é adjudicada ao pai. Esta é uma das formas como a dívida, referida ao pai, toma o seu aspecto fantasmático, porque nunca fica estabelecida; não enquanto número, mas quanto a se estabelecer como dívida. Afasta-se, porque o que seria causa de seu estabelecimento é quem é o credor; há, fantasmaticamente, uma coincidência de lugares que tende a impedir que se estabeleça a dívida.

De que dívida se trata na realidade? É a de uma subtração. O sujeito é culpável, todo sujeito está em dívida devido à subtração que faz a respeito do gozo. Dito de outra maneira: pelo que resta a esta tendência unificante, pelo que resta a este gozo, disto é culpável. Dito ainda de outra maneira: é culpável porque, a respeito, está em dívida. E, por isto, neste ponto se apóia a verdade. Como diz Alain Badiou, quando há uma subtração, há uma verdade. Do Um, desta tendência unificante, se subtrai algo; "*1 – a*" é um claro exemplo de subtração.

Todo *lapsus* é uma subtração. Toda formação do inconsciente existe graças a – "graças a": à dívida – uma subtração. Certamente, operam a metáfora e a metonímia, como podemos ver nos sonhos, etc., sim, mas isto quer dizer que há uma função da dívida, que subtrai algo. O que também está claro no chiste, no trabalho do chiste. A toda formação do inconsciente se supõe um sujeito que é culpável: a sua culpa é estar em relação com esta subtração; a sua culpa é que haja sucedido esta subtração. Aqui se situa a "responsabilidade moral" a respeito dos sonhos, do *lapsus*. Que o sujeito seja responsável o deixa em dívida: pela subtração que fez deste campo de gozo. Nesta dívida, com relação à subtração, assenta-se a verdade. O que, como dissemos antes, está em referência a um objeto. Convém aqui levar em conta a *Psicopatologia da vida cotidiana*, porque me parece o lugar mais claro onde entender o tema. No gozo que possa haver em um *lapsus*, em uma função do esquecimento, em qualquer das formações do inconsciente, ali, nesta subtração de gozo, se supõe um sujeito. Se não fosse por eles, Freud não teria suposto que havia algo, alguém, um sujeito do inconsciente, no discurso ordinário.

A suposição deste sujeito se refere a esta subtração; porém ainda é em termos de linguagem. O que se subtrai, no entanto, vale em termos de um valor de gozo. E este valor de gozo é a singularidade de cada sujeito. Muitos podem cometer um mesmo *lapsus*, por exemplo, por similicadência, porém este *lapsus* não é explicável por uma lei geral. Se assim pudesse explicar-se, a verdade seria universal, generalizável. Tanto Freud como Lacan dizem de diferentes maneiras que as formações do inconsciente engendram algo novo na linguagem; até em termos da linguagem é algo novo. E, assim, o engendrado não encontra classificação entre o que existe na linguagem ordinária. Um *lapsus* rompe com as formas estabelecidas em cada língua. Que duas pessoas tenham o mesmo *lapsus* não se pode explicar da mesma maneira; o pedido de associações tem a sua razão de ser na singularidade e não como princípio moral ou ético: o sujeito é singular quanto ao seu valor de gozo. A singularidade se apóia neste valor de gozo e na dívida que, nele, toma um valor numérico.

Clinicamente, vê-se como alguém pode empreender um projeto para juntar certa quantidade de dinheiro que lhe permita pagar uma dívida ou que lhe permita não ter nenhuma dívida, e, se se trata de pagar a dívida por este gozo que se subtraiu, se o fantasma é assim, o projeto fracassa logo de início, mesmo que se logre ou não concretamente. Porque a conta que faz este sujeito está em relação com o grande Outro, mas de tal modo que não se recortou a sua subtração; o que de gozo ele subtraiu está inabilitado para usá-lo. Não é que não haja *a*; o sujeito está em relação com isto, mas não pode dispor disto para medir a sua dívida. Neste sentido, o sexo situa o sujeito diante de uma dívida.

Frente à norma do que está estabelecido, do que se deve dizer, do que se deve construir em uma frase, a psicanálise se ocupa do que rompe esta norma; o que aparece como formação do inconsciente não entra em nenhum enunciado do que se disse. E a este respeito cabe uma digressão, que é importante. Desde que existem psicanalistas, desde que existe o discurso da psicanálise, há formações do inconsciente; não é ao contrário. Não o formulo empiricamente, é que as formações do inconsciente adquirem existência como tal a partir de Freud. E, quanto à transmissão da psicanálise, poder-se-ia criar uma situação onde o *lapsus* ou o falido perderam esta possibilidade de engendrar algo novo, ou seja, algo não classificado. Embora o próprio analisante tenha tido o mesmo *lapsus* em uma sessão anterior, não importa, é outro. É outro, não porque a psicanálise queira ou reivindique a particularidade, mas porque tal é a sua condição de existência como discurso: a singularidade do objeto. Então, esta subtração resulta indecidível: não se pode decidir se o *lapsus* corresponde ou não aos enunciados ordinários, ou seja, que não está dentro do conjunto. Na transmissão da psicanálise, o perigo é que os *lapsi*, no que há de sintomático neles, possam ficar incluídos no conjunto. Pode ocorrer que, na transmissão, o *lapsus* já faça parte do conjunto; que os analistas se formem na posição de que o *lapsus* é algo já integrado aos modos ordinários de transmissão, com o que não romperia nenhuma norma. E isto pode ocorrer, não só por causa dos analistas, senão pelo próprio fato dos anos de transmissão transcorridos; pelo que se disse, pelo que se fez. Esta é uma questão muito importante para a formação do analista. A novidade que implica uma formação do inconsciente nunca é codificável. Não há conjunto; não há modelo para isto.

Este valor de gozo, que Lacan chama *plus de gozo*, é uma das pontas que nos podem permitir entrar na questão da diferença sexual. Recordem que, em nosso plano, o tema de estabelecer as diferenças sexuais é um dos caminhos para indagar se existe ou não alguma decisão a respeito da escolha de sexo. Neste sentido então, o que é o objeto *a*? Para dizê-lo freudianamente, é algo que possibilita as equações "fezes-dinheiro-pênis-...". Todas elas são possibilitadas pela existência do *a*. E estas equações não igualam, não marcam igualdades, senão equivalências; ou seja, que, em determinado lugar, um termo da equação funciona tal como funcionava o outro; mas mantém a sua singularidade, porque não se trata de identidade, mas de equivalência. Este funcionamento tem a ver com o *a*. Recordem o que dissemos a respeito do *se goza*. Na partição do Um, aparecem os objetos parciais, que se ordenam tanto pelo falo como pelo *a*; ordenam-se, no sentido de se estabelecer uma ordem de gozo, isto é: *se goza de,* ou *goza de*, ou *se goza* ou *goza*. *Goza* é subjetivo. Em *goza de*, por outro lado, já está em questão a objetividade do objeto, que é ponto de referência ao mesmo tempo que de apoio para que tenha lugar um gozo, que se restringe, por exemplo, aos objetos parciais, cuja equivalência, quanto ao gozo, é sustentada pelo objeto *a*, que não é nenhum deles, e todos eles funcionam logicamente pela existência do *a*.

E há, a princípio, um valor de uso. Quando alguém fala ou quando alguém se amamenta, etc., há um ponto que está ainda dentro da linguagem, com a linguagem, e em relação a um objeto parcial, em que tem lugar um valor de uso, pelo próprio uso, pela satisfação. A questão é como este valor de uso se transforma em um valor de gozo. É o ponto do *plus de gozo*, que Lacan equipara à mais-valia. Neste tema, entramos na reunião passada. Víamos, então, que, com respeito ao *supereu*, se situa uma referência ao tempo e que esta relação com o tempo poderia situar-se como uma das diferenças sexuais. Dissemos isto com relação ao complexo de castração. Freud precisou que o menino, na coincidência entre o complexo de castração e a sua angústia, vê a ausência de pênis na mãe, mas tarda a descobrir as conseqüências; há um tempo de atraso com respeito à menina, que rapidamente se inteira e tira as suas conclusões. Dissemos que isto define uma ordem que concerne ao *supereu*, o que situa a relação entre o *supereu* e o tempo, sendo o *supereu* herdeiro do complexo de Édipo. Há uma diferença quanto ao tempo e à castração. E isto é o que de fato indica a entrada ou a saída do complexo de Édipo em cada caso. E Freud, em *A feminilidade* (1933), observa que o complexo de Édipo positivo na mulher, com relação ao pai, geralmente é prolongado, a ponto de quase não perder nunca a sua vigência. O que é diferente do caso do varão. Mas isto, onde teria o seu apoio senão em relação com o gozo? Tem que haver uma relação diferencial do sujeito com o valor de gozo, relação que dê a diferença sexual. Se não fazemos esta referência, é mera psicologia; embora falemos de inconsciente, será um inconsciente psicológico.

A pergunta é se é possível pensar a diferença em termos de um tempo no qual este objeto que, tanto para o menino como para a menina, é valor de uso, passe a ser um valor de gozo – o valor de mudança, mais-valia, *plus* de gozo – dou por ora todos estes termos como sinônimos. A questão é se há um tempo diferente para cada sexo na passagem do valor de uso ao valor de gozo. Depois de tudo, esta relação com o tempo se apóia no grande Outro. Lacan, muitas vezes, e a seu modo o próprio Freud, apoiam no grande Outro a sua referência ao tempo no inconsciente. E eu diria que esta relação com o grande Outro está supervisada – esta palavra não é boa, mas por enquanto não encontro outra melhor – pelo *supereu*. A relação com o tempo, apoiada na relação com o grande Outro, está supervisada pelo *supereu*, com referência fundamental ao objeto. O olhar e a voz são os objetos com os quais o *supereu* se anuncia, se presentifica.

Samuel Beckett, em *O inominável*, diz algo que concerne ao sentido do que vim dizendo. Também o cita Alain Badiou. Diz Beckett: *Eu não posso pensar senão após passar por um certo grau de terror*. Creio que isto se vincula com o pensamento da mãe, ao qual Diego Halfon-Laksman se referiu hoje. Este grau de terror se refere à possibilidade de que o pensamento possa conduzir àquele pensamento da mãe. Não me refiro à semântica, mas a esta dimensão unificante que constitui o incesto. Após um momento de terror, diz Beckett, ele pode pensar; não sem haver passado por tal momento. Neste sentido, o que aparece como incestuoso é que tudo possa ter nome. Um tema do *supereu*, além do "Goza!", pode ser "Nomeia!". Não se trata apenas da ação ou do ato de nomear, mas de: *é possível que tudo tenha nome*. Vocês vêem que aí não há nenhuma subtração. O que remete ao tema da verdade absoluta.

Entende-se também assim que a subtração é o recorte de um gozo pelo qual se cria uma dívida. Todo sujeito é devedor, mas nem sempre a dívida se encontra estabelecida. A dívida existe de muitíssimas maneiras, mas só fica estabelecida quando encontra a sua referência ao valor de gozo; em termos de Freud, quando esta encontra a sua referência é em relação à verdade histórica. A minha hipótese é de que "verdade histórica" é o termo que, em Freud, situa isto. Trata-se da verdade histórica de um sujeito determinado, é singular: sem esta verdade histórica, não se trata de seu valor de gozo.

Dizia que uma das maneiras de não ter lugar a subtração é que tudo tenha nome. O *supereu* pode ordenar: "Nomeia!". E os fantasmas se fazem com isto. Hoje, em linhas gerais, mencionei o exemplo do pai substituindo o *a*, no sentido de *é por ele*: tratava-se disto mesmo, de que não esteja o lugar de algo inominável, de um vazio que não é só que não tenha nome, mas que não se pode nomear. Paradoxalmente, o que aparece como uma palavra da qual o sujeito não disporia, uma impossibilidade de nomear, no entanto, é uma possibilidade do sujeito: porque disto, deste vazio inominável, se subtrai algo.

Detenho-me hoje aqui. Tal como lhes disse no princípio, pedi a duas pessoas que tivessem a gentileza e o trabalho de anotar ou formular questões para provocar e ordenar de alguma maneira a discussão: são Célia Nusimovich e Renata Appel.

Participante: Quero perguntar se a questão da subtração de gozo pode-se articular com a teoria do trauma, levando em conta o dito a respeito da diferença temporal entre ambos os sexos. Refiro-me ao caráter antecipatório que se situa para o trauma e a que, na construção freudiana, a teoria do trauma se estabelece com relação à histeria.

Norberto Ferreyra: Creio que são níveis diferentes. O nível da operação de subtração de gozo não é o mesmo que o do trauma. Pode haver certa relação, teria que pensá-la; talvez o trauma consista nisto mesmo que dizíamos; que tudo possa ser nomeável, como exigência pulsional do *supereu*, é traumático. Porém, bem, espero as palavras de Renata e Célia.

Renata Appel: Não é fácil para mim pontuar ou marcar uma linha em poucas palavras a respeito de tudo o que se apresentou. Diego se referiu ao Um da medida e ao Um da identidade, e Norberto aludiu à relação que isto tem com este ponto que Freud situa como inexplicável, a bissexualidade e o cruzamento com os complexos de Édipo e de castração. Sobre o final, Norberto retomou a questão do *supereu* com relação ao valor de gozo, enquanto isto concerne à diferença sexual. Não sei muito bem como abordar a ordem de questões. A princípio, vou a uma formulação de Freud. Norberto recordou a situação do *supereu* como herdeiro do complexo de Édipo. Em *O eu e o isso*, Freud, ao abordar a saída do complexo de Édipo, encontra o paradoxo referido a isto que Norberto mencionou na reunião passada, o objeto que assegura as identificações como efeitos de perda de objeto. Freud não pôde resolver a questão nestes termos, porque, embora se confirmem para o Édipo direto, não se confirmam para o Édipo invertido. Então recorre, como explicação, à bissexualidade. Esta questão sempre me interrogou, e agora me suscitava uma pergunta, com relação à bissexualidade, ao Um da medida e ao Um da identidade. Freud situa o *supereu*, não só como herdeiro do Édipo, mas com relação a uma anterioridade; diz que as primeiras identificações do eu se opõem. E situa o *supereu* em uma função de antecedência. Agora, na lógica que atribui à saída do Édipo não leva em conta a função de antecedência do *supereu*; não pode situar neste caso a identificação como assegurada pela perda de objeto, já que há uma identificação prévia. Então, parece-me, há um ponto de convergência entre o argumento da bissexualidade e o não situar o *supereu* em sua função de antecedência, o que permitiria considerar a possibilidade de queda do objeto da antecedência para explicar a saída do Édipo.

Norberto Ferreyra: Então, a pergunta que você propõe à discussão é se a antecedência do *supereu*, que Freud não pode nomear como saída do complexo de Édipo, tem uma relação com o objeto.

Renata Appel: Lendo o texto de Freud, abre-se a pergunta pelo estatuto do objeto relativo ao *supereu* em sua função de antecedência; de outro modo, a lógica que Freud segue quanto ao funcionamento da identificação seria incorreta.

Norberto Ferreyra: Creio que, na sua pergunta, se recorta a questão do que há de objeto com relação ao *supereu*; não o objeto do *supereu*, senão, no *supereu*, o que há de objeto, que poderia ter esta antecedência, dado que a perda de objeto antecede a identificação, e não o contrário. Se houvesse uma identificação antes da perda, então, como dizia Renata Appel, não se cumpriria a lógica da identificação. De modo que, se o *supereu* é antecedência, o que há de objeto nele?

Renata Appel: E qual é o lugar deste objeto na declinação do complexo de Édipo?

Norberto Ferreyra: Perto do final do que disse antes, referi-me ao tempo, tanto com relação ao Outro como com relação ao *supereu*, que não coincide com o Outro. E o concernente ao *supereu* está supervisado com relação ao objeto. E recordei que o olhar e a voz são os objetos com os quais o *supereu* se presentifica. A questão agora é: na própria constituição do *supereu*, o que há de objeto? Embora o olhar e a voz sejam os objetos que fazem presente o *supereu*, esta referência ao objeto provém do *isso*.

Célia Nusimovich: O que você diz, parece-me, se relaciona com a diferença que Melanie Klein situa, e que foi lida como ruptura com Freud: adianta o *supereu* e o situa como constituído por um objeto mau. Além disto, a partir da reunião passada, fiquei pensando no tema de uma escolha que não passasse pela identificação. Também recordei Klein, pela questão da identificação projetiva: ela chama de identificação algo que não tem nada a ver com o modelo clássico de identificação. Porém, isto foi uma digressão. O que quero comentar hoje tem a ver com a questão da bissexualidade. Você insistiu em que, em Freud, a bissexualidade é inexplicável.

Norberto Ferreyra: Ou é explicável, porém, como depende do *quantum*, não aparece um padrão.

Célia Nusimovich: Talvez tenha sido a maneira que Freud encontrou para situar a bissexualidade fora do regime fálico. Dizíamos que há em Freud duas maneiras de pensar a questão do sujeito com relação à sexualidade: uma é a linha do complexo de Édipo e do de castração; outra, é a bissexualidade. E Norberto se referiu também a isto, o tema das equações em Freud, que eu até agora havia pensado em termos da função fálica. Com relação à reunião passada, formulei uma pergunta a respeito da afirmação de que o sexo é um lugar para a verdade; um lugar, não o único, onde localizar a verdade. Creio que isto ficou hoje mais esclarecido, ao se abordar o tema da relação com o objeto. De todos os modos, arma-se uma confusão com a questão da escolha sexual e a relação com o objeto. Norberto esclareceu que o sujeito, no lugar do objeto, é o masoquismo, não é a escolha de sexo. E, com relação ao indiscernível da verdade, quanto ao sujeito oscilando entre o Um e o Outro em um lugar indeterminado, Norberto disse alguma vez que o sujeito é produzido, mas também se inventa: esta invenção do sujeito, tem a ver com a decisão a respeito do sexo? Talvez no *lapsus* seja possível pensar a escolha. E creio que, aliás, Norberto tratou de marcar a diferença entre escolha e substituição.

Norberto Ferreyra: Tomando o caso do *lapsus*, podem-se situar vários níveis de interpretação, assim como para o sonho. Um *lapsus* ocorre da mesma maneira para o homem ou para a mulher. Porém a interpretação não é a mesma, a respeito da castração, se se trata de um homem ou de uma mulher. A interpretação não é a mesma, porque o *lapsus* é feito de maneira diferente em cada caso. Quando falei de indiscernibilidade, não me referi tanto ao indiscernível do objeto, mas ao da verdade, que se pode estabelecer como tal – e designei a expressão "verdade histórica" para marcar a referência a Freud – quando se estabelece um lugar para a verdade. Assim o define Lacan, quanto aos discursos. Estabelecer um lugar para a verdade é referi-la a um valor de gozo para cada sujeito. Isto é, uma dívida. Com relação à dívida do sujeito está o seu *plus de gozo*. Se esta dívida se encontra estabelecida como tal, se é possível que tenha um número, se é possível que haja uma proporção, então ela tem um valor de gozo para o sujeito. Neste caso, o *goza de* é possível, de maneira diferente caso este valor não se pudesse constituir.

A interpretação de um *lapsus*, já que se pode conseguir de maneira exaustiva – o que não ocorre com freqüência – deve conduzir à posição sexual do sujeito; ou seja, à posição frente à castração. E este é um lugar da verdade. Toda interpretação conduz a este lugar; ou, aliás, é feita com isto.

A pergunta continua sendo se na posição frente à castração, no sentido da escolha de sexo, o sujeito como tal é a decisão ou se o sujeito decide algo.

Carlos Quiroga: Parece-me que a referência à subtração do gozo em sua relação com a dívida é uma maneira não moral de falar da abstinência do analista. Inclusive poderíamos dizer que o que cobramos, os analistas, está em relação com este ato de subtração. Por outra parte, com relação à bissexualidade, há algo que, como dizia Célia, parece-me importante situar em Freud. Alguém poderia pensar, a princípio, que ele mantém a bissexualidade para preservar, assim, a divisão do sujeito. Porém é certo que Freud chega a esta divisão pela via das formações do inconsciente. Entretanto, inclusive, no histórico do presidente Wilson, Freud diz que a bissexualidade faz parte do axioma fundamental da psicanálise. Talvez a bissexualidade seja a maneira como Freud compreende a divisão do sujeito pelo objeto. Há uma dupla divisão do sujeito. Na exposição que Diego fez e Norberto retomou, está a referência ao *a*, de acordo com a dupla existência do *a* que Lacan situa no seminário "A lógica do fantasma": existência lógica e existência de fato. Creio que esta é uma questão para aprofundar e desenvolver. Lacan esclarece ali que não se refere ao *a* imaginário, mas em sua relação com o real. Esta dupla existência me parece articulável com o problema da dívida em referência à subtração, já que nesta se põe em jogo a dívida com o Outro primordial. Articula-se, assim, uma dupla dívida: com relação ao pai e com relação à mãe. Deste modo, novamente se situa algo que, infelizmente, temos que denominar como dualismo, porém é mais que o dualismo ingênuo da filosofia, porque situa a questão do real.

Cláudio Glasman: Norberto disse que o inconsciente não fala pelo sexo senão de sexo; fala-se do falo, fala-se de objetos, mas se fala pelo objeto. Uma pergunta é: o objeto pelo qual se fala, que diferença de função tem com respeito aos objetos dos quais se fala? Outra pergunta tem a ver com a subtração e o *lapsus*. No *lapsus* há subtração, ou é o *lapsus* que produz uma subtração de gozo?

Norberto Ferreyra: Parece-me que não se podem pensar estas coisas em termos do ovo e da galinha. Evidentemente, quanto ao que dizia Carlos

Quiroga, há uma dívida com a mãe, cujo estatuto não é o mesmo que o da dívida com o pai. No entanto, a questão é que a dívida exista e, uma vez estabelecida, terá estes dois aspectos, com relação ao pai e à mãe, pelas diferentes questões que se jogam no complexo de Édipo. Porém, trata-se de que se possa estabelecer uma dívida pelo que se subtraiu. O próprio sujeito, como existente, é uma subtração. Isto é assim inclusive no real dos cromossomos. Quanto a se no *lapsus* há subtração ou se o *lapsus* a produz, creio que há duas questões. Disse que os *lapsi* existem porque Freud descobriu o inconsciente. Claro que existiam empiricamente, como fenômeno, antes de Freud. Porém o *lapsus* começa a existir como algo que rompe uma norma – por isto é indecidível – e ao qual se supõe um sujeito particular, a partir de Freud. Neste sentido, situar uma subtração é o mesmo que situar que há sujeito do inconsciente. A pergunta sobre se o *lapsus* obedece à subtração ou a subtração ao *lapsus* não tem saída. Há um sujeito; há um discurso, o sujeito fala; nisto, há *lapsus*, que corresponde àquilo do discurso que rompe as normas da linguagem. Esta ruptura da linguagem obedece a uma razão de estrutura: algo novo ocorre. É possível que eu tenha feito referência a uma invenção; em todo caso, este invento não poderia adjudicar-se a ninguém, quem seria o autor? Porém isto é uma questão de passe. Por isto, a psicanálise é de passe; que seja de passe quer dizer que há lugar para este invento.

Com respeito à questão da abstinência do analista, em *Radiofonia e televisão*, Lacan fala de um gozo da renúncia ao gozo. E isto equivale a referir-se ao *passe*. A relação com o objeto que surge como restrição, pelo gozo, da renúncia ao gozo, é uma das formas da abstinência. Para o analista, com relação ao passe, trata-se disto. Quero dizer que a abstinência do analista é, neste ponto, o passe. Sem esta abstinência, não há analista. Então, não há gozo do analista, ou, em todo caso, o gozo que haja é fora do gozo, é o gozo da renúncia ao gozo. Nesta duplicação, o gozo fica esvaziado do lado do analista; é inexistente. É assim porque houve esta renúncia e esta renúncia é o passe. O passe, na psicanálise, tem esta função lógica pela qual o novo, que é tanto laço como *lapsus*, se pode transmitir.

Participante: É o indiscernível.

Norberto Ferreyra: Parece-me que o indiscernível é, aliás, o que, na permutação – por mais permutações que se façam – não muda de valor. Refere-se ao valor da verdade. No *lapsus*, há uma verdade particular, que tem um valor, e a psicanálise disse que esta verdade não é absoluta. Situá-lo assim, afirmar que esta verdade não é absoluta, que não é universal, vai necessariamente acompanhado de uma restrição do gozo. E a dívida está em relação com esta restrição do gozo. Não é necessário analisar-se para ter dívida. Muitos, e este é um exemplo clássico, estabelecem uma dívida com o analista para que a dívida não os enfrente no seu valor de gozo.

Carlos Quiroga: Quero trazer um exemplo clínico. Trata-se de um homem que está passando por um momento em que, digamos assim, está interrogado em sua potência fálica. Faz uma viagem de metrô, e o trem pára entre duas estações: o sujeito sofre um ataque de claustrofobia. Depois, ao relatá-lo, diz que naquele momento viu frente a ele um senhor que fez um gesto que o aliviou e lhe permitiu escapar da situação em que estava. E, durante o relato, lhe sucede que escuta todo o tempo um refrão de uma canção do *Queen*, que é: *quero tudo, quero já*. E, ao dizê-lo, recorda que um segundo antes do ataque de claustrofobia, viu uma senhora que fazia claros gestos de fastio porque o metrô parava. De modo que *quero tudo, quero já* entra em relação com este ponto de fastio. Parece-me que está em jogo o que vimos dizendo. Embora isto seja no plano do fantasma, algo vai mais além, e é o ponto de fastio. Refiro-me ao plano do fantasma tal como o descreve Freud: o fantasma se lê do final para o começo. A primeira coisa que relata refere-se ao senhor, cujo gesto o alivia e lhe permite subtrair-se dali; o que relata ao final é o que ocorreu no começo, este ponto de fastio na mulher. Parece-me que a duplicação da dívida está presente neste gesto que lhe diz: "Saia daí" e neste outro, em que há um chamado com relação ao fastio. Embora o ponto de fastio tome um curso lexical no fantasma, já que o sujeito pode denominá-lo, há ali um lugar de atração, onde a subtração não é possível; e, então, uma reintegração, já que, em seu ataque de fobia, este sujeito queria descer do metrô: perspectiva de subtrair-se mediante uma passagem ao ato.

Norberto Ferreyra: Efetivamente, na fobia, o próprio sujeito se toma como padrão de medida a respeito deste Um. Na situação fóbica – por isto a fobia tem tantas manifestações corporais – o sujeito é o padrão de medida de sua relação com o *a*. É certo, pode-se explicar pelo unificante com relação à mãe, mas me parece que, na fobia, o próprio sujeito é a medida. Não ocorre que o sujeito se enfrente na medida do valor de gozo e que nisto esteja seu sexo, mas que, de repente, ele é a medida: não há um valor que o meça a respeito de seu gozo. Diferente é o caso do fetichismo. Em *Scilicet*, apareceu um texto famoso: "Fetichização de um objeto fóbico", onde se explica claramente a passagem da fobia ao fetichismo. No fetichismo já há um objeto, o objeto-fetiche; há um valor de gozo, e o sujeito já não está implicado como tal em ser a medida de sua relação com o objeto – digo-o assim rapidamente, já que não se trata simplesmente do objeto, mas de sua relação com o grande Outro. Já no fetichismo, o valor de gozo não é o sujeito; é algo que não é ele. Na fobia, como dizia Carlos Quiroga, o próprio sujeito é a medida; não há nada que meça o seu valor de gozo a respeito do sexo. Naquele texto, que não está assinado, explica-se claramente a passagem, que, naquele caso, é de um botão isolado a uma fila; já na fila, faz parte do fetiche; isolado, é fobia. Vê-se que, no fetiche, já há uma ordem de gozo.

Noemi Sirota: Quero formular duas questões. Uma é uma pergunta a Diego Halfon-Laksman: pelos temas que você abordou, não me parece que tenha dito casualmente *pensamento de mãe*: poderia ampliar por que aludiu a *pensamento* com relação ao Um unificante? Com relação à observação de Renata Appel, creio que em Freud, pelo menos em dois lugares, se alude ao *supereu* como resto daquela ligação com o corpo do pai não terminada de simbolizar. Creio que aqui há uma linha para pensar esta observação a respeito da antecedência: o pai como objeto.

Diego Halfon-Laksman: *Pensamento de mãe* não se refere, evidentemente, ao que pensa nenhuma mãe, senão a que, como diz Lacan, o Um unificante é efeito do significante sobre o pensamento. Na distribuição que Lacan propõe, o efeito do significante sobre o pensamento fica do lado do Um unificante, e o efeito do significante sobre o real fica do lado do Um contável.

Norberto Ferreyra: Parece-me que a questão da antecedência do *supereu* com relação ao corpo do pai exige um desenvolvimento específico. E isto, que Noemi Sirota recorda de Freud, aponta também para uma colocação em termos de objeto. Refiro-me a: *goza* ou, então, *goza de*; isto é situá-lo em termos de objeto.

Participante: Quando Freud situa o sagrado, diz que é a profunda vontade do protopai com sede de vingança: neste sentido, pensei a questão, como imperativo ao gozo.

Norberto Ferreyra: É claro, então, que está referido a um objeto no sentido de *goza de*. Se se trata de *goza de*, é um objeto. Se é *goza*, refere-se a outra coisa.

Participante: A respeito do *supereu* em função de antecedência, a respeito da função do tempo e do *goza,* parece-me que tudo isto vai junto. Refiro-me ao tempo, aí onde Freud situa o *supereu* como eternizando um passado. Creio que ali se pode situar melhor o *supereu*, no que resta desta antecedência.

Norberto Ferreyra: Situei, como hipótese, o *supereu* com relação ao tempo e à escolha sexual, na medida em que o *supereu* é o único que atualiza o passado.

Participante: Porém, parece-me que há uma diferença entre o *supereu* como herdeiro e a sua articulação em termos de antecedência. Inclusive, você citou uma frase de Freud referida ao eu: *Olha, você pode me amar como o objeto perdido.*

Norberto Ferreyra: Se algo faz ao tempo, é o *supereu*; isto é certo. Porém, há uma relação entre tempo e gozo. Tratei de falar desta relação, que não só está referida ao grande Outro, como também, seguramente, ao objeto *a* e, clinicamente, é fundamental com respeito à função do *supereu.*

24 de junho de 1992

6. A subtração

A pulsão e o desdobramento do objeto – A fábrica do sexo
A função do vazio – Valor de gozo e valor de uso – Dívida
e sexo – O *lapsus* e o indecidível – O quadro de Badiou –
Escolha sem conceito

Como na reunião passada, novamente pedi a duas pessoas que, ao final, façam uma revisão dos pontos apresentados. Falei, nesta oportunidade, com Cláudio Glasman e com Anabel Salafia. Cláudio respondeu que prefere fazer, no princípio, umas perguntas ou comentários sobre o exposto até a última reunião.

Cláudio Glasman: Achei preferível ler o texto das reuniões passadas e formular perguntas a partir desta leitura. Evidentemente, não é imprescindível que Norberto responda agora. O problema de se há uma decisão do sujeito do inconsciente a respeito do sexo me suscita várias questões. Um tema é não confundir o sujeito do inconsciente com o sujeito psicológico, em termos de uma escolha "livre" ou voluntária; uma vez definido o inconsciente, é possível supor uma decisão ao sujeito? A segunda questão é: que diferença haveria entre decisão e escolha? E a terceira se refere ao termo "sexo": o que é sexo, nesta pergunta? Talvez seja necessário distinguir o sexo da sexualidade, inclusive da sexuação. Em "Encore", Lacan chega a dizer que o homem pode, inclusive, escolher de que lado da fórmula se situa. Parece-me estranho isto, que ele possa escolher de que lado se situa. O que quer dizer que escolha? Em certos textos, Freud pensa o tema da escolha. Um deles é *Sobre um tipo especial de escolha de objeto no homem*; outro é *O tema da escolha do cofrinho*. Depois da última palestra de Norberto, quando falou sobre o fetichismo, revisei *A cisão do eu no processo de defesa* e encontrei algo sobre o tema da decisão. Neste último texto diz Freud:

> *Suponhamos que o eu de um menino se ache sob a influência de uma exigência instintiva poderosa, que está acostumado a satisfazer, e que subitamente seja assustado por uma experiência que lhe ensina que a continuação desta satisfação trará consigo um perigo real quase intolerável. Deve, então, decidir-se, por reconhecer o perigo real, dar-lhe a preferência e renunciar à satisfação instintiva ou, então, por negar a realidade e pretender convencer-se de que não existe perigo, de modo que possa continuar com a sua satisfação. Assim, há um conflito entre a exigência do instinto e a proibição por parte da realidade. Porém, na prática, o menino não toma nenhum destes caminhos ou, então, segue ambos simultaneamente, o que vem a ser o mesmo. Replica o conflito com duas reações contrapostas, as duas válidas e eficazes: por um lado, com a ajuda de certos mecanismos, recusa a realidade e evita aceitar qualquer proibição; por outro, ao mesmo tempo, reconhece o perigo da realidade, considera o medo daquele perigo como um sintoma patológico e tenta, conseqüentemente, despojar-se de dito temor. Há que se confessar que esta é uma solução muito engenhosa: as duas partes em disputa recebem o seu. Permite-se ao instinto seguir com a sua satisfação, e à realidade mostra-se o devido respeito.*

E Freud acrescenta algo a respeito da dívida e do pagamento: *(...) Porém tudo isto há de ser pago de um modo ou de outro, e este êxito se logra às custas de um afastamento do eu que nunca se cura, mas que se aprofunda com o passar do tempo.*

É interessante que o afastamento do *eu* seja um pagamento. Norberto afirmou, creio que com referência a *O final do complexo de Édipo*, que o menino posterga um juízo, uma conclusão, enquanto a menina emite um juízo de imediato; em *A cisão do eu*, Freud situa uma simultaneidade que evita uma decisão. Está presente, assim, a questão do tempo: "ao mesmo tempo", diz Freud. Na última reunião, Norberto dizia que, a respeito da subtração ao gozo do Outro, contrai-se uma dívida. Parece que, inclusive na perversão, há uma forma de pagamento, assim o situa Freud.

Norberto também falou do sujeito sexuado. Para falar de decisão, há que se supor um sujeito que decide; ou, ao contrário, um sujeito que seja efeito de uma decisão. São as duas possibilidades: o sujeito está antes ou está depois da decisão. No Seminário XII, encontrei uma citação a respeito da relação entre o sexo, o sujeito, o saber e a verdade. Fala do que liga o sujeito ao saber, e diz:

> *Longe de esta ser a relação de certeza, que não se funda a não ser sobre a relação de desvanecimento do sujeito pela relação ao saber, é a realidade que se chama sintoma, que resulta, que se anuncia do lado do inconsciente no encontro e de um modo heterogêneo ao que disto se constitui como identidade do sujeito; a divisão do sujeito e do sintoma. Isto é a encarnação deste nível, em que a verdade reencontra os seus direitos, sob a forma deste real não sabido, que é o real do sexo, ao qual, até o presente, não acedemos a não ser por travestis, a não ser pela transposição da oposição masculino-feminino, por oposição ativo-passivo, visto-não visto.*

Lacan passa a falar, aqui, da função da díada, a respeito da qual, perto do final da lição, diferencia o sujeito do eu:

> *Esta singularidade absoluta do sujeito como falta é a tradução que não pode ser igualada à oposição dual de um sexo no outro sucessivamente. A relação dois é uma relação assimétrica. Isto é o que faz surgir a nossa experiência. O que surge desta diferença sexual é algo de outra estrutura, é em torno do qual vai girar a nossa crítica da psicanálise, a saber, o objeto a. Em qualquer lado que o sujeito encontre a sua verdade, é assim que ela vem à nossa experiência; o que encontra o transforma em objeto a, como o rei Midas, que tudo o que tocava transformava em ouro. O que nós reencontramos no lugar, por esta incidência do ser sexuado, rejeitado ao saber, e por relação ao qual o sujeito é este singular que só assinala esta dissimetria da diferença, cada vez que o sujeito encontra a sua verdade ali, o que encontra o transforma em objeto a. Isto é o traumatismo sem anterioridade, o que nos impulsiona à experiência analítica.*

Neste parágrafo, Lacan distingue o ser sexuado do sujeito; o sujeito está nesta busca da verdade, que o transforma sempre no objeto *a*. Quanto à decisão a respeito do sexo, talvez tivesse que manter esta distinção entre o sujeito – com a sua relação com o saber, do qual o sujeito está em falta – e o ser sexuado – a respeito do qual o saber está rejeitado como impossível.

Além disto, em uma reunião passada, fiz uma pergunta que não foi respondida. Norberto havia dito que o inconsciente fala do falo, fala dos objetos, mas que se fala pelo objeto. Interessou-me perguntar que diferença haveria entre o objeto pelo qual se fala e os objetos dos quais se fala.

Outra pergunta se refere ao tema de que ao analista se supõe o saber, mas não a verdade, e que, em troca da verdade não suposta, se entrega um objeto de gozo. Isto seria a demanda? E que diferença há entre saber e crença? Em certo momento, Norberto situou alguma diferença entre suposição e crença.

E parece-me que se pode diferenciar entre duas questões: as decisões que toma o analista, com relação ao ato analítico, e as decisões que toma o analisante. Creio que, no início da análise, a posição é – usando a palavra que Norberto trouxe e que Lacan toma em "O objeto da psicanálise" – pirrônica: o analista se abstém de concluir, deixa em suspenso uma decisão; ao mesmo tempo, pede ao analisante que também suspenda as suas decisões. Está situado, assim, por ambas as partes. A decisão de começar a análise supõe não decidir acerca da identidade sexual ou da posição sexual do analisante. Faz algum tempo, em uma supervisão em um hospital, alguém contou sobre um paciente que foi analisar-se, dizendo que, desde que se lembra da sua "razão sexual", já sabia que gostava dos homens: apresentava-se como uma escolha já tomada, ele já sabia. Disse, inclusive, algo que me pareceu muito simpático: que nele a natureza não havia sido sábia. Isto ele dizia um mês depois da morte da mãe, diante da qual havia vivido simulando uma masculinidade que, na realidade, não queria. Morta a mãe, começa a poder falar do que tem e do que, supostamente, sempre soube que queria. Entre os que estávamos ali, começou-se a discutir se se tratava ou não de um homossexual; se já havia ou não decidido; se sabia ou não o que queria; se era um *acting* ou uma estrutura, como se houvesse que decidir algo sobre isto. Pareceu-me que, precisamente, teria que não decidir nada acerca deste assunto; que, neste ponto de início de entrevistas, teria que deixar a questão aberta. Por outra parte, o paciente acreditava que há tempos sabia o que queria; por que não acreditar nele?

Norberto Ferreyra: Agradeço a Cláudio a sua intervenção. São muitas perguntas e comentários; não sei em que medida vou responder hoje. Quero também recordar duas questões que, na reunião passada, Célia Nusimovich e Renata Appel abordaram; e uma terceira, referente a se a bissexualidade não é a divisão do sujeito. Quanto às duas primeiras, a de Renata Appel se referiu à anterioridade do objeto com relação ao supereu, à possibilidade de que esta anterioridade se vincule com isto que há de objeto no supereu. A intervenção de Célia Nusimovich se referiu mais especificamente à escolha sexual e à identificação – como corolário do anterior – e à escolha sexual e à relação de objeto; mais precisamente, a pergunta foi se a invenção do sujeito pode referir-se à decisão a respeito do sexo; entende-se que se refere a uma invenção que o sujeito faria, não a que ele fosse o inventado. São questões que não foram respondidas, fica uma dívida neste sentido, e creio que vale a pena que continuemos pensando nestes temas.

No tocante à intervenção de Cláudio, prefiro desenvolver agora alguns pontos que talvez toquem o que ele disse. Acredito que haverá uma relação inevitável, porque a sua leitura está muito próxima do que temos falado; por conseguinte, de todas as maneiras, haverá um princípio de resposta ou diálogo a respeito do que Cláudio formulou.

Algumas das coisas que hoje direi se apóiam em um artigo de Alain Badiou chamado "La soustraction" (*Revue de l'École de la Cause freudienne*, Actes, nº 19, Paris, nov. 1991). Das importantes questões que situa, vou considerar algumas relacionadas com a escolha. Isto tem vinculação com um trabalho que fizemos com Anabel Salafia, que trata de *por que não falar de "campo lacaniano"*, onde se interroga este trabalho de Badiou com referência ao Um e ao trajeto que propõe a respeito da verdade, um trabalho que me parece indispensável.

O autor usa o texto de Freud, *Sobre uma degradação geral da vida erótica*, de 1912. Freud marca ali uma diferença quanto ao que chama substituição, que está relacionada aos objetos chamados infantis ou primários ou primitivos. Freud diz, com referência ao onanismo, que, neste caso, há fantasias conscientes e, inclusive, pode mudar a fantasia a respeito do objeto primitivo, mas não se modifica o destino da libido. Isto é muito importante: há uma substituição, mas não traz como conseqüência uma modificação do destino da libido – não alude à libido em si, senão a seu destino. Não mais no onanismo, podem dar-se casos de que as fantasias remetam a substitutos dos objetos primários, mas onde o destino libidinal continue sendo o objeto primário. E, neste ponto, Freud introduz algo que me parece fundamental. Recordemos que o texto é de 1912, e ainda não introduziu a pulsão de morte em sua conceitualização. O fundamental é que, ali, destaca o lugar de insatisfação. Não está relacionado exatamente à diferença entre gozo esperado e gozo obtido. A própria pulsão se destaca como insatisfatória, e Freud diz que isto ocorre por dois motivos: um é o desdobramento na escolha de objeto: há um objeto primitivo, há recalque; e há outro objeto. Há um desdobramento entre o objeto primitivo e o substituto, em conseqüência do recalque. O outro motivo se refere aos fins da pulsão. Ele observa que certas pulsões não são viáveis em determinadas situações culturais, mas não o situa em um nível sociológico: a coprofilia, por exemplo, acontece como pulsão inibida em seu fim, quanto ao objeto que tomaria.

Assim, Freud, em 1912, diz que o desdobramento da pulsão é pelo objeto. Entende-se que é pelo recalque, devido à qual se passa de um objeto primitivo a um substituto, sim, mas o recalque opera enquanto existe este desdobramento do objeto com relação à insatisfação. Em outra reunião, recordei que, segundo Gerard Pommier, a bissexualidade remete a dois tipos de gozo, um passivo e outro ativo. Vemos aqui que a insatisfação encontra dois lugares, ou, aliás, que corresponde a uma divisão, a um desdobramento entre o objeto primitivo e o substituto. Isto mesmo é a insatisfação, que não seria, assim, uma propriedade da pulsão, mas que, pela existência desta, mediando o recalque que a releva e em seu retorno, há um desdobramento do objeto; e, neste texto, Freud o situa como uma das duas causas da insatisfação. Vocês vêm que a referência não é exatamente à insatisfação da pulsão, mas a que a existência da pulsão se defronta com um desdobramento do objeto que produz ou é causa ou, em todo caso, é um lugar de insatisfação.

Então, quando acontecer não haver uma substituição que modifique o destino da pulsão, quando, por exemplo, no onanismo ou em outros casos, se trata de fantasias conscientes sem modificação do fim, ou seja, que o fim continue fixado aos objetos primitivos, então estaremos diante de um não desdobramento deste objeto. Haveria talvez uma satisfação da pulsão, em que a insatisfação teria outro lugar de quando é intersectada – não "interdita" nem "proibida" – pelo desdobramento do objeto.

Freud mantém isto quando, em outro artigo, se refere à dívida. Ali, escreve algo, cuja leitura me estremece um pouco. A respeito dos substitutos, diz, ficam no sujeito marcas de sua relação com o objeto primitivo. E faz uma espécie de analogia ou metáfora, escreve-a com o tom de algo que se impõe, que tem que dizer: diz que é análogo à forma craniana do menino, quando se produz o esvaziamento da pélvis materna. Não deixa de ser impressionante isto que Freud diz: este esvaziamento que dá lugar ao nascimento. A analogia que se lhe impõe é muito importante, porque dá lugar a um primeiro esvaziamento – "esvaziamento", não "vazio". E está em relação estrita com algo que ele foi o primeiro a fazer. Podemos, a respeito, pegar dados do livro *A fábrica do sexo (La fabrique du sexe)*, do norte-americano Thomas Laqueur. Pode ser interessante que, na próxima reunião, alguém faça uma espécie de resumo da parte dedicada a Freud.

Laqueur observa que, na literatura científica do século XIX, não havia nada que nomeasse a vagina como lugar de prazer; neste saber científico nada dava lugar à vagina – este "vazio", se consideramos a citação de Freud – como lugar onde fosse possível obter prazer. Não me refiro a isto apenas para confirmar o que diz Lacan quanto ao fato de que a ciência sempre se guia a princípio pelas teorias sexuais; neste caso, pela da inexistência da vagina. Vou mais além. Quando Freud introduz a vagina como um órgão de prazer para quem a tem – não me apresso em dizer "para a mulher", neste século alguém pode equivocar-se com nisso – audazmente cria um lugar vazio, em dois sentidos: por sua conformação anatômica, cria um certo vazio imaginário; e, também, é um vazio que reúne discursos científicos, por exemplo, a respeito do gozo feminino. A um lugar que aparece como vazio, não nomeado, Freud lhe dá nome e não só em sua referência ao clitóris. A referência de Freud ao esvaziamento da pélvis materna e às marcas no crânio não é exatamente uma metáfora, mas uma analogia. De qualquer modo, já está ali algo que, depois, se formalizará de outro modo e que aparecerá de diferentes maneiras, inclusive no discurso do próprio Freud: a função do vazio e, com relação ao que, em outra reunião, disse sobre o nomear, certa função do inominável.

E isto remete a uma falta de sentido. Este vazio aparecia sem sentido antes de Freud e ele o situou em uma linha onde adquire um sentido a respeito do gozo. No entanto, o discurso onde surge este sentido se apóia no que não estava dito no discurso anterior. Quanto ao gozo ou, se se quer, em relação ao gozo feminino, neste ponto tão local, o discurso freudiano toma o seu sentido do discurso que o precedia ou que lhe era historicamente contemporâneo, o da medicina ou da ciência, que, neste caso, eram quase sinônimos. Em desenvolvimentos mais sofisticados da teoria e do discurso psicanalítico, fundamentalmente em Lacan, vemos que esta função do vazio está sempre presente, em seu papel de causa ou de fator desencadeante.

Vamos voltar agora ao tema pendente desde a reunião passada, com relação ao valor de gozo e ao valor de uso. Perguntei se há uma diferença segundo o sexo para o tempo de passagem do valor de uso até o valor de gozo; por exemplo, se aquela detenção, no varão, e aquela afirmação, na menina, eram referíveis à passagem de valor de uso a valor de gozo. O que é o valor de uso? Tudo o que possamos usar para gozar toma valor de uso; o seu valor se obtém dos instrumentos que empregamos para este gozo: o trabalho, etc. Enquanto o valor de gozo é de intercâmbio, é o que isto toma como intercambiável no laço social. E a este valor de gozo pode acrescentar-se o que Lacan chama – com referência à mais-valia – o *plus* de gozo.

De onde surge o *plus* de gozo? É o recorte de um lugar de gozo do próprio sujeito, singular? Sim, é isto, mas insistamos em perguntar, mais precisamente, de onde surge. O sujeito, em primeiro lugar, encontra-se com a suposição do gozo do Outro. Recordem que a relação com o Outro sempre é através do objeto *a*; não há relação direta com o grande Outro. E toda relação com o grande Outro é a mais ou a menos, em excesso ou em falta. Isto varia segundo a nosologia; na neurose, há sempre uma espécie de cálculo acerca do desejo, da demanda, etc., com relação aos diferentes tipos de angústia. Mas este cálculo sempre é para mais ou para menos: vai mais além, ou está mais aquém. Estes "mais além" e "mais aquém" vão conformando a respeito do Outro uma espécie de *plus* de gozar, que o sujeito vai conformando e que só instrumentará na medida em que a suposição deste grande gozo, o gozo do Outro, tenha pelo menos uma deflexão, uma queda. Se não, sempre será adivinhação, a aposta do sujeito em acertar o gozo do Outro; errará para mais ou para menos, é um jogo e, às vezes, o sujeito pode ser a própria ficha que se aposta: é o caso da psicose. Às vezes, trata-se de alterar as regras desta aposta: a perversão. A neurose, por sua parte, "calcula", acreditando saber mais acerca do jogo.

São diferentes posições, mas todas estão relacionadas à castração. O fato é que, quanto à castração, no Outro se presentificam, então, estas estratégias do sujeito, para mais ou para menos, vão ficar como restos com relação a seu desejo e adquirem o valor de intercâmbio com respeito ao que, do laço social, pode estar interferido – o que não quer dizer restringido, mas, em todo caso, determinado – por sua relação com o grande Outro. Este valor de intercâmbio, este valor de gozo, é uma cotização do sujeito. Na neurose, é cotização diante do grande Outro. Também é uma cotização do sujeito no laço social, na medida em que está determinado por sua relação com o grande Outro. O sujeito pode identificar-se com este valor, ou então fazê-lo valer. O *lo* de "fazê-lo" denota a condição de instrumento deste valor de gozo.

E o valor de gozo pode pôr o sujeito em relação com o estabelecimento de uma dívida. Com isto, entramos na questão do sexo. Há dívida, porque há sexo. Creio impossível ter presente uma dívida sem que esteja relacionada com o sexo. Na reunião passada, dissemos que, a princípio, o sujeito se sente devedor, culpado, com relação à subtração. Trata-se da subtração de um gozo suposto, mas que não existe – isto é o mais importante; é algo que se sabe, mas se esquece, porque o recalque acontece a todo momento. Nenhum sujeito pode responder pela perda de gozo na qual, porque fala, está imerso e que o determina; ele não pode responder por esta falta de gozo, que, então, o deixa em dívida.

Freud diz que, para o homem e a mulher, há, respectivamente, duas maneiras de pagar a sua dívida relacionada à mãe: o varão pode fazer mãe a uma mulher, e a mulher, ser mãe. Vê-se aqui a diferença de posição sexual. Em "fazê-la ser mãe" há uma instrumentação do órgão fálico; no caso da mulher, por outro lado, joga-se o ser. Estas formas de pagamento são comuns e podem ter o seu efeito no laço social, isto é, com relação ao pequeno outro. Em todo caso, a dívida é a respeito de um gozo que se supõe que existiu ou que existe, o que deixa o sujeito sempre acompanhado pelo gozo que supõe que existiu; isto sempre é uma companhia. Por isto, diz Lacan: que haja outro implica a existência do gozo. Refere-se, neste caso, ao outro com minúscula, ao semelhante, que é o apoio para supor, sempre, um gozo que inexiste, isto é, não só toma a dimensão do incomensurável, como também é impossível discernir a sua existência.

Creio que não há melhor exemplo de dívida simbólica que a ocorrência de um *lapsus*. Cláudio Glasman fez uma pergunta, na reunião passada, sobre a relação entre *lapsus* e subtração. Eu tentei responder que, da subtração, alguém se inteira através do *lapsus*. Esta subtração, que está referida a um gozo inexistente, cria, no entanto, um gozo particular. Isto está amplamente demonstrado por Freud no tocante à anedota; também é assim no *lapsus*. Há algo que o sujeito ganha, uma mais-valia, e o *plus* de gozo é, como diz Pierre Martin, interno a esta mais-valia.

O *lapsus*, como formação do inconsciente, remete a algo indecidível. Seguindo mais de perto Badiou, podemos relacionar isto a um universo de objetos situados a respeito de certa norma, certa cláusula, por exemplo, "são todos brancos": de repente, surge algo que não entra nesta norma. Assim sucede com o *lapsus* – embora seja de linguagem e, neste sentido, entre na norma – como com os neologismos. E isto é referível a um gozo – é o que não considera Badiou, cuja perspectiva é filosófica. Há um gozo no *lapsus*, como no chiste; recordem, em Freud, a noção de uma economia de trabalho. Recorta-se, cria-se um *plus* de gozo. Neste cernimento do gozo a respeito do sujeito, cria-se, no laço do sujeito com o seu objeto, um novo lugar de gozo. E isto é, no meu entender, o sintoma. Neste sentido, as formações do inconsciente se constroem com relação ao sintoma, sendo este o laço (não encontro melhor palavra que "laço", talvez haja outras) que o sujeito tem com o seu objeto de gozo. E trata-se de uma construção do sintoma; não é que os laços meramente se somem.

Então, o *lapsus* é, a princípio, indecidível, pelo menos em psicanálise, por sua relação com o gozo. Quanto à estrutura de linguagem, não é indecidível. Por exemplo, com relação à psicose, no caso de um neologismo, se, com sorte, resulta possível trabalhá-lo, resulta estar conformado por restos de palavras ou letras ou, inclusive, por entonações pertencentes a outras palavras, ou às vezes por nomes de pessoas que existiram em alguma ocasião, seja no grande mundo ou no mundo mais íntimo desta pessoa. De qualquer modo, para o neologismo há sempre uma referência concreta; o invento está na construção do neologismo. É um fato de linguagem. E o gozo, cernido pela produção deste fato de linguagem – Badiou diria: o *acontecimento* – não é por fora da linguagem.

A linguagem suporta um gozo, enquanto falamos: o gozo fálico. Mas há um gozo que não coincide com este. Não é que vá mais além nem que esteja mais aquém; não coincide porque se apóia em algo não reintegrável pela linguagem, o objeto *a* – que a linguagem não pode classificar – é o apoio para que exista isto, que aparece como indecidível.

O artigo de Badiou – como outras de suas obras, no meu entender muito importantes – resulta muito útil para entender o trajeto da verdade a que nos referimos na experiência da análise. Com relação ao indecidível, Badiou situa o *plus un*, o "mais um", como o que excede ou está por fora do classificável segundo a norma de seu universo; é o "um em mais". Vocês vêm que nisto já se anuncia algo do sujeito. E Badiou faz um quadro que transcreverei; compete especialmente aos psicanalistas, com a ressalva de que nele não está formalizado o gozo.

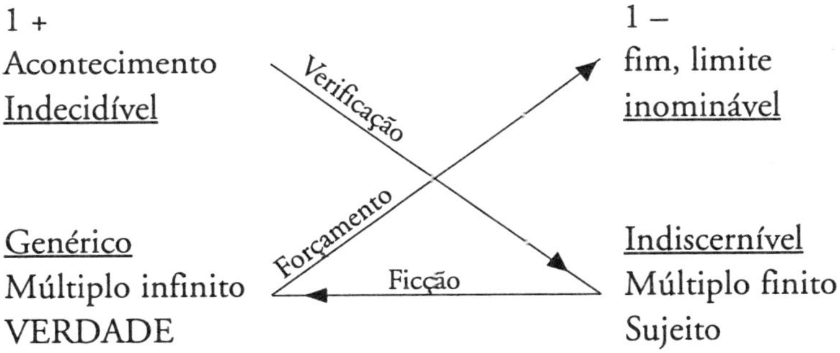

O indecidível é uma subtração a uma norma. Há que se ter presente algo que Badiou diz, mas que, também, se pode esquecer por recalque: isto não equivale à extração. É um suplemento. O que é importantíssimo, porque tem a ver com o gozo. O *plus* de gozo é algo que se acrescenta ao gozo, é o singular do gozo com relação ao sujeito. Em francês, se alude a este *plus* de gozo com o termo *allouer*, que se refere a "garantia de indenização", uma garantia de pagamento que se faz por indenização. Notem a relação com a dívida. No indecidível, não é que se extraia algo de um universo, mas que, de repente, existe algo que não estava nele, isto é, que a sua existência é como seu suplemento.

Suponhamos, por exemplo, que, de repente, vem alguém que não é um alguém, mas um *Alien*, que não encontra na norma, na lei do incesto que nos constitui a respeito do sexo, não encontra ali a referência ao seu gozo, que não foi extraído daqui, ele existe por fora. Não é extração. É suplemento. Este é o *plus* de gozo. O funcionamento do indecidível se dá por suplemento; não é que se some, tampouco é complementaridade.

Há que se verificar o indiscernível: verificar o *lapsus*. Assim o diz Badiou. Ponhamos como exemplo do indiscernível um universo onde todas são x, e a cláusula é que a_1 é maior que a_2.

F (x) $a_1 > a_2$ V

$a_1 < a_2$ F

A cláusula é que todos os a_1 são maiores que os a_2. Mas se

$a_1 = a_2$,

ou seja, se a cláusula do verdadeiro é que a_1 é maior que a_2, o universo estará constituído por "$a_1 > a_2$" como o verdadeiro, sendo "$a_1 < a_2$" o falso. Mas, de repente, vem o indecidível, por exemplo, o *lapsus*, e diz "$a_1 = a_2$". Então, o verdadeiro passa a ser falso. A permutação, a comutatividade não provoca nenhuma diferença; não há marca. É o que diz Badiou: subtração de uma marca. Aqui, ocorre um grau maior de abstração: não se está dizendo que se esteja retirando da marca que havia o que não há, mas que isto que agora existe é suplemento deste universo, é por fora. Não é só que não haja um todo, é um suplemento. Tampouco é complemento. No *lapsus*, surge algo que não estava.

Disse, na reunião passada, que cada *lapsus* é diferente, para cada pessoa e, inclusive, para a mesma pessoa, segundo o momento em que ocorra, embora seja fenomenicamente o mesmo *lapsus*. Quando $a_1 = a_2$, ocorre que não há diferença. Posso mudá-los de lugar: a permutabilidade não produz diferença. O que se subtrai no indiscernível é uma marca. Mais ainda, Badiou arrisca a hipótese de que o sujeito surgiria entre dois indiscerníveis.

Badiou postula algo que tem referência na escolha e no indiscernível, a respeito do sexo. Hoje, fiz um chiste quando falei da vagina de uma... ou de um..., aludindo ao indiscernível; a anatomia não resolve a indiscernibilidade do sexo. Algo pode ser discernível apenas no nível do discurso e, no discurso, já temos o gozo. Este gozo, o fálico ou o outro – no caso de que exista – determina um grau de indiscernibilidade, porém, aqui se pode postular algo que é totalmente freudiano. Freud diz que, frente a uma coerção inevitável, se situa uma escolha. Diz "inevitável", não "impossível". Para Freud, é evidente que há uma escolha. Não nos vamos deter agora no artigo que mencionou Cláudio Glasman, *O tema da escolha do cofrinho*, mas é evidente que esta escolha não é alheia ao sexo, à situação a respeito do sexo.

E, aqui, parece-me que há uma diferença entre o menino e a menina. Digo, com Badiou, que esta é uma *escolha sem conceito.* Tenhamos sempre presente que a situação a respeito do sexo só se encontra no discurso; não há outro lugar onde isto possa ser discernível. E, por ser discernível somente no discurso, decorre que sempre é possível algo da indiscernibilidade; é o caso das formações do inconsciente com o seu valor de gozo. Agora, trata-se de situar uma escolha sem conceito. Se há um conceito, se algo se articula como um saber entre a palavra "mulher" e o objeto aonde nos envia, se as palavras "mulher" ou "homem" não só são significantes, mas implicam conceitos, então a escolha será com conceito. No entanto, vemos que esta escolha é sem conceito. Badiou situa em seu quadro o 'múltiplo finito': como se trata sempre de um universo com dois discerníveis, a_1 e a_2, apresenta-se esta finitude. O múltiplo finito se refere ao lugar da verdade e situa o genérico: em um conjunto pode haver um subconjunto que não é construível, mas genérico; nenhuma das fórmulas conhecidas – pensem em *A* mulher, em todo este lado do quadro da sexuação – dentro do universo dá conta deste subconjunto, que não é construível, é genérico. Aqui situa Badiou o múltiplo infinito e o lugar da verdade.

Vocês vêem que isto, assim mostrado, não é alheio a Lacan. O genérico não é construível; gesta-se. Há uma relação entre o genérico e o indiscernível, já que a acumulação de escolhas sem conceito conformaria o genérico, conformaria, para o universo em questão, um subconjunto não construível, porque nenhuma fórmula das leis do universo pode dar conta da construtividade deste conjunto. Por isto a psicanálise é tão difícil de transmitir. Digo-lhes: considerem este genérico como aquele *A* mulher.

Prefiro deter-me aqui e deixar tempo para que vocês leiam o artigo de Badiou. Não sei se terei deixado pendentes questões das que situou Glasman, mas me parecem respondidas ao longo destes dois anos... que vêm. O que me parece importante é observar que o *não-todo* entra pelo lado da verdade, quando se trata de múltiplo infinito, por relação com o gozo do Outro. Mas não quero entrar nisto agora. É suficiente, por hoje, dizer que há algo por fora do discurso, que não há universo de discurso, enquanto algo não está no código. Neste sentido, é clara a colocação de Badiou, ao situar o trajeto de uma verdade.

Comecei falando do *lapsus*, não à maneira de ilustração. O valor de gozo não está incluído na formulação de Badiou; ele é claro ao situar uma ontologia matemática; então, é a respeito do ser. Por isto, não está incluído o gozo. Considerar a partir da psicanálise a proposição de Badiou pode ser interessante para entender questões a respeito da experiência e da escolha.

Vou deixar a palavra para Anabel Salafia para a pontuação, e passaremos à discussão e aos comentários. Antes, acrescento algo para que vão aos textos tendo-o presente: no Seminário "A lógica do fantasma", Lacan diz que há um saldo que se paga com a libido objetal. Parece-me que este saldo tem a ver com a dívida. E diz que o invento da libido objetal é apenas para saldar algo. O que se salda em termos de libido objetal é esta dívida a respeito do gozo; acrescentei isto para que possamos trabalhá-lo mais pontualmente a partir da leitura do texto.

Anabel Salafia: Começando por este último ponto: o termo "saldar" poderia resultar equívoco. O saldar quer dizer que não deixa lugar à dívida.

Norberto Ferreyra: Isto é o que se pretende.

Anabel Salafia: Passo a fazer um resumo, o que não é fácil, porque se abordaram muitas questões. Em primeiro lugar, a referência à substituição: uma substituição válida ou uma substituição que suporia um desdobramento. Chamar a primeira "válida" é certamente um acréscimo: pareceume que se falava de dois tipos de substituição; uma, que podemos chamar metafórica ou, então, um desdobramento. Em ambos os casos está em jogo uma insatisfação; em nenhum deles haveria coincidência entre o prazer obtido e o esperado. Mas a insatisfação parece de diferente ordem, segundo haja um desdobramento do objeto ou uma substituição metafórica. O desdobramento do objeto pode ter a aparência de uma substituição.

Norberto Ferreyra: O substituto pode parecer produto de uma metáfora, mas não sê-lo, já que este desdobramento impede a substituição.

Anabel Salafia: O que, no meu entender, interessa particularmente é que o desdobramento poderia parecer uma substituição. Porém, requer-se algo em especial para que efetivamente se trate de uma substituição, o que também faz referência à dívida. Parece paradoxal que a substituição operada com relação a uma falta produza uma dívida. Poder-se-ia pensar que a substituição, se é metafórica, saldaria esta dívida. Creio que, com o que disse Norberto, se entende que a substituição, se é metafórica, engendra uma dívida.

Norberto Ferreyra: Parece-me importante incluir, aqui, que Lacan diz, e creio que Freud estaria totalmente de acordo, que todo produto vai, a princípio, cobrir a falta. Seja qual for o produto com o qual o sujeito paga, de início, vai suturar a falta, a carência. Vemos que a metáfora tem que afetar o produto. Não basta dizer que há uma metáfora e um produto: ela tem que modificar o destino deste produto. Como disse Anabel, a substituição será válida se o produto não for substituir a carência, a falta; ou, se for, que seja possível que se produza o vazio a respeito da dívida; que não suture, que dê lugar à dívida.

Anabel Salafia: Teria que examinar quais são as formas de sutura da dívida. Por exemplo, a mais-valia supõe que o sujeito pague pelo mesmo que produz. Teria que ver se isto implica um fechamento ou uma abertura da dimensão da dívida. Bem, este foi um primeiro ponto; não sei se há comentários ou perguntas a respeito, antes de continuar com o seguinte.

Célia Nusimovich: Na referência de Freud a uma substituição que não modifique o destino da pulsão, parece-me que, precisamente, há substituição, porque não há modificação do destino. Por "destino pulsional" entendo, neste caso, o recalque.

Norberto Ferreyra: O "destino" refere-se, ali, aos objetos primitivos. Freud está-se referindo ao onanismo. Diz que há fantasias conscientes com substitutos; suscita-se um desdobramento que atenta contra a satisfação e, ao mesmo tempo, a insatisfação aumenta enquanto não modifique o destino, enquanto o substituto não seja validamente tal, mas que continue sendo o objeto primitivo.

Participante: Em "Um caso especial de escolha de objeto...", Freud diz que há uma série interminável de substituições no lugar de um objeto que continua sendo insubstituível e produz uma série infinita de substituições. Há um objeto fixado, diz, incestuoso, no inconsciente, no fantasma, que não é substituível.

Célia Nusimovich: Sim, mas com relação a que a substituição não comporte mudança do destino, parece-me que não cabe outra possibilidade. A substituição é testemunho de que não há mudança de destino pulsional; por isto há substituição.

Osvaldo Arribas: Norberto se referia a que o *a* não é reintegrável. Naquele artigo, Freud, ao falar da dívida, alude a tentativas de reintegração, tanto para a mãe como para o pai. E o filho aparece para a mãe – ao contrário de seu lugar para o pai – como tentativa de reintegração de uma perda. Freud fala de dois tipos de substituição: seja a respeito do objeto perdido, seja de uma substituição, em que o objeto não se perde e sim se mantém no fantasma, apesar de haver substitutos. São, então, duas substituições distintas.

Célia Nusimovich: Porém também fala de um onanismo prévio à fantasia, onde não se refere a objeto, senão ao prazer de órgão.

Osvaldo Arribas: Quero fazer um comentário a respeito deste tema da dívida e do saldo que se pagaria com a libido objetal, segundo "A lógica do fantasma". Nas últimas lições do Seminário "A transferência", Lacan pega um trabalho de Jekels e Bergler, chamado "Transferência e amor", de 1933. Destaca sua importância, quando estabelece uma relação entre o sentimento de culpabilidade e o amor. O primeiro *item* leva como título "O milagre do investimento do objeto" e põe em questão o investimento do objeto, que sempre se teria considerado tão natural, ou seja, pergunta pelo surgimento do objeto da relação de objeto. Também Anabel Salafia referiu-se a isto há pouco tempo em seu seminário, considerando "Introdução ao narcisismo". Estes autores afirmam, e Lacan o destaca, que alguém ama somente a quem poderia fazê-lo sentir-se culpado, isto é, em falta. Assim estabelecem uma relação estreita entre amor e culpa, entre amor e dívida. Isto volta a aparecer em Lacan no Seminário "A angústia", ao referir-se ao luto. Diz ali que há luto em relação a alguém de quem se pudesse dizer: *Eu era a sua falta*.

Norberto Ferreyra: Quero acrescentar algo a respeito do que disse Célia Nusimovich. A impossibilidade de substituição em relação ao objeto primitivo, esta marca ou função do objeto primitivo, deve-se levar em conta, mas Freud não diz exatamente que não haja substituição e, sim, situa dois tipos de substituição. Não é que haja uma substituição, digamos, *top*, e outra que não o seja. Trata-se de discernir – pelo menos em Freud em 1912 – dois tipos de substituições quanto ao destino pulsional.

Anabel Salafia: O segundo ponto que anotei refere-se ao esvaziamento do objeto com relação à ausência, no saber científico da época, de uma concepção relativa à vagina. Isto deu lugar, a partir de Freud, a uma consideração denominada como relativa ao gozo feminino. Parece-me efetivamente mais indicado denominá-la assim, não por referência ao sexo feminino mas ao gozo feminino. A questão referida à escolha ou à decisão – a alternativa ficou em discussão, pelo que situou Glasman – com referência ao sexo, deve ser então considerada como escolha ou decisão relativa à divisão dos gozos. Assim, a relação entre sexualidade e gozo deve ser reconsiderada com respeito à divisão dos gozos.

O ponto que anotei a seguir é a diferença entre valor de uso e valor de gozo, e o estabelecimento de uma relação entre o de uso, relativo aos instrumentos para os fins deste gozo, e o de gozo, relativo ao intercâmbio no laço social. Valor de gozo: intercâmbio no laço social. Valor de uso: instrumento para este gozo. A relação entre o intercâmbio no laço social e o instrumento para este gozo dá, a princípio, a conformação do sintoma, que tem como – digamos assim – elemento social o que há em jogo de valor de gozo, ao qual se superpõe o valor de uso como instrumento para o gozo.

Norberto Ferreyra: Retomo aqui, uma vez mais, a questão da bissexualidade. Carlos Quiroga disse, na reunião anterior, que a bissexualidade pode ser tomada em correspondência com a divisão do sujeito. Levando isto em conta e pelo que falamos hoje, acrescento algo. Por mais que Freud situe a bissexualidade como inclinação da balança para o lado masculino ou para o feminino, segundo o *quantum* de libido em cada caso, este *quantum* é talvez uma maneira de introduzir a bissexualidade com relação ao indiscernível: "mulher" e "homem" (não mais "feminino" e "masculino", de acordo com o que observou Anabel a respeito do gozo feminino) são indiscerníveis. Isto não é alheio às perguntas freudianas, "o quê quer uma mulher?", "o quê é um pai?". Neste sentido, pode-se tomar outra referência para pensar a bissexualidade, não somente em correspondência com a divisão do sujeito, mas também em termos da indiscernibilidade de "mulher" e "homem". Para Lacan, efetivamente, são indiscerníveis; quando diz que são significantes, está dizendo que são indiscerníveis. Não há nenhuma definição, nenhum conceito da mulher. Não há um valor de gozo que corresponda à anatomia, pois sempre estará referido a um discurso; somente em um discurso se pode saber se a posição de quem fala é de mulher ou de homem, o que não tem por que corresponder à anatomia. De qualquer modo, a questão da escolha de sexo leva a questionar se há ou não coincidência: há coincidência entre a anatomia e o discurso? Entende-se que não, no sentido de corpo-mente, mas em outro nível. Outro dia alguém comentou comigo sobre um personagem de um livro que se chamava Manuela; que o leitor, apesar de nenhum dado concreto indicar, havia deduzido que Manuela era um travesti, um homem; por determinadas características subjetivas, havia percebido isto talvez antes que outros, mas isto não importa aqui, mas sim a possibilidade de havê-lo deduzido assim, a partir do texto. Neste nível, estamos questionando o tema da escolha de sexo. No discurso, está o lugar da escolha sexual. Lacan o situa assim no quadro que é da sexuação, mas também da função fálica. Por isto, pareceu-me que a bissexualidade pode ser tomada como um conjunto genérico; mas deixo isto para mais adiante.

Anabel Salafia: O ponto seguinte que anotei é onde Norberto disse que há dívida porque há sexo. Parece-me interessante considerá-lo com relação à bissexualidade. Norberto ia dizendo que o sujeito é culpado da subtração de um gozo que não existe. A inexistência deste gozo não anula a culpabilidade pela subtração, na medida em que há sexo. Se não houvesse sexo, é impensável que o sujeito fosse culpado desta subtração, ou, inclusive, que houvesse subtração deste gozo que não existe.

Norberto Ferreyra: Recordem que *indiscernível* quer dizer que se subtrai a uma marca. Há uma marca, e isto se verifica a respeito de o acontecimento se lhe subtrair: não é compreendido por ela; não é que falte nesta marca, mas sim que não é abarcado por ela. Por exemplo, "$a_1 = a_2$" não entra em "$a_1 > a_2$" como o verdadeiro, ou em "$a_1 < a_2$" como o falso. Os termos não o permitem. Aí se situa o sexo, em termos de escolha sem conceito: não se trata de que não haja representação, mas de que não há fórmulas que dêem conta disto. Creio que isto pode surgir do mesmo modo se se considerar alguma teoria infantil, como "todos têm pênis". O que não o banaliza, mas acrescenta aquilo que, no quadro de Badiou, não está, porque ele não é psicanalista ou, de qualquer modo, não é este o seu interesse. O quadro está construído a nível dos enunciados, mas a sexuação do sujeito se lê na enunciação, não no enunciado. Dados estes enunciados, a psicanálise vai referir-se à enunciação, que se apoiará no objeto *a*; mas estes são desenvolvimentos para se ver mais adiante.

Anabel Salafia: O seguinte ponto está em relação com o anterior: o sujeito não pode responder com relação a esta falta de gozo. Teria que dizer que o que se propõe responder por ela é o que Lacan chama o Nome-do-Pai; haveria uma forma de resposta a esta falta de gozo pela via do Nome-do-Pai. Digo isto porque o ponto ulterior se refere às formas em que Freud pensava como possível o pagamento da dívida com a mãe. As duas vias que

Freud propõe, fazer mãe a uma mulher ou, se se tratasse de uma mulher, ser mãe, estas duas constituem a via sintomática no relativo à dívida. A alternativa se situa, assim, pelo lado do Nome-do-Pai ou pelo sintoma, como equivalentes, como resposta a esta falta de gozo. Resta o último ponto, que é a referência ao suplemento com relação à subtração. Parece-me muito importante, porque desta maneira se entende que a subtração não supõe a falta de algo; a própria falta não supõe a falta de algo, mas a abertura da possibilidade do suplemento, que, novamente, é o sintoma. No trajeto, no meu entender, tocou-se no relativo à escolha de sexo a respeito do sintoma em quatro pontos. A escolha de sexo se caracterizou como sem conceito. O "sem conceito" implica a necessidade da escolha, que não se refere a "homem" ou "mulher", mas se refere ao fato de que há somente dois sexos. Que as variáveis a se considerar sejam duas, quer dizer que a escolha é forçosa. Não no sentido de "um sexo ou o outro", se por isto se entende "homem" ou "mulher": nisto é sem conceito. Mas há somente dois sexos.

Noemí Sirota: Quero comentar um ponto anterior. Parece-me que a relação entre valor de uso e valor de gozo dá uma resposta à questão que formulou Célia Nusimovich com respeito à substituição, com referência ao onanismo. Creio que há que se diferenciar o ato do onanismo de um segundo momento, em que viria a culpa pelo ato. Parece-me que ali se situa a diferença entre o valor de uso do próprio ato e o valor de gozo com relação à culpabilidade, com o que implica de laço social e dívida.

Norberto Ferreyra: O que diz Noemí Sirota toca o ponto de uma substituição, cujo efeito é não deixar lugar para uma dívida. Algo mais, para terminar. Fica aberta a possibilidade de que alguém, nos primeiros minutos da próxima reunião, exponha sobre o capítulo dedicado a Freud em *La fabrique du sexe*, de Laqueur. Posso emprestar o livro a quem o requeira. Parece-me interessante o argumento deste autor; não é, evidentemente, que a vagina não existisse como lugar de prazer, mas sim que o discurso científico não acatava isto. Vemos que a questão concerne aos discursos, à transmissão, e é muito interessante que seja Freud quem haja acrescentado, suplementado, ou inventado isto. Assim como dissemos do *lapsus*, podemos dizer que isto é um invento de Freud: que a mudança, para a menina, seja de objeto e também de lugar, de zona erógena, este lugar Freud o inventa, em relação ao discurso científico. Se não estivesse sustentado assim, se não houvesse inventado algo com relação ao gozo feminino, seguramente a psicanálise não haveria funcionado.

8 de julho de 1992

7. O *lapsus*, o indecidível e o indiscernível

A fábrica do sexo – A diferença sexual – O quadro de Badiou – O *lapsus* e o indecidível – O sujeito e o indiscernível Leibniz e o princípio de razão – O acontecimento psíquico

A meu convite, para que alguém se ocupasse de um capítulo de *La fabrique du sexe*, de Thomas Laqueur, respondeu Noemí Sirota, pelo que lhe agradeço. Ela vai expor agora o que considere fundamental de como Laqueur interpreta a posição de Freud quanto ao sexo. Depois de minha exposição, pedi a Cristina Khammar que faça o resumo ou a pontuação acerca do que tenha sido dito; também agradeço a Cristina por aceitar este convite.

Noemí Sirota: Parece-me que a referência de Laqueur adquire seu valor, por uma parte, em função da conexão que podemos estabelecer entre a noção de gênero, a moral, a sexualidade e o tempo, em função de causa, com relação ao supereu; e, por outra, quanto às coordenadas que Norberto apresentou em uma reunião anterior, situando as proposições de Freud a respeito do sexo com relação à bissexualidade e ao Édipo, atravessados pela castração, produzindo necessidade de discurso.

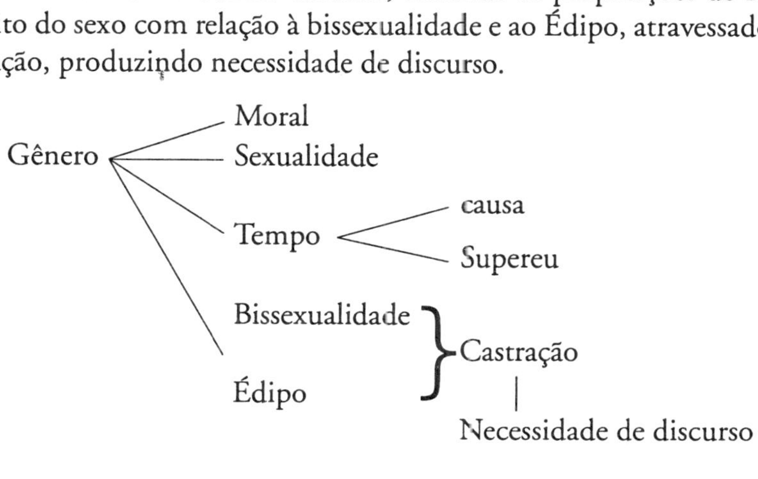

O livro de Thomas Laqueur foi escrito sob a perspectiva da historiografia. O capítulo "O sexo socializado" faz uma descrição histórica com relação ao que situa como uma oposição, ao longo da história do Ocidente, entre dois modelos para a diferença dos sexos. O primeiro, que, segundo o autor, teve vigência até meados do século XVII, é o de sexo único. Relaciona-o à posição dos gregos, que postularia algo assim como a existência de um sexo único, onde a diferença masculino-feminino é dada por graus em um contínuo, estabelecido a respeito da força, da inclinação à beleza, da capacidade de transformação: categorias não naturais. O outro modelo, a partir do projeto da Ilustração, é dado pela noção de diferença dos sexos a partir do estabelecimento de dois sexos opostos, diferentes.

Laqueur faz um caminho bastante minucioso para argumentar a sua hipótese que, com respeito a Freud, é a seguinte. Especificamente no capítulo "Metamorfose da puberdade", de *Três ensaios...*, situa-se o acesso da menina à condição de mulher por uma onda de recalque, recaída sobre a erogeneidade do clitóris: uma passagem desta à vagina. Na hipótese de Laqueur, esta posição de Freud volta a atualizar a oposição entre aquele modelo de um só sexo, vigente até meados do século XVII, e a teoria dos dois sexos. Ainda que a retórica de Freud – por ser um homem de sua época, um herdeiro da ilustração – se expresse em termos da biologia, no entanto, o modelo biológico é de fato destituído em sua colocação.

A argumentação de Laqueur situa estas duas maneiras de entender a diferença dos sexos com relação a diferentes âmbitos da cultura, da sociedade e da política. Em seguida, em uma segunda série de quadros, fundamenta o considerar a masturbação e a prostituição como "patologias sociais", não sexuais. Nesta segunda parte, toma a hipótese freudiana. Baseia a sua consideração da masturbação e da prostituição como patologias sociais na hipótese freudiana da necessidade de passagem da erogeneidade do clitóris à vagina. Diz que a posição de Freud quanto à sexualidade implica a invenção de uma metáfora; a invenção da qualidade erógena para a vagina, inexistente até este momento. Esta invenção, diz, se vincula com o critério de questionar o modelo biológico em favor do advento de uma necessidade cultural. Laqueur argumenta que Freud não podia desconhecer que as condições para atribuir erogeneidade ao clitóris não eram naturais; não se referiam à divisão dos corpos. Assim sendo, a sua hipótese é que Freud inventa para a vagina a condição de aceder à erogeneidade por uma necessidade social. A diferença entre o modelo de sexo único e o dos dois sexos consiste em que, no primeiro, que, como disse, remonta aos gregos, o sexo e a sexualidade não eram atributos definidos do corpo: *as diferenças entre os corpos figuravam em um contínuo de calor vital, de firmeza, de força para mudar de forma; a cadeia do ser se experimentava na carne sem enraizar-se nela, e o corpo era aberto*. No outro modelo,

> *(...) os dois sexos deixam de ser uma configuração topológica mútua para se situar como radicalmente diferentes; deixa-se de ver os ovários como testículos de fêmea para encontrar a característica essencial da mulher. Com relação à carne, no instante da geração, o orgasmo se transforma numa contingência da reprodução. O sexo torna-se fundador de um gênero social, onde a mulher tem menor chance de ter experiência orgásmica que os homens. Neste modelo, a natureza é orgânica, o corpo é fechado, autônomo e moralmente determinante.*

Ambos os modelos coexistem no tempo, e Laqueur faz coincidir o reaparecimento do modelo de sexo único com momentos de crise, de "pequenos lutos", quanto às constantes batalhas referidas ao poder. O jogo da diferença entre os dois modelos "não conhece nunca pausa". E a teoria freudiana volta a colocar em vigência esta diferença.

Laqueur dá múltiplos exemplos. Um dos que me pareceram mais gráficos se refere aos argumentos do feminismo e do antifeminismo. Já durante a Revolução Francesa e, depois, em muitas oportunidades, o feminismo produziu argumentos tais como o da segregação da mulher, porque estaria afetada por uma debilidade do corpo, ao padecer a menstruação ou a gravidez; esta segregação era ridícula, já que não se segregavam as pessoas por padecerem de gota ou resfriarem-se com freqüência; estas debilidades do corpo não eram causa de segregação, como podia sê-lo a condição feminina. Outro argumento chamativo é o de uma feminista que, com relação aos direitos civis das mulheres, afirmava que não deviam estar determinados por outra coisa que não fossem as necessidades da comunidade; imediatamente depois, o argumento da posição feminista era que estava falando em nome do sexo superior com relação à capacidade de beleza, doçura e cuidados maternais. Com o mesmo argumento reivindicativo da não-diferença, da igualdade, imediatamente se formulava a reivindicação da diferença em favor das mulheres.

Há outro posicionamento que me parece fundamental e é um corolário da leitura, por Laqueur, da posição freudiana. Diz que, na própria pergunta de Freud, está a sua retórica em termos da biologia, na qual a menina, ao atingir a puberdade, sacrifica a sua parte masculina, uma onda de recalque recai sobre o clitóris e é necessário o acesso à erogeneidade vaginal. Isto se dá em termos da retórica biológica de seu tempo. Porém, diz Laqueur, Freud questiona este mesmo modelo no ponto em que se pergunta como pode ser, então, que o infante, com disposição bissexual, necessite acessar determinado caminho para chegar à feminilidade; como se torna mulher. E diz que, com esta pergunta, a posição freudiana joga por terra o modelo coincidente com o projeto da ilustração e, como conseqüência, a postulação freudiana é a de uma espécie de histeria feminina generalizada, uma enfermidade na qual a cultura assume o papel de causa dos órgãos. Freud explica como o reconhecimento da passagem da erogeneidade, a partir do clitóris, virtualmente determina o papel na vida sexual da mulher "em benefício do órgão oposto, a vagina".

Laqueur diz que Freud também dá uma estocada na posição da antropobiologia histórica, quando afirma que o pudor feminino reforça o desejo masculino, enquanto o consentimento da mulher de se deixar gratificar "arrasta a humanidade para a selvageria". Já não são as condições naturais da diferença dos corpos e, sim, diz Laqueur, a operação de subtração das indiferenças naturais. Há uma discussão de Freud com Marie Bonaparte que Laqueur considera também, para afirmar a sua hipótese. Marie Bonaparte, baseando-se em estudos sobre uma tribo africana onde se cortava o clitóris das púberes como ritual de iniciação, como maneira de situá-las em um lugar feminino na sociedade, homologou isto com o recalque da erogeneidade clitoridiana nas culturas ocidentais; Freud lhe respondeu que, nesta tribo, a necessidade do corte do clitóris era absolutamente social, cultural.

Para terminar, pareceu-me interessante que Laqueur diga que Freud, em uma retórica biológica de acordo com a sua época, produz, no entanto, uma metáfora teatral, situando o clitóris na cena ao ser abandonado como obstáculo para alcançar o abraçamento da virtude feminina necessária à cultura. Laqueur também abre toda uma via de interpretação ao afirmar que o tornar-se mulher sexualmente madura, então, é viver um oxímoro, é a afirmação de uma negatividade. A histerização seria necessária à cultura e, por isto, a erotização da vagina. Freud dá forma a esta metáfora, sem deixar de obedecer às exigências da retórica do seu tempo.

Norberto Ferreyra: O que você pensa, no que lhe diz respeito, do que diz Laqueur? Pareceu-me importante no texto a explicação da passagem do clitóris à vagina como um invento de Freud, o que, como já dissemos na reunião passada, não quer dizer que não havia gozo vaginal prévio para que Freud o descobrisse, mas que este gozo só parece existir como tal no discurso quando é nomeado, descoberto ou inventado por Freud. Queria saber se, na sua opinião, Noemí, isto se sustenta assim, ou se haveria possíveis objeções. É certo que Laqueur alude a uma necessidade social do invento de Freud; isto é, como dizia Noemí, uma necessidade de discurso, enquanto se trata de um discurso em que há este lugar para um gozo feminino, tipicamente feminino, não alienável em um gozo que, se existisse, seria masculino. Enfim, queria saber, neste sentido, a opinião de Noemí, que trabalhou este texto.

Noemí Sirota: Há em Laqueur uma linha de argumentação que, como disse no princípio, vem da sociologia, da historiografia. Ele se reivindica em uma postura epistemológica foucaultiana. Pareceu-me importante que fundamentasse a sua posição na formulação freudiana. Encontrei como objeção ou risco em seu desenvolvimento o natural deslizamento culturalista. Neste capítulo, refere-se a uma carta que Freud enviou a Abraham, em 1917, onde situava que se trata da força da cultura sobre os corpos, porém, diz, "do poder das representações inconscientes sobre o corpo". Pareceu-me que não é muito citar uma só vez o inconsciente nesta questão. De qualquer maneira, não é mais exigível, já que a postura de Laqueur não é senão a de uma teoria do conhecimento.

Norberto Ferreyra: Por isto a minha pergunta era se isto que Laqueur nomeia como necessidade social pode ser entendido sem forçamento –

embora o inconsciente tenha sido citado apenas uma vez – como necessidade de discurso. Creio que Laqueur, embora contra a sua vontade, diz que o invento de Freud, ainda que responda a uma necessidade social, cria um novo discurso acerca do próprio sexo, acerca da "fábrica do sexo"; e isto é sobre um vazio, ao qual se refere a vagina. Por isto, dizia, na reunião passada, que ali, grosseiramente dito, aparece uma certa função do vazio, sem prejuízo de que se situe em termos empíricos e imaginários.

Noemí Sirota: Por isto tornou-se necessário para mim situar no princípio as coordenadas a incluir na leitura deste capítulo: a articulação da bissexualidade e o Édipo, atravessados pela castração. Somente a partir destas coordenadas, o social ou o cultural são pensáveis a partir da psicanálise.

Norberto Ferreyra: Noemí citou do texto de Laqueur a idéia de uma operação de subtração das indiferenças culturais realizada por Freud; é certo que esta "subtração" não é exatamente o mesmo que a de que falei na reunião passada, na qual também mencionei o trabalho de Badiou, *La soustraction*, a que vamos dedicar uns minutos.

Antes de entrar no artigo, partiremos de algumas considerações gerais, para situar a lógica da qual se trata. Badiou refere-se ao caminho de uma verdade: na sua formulação, a verdade percorre quatro formas lógicas, que são: o indecidível, o indiscernível, o genérico e o inominável; são funções lógicas que fazem o caminho de uma verdade. Neste trabalho – não em outros do mesmo autor – o sujeito é definido como um fragmento do processo de uma verdade. Veremos que não há extrapolação. Em outro texto de Badiou, o livro *O ser e o acontecimento* (1988), estão as bases deste artigo, que é a versão de uma conferência proferida em fevereiro de 1991; o artigo acrescenta novos pontos ao formulado no livro. No quadrúpede de Badiou (*veja esquema mais abaixo*), há um reconhecimento quase explícito da posição de Lacan. Porém, como já disse, há uma diferença fundamental com relação ao gozo. Badiou se refere ao ser em sua relação com a verdade e não apresenta logicizada a temática de gozo que isto implica. Trabalha no nível do que pode ser uma língua, matemática, aritmética, etc., mas não leva em consideração o que na língua há de gozo; não, pelo menos explicitamente, neste quadro.

Badiou fala da "loucura da subtração". É importante fazer ressoar esta expressão. Parece-me que o terreno desta lógica está próximo do que, no discurso freudiano, chamaríamos de psicopatologia da vida cotidiana. Há uma homologia entre a psicopatologia da vida cotidiana e a loucura da subtração. Para o autor, a subtração é, antes de mais nada, um ato. É muito difícil captar imaginariamente o sentido desta noção de subtração. Devemos, antes de tudo, reter que não se trata de que algo seja extraído. É literalmente "sub-tração": o que traciona por baixo. Não é uma extração. É difícil imaginá-lo; é como imaginar um infinito atual. Trata-se de uma noção lógica que impede a captura imaginária do conceito e para isto se escrevem as letras; há um apoio na letra, na fixação que a letra dá, para entender algo que, imaginariamente, escapa e não se compreende, por mais esforços voluntários que se façam. É importante aqui a função da letra e se vê precisamente o que é o seu funcionamento.

Vou apresentar o quadro e, depois, vou considerar um exemplo, uma frase de um analisante, em que veremos o que é um *lapsus* e por que, na minha opinião, o *lapsus* pode ser considerado um acontecimento. Aqui, um novo reparo: *acontecimento*, para Badiou, é uma noção muito específica; seria longo demais explicá-lo; de qualquer maneira, trata-se de algo local, em um lugar, e responde sempre a uma situação determinada, embora possa ser uma situação de língua. O acontecimento concerne a uma situação; não é algo no ar, não é algo abstrato. E é local, dá-se em um ponto. O acontecimento rompe a situação, mas, ao fazê-lo assim, inclui-se a si próprio. Isto talvez entre em colisão com a lógica do significante, na medida em que ela não admite que o significante se represente a si próprio. Porém, sem entrar nesta possível colisão, podemos pegar este termo, como o farei nesta reunião, para examinar a hipótese de que um *lapsus* possa ser considerado como um acontecimento, o que está muito próximo da experiência. Por alguma razão, citei a psicopatologia da vida cotidiana. Naquele momento foi, também, uma loucura situar uma psicopatologia da vida cotidiana. E, tanto nesta como na que Badiou chama loucura da subtração, trata-se de um ato, do cumprimento ou da realização de um ato.

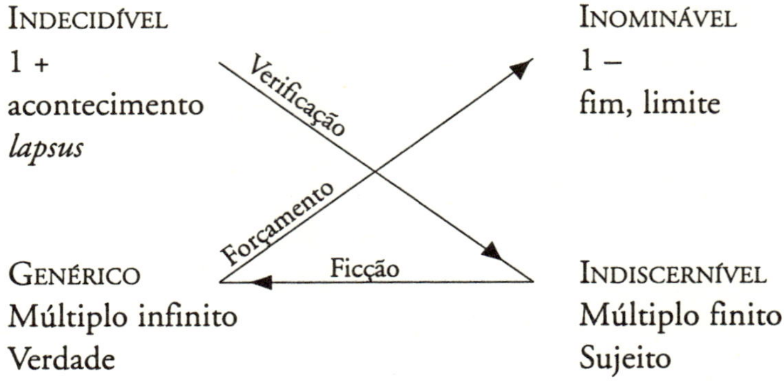

Traduzo como "forçado" o francês *forçage*, melhor do que como "forçamento", e já direi por que situo, no que me diz respeito, o *lapsus* neste lugar do quadro.

Da maneira mais geral, pode-se formular assim que algo seja indecidível: em um universo qualquer, regido por determinada fórmula F(x), de repente ocorre, em um lugar determinado no discurso, que algo não responde, algo não poderia ser agrupado pela fórmula geral que agrupa a todos. Por exemplo, no universo constituído pelos ímpares, aparece algo que não é exatamente par, já que o par é claramente decidível como não-ímpar, mas algo não decidível como par ou ímpar, algo que, então, não está regido pela norma. O indecidível é que a norma não afete, não dê lugar a que algo faça parte ou não do conjunto. Neste ato, algo fica subtraído. Se se entende o que é aqui "subtraído", entende-se quase tudo. Não se trata de algo que figurasse, por exemplo, no conjunto dos números ímpares, que estava ali e alguém o extrai. É algo que suplementa este universo; aparece algo novo, um número que não seria nem par nem ímpar, enquanto não se pode decidir segundo a norma que os define. Isto é o que Badiou chama acontecimento. Está em relação com uma situação, que é de língua, e com um lugar localizável.

Por que um *lapsus* responderia a esta posição a respeito do indecidível? Vou ler para vocês o exemplo. É uma frase dita por alguém que se refere a seu marido, sendo ela uma mulher, e diz: "(...) e disse para ele: 'Você sem mim não pode fazer nada sozinha'".

A descoberta de Freud é que este "sozinha" não podemos explicá-lo por razões da consciência ou não, que, como enumera em *Psicopatologia da vida cotidiana*, se refiram à pronúncia, à estrutura fonética da língua, etc. Tudo isto pode estar e colaborar para que alguém se equivoque, mas, diz Freud, há outras razões, outro tipo de racionalidade. Eu digo que isto é um acontecimento enquanto a primeira coisa que se supõe – e Freud trabalha isto em seus primeiros escritos – é que há "alguém", um sujeito a partir de onde isto é enunciado; em outras palavras, um sujeito ao qual corresponde esta enunciação, pode coincidir ou não com o gramatical, e não vamos entrar agora no tema do *shifter*. De qualquer modo, a discordância de gênero entre "sozinha" e "ele", a quem vai referida, admite uma explicação na qual há "alguém" responsável por este enunciado ("enunciado", digo agora, não "enunciação"). Poder-se-iam dar outras explicações, Freud lutou contra elas e as analisou maravilhosamente, mas não é que isto tenha caído: todos os dias ocorre a alguém ter um *lapsus* e dizer que, bem, não importa. Porém, outras vezes, quando alguém quer e se oferece para isto – e isto é analisar-se – procura-se esclarecê-lo para, talvez, estar um pouco melhor a respeito do mal-estar. No exemplo, a pergunta é se o *lapsus*, como alteração no discurso ordinário, pertence ao discurso – segundo a construção lógica das frases e demais – ou não. Se supomos que é meramente porque se esqueceu do "ele" que havia dito no princípio, o *lapsus* poderia ser decidido como pertencendo ao universo a que responde este discurso, que admitiria, na lei que o conforma, este tipo de razão. Mas Freud dá outra razão, que, embora esteja na linguagem, situa como não decidível que tudo suceda na linguagem; isto é, que não só o universo da linguagem dá explicação de que ocorra o *lapsus*. No entanto, há um significante, o falo, que torna possível que tudo ocorra como se fosse na linguagem. "O inconsciente está estruturado como uma linguagem": este "(...) *como* uma linguagem" é possibilitado por um significante que se chama falo e que tem a virtude de tornar possível que se esteja em relação com certo real através do simbólico, a linguagem, pelo qual se pode fazer uma leitura no que se escuta, por exemplo, a que vamos fazer agora.

A noção de acontecimento se refere, assim, a algo que não fica decidido e se pode pensar que o que não fica decidido é o sujeito, o sujeito deste enunciado. A verificação que vai do indecidível ao indiscernível é a da existência do que se apresenta como acontecimento; o *lapsus* como existindo, sendo, tendo existência. É a verificação do que ocorreu, deste acontecimento. Onde se vai verificar? É verificável? Ou, então, encontramo-nos frente a algo – pensem na relação entre o sujeito e a verdade – indiscernível.

Tomemos um conjunto, cuja cláusula diz que x é maior que y:

$$F(x)\ x > y$$

Substituamos, na cláusula, x e y da seguinte maneira, para os indivíduos do universo em questão:

$$a_1 \quad a_2$$

Haverá indiscernibilidade, não se $a_1 = a_2$, porém no seguinte caso:

$$a_1 > a_2 = a_2 > a_1$$

Por outro lado, no caso a seguir, há discernibilidade:

$$a_1 > a_2 \neq a_2 > a_1$$

Ainda por outro lado, com relação aos indivíduos do conjunto, dão-se como casos do discernível:

$$a_1 = a_2$$

A consideração do indiscernível pode dar-se somente através de dois termos postos em relação, como vimos mais acima. Não concerne a indivíduos que existam sem relação. Trata-se de uma função – e uma função é uma relação. São indivíduos em função. Por isto, referi-me ao falo, à função fálica. Poderíamos escrevê-lo como função fálica:

$$F(x)\ x > y$$

Trata-se sempre, para considerar o discernível ou indiscernível, de dois indivíduos postos em relação. E isto é referível à permutação; há uma permutação de lugares. Neste caso, a_1 passa para onde estava a_2, e a_2 passa para onde estava a_1. Esta permutação é indiferente ou não? Se é indiferente, há indiscernibilidade. O indiscernível toca a relação e, então, toca os indivíduos. Ao relacionar isto com a função fálica, vamo-nos aproximando de outra maneira do que é a diferença. Surge uma diferença enquanto há uma discernibilidade. Isto é uma primeira questão.

Porém há outra. Em *Os dois princípios do suceder psíquico*, Freud situa que o princípio de realidade termina operando segundo o princípio do prazer. Dito de outro modo, há uma função de discernibilidade do princípio de realidade, na qual se antecipa – a função de antecipação está assinalada por Freud – ao princípio de prazer. A realidade é referível à função fálica, que, diz Lacan, constrói a realidade. Porém, que estatuto tem esta realidade? Entendo que a realidade vai-se construir segundo o tipo de diferenças que concernem ao registro do discernível. "A realidade é que há homens e mulheres". Isto equivale a situar:

$$a_1 = a_2$$

Assim, a realidade é tomada não em função, não em relação – isto é a denegação. Na realidade, sempre existe uma denegação. Por isto, a análise através da "realidade" deixa sempre aberta esta porta de escape, a denegação, que concerne a uma relação.

Participante: Na versão castelhana deste artigo de Freud, a palavra utilizada é precisamente "discernibilidade" e aparece em itálico. Freud vem analisando as possibilidades de que haja acontecimento na ordem do psíquico, e o que diz é assombroso: diz que o princípio de realidade discerne, e este fato faz com que toda possibilidade do acontecimento fique perdida. Se tomamos o discernir no sentido de estabelecer um juízo antes de que haja algum efeito de diferença, o que dizia Norberto se torna claro.

Norberto Ferreyra: "$a_1 = a_2$" equivale a: *Digo que há homens e mulheres, porque assim o vejo*; isto é a chamada realidade.

Mostrei no quadro que a relação entre o indecidível e o indiscernível se vai verificar no acontecimento. Para a verificação, pareceria ser necessário encontrar-se com algo indiscernível: a possibilidade de discernir – tal como se mencionou em termos freudianos – estará dada pelo discernimento em termos de realidade; isto se refere somente a indivíduos, não a indivíduos em função. A questão do indiscernível, por outro lado, se refere a indivíduos postos em uma determinada função; para dizê-lo de uma maneira mais geral, em uma relação. Como diz Badiou, o indiscernível é o que se subtrai à marca de uma diferença. Novamente, não se anota uma diferença por permutação de a_1 e a_2, já que algo se subtrai a isto, o que quer dizer que, estando entre os elementos do universo, não responde à cláusula que faz a F(x); não responde a como é definida a diferença para este conjunto.

Por exemplo, se a diferença é definida segundo o princípio de realidade, o sujeito não tem nada a ver com isto, no sentido em que estamos falando – se se tratasse da realidade sexual do inconsciente, o estatuto já seria outro. Entender isto assim seria precioso, porque se trata de que a realidade requer do sujeito uma denegação: a denegação de uma relação.

Participante: Não fica clara para mim a diferença entre isto e o indecidível.

Norberto Ferreyra: No indecidível, trata-se de que a cláusula não permite ao a_1 incorporar-se, somar-se; permite-lhe fazer suplemento, não complemento. Permite-lhe suplementar o conjunto de a(s). Mas o a_1 surge como algo do que não se pode decidir se pertence ou não ao conjunto dos a(s), enquanto no indiscernível se trata da relação "$a_1 > a_2$" ou "$a_2 > a_1$": se nesta permutatividade surge uma diferença, é discernível; se não, é indiscernível. E Badiou diz que o sujeito surge entre dois indiscerníveis – é sua posição.

Quanto ao *lapsus*, nestes termos, algo se subtrai à marca de uma diferença; insisto em que esta subtração não quer dizer que se extraia deste conjunto, mas que aparece como um *plus*, como algo mais que, com relação a este conjunto, não está nele e, no entanto, surge dele; não poderia discernir-se, há indiscernibilidade com respeito a esta relação. Voltemos à frase do exemplo: *(...) e disse a ele: 'Você sem mim não pode fazer nada sozinha'*. É diferente dizer: *Você, sem isto de mim̃, não pode fazer nada sozinha.* Para onde vai esta diferença? O *sem*, evidentemente, é uma condição de gozo. O enunciado desta analisante está dizendo uma condição de gozo que se dirige para onde? Para ele? Para ela? Na primeira interpretação da mesma analisante, não poder fazer nada sozinha era algo superegóico que dirigia a si própria, estava dirigido a ela. Que o enunciado seja uma invocação dirigida a ela mesma não deixa de ter relação com a verdade. A potência, situada com relação ao "não pode", que relação tem com "ele" e com "sozinha"? E, aqui, trata-se do *lapsus* de dizer "sozinha" por "sozinho". Se fosse "Você sem mim não pode fazer nada sozinho", seria uma frase situada dentro da lógica do amor, em um nível imaginário; apresentaria um imaginário com relação à inexistência da relação sexual entre duas pessoas. Mas, ao dizer "sozinha", traz outra dimensão: a das razões freudianas que levam à explicação do *lapsus*. "Sem mim" é uma condição de gozo, no modo mais fantasmático da relação. Porque – esta é uma hipótese a comprovar – este "sem" é subtrair-se de algum lado e, se a subtração se entende como resto e não como suplemento, estamos em uma dimensão fantasmática da subtração. Efetivamente, "você sem mim" alude a uma completude que, subtraído algo, "sem mim", fica incompleta, ou seja, sem potência; sem a potência que daria a completude. Nestes termos, o "sem mim" estaria no sentido de extrair, não de suplementar. Seria, como disse, uma condição de gozo.

Se isto é assim, quem é "ele"? Se o exemplo concernisse a uma mãe e a um menino, a resposta seria mais rápida: "ele" é o falo. É menos fácil imaginar que no "sem mim" dirigido a "ele", como condição de gozo para falar a "ele", este "ele" é o marido enquanto falo. Mas, qualquer falo? Está mais para o falo que Freud – em *O fetichismo* – denomina como fundamental para manter uma indiscernibilidade, para que se mantenha sempre algo indiscernível. É dizer que "sozinha" está referido à mãe.

Volto a dizê-lo com outras palavras – *(...) e disse a ele*: a quem fala? Se se tratasse de uma mãe e um menino, entender-se-ia mais, porque imaginariamente se supõe – pela cultura, pelos discursos, pela transmissão – que o que completa uma mãe é um menino. Então, no "você sem mim" para o menino, tirar-se-ia algo de sua potência ao subtrair-se o "mim"; o que faria uma completude com o "ele", uma completude com o falo, que seria o menino. Porém, como disse que não se trata de uma mãe e um menino, mas que a frase está dirigida a um homem, denominado como o marido por uma mulher que se dizia tal, a situação resulta diferente. Mas não deixa de se comprovar a questão freudiana mais elementar: que a relação de completude com o falo faz com que o "sem mim" esteja inevitavelmente dirigido a ele. Que apareça encarnado pelo marido não modifica a questão; o mesmo se poderia dizer de uma mãe e de um menino.

Porém para dizer estas razões freudianas, só podemos apoiar-nos em que haja sucedido o *lapsus*, que tomo como um acontecimento: é local e em uma dada situação, que é esta frase. Seria possível fazer outras referências. Por exemplo, o que aparece como indecidível, isto é, o próprio *lapsus*, toma este lugar com referência àquele a quem lhe é dito, ou, dizendo de outro modo: sem a função desejo do analista não se produziria este *lapsus*. Isto não quer dizer, evidentemente, que não haja *lapsus* fora da análise, e sim que, como tal, merece ser analisado com relação à própria análise; é aí que adquire existência. O *lapsus* só pode ser interpretado enquanto existir uma função que se chama desejo do analista.

Por isto, nomeei também a realidade sexual do inconsciente. Faz a função desejo do analista levar as questões ao nível de uma realidade que não está construída em termos de "$a_1 = a_2$" ou "$a_1 = a_2$", e sim em termos de uma relação dada pela função fálica. Com relação a esta função fálica, situa-se o desejo do analista; não digo que consista nisto, mas que se situa com relação a ela. E isto quer dizer, entre outras coisas, a fórmula da realidade sexual do inconsciente. Não se trata da realidade de "há homens e há mulheres porque assim o vejo", e sim que está em função da discernibilidade ou indiscernibilidade das relações dos indivíduos entre si, a respeito desta marca da diferença.

Este *lapsus* expressa uma diferença evidente entre "ele" e "sozinha"; no entanto, poder-se-ia aduzir que esta diferença é decididamente "in-diferença", porquanto "sozinha" se dirige à mãe. Neste recorte discursivo, "ele" sustenta o falo da mãe. Isto é o que provoca o *lapsus*. Na cena – não no fantasma – em que estão uma mulher e um homem, a ocorrência deste *lapsus* não quer dizer que ele seja ela ou ela seja ele. A permutatividade não está neste ponto; trata-se de que a diferença é indiferente. Há um ponto que não está tocado pela marca de uma diferença.

Vemos que há um gozo definido a respeito da subtração entendida como extração, que mantém algo como indiferente. O indiscernível pode engendrar um gozo referido ao que suplementa, que, embora indiscernível, abre o caminho a uma diferença, porquanto se cria algo indiscernível a respeito do sujeito. Estamos entendendo 'diferença' enquanto relação, não quanto a um indivíduo. Então, não se trata de se ele é diferente dela. O que faz com que haja um sujeito, um sujeito suposto, é que há algo indiscernível. E isto que é indiscernível, a nível da diferença dos sexos, se sustenta neste caso em que "sozinha" está dirigido à mãe; à mãe provida do falo. Por isto, citei *O fetichismo* de Freud.

Na próxima reunião, vou-me referir à passagem deste ponto até o genérico e à possível relação entre o genérico e o gozo feminino. Peço agora a Cristina Khammar que marque os pontos da exposição de hoje, que submete a discussão.

Cristina Khammar: Norberto partiu de considerações gerais sobre a lógica de Badiou. Afirmou que, para este autor, se trata do trajeto de uma verdade; o sujeito é ali definido como processo do fragmento de uma verdade. Trata-se, então, do ser em sua relação com a verdade. Ao citar uma frase de Badiou sobre "a loucura da subtração", Norberto disse que isto, no discurso da psicanálise, poderia equivaler à psicopatologia da vida cotidiana. E fez uma sinalização referida a que, na subtração, não se trata de que se extraia algo, relacionando isto com o funcionamento da letra. A hipótese que hoje apresentou Norberto é a de que um *lapsus* possa ser considerado em termos de um acontecimento, tal como o define Badiou. Creio que estes termos se referem às apresentações do ser.

Norberto situa o *lapsus* no lugar do indecidível. A questão do indecidível se situa em termos de algo que não poderia ser agrupado na fórmula geral; algo não regido pela norma, que fica por fora, subtraído. Insistiu Norberto em que não se trata de algo que se extraia, mas que suplementa o universo. É o que Badiou chama acontecimento. A pergunta é: em que um *lapsus* responde a esta formulação? Aqui, Norberto trouxe um exemplo, relacionado ao qual situou a posição de Freud a respeito do *lapsus,* que teria um sujeito responsável pelo enunciado. Pode haver outras posições que refiram o *lapsus* à pronúncia, etc., nas quais ele está dentro do universo, não como suplemento. Assim situado o *lapsus,* no lugar do acontecimento, fica referido a algo não decidido, e a questão é onde se vai verificar isto. A verificação se situa no indiscernível. E o que importa nesta verificação é a relação entre os indivíduos. A igualdade ou a diferença só valem se estiver em jogo a relação.

Outra questão que se perguntou Norberto refere-se ao estatuto da realidade: a realidade é algo onde existe uma denegação de uma relação; por exemplo, a diferenciação entre homens e mulheres, em termos de "vejo homens e mulheres". Então, quando se chega à verificação, é necessário encontrar-se com algo indiscernível, o que requer indivíduos postos em uma relação. Se, por outro lado, a diferença é definida segundo o princípio de realidade, o sujeito não tem nada a ver com isto: não há ali um sujeito responsável.

A respeito do que marca uma diferença, há algo que se subtrai. É um *plus*: um *plus* de gozo. No entanto, este *plus* é indiscernível. No exemplo, Norberto situou o "sem" como uma condição de gozo e se referiu à relação que isto estabelece a respeito do falo. Fez-se então uma pergunta: a respeito de que falo? E respondeu que neste *lapsus* se sustenta o falo da mãe; isto é, que sempre se trata do falo da mãe. O que o *lapsus* mantém, então, é algo da ordem de uma "in-diferença". Neste ponto de gozo, este ponto do "sem", algo informa que não está tocado pela diferença.

Tenho, de minha parte, bastantes perguntas. Norberto se referiu, em reuniões anteriores, ao *plus* de gozo como uma recuperação. Acredito entender que o *a,* em sua função de causa, está mais bem relacionado com a perda e, em sua função de *plus* de gozar, está em relação com algo que ali se recupera do que pôde ter sido renúncia a um gozo. Há, então, uma relação entre pulsão, valor de gozo e satisfação muda, ou seja, há uma relação entre a economia freudiana da pulsão e a economia política do gozo. A questão é a seguinte: toda vez que alguém fala de um sujeito, da suposição de um sujeito, se refere a um sujeito do desejo. Neste sentido, podemos dizer que um sujeito existe. Norberto vem afirmando que o que se subtrai teria valor de gozo. de gozo. Em outros momentos, disse que isto seria a singularidade de cada sujeito. Ali situou o tema da dívida que se contrai por existir, e o da culpabilidade como correlato desta existência. A partir de tudo isto, uma das perguntas é se o sujeito pode escolher manter-se em algum estatuto de inexistência, e qual é a relação com o fantasmático, com o ideal, com o sintoma, e com outra via como o é a série dos atos, por exemplo, a passagem ao ato e o *acting-out*. Outra pergunta se refere à interpretação. Norberto dizia que o analista não pode interpretar se está sexualizado, isto é, se não está como *a*: isto tem alguma relação com o fato de que a interpretação suporta a função de impossibilidade?

Norberto Ferreyra: São duas perguntas muito amplas. Limito-me a responder com algo que, parece-me, exemplifica a questão. O desejo é a interpretação. Com relação a isto, creio que, em *O saber do psicanalista*, Lacan diz que a interpretação sempre é um suplemento. Nunca diz que a interpretação seja complemento daquilo que é dito; sempre é suplemento. Quanto ao *plus* de gozo, é o recorte de um gozo, mas sempre em *plus*. *Plus* de gozo quer dizer a criação de uma diferença. Não é que a interpretação estabeleça uma diferença ou uma indiferença: o próprio desejo é a interpretação. E acontece como suplemento, o que faz a diferença que estabeleci entre o gozo em relação com a extração e o gozo com relação ao suplemento, onde, talvez, já não falaríamos de gozo, senão de desejo. No suplemento podemos encontrar o sujeito e o desejo, embora no esquema de Badiou o sujeito apareça em relação com o indiscernível. Creio que ele chega a mencionar uma relação com o sexo, mas não se detém nisto. De qualquer modo, não se trata de que o sujeito crie uma diferença – nos dois sentidos de "crie" – e sim de que esta indiscernibilidade seja necessária, porque o que se sustenta é um desejo.

Isto tem relação com o comentário inicial de Noemí Sirota, em sua referência à histerização do discurso, que se pode explicar nesta "bela 'indiferença'". A histerização do discurso não foi abordada negativamente, mas como questão de estrutura que faz a própria análise. Dito de outra maneira, o *lapsus* do exemplo é histérico; por corresponder ao discurso histérico dá lugar à possibilidade de que surja uma interpretação, que não viria a marcar uma diferença, mas seria, sim, um suplemento, algo que, sem ser extraído daí, está, no entanto, em relação com isto. Daí as recomendações de Freud – creio que em *Construções na análise* – quanto a que a interpretação não deve ir senão um pouquinho mais além do que foi dito, equivalem a dizer que a interpretação sempre opera por suplemento. Aqui, vê-se claramente a função do suplemento.

Samuel Cabanchik: Primeiramente, um pequeno comentário sobre a frase do exemplo: mesmo que tivesse dito "sozinho", se não tivesse cometido o *lapsus*, a frase não teria sido decidível.

Norberto Ferreyra: Isto tem a ver com a primeira interpretação da analisante: que não poder fazer nada sozinho está referido a ela; é a primeira interpretação que lhe ocorre, identificando-se com o masculino – para dizê-lo grosseiramente. Se tivesse dito "não pode fazer nada sozinho", qualquer um poderia dizer que ela toma uma posição masculina.

Samuel Cabanchik: Refiro-me a que, mesmo se tivesse dito "sozinho", a frase não ficaria bem construída. Se se trata de que, sem ela, ele não pode fazer nada, o "sozinho" resulta contraditório, já que precisamente sem ela estaria sozinho, supondo que neste universo de discurso há somente dois. Se, em um universo de dois, ela se subtrai, ele fica realmente sozinho. Então, ainda que ela tivesse dito "sozinho", estar-se-ia contradizendo. "Você, sem mim, não pode fazer nada sozinho": de qualquer maneira, com ela não pode fazer nada sozinho; com ela, já são dois... se fossem dois. A frase, bem construída, teria que terminar em "nada": Você, sem mim, não pode fazer nada".

Norberto Ferreyra: "O desejo é a interpretação" quer dizer que a função do desejo é a que faz dizer "sozinha". Por isto, também poderia ter dito "sozinho", onde a lógica mais evidente, efetivamente, diz que, sem ela, ele está sozinho.

Samuel Cabanchik: Também queria fazer uma pergunta sobre o conceito do indiscernível. O uso que Badiou faz deste conceito parece não ser o de Leibniz: que relação há com o uso clássico do conceito de indiscernibilidade, tal como ele o introduziu? Refiro-me à identidade dos indiscerníveis ou indiscernibilidade dos idênticos, que são as duas versões do princípio de Leibniz, porque o exemplo, com relações de maior para menor, não me parece muito claro. Na função "maior que", o conceito não se entende. Sendo A maior que B, se B fosse maior que A, a relação "maior que" não se teria dado, na realidade, de nenhum modo, porque, por definição, é assimétrica.

Norberto Ferreyra: Eu me referia ao permutável. A relação pode ser também de igualdade. O permutável se refere a que, se trocamos os lugares das letras na função, isto não produz diferença nela. Neste nível eu o considerei. Parece-me claro que, então, a marca da diferença não se produz e, no entanto, é necessária a existência deste indiscernível para que se possa supor este sujeito. O *a* faz saltar a questão e estabelece que, na lógica da própria linguagem, isto não se dá. É o caso do acréscimo de "sozinho" ou "sozinha": o suplemento. Qual o porquê disto que está a mais? É um *plus* de gozo. E ali é onde se sustenta um sujeito; onde se sustenta a possibilidade da existência de um sujeito. Quando Badiou diz que um sujeito existe entre dois indiscerníveis, é para não substancializar o sujeito.

Samuel Cabanchik: Porém, há alguma razão explícita pela qual ele não usa a formulação de Leibniz?

Norberto Ferreyra: Ele não cita Leibniz. De qualquer maneira, deixamos esta questão para a próxima vez, já que não poderia responder-lhe neste momento; é um trabalho a fazer. O que quero destacar é que o indiscernível não é algo negativo no sentido de que negue o sujeito, e sim que, pelo contrário, é a via. Esta indiferença não é negativa, mas, para dizêlo brutalmente, positiva a possível existência da suposição de um sujeito.

Anabel Salafia: Ao apresentar o exemplo do *lapsus*, Norberto comentou que a analisante se referia a seu marido, sendo ela uma mulher: a observação me pareceu interessante porque, claro, isto é indiscernível.

Norberto Ferreyra: Depois especifiquei: quem falava é alguém que diz que é uma mulher.

Anabel Salafia: Refiro-me a um lugar do indiscernível na análise. Este diálogo se oferece como indiscernível. É importante considerar nesta perspectiva a função do indiscernível.

Norberto Ferreyra: O desejo do analista há de estar em função de mantê-lo dentro do indiscernível: não discernir homem-mulher com referência à identificação sexual de quem fala: não se pronunciar sobre isto nem levar a que o analisante o faça. Nisto retomamos o pirrônico. A posição pirrônica, neste ponto, é não favorecer que isto seja discernido. Enquanto é discernido, o discernimento que assim aparece toma a forma da realidade. Se, como analista, sustento a função de fazer discernível o que aí aparece como indiscernível, não faço mais do que dizer-lhe: "Porém, quando diz isto, você se põe de que lado?"; forço uma discernibilidade, que sempre vai estar à disposição do outro, porque, segundo a realidade, vai dizer: "Bem, eu sou mulher e ele é homem".

Anabel Salafia: Porém, na medida em que a realidade está organizada com relação ao equívoco que introduz o falo, também por esta função do falo esta pessoa pode dizer que, ao dizer aquilo, se colocou em um lugar masculino ou colocou o marido em um lugar feminino. O indiscernível, para Freud, está introduzido pelo falo; isto é claro. Para Lacan, este é precisamente o sem-saída com relação ao final da análise. Se o indiscernível fica a cargo do falo, não há forma de ultrapassar as barreiras que se opõem a Freud como resistência ao que Lacan chama o passe, através das barreiras da inveja do pênis, da passividade, etc. O indiscernível, para Lacan, está posto em jogo pelo objeto *a.* Neste sentido, pode-se entender que o "sem" de "sem mim (...)" é uma condição de gozo. A própria castração é ali condição do gozo. Evidentemente, o "sem" se refere a isto. A função do indiscernível pelo objeto *a* estaria no "mim".

Diego Halfon-Laksman: A respeito da diferença entre o indecidível e o indiscernível, no exemplo, como o indecidível está sempre em relação a um enunciado, parece-me que o indecidível do enunciado tem referência a um critério de verdade. Este enunciado, tomado como proposição, não é nem verdadeiro nem falso. Neste sentido, parece-me indecidível. Por outro lado, o indiscernível concerne, uma vez produzido aquele critério, a uma relação entre dois termos.

Anabel Salafia: Para uma afetação... tomo a função, enquanto relação, como afetação. Em termos de verdadeiro ou falso, é indecidível, e a questão da discernibilidade se situa quanto a uma afetação, se se entende por relação – maior, menor ou o que fosse – a afetação do sujeito a uma função. Talvez sim, se pudesse apresentar em termos de maior ou menor a respeito da relação do Um com o *a* na proporção. Quando Lacan o situa como a inexistência da proporção sexual, formula-o com a relação 'maior ou menor' entre o Um e o *a*.

Norberto Ferreyra: A verificação concernente ao indiscernível quer dizer: onde se acomoda isto? O que tem esta existência como acontecimento? – o que, parece-me, está em relação com o fato de que Badiou situe o sujeito no indiscernível. (Há que se ter presente que estou falando da proposição de Badiou de forma muito esquemática). O sujeito está suposto neste ato sob sua responsabilidade, que é a produção do *lapsus*; e este ato é algo finito. O que não é finito é o ser deste sujeito. Há algo incomensurável, que está em estrita relação com o discernível ou indiscernível. Insisto, a manutenção do indiscernível faz com que o suplemento funcione; senão o ato, enquanto ato analítico, operaria por extração ou por complemento. A respeito do desejo, seria extração ou complemento, o que implica dois tipos de gozo diferentes, que não estão em relação com o desejo.

Diego Halfon-Laksman: A pergunta de Samuel Cabanchik sobre Leibniz me parece pertinente. Leibniz introduz a indiscernibilidade com relação ao princípio de razão, isto é, para salvar a verdade. E aqui se trata de um discurso no qual a verdade se introduziu depois de haver sido expulsa pela ciência. Não se trata mais da verdade como adequação, porém da verdade do sujeito. O que se introduz como problema é a ausência de cálculo. Leibniz introduz o princípio de razão para assegurar a calculabilidade, a possibilidade de cálculo de uma proposição quanto à sua verdade ou à sua falsidade. Aqui, por outro lado, trata-se do cálculo do gozo. Este é o problema que introduz o indiscernível. Em lugar de se fechar com uma opção de verdadeiro ou falso, abre-se o problema do gozo e de seu cálculo, que é impossível como tal.

Norberto Ferreyra: Neste artigo de Badiou, a questão do verdadeiro ou falso vai-se referir em especial à noção do genérico. Há algo que comentei em outra reunião, e que talvez hoje se possa entender melhor. Falei de uma escolha: é sem conceito. Enquanto não há discernibilidade, a escolha é sem conceito. Há, depois, uma acumulação de escolhas puras – isto é, sem conceito – que vai formar o genérico. Aí se joga a opção verdadeiro-falso.

Anabel Salafia: Fica estabelecida uma questão interessante. Badiou entende o sujeito como apresentação equivalente ao *lapsus*. Se há *lapsus,* há sujeito. Mas isto é em ato, ou seja, no condicional: se há acontecimento. Que haja acontecimento quer dizer que o sujeito é igual ao seu *lapsus*. O assunto é: o que faria com que o sujeito fosse igual ao seu *lapsus*? Igual, no mesmo sentido em que Lacan define o significante no ato, dizendo que o ato é o único ponto onde o significante se significa a si mesmo. O problema é que nem todo *lapsus* faz acontecimento. Quais são as condições que fazem com que o sujeito seja igual ao seu *lapsus*? Neste sentido, haveria acontecimento. O importante é que este acontecimento escapa à análise. Não digo que esteja além da análise, escapa à análise no sentido em que Badiou situa o suplemento. Isto concerne às relações da análise com a realidade, se esta não coincide com o fantasma. Uso precariamente o termo "realidade", já que a sua definição seria a sua coincidência com o fantasma. Então, o que é que pode escapar, como suplemento, e pôr em jogo a realidade? Para Badiou, é o acontecimento. Para Lacan também: ele é quem, por exemplo, propõe traduzir *Os dois princípios do suceder psíquico* como *Os dois princípios do acontecimento psíquico,* e considerar a possibilidade ou a impossibilidade do acontecimento.

22 de julho de 1992

8. Subtração e extração

Cleptomania: subtração e/ou extração –
Diferença de gozo – O quadro de Badiou – O indecidível e
o indiscernível – A subtração por extração

Depois da última reunião, Osvaldo Arribas e Daniel Rubinsztejn me fizeram chegar diferentes mensagens. A de Rubinsztejn consistiu em um fragmento de um livro de Winnicott, onde se analisa um caso de "bissexualidade". Agradeço-lhe; parece-me que é o mesmo fragmento que está em um dos *Cadernos de Psicanálise*; é um trabalho bem escrito e vou levá-lo em conta. A mensagem de Osvaldo Arribas chegou-me sob a forma de uma carta; também lhe agradeço e vou pedir-lhe que a leia ou a comente, porque tem a ver com a questão; verão que estão nela vários pontos de que tratamos na reunião passada e aos quais vale a pena voltar.

Osvaldo Arribas: Em virtude das últimas reuniões do seu seminário acerca da subtração como suplemento, lembrei um caso de Margaret Little, que Lacan comenta em "A Angústia", na aula de 30-1-63, e sobretudo estes parágrafos em particular:

> *Com relação à mãe – que tem a ver, da maneira mais próxima, com o determinismo dos roubos – com certeza nunca pôde fazer dessa filha outra coisa que uma espécie de prolongamento de si mesma, de móvel, instrumento de ameaça e, se for o caso, de chantagem, mas em nenhum caso algo que, com relação ao seu próprio desejo, ao desejo do sujeito, houvesse podido ter uma relação causal. Para designar isto, ou seja, que*

o seu desejo – ela não sabe qual, evidentemente – poderia ser levado em consideração, cada vez que a mãe se aproxima, cada vez que entra no campo de indução onde pode surtir algum efeito, o sujeito se livra com toda regularidade de um roubo, um roubo que, como todos os roubos de cleptomaníaco, tem apenas uma significação de interesse particular, e quer dizer, simplesmente: Eu lhe mostro um objeto que tirei, pela força ou astúcia, e que quer dizer que em alguma parte há outro objeto, o meu, o *a*, que mereceria ser considerado, que mereceria que o deixassem se isolar por um instante. *Essa função do isolamento, do ser-sozinho tem a relação mais estreita, é de certo modo o pólo correlativo dessa função da angústia... Penso que depois do discurso de hoje não confundirão esta observação com a que habitualmente se realiza a respeito das frustrações. Trata-se de outra coisa. Trata-se da fronteira, do limite onde se instaura o lugar da falta'.*

Quando ouvia você, na última reunião, insistir em que não se confunda a subtração com a extração, recordei este caso, pois pensei que, no roubo cleptomaníaco, a subtração é extração no plano da realidade, enquanto no nível do sintoma é suplemento, é mostrar e isolar este objeto que mereceria ser considerado... e que não o é. É considerado como falta, enquanto extração, daí a teoria da frustração-agressão-regressão, mas não se considera – o objeto – enquanto suplemento produzido pela própria subtração. É para se subtrair como objeto do gozo da mãe, da *Coisa,* que ela subtrai em seu ato, por sua vez, algo que mostra que há outro objeto, outra coisa, que mereceria ser considerada, embora exista apenas engendrada pelo próprio roubo: o objeto *a*.

Em relação a isto, perguntava-me o seguinte: não poderia considerar-se a análise como um subtrair-se a certo gozo, a fim de mostrar que há outra coisa que mereceria ser considerada?

Como não recordava o caso com a precisão necessária para comentá-lo neste mesmo momento, faço-o agora, pensando que poderia ser útil na distinção, que você se esforçava em transmitir, entre subtração e extração.

Norberto Ferreyra: A referência que Osvaldo Arribas fez situa algumas das coisas que, como ele diz, me esforcei em lhes transmitir. O esforço se referia a distinguir, se é possível, uma diferença de gozo – não em quantidade e sim em qualidade – segundo se trate da extração ou da subtração. Constitui-se, assim, como diz a carta de Arribas, um par: por uma parte, realidade-frustração-extração; pela outra, subtração-sintoma e (acrescento por minha parte) privação. Ambos são modos de relação à falta e nisto talvez se poderia pensar em uma diferença nos modos de gozo. Recordemos que os termos são: suplemento; extração.

A pergunta que Osvaldo Arribas faz, no final da sua carta, é se, na análise, não se trataria de *um subtrair-se a certo gozo, a fim de mostrar que há outra coisa que mereceria ser considerada*. Parece-me que o mais importante é o que o próprio Lacan assinala no trecho do seu Seminário que Arribas citou: *(...) em alguma outra parte*, diz Lacan. Não só outro objeto e, sim, em outra parte. Parece-me fundamental pensar que não há outro objeto, se não há "outra parte", *outro lugar*. Se não há outro lugar, não haverá lugar para este outro objeto que mereceria ser considerado. Então, o que se faz por suplemento, e não por extração, pode entender-se como a criação – permitam-me este termo um pouco grandiloqüente – da possibilidade de outro lugar.

Tenho ainda um dever para com vocês: terminar de comentar o quadro lógico de Badiou, no artigo que lhes recomendei, a partir do qual poderemos continuar falando da subtração e da extração como possíveis modos de diferença de gozo. Qual é a lógica que, acerca da verdade, situa Badiou? Seu nível de abstração pode-se considerar alto, porém, em minha perspectiva, Badiou se refere a um processo ou a um procedimento que a verdade sofre, e nós talvez possamos entendê-lo em termos das diferentes posições que criam este outro lugar para que haja um suplemento, o que, por sua vez, implicará uma mudança de gozo. Mudança de gozo quer dizer um limite ao gozo e, ao mesmo tempo, a criação deste outro espaço do qual falam estas palavras de Lacan, citadas por Osvaldo Arribas; um espaço onde outra coisa possa ser considerada. Isto é uma maneira de falar do desejo e, neste sentido, está muito ligado à ética. O quadro de Badiou, sem extrapolar termos – a sua direção é lacaniana – pode servir-nos para pensar que se trata sempre de fundar outro lugar; neste caso, o da subtração em seu suplemento.

E talvez o mais difícil seja entender como uma subtração pode ser um suplemento. Há formas intuitivas de tratar de entendê-lo, mas isto sempre escapa a alguém. Justamente hoje, lendo outro livro de Badiou, onde fundamenta este quadro, em um momento tive um desconcerto. Acontecia-me algo: lendo acerca da subtração – embora não estivesse ali nomeada deste modo – sofri, digamos assim, uma subtração da subtração, ou seja, que se perdeu a dimensão do que é a subtração. Isto me foi subtraído pela própria atividade em que estava. E é interessante, não como mera experiência pessoal, mas em sua importância para a psicopatologia. Neste momento da leitura, não se pôde evitar que se realizasse a última subtração, que consiste em subtrair a subtração. Quando a subtração se subtrai a si mesma, então ela não tem lugar, o que cria um vazio que se expressa como certo desconcerto, neste caso, a perda do fio do que vinha lendo. Veremos como isto está referido a uma estrutura clínica que mencionei.

Outro ponto da citação de Lacan trazida por Arribas é: (...) *isolar-se por um instante*. É, como vocês vêem, em função do tempo. Esta relação entre o tempo e o objeto é tão forte que este outro lugar, onde poderia ser considerado outro objeto, implica um isolamento *por um instante*; poder-se-ia dizer que é um ponto de separação, de desalienação do desejo do Outro. É um ponto onde fica em suspenso a fórmula "o desejo é o desejo do Outro". Há um ponto de corte, de suspensão, onde o desejo poderia ser o do sujeito. Isto é o isolamento *por um instante*, é correlativo a que haja outro objeto, necessariamente considerado – trata-se de uma necessidade de discurso – e há este outro objeto porque há outro lugar. Seguindo a lógica de Badiou, este outro lugar é criado pelo suplemento através da subtração. Nomeamos este outro lugar de muitas maneiras, desde "outra cena" até "lugar do grande Outro" – não é a mesma coisa, mas, sim, logicamente, equivalente. Quando a relação do desejo com o grande Outro – em termos de "o desejo é o desejo do Outro" – fica cortada, interrompida; quando, de repente, o desejo parece criar a possibilidade, talvez a ficção, de que seja do sujeito, neste ponto há outro lugar e outro objeto. É importante ter isto em conta, porque concerne a momentos da clínica; dá-se na própria clínica. Depois, vou pegar um momento das análises em geral, onde, por contraposição, veremos o que quer dizer isto, que também se pode chamar suspensão do sentido e de outras maneiras. Mas, aqui, vê-se como este sentido está unido ao desejo, enquanto desejo do Outro. Este sentido fica em suspenso; é o sem-sentido. E é porque há outro lugar. Não é que surja de uma espontaneidade do sujeito. Porque há *outro lugar*, onde se pode apoiar o objeto, então se dá a possibilidade de a relação com o grande Outro ser posta em suspenso. Seria este um momento de suspensão da existência do grande Outro? Fica suspensa a crença na existência do grande Outro? Poder-se-ia nomear desta maneira, mas é para continuar interrogando-o.

Disse que realidade, frustração e extração, por uma parte, e subtração, sintoma e privação, pela outra, fazem os diversos modos da falta. Porém a subtração tem uma particularidade. Vou tratar de explicar de outra maneira o que é o indecidível e o que é o indiscernível, para que se veja melhor isto.

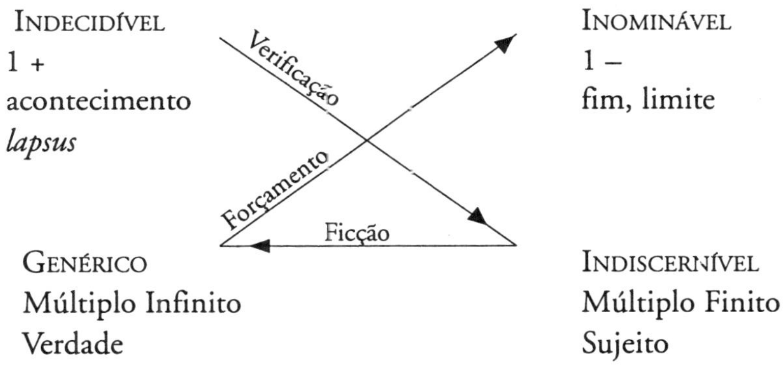

Nos dois modos, o do indecidível e o do indiscernível, parte-se de um conjunto, um universo da língua. O que se constitui como indecidível não pode ser tomado pela norma, pela regra, que junta estes indivíduos do conjunto; não se pode decidir se está incluído ou não. O teorema de Gödel concerne a isto, mas agora vamos a outro nível. Quanto ao não decidível, não é que esteja ou não esteja e sim que não se pode saber se responde a isto que integra um conjunto, porque há uma norma que assim o define. O que se forma como indecidível é o acontecimento, e, como tal, em uma reunião anterior, situei o *lapsus*. É suplemento, não complemento, o que é fundamental. Não é que estivesse no conjunto anterior, e seja extraído como diferença com este conjunto. A subtração não se entende como extração, mas como criação de uma diferença a mais. Este x, este indivíduo que, de repente, tem existência no discurso e que não pode ser catalogado por isto que Badiou chama "a enciclopédia", não se pode decidir incluí-lo ou não, em todo caso, não é retirado do conjunto.

O indiscernível, já disse que concerne fundamentalmente a uma relação. A relação é o que não pode ser comprovado, discernido. Tampouco se trata de algo que esteja dentro do conjunto e se extraia; é algo que aparece com relação a este conjunto e o suplementa, isto é, soma-se a ele. Tanto o genérico como, em seguida, o inominável participam da operação de subtração: nunca é por extração. No princípio deste ano, quanto à transferência e com relação ao sujeito suposto saber, dissemos que o que não se pode supor, por estrutura, é a verdade. É dizer que o sujeito suposto saber tem um funcionamento sem a verdade. A questão é se isto se refere a que a verdade se exclua ou se é precisamente uma subtração, isto é, não algo que se extraia do sujeito suposto saber, mas algo que o suplementa. Aqui, já intuitivamente se esboçam duas posições da análise. Considerar que a verdade, não suposta no sujeito suposto saber, o complementa, tomá-la como o que faltaria, isto implica uma linha na direção da cura que, no meu entender, torna pouco possível passar da oferta à demanda.

Nas entrevistas preliminares, é certo que aparece alguém que pede. Porém, para que isto que pede chegue a funcionar como demanda, teria que se realizar sem que esteja presente a oferta que, ao mesmo tempo, se faz. Que oferta se faz neste pedido de análise? Por exemplo, o amor que supõe o sujeito suposto saber. Somente quando este se acha constituído e a verdade não é tomada como parte dele – o que tem a ver com a posição do analista para a direção da cura – ocorre que esta oferta, isto que vinha a se ofertar através do pedido de análise, passa automaticamente a se transformar em demanda. Vemos que aí não se produziu nenhuma extração, e sim que tudo ocorreu por suplemento. Se esta diferença fosse por extração, a direção da cura estaria tomada pela "imaginarização" de um todo, e o que se pudesse articular como verdade ficaria em função do que como tal fosse legislado pelo próprio a quem se supõe algo. Não haveria em tal caso uma subtração por suplemento e sim por extração.

E esta subtração por extração é o que domina fundamentalmente a demanda ao Outro real, em seu caso, a mãe. A relação mãe-filho está, a princípio, no que diz respeito ao tempo lógico, tomada por esta situação, em que o que se pede é suposto que o Outro o tem. É mais; pode-se supor que: "Porque o Outro o tem, eu não o tenho". Mas, inclusive antes da temática do ter, toda subtração de significantes com os quais se conforme a demanda ao grande Outro, se é vista somente como extração, redunda na impossibilidade de suplemento. Assim, a questão entre a mãe e o filho fica fechada para sempre. E isto ocorre. A extração implica completar uma unidade, um Um. Esta unidade completa tem seus efeitos clínicos, já que é o ponto de onde se subtrai a subtração. Então, indo à referência clínica que prometi, haveria que pensar a psicose – não em seus fenômenos colaterais, senão em sua própria definição – como aquele quadro em que se dá a possibilidade de que se subtraia a subtração (vejam que não o situo pela negativa; não por uma ausência de subtração, mas, em termos positivos, subtração da subtração). Então, na psicose, toda subtração será por extração, por complemento; não haverá lugar para uma subtração por suplemento.

O importante é que há um momento da demanda ao grande Outro onde fica claro que a subtração é por extração, que, a respeito disto, se faz um Um e que este Um tem a sua força, não se pode romper; este Um não é interrogador do grande Outro e, sim, fica superposto ao grande Outro, e não há lugar para que reste uma diferença, que seria por suplemento, e só então haveria "outra parte". A função do Nome-do-Pai é o efeito de que haja "outra parte", *outro lugar*.

Na experiência da análise, a diferença por extração é o que predomina em um princípio com referência àquele a quem se pede uma análise. A insatisfação corresponde inteiramente ao nível da frustração. Não há um outro lugar, cuja possibilidade de existência é o que dará lugar a que uma análise ocorra. Não é que uma análise não possa transcorrer por outros caminhos, mas, neste último caso, vai haver uma satisfação inerente à transferência, que será quase impossível de remover; quase impossível será modificar a sua orientação a respeito do gozo. Então, a preocupação do analista neste ponto se refere a se é possível que se crie esse "outro lugar"; dito de outra maneira, se o lugar que lhe é dado como interlocutor é tal, em função do desejo, que faça possível que esta "outra parte" exista pelo menos como possibilidade. De outro modo, não teria lugar um questionamento do valor de gozo.

No quadro de Badiou, o indecidível pode-se nomear também como o que não encontra um valor dentro da norma que junta todos os indivíduos do conjunto. Não encontra um valor porque não se pode decidir se pertence ou não. Há uma ordem do sem valor do indecidível. Algo fica dito como: sem valor. E isto permanece como impossível de ser questionado, ou seja, é impossível que, neste ponto, surja um valor de gozo, uma diferença de gozo. Nesta indecidibilidade, não é possível uma diferença que estabeleça este "outro lugar". O "outro lugar" sempre vai ser uma diferença: o que estamos advertindo é que se trata de uma diferença de gozo. E isto pode ser designado pelo *quantum* – Freud – ou também segundo a lógica e o modo do gozo de que se trate.

Por exemplo, o enamoramento, na transferência, é por extração ou por suplemento? Há um ponto onde o amor de transferência, no grau mais intenso de enamoramento, corresponde à extração. Basta ler Freud para que se tome isto. Este tomar o Outro (diferente de ser tomado pelo Outro), esta identificação plena faz com que tudo seja por extração; "a luz de meus olhos", etc. A identificação alcança o seu ponto máximo no enamoramento na transferência. Há situações das quais é muito difícil sair: repentinos estados de enamoramento, onde tudo é possível, onde a satisfação ou a insatisfação que se produza está submetida à identificação que o enamoramento implica. E estará presente a extração: estes traços do outro que modificam até as posições físicas, a maneira de caminhar, etc. das pessoas neste estado. Não me refiro somente ao enamoramento na transferência, onde isto é observável pelo analista, mas também à vida fora das sessões. E estes traços podem ser, inclusive, linhas de conduta; uma pessoa pode falar como o outro, até pensar como o outro. Esta alienação, que comporta o enamoramento, é sempre por extração.

O que implicaria que fosse, não por extração, mas por suplemento? A pergunta é, neste caso: como testemunhar o amor? O amor de transferência tem um pivô fundamental, em relação com a falta, com a carência. Este amor é em si um testemunho do amor. Não digo que o sujeito seja o testemunho, e sim que é o próprio enamoramento. Esta é a grande perda, a grande renúncia que haverá na queda do amor de transferência, que não tem por que coincidir com a queda do sujeito suposto saber, embora ambas vão, em algum sentido, de maneira paralela. Porém o sujeito suposto saber pode ir um pouco além – e é necessário que assim seja – da queda deste enamoramento.

Tomemos por exemplo a reação terapêutica negativa, tal como Freud a desenvolve em *O ego e o id*. O paciente permanece em certa aderência à sua enfermidade por algo que, em terminologia freudiana, é o benefício secundário da enfermidade, mas não é senão uma diferença de gozo. Este benefício é secundário porque aparece como segundo, por trás do sintomático da enfermidade, mas não sei se é segundo quanto à importância, dadas as suas raízes no sentimento de culpabilidade. E, na diferença de gozo que marca a existência de um benefício secundário, nesta aderência à enfermidade, para Freud, em *O ego e o id*, joga-se algo que tem a ver com a liberdade. Diz Freud que, chegando a este ponto, o analista terá que fazer os movimentos necessários como para que o paciente possa vencer as suas resistências e admitir o estado de sua situação atual, em comparação com o passado (destaco esta referência ao presente e ao passado), e compreender a necessidade de prosseguimento do tratamento frente a estas resistências que correspondem a "aderências", etc. Pode ser dito de muitas maneiras, e é útil recordar como o situava Freud. O importante, no meu entender, está em uma nota de pé de página, onde Freud diz que tudo isto só pode ter lugar se houver apoio em que este sentimento de culpa seja um sentimento "emprestado", isto é, que se tenha obtido por identificação. Senão, quase não há possibilidade de sair do atoleiro.

Freud acha que, apesar de que, na resistência, se possam discernir diversos fatores para refletir esta situação, há nisto um limite; tem que estar presente esta identificação. É algo "emprestado", porque se trata de uma identificação. Com relação a um luto, a uma perda, teve lugar esta identificação. E Freud diz que, se é emprestado, se houve esta perda, haverá possibilidade de elaboração; se não, não. Isto marca uma questão fundamental com relação ao que vínhamos falando. A respeito da subtração, mencionei a possibilidade de que se subtraia a subtração; de que seja subtraído aquilo mesmo que aparece como suplemento. Fiz, a respeito, uma referência à psicose. Diferente da psicose, mas apenas em uma margem específica, relativa à análise, é defrontar-se com o sem-sentido de que não haja nenhuma identificação. Com relação ao inominável, ou ao sem-sentido de Lacan, podem-se dizer muitas coisas, pode-se falar de um enfrentamento com o objeto, etc. Em todo caso, é o momento da análise onde não há nenhuma identificação. Esta colocação em suspenso, que anteriormente nomeei com relação ao sujeito, corresponde ao momento em que não há nenhuma identificação. Não é que o sujeito se identifique com a sua causa, embora a tome por fora dele. Tampouco esta identificação é possível. Trata-se de isolar *um instante*.

É o que Milner, em seu livro *Os nomes indistintos*, chama "desatamento e atamento do nó" e chama também "nomeação real de um desejo". Esta nomeação real de um desejo – que é, no meu entender, outra maneira de falar do inominável – é o sujeito sem nenhuma identificação. Freud diz que isto existe a respeito do sentimento de culpabilidade, quando não há algo emprestado. "Emprestado" quer dizer intercambiado com o grande Outro, onde, no intercâmbio com o grande Outro, não tenha havido um valor de gozo possível de ser anotado, isto é, uma restrição do gozo, não haverá saída possível da reação terapêutica negativa, porque não será possível criar outro lugar; há somente este lugar, já que não houve nada "de emprestado". Insisto: a identificação que permitiria sair da reação terapêutica negativa implica uma perda; por esta perda há identificação. Se o sentimento de culpabilidade está na base de que não houve perda – e esta perda é sempre de gozo – se não se pode anotar, se não houve sintoma com relação a esta perda, se não houve letra a respeito, é impossível que a reação terapêutica negativa perca a sua força.

Em termos do inominável, isto concerne ao momento em que tudo poderia ser nomeado, em que haveria palavras para tudo. Neste sentido, fiz referência à psicose. Há certos finais de análise onde pode ter lugar este desconcerto, que é, neste caso, muito pontual: é este instante sem identificação. Vocês terão observado clinicamente que isto pode ocorrer várias vezes durante uma sessão; pode ser chamado despersonalização, etc. De qualquer maneira sempre há um resto de identificação. Não é que o sujeito, depois de um final de análise, não esteja identificado; senão, como se sustentaria? Mas fez a experiência de se sustentar em um ponto sem nenhuma identificação, isto é, em relação ao que o causa e *sem identificar-se* com isto. Se se identifica com isto, suicida-se. O que situa no sentido lacaniano a possível relação que há, às vezes, entre final de análise e suicídio. Se se identifica com a causa... acabou-se. É também um final.

Participante: Sem dúvida.

Norberto Ferreyra: Efetivamente, neste ponto não há nenhuma dúvida. E é uma questão que faz a prática. Além de toda sanção moral, isto deve contemplar-se eticamente como algo que tem a ver com a própria análise. Senão, estaríamos pensando que da morte se ocupam somente os médicos, ou a polícia, ou o exército. A experiência dá conta de que não é assim. Situa numa posição ética a colocação de Lacan a este respeito. Sabemos que o suicídio ocorreu, às vezes, no final de análise ou nos momentos posteriores; vê-se claramente o porquê. Há um ponto incalculável para o analista, porque, se ele pudesse calculá-lo, tampouco se teria chegado até aí. A questão é se se pode retroceder ou se deter, quando se vai em direção a este ponto. Nisto há que se fazer várias considerações. Por enquanto, para continuar, há que se contar com a decisão do analisante; se não há decisão do analisante, não se segue. Por isto, vim falando da reação terapêutica negativa. E Freud marca concretamente que é um ponto de liberdade. Sem prejuízo de que o próprio Freud o considere um ponto de resistência, onde o paciente fecha a porta e vai embora da análise, embora isto seja para Freud um fugir do paciente da verdade histórica, no entanto admite que é um momento de liberdade. A responsabilidade do analista é, em todo caso, ver se existe a possibilidade de sair desta reação terapêutica negativa, para insistir.

Entendida deste modo, a reação terapêutica negativa já não é questão pontual na clínica, mas que ocorre habitualmente, e não tem que estar determinada por um tempo muito longo. Pode-se dar em uma série de sessões – digo-o assim porque as análises às vezes constituem séries de sessões, segundo o ponto do fantasma. Em tais casos, acontece a aproximação deste sem-sentido, este inominável – em termos de Badiou – ou esta nomeação real – em termos de Milner. Em todo caso, o analista deve contar com que há algo que não pode calcular. E a decisão do analisante ganha o seu valor. Por exemplo, se em uma sessão sucede algo disto, mas na sessão seguinte conta um sonho ou, enfim, diz algo, então a decisão de seguir é evidente. E alguém tampouco lhe pode dizer que não siga: "Não siga... porque agora quem tem medo sou eu". Por isto, Lacan diz que tem a ver com a ética do analista o fato de que se deva resguardar, cuidando-se para não dar ao paciente o sinal de angústia. Se o analista dá o sinal de angústia, tudo se intranqüiliza. Que não dê este sinal não quer dizer que não se angustie. Mas, se não dá o sinal, pode continuar.

Falando da reação terapêutica negativa como diferença de gozo, Lacan diz que é algo indiscernível a respeito do gozo do sintoma. Há um sintoma, há um gozo, há liberação do gozo a respeito do sintoma e também há este outro gozo na reação terapêutica negativa – benefício secundário. Fica então indiscernível qual é o gozo, onde situar o gozo ou de que gozo se trata. Há momentos onde o gozo é indiscernível, diz Lacan: neste sentido, para mim é exemplar o caso da reação terapêutica negativa. Nela, há um ponto onde o gozo se apresenta como indiscernível. Vejam que, em todo caso, isto implica uma não-consecução da análise. Poderia não se tratar de uma reação terapêutica negativa e, de qualquer maneira, interromper-se a análise, se nos atemos à definição daquela como a eliminação do sintomático, o alívio do sofrimento, mas ficando como resto o benefício secundário. Poderia estar ainda conservado o sintomático e que, no entanto, o gozo como tal, como valor de gozo, ficasse indiscernido, isto é, que na permutação não fizesse diferença.

Participante: Diferença entre benefício primário e secundário.

Norberto Ferreyra: Por exemplo. Tomando "secundário" como *secundum,* o que vem em segundo. A reação terapêutica negativa oferece um exemplo do indiscernível a respeito do gozo. Não é o único, mas é comum – sem que as suas manifestações sejam necessariamente dramáticas. Por isto há que dar valor ao benefício secundário: é "secundário" porquanto se apresenta depois, não porque a sua importância seja secundária. Apresenta-se depois do sintomático. E remete à questão da intercambiabilidade do gozo, com relação ao sentimento de culpa.

Falei, com respeito à reação terapêutica negativa e citando Freud, da identificação. O que se apresenta como rejeição ao prosseguimento da experiência da análise é negação da subtração? Este é o ponto fundamental. A rejeição, tanto o que o sujeito rejeita como o que rejeita o sujeito, com referência ao sentimento de culpabilidade, responde à relação com o grande Outro ou então responde que não é possível a subtração? Se se trata – seguindo Freud – do caso em que houve alguma identificação, é possível que se trate da rejeição que faz a própria constituição do sujeito. Se, por outro lado, é a denegação da subtração, se é que se subtrai a subtração, o caso é fundamentalmente distinto. Disse que há um momento da análise onde existe algo sem identificação. Porém, chega-se a ele mediante um processo que não implica subtrair a subtração, mas que a subtração não se realize. Uma coisa é que a subtração não exista e outra é que exista, mas não se realize.

Passo a falar do genérico e do inominável, o que lhes permitirá ver a diferença entre uma subtração que fica pendente, que não se realiza, mas existe como possibilidade de suplemento, e uma negação da subtração, isto é, a subtração da subtração. Em outra oportunidade, falamos de uma série de escolhas indiscerníveis; escolhas que se fazem sem conceito, sem que se possa estabelecer uma diferença, um discernimento. Isto é cumulativo e pode formar, dentro de um determinado universo ou conjunto, um subconjunto que não seja construível, isto é, que no conjunto não haja nenhuma fórmula com a qual este subconjunto se possa construir. Pode haver muitos subconjuntos construídos segundo determinada fórmula, mas pelo menos um que não possa ser construído e não pode ser construído porque, embora contenha elementos que cumpririam a fórmula, também contém outros que não o fariam. Podemos ver aqui a função do *não-todo*. Badiou a situa no inominável, mas, no meu entender, o *não-todo* corresponde mais ao genérico; é o ponto onde se situa um subconjunto que, no entanto, não pertence ao universo, porque não há nenhuma regra deste pela qual possa ser formado; é um conjunto formado por indivíduos tais que uns cumprem a regra e outros, não. Tal subconjunto fica, então, sem pertencer ao conjunto, diferentemente de outros subconjuntos que correspondem a determinada função do universo dado; fica, assim, como suplemento.

Badiou menciona uma operação, *le forçage*, expressão traduzível como "o forçamento", o que se força, mas no sentido que se exemplifica quando, em uma caçada, se encurrala uma presa; é o que se força porque se encurrala. Faz-nos recordar algo da função do *semblant*, quando Lacan diz que, em análise, o *semblant* encurrala o gozo. Este encurralamento do gozo é equivalente a *le forçage,* se entendemos "encurralamento" como este forçar a presa encurralando-a, com uma intensidade que só pode provir do pulsional. Provém do que não se pode anotar na lista de nomes. O que não se pode anotar neste subconjunto, que é o genérico, é algo que não tem nome. E isto vai forçar uma nomeação (pulsão significante, por exemplo). Aí, na nomeação, a subtração pode ser feita, mas nunca deve ser realizada. Se é realizada, ocorre que tudo pode ser nomeado. Neste caso, realizou-se a última subtração. Em termos de Badiou, o limite é que permaneça algo inominável. Seguindo esta lógica e incorporando o gozo, trata-se de que algo, quanto ao gozo, fique como impossível de ser nomeado; o gozo, portanto, estaria em que tudo tivesse nome. Badiou diz que *le forçage* é a operação lógica fundamental do sujeito, já que a perspectiva de que tudo tivesse nome o faria desaparecer; e não em *afanisis.*

Vocês vêem que a questão do inominável aponta, na tábua da sexuação ou da função fálica, para o ponto da inexistência. A questão do inominável toca, no meu entender, o tema do gozo feminino. Em "A lógica do fantasma", Lacan reitera que sobre isto não se pôde dizer nada, nem mesmo as mulheres analistas. Depois, pôde-se dizer algo, simplesmente algo. O que agora quero mostrar é como neste genérico que, sem nomeação, está em pugna pela nomeação de realizá-la, longe estaria de conduzir a uma adequada economia do gozo, muito pelo contrário, porque em tal caso se subtrairia a subtração.

Na análise, trata-se de que a subtração seja mantida como possível, e a ameaça de castração é que isto se cumpra. Na psicose, a subtração da subtração está realizada, e tudo é nominável. Falo, evidentemente, em termos lógicos; falo de uma relação com o grande Outro, onde tudo pode ter nome; é uma maneira de se referir a uma não-operação da falta.

Há muitas outras questões em torno do genérico e do inominável. Referi-me a uma, que tem a ver com a ficção. Na análise, cria-se a ficção de que tudo pode ser nomeado. "Diga-me tudo o que lhe ocorra", embora se suponha que quem anuncia isto sabe o que diz, a ficção que assim se cria é a da possibilidade de dizer tudo. Mas em cada sessão, em cada escansão – sem prejuízo da relação específica com a castração que cada escansão guarde – o que se comprova é que nem tudo pode ser dito. Ou seja, que não há nome para tudo. É uma maneira de apresentar o inominável. O tema é mais amplo e, na próxima reunião, vamos fazer o seu desenvolvimento lógico, a fim de que se capte em termos mais abstratos. Somente a partir desta captação em abstrato pode ser utilizado por cada um de nós. Se não há transmissão em termos da abstração que implica a lógica, ficamos impossibilitados de pensar com, e de usar isto que se pretende transmitir.

Falei também de um "sem valor" do indecidível: não há como valorizá-lo, já que não se sabe se pertence ou não ao conjunto. Nisto consiste o seu preço. Por isto nomeei o *lapsus*; podemos também nomear um chiste, qualquer formação do inconsciente. O preço está dado pelo acontecimento que esta formação possa ser, em transferência e de acordo com o fantasma, segundo cada análise. É um acontecimento, na medida em que tem o seu preço, quero dizer, na medida em que o sujeito paga por isto. Paga porque, neste momento, perde um gozo. Se não perde gozo, não paga, embora pague sempre.

Na próxima reunião, então, explicarei o genérico e o inominável, de acordo com as fórmulas que apresenta Badiou no artigo que citei. Por exemplo, Badiou diz: "*Anônimo* não é o nome do que não tem nome". "Anônimo" não é a maneira de nomear o que não tem nome, porque, se assim fosse, não haveria subtração; haveria uma maneira de anular a subtração, que, assim, ficaria reduzida a uma extração, ao se tomar um dos nomes como o nome do que não tem nome. Seria subtrair a subtração.

Participante: Freud, em vários lugares, situa, à maneira de uma fórmula, que se ama aquele que priva: como entender isto com relação à operação de subtração, ou então à de extração?

Norberto Ferreyra: Com referência à extração, falei do enamoramento. Porém o amor de transferência, além de incluir o enamoramento, tem outra dimensão. Por isto dizia que é necessário que o sujeito suposto saber continue além do enamoramento. Se é apenas por extração, isto é, por frustração, a privação não opera. Neste ponto, o "amor" é um falso amor. Ou seja, antes de mais nada, que não há possibilidade de articulação de nenhuma dívida. Um amor é sempre devedor, enquanto a dívida se articula com uma falta, com uma perda de gozo. Lacan, em "Os quatro conceitos...", quando alude ao *(...) te mutilo*, mostra claramente a função do objeto como aquilo do qual o sujeito fica em dívida a respeito do Outro e sem o qual não se poderia constituir como tal. Porém este é um amor, e há outros amores. Há um amor à letra. Pode-se amar alguém pelo que escreve, por exemplo, sem mediar uma relação pessoal. Quanto à pergunta que me formulou, entendo que se trata do amor de transferência. Se existe este amor, quando houver, como inevitável haverá uma reação terapêutica negativa e será possível remontá-la, porque houve uma perda de objeto e uma identificação. Se não, não poderá ser remontada. O amor se conservaria em tal estado que não haveria possibilidade de remover a reação terapêutica negativa; não porque o ódio fosse excessivo, mas porque neste amor não houve lugar para uma identificação posterior a uma perda. Neste sentido entendo que o que priva seja o que faz amar.

Participante: Como se compara a referência de Badiou a Lacan com o fato de que ambos tenham diferentes concepções da repetição?

Norberto Ferreyra: Efetivamente, as suas concepções da repetição são diferentes. Badiou diz que o acaso interrompe a repetição e se produz o acontecimento. Isto é diferente do situado por Lacan, mas em um aspecto não o é tanto: quando Lacan diz que sem repetição não se pode engendrar algo novo, o novo, a partir do ponto de vista do acontecimento, não é diferente do que situa Badiou. Quanto à repetição, há algo fundamental, que assinalei várias vezes: o quadro de Badiou não estabelece a relação entre o ser e o gozo. Lacan, por outro lado, destaca o gozo engendrado pela repetição, mas não quanto ao produto. Badiou assinala que, pelo acaso, se produz uma interrupção da repetição. Lacan assinala que a repetição se cruza com o acaso, o que não significa uma suspensão da repetição. Com Badiou não se poderia explicar exatamente o que, no acontecimento, há de gozo, quanto à sua restrição; não é o terreno de Badiou. Demos o esquema formal de Badiou quanto a um universo da língua. Há uma diferença, que é evidente, a respeito da repetição, mas não a respeito do produto, isto é, do acontecimento, seja um *lapsus* ou o que for. E, quanto ao indecidível, Badiou acrescenta várias coisas: situa o vazio; o acontecimento se separa da multiplicidade do que se apresenta; ele próprio se media, se faz de mediador entre ele e o vazio. Em Lacan não é exatamente assim, exceto quanto ao objeto *a*. Estas são efetivamente diferenças na vertente da repetição, mas não as creio fundamentais para entender o que é o acontecimento. Badiou situa um processo, um movimento da verdade. Não considera a questão do gozo, porque a sua prática não o põe em relação com o gozo que se joga ao falar. Como filósofo, ele se encontra em uma situação de diferença fundamental com o psicanalista: em sua prática, é diferente a referência ao gozo. O que Lacan chama "a outra satisfação" não está em jogo na prática filosófica. A diferença na concepção da repetição talvez dependa desta diferença na prática.

Participante: Como entender, com referência às operações de extração e de subtração, o fato de que a posição mais inflexível, por parte do analista, o maior silêncio, etc., seja em geral a posição mais sedutora? Inclusive é a que pode pôr em movimento uma realização do gozo.

Norberto Ferreyra: Depende do silêncio. É certo que o silêncio tem esta função de sedução, já que permite ao outro supor que o analista sabe tudo ou, então, permite gozar da impotência que, imaginariamente, o silêncio pode sinalizar. Mas há um silêncio do analista que está em relação com a função do seu desejo. Este silêncio tem lugar chegado um momento da análise em que o que se estrutura como enunciação da demanda é: *Diga-me a minha verdade.* A angústia anuncia este momento como tal, e há de corresponder-lhe um silêncio do analista, que não implica mudez. Mas é necessário um silêncio. Porque esta pergunta do analisante é sem equívoco, não é equívoca em sua enunciação, e o silêncio é a única maneira pela qual, então, o analista toma o lugar de objeto. O analista não toma o lugar de objeto de entrada e de uma vez por todas; trata-se de um processo na dialética da análise. O analista não necessariamente está no lugar de objeto, mas, sim, tem que se situar nele. E isto é possível pelo saber do analista, que está em calcular, em fazer possível, na transferência, primeiramente, a chegada até este ponto, este *Diga-me a minha verdade*, que pode estar dito de muitas maneiras, mas, em todo caso, é restrito, sem equívoco, e, ao ser sem equívoco, corresponde-lhe uma angústia particular, é um sem-sentido que não concerne exatamente a uma alienação, e sim, melhor dizendo, a uma separação a respeito da alienação produzida. Quando chega este momento, a função do analista é o silêncio, que tem que ser rotundo, por relação com o unívoco disto que é demandado. Deveria continuar ali a metonímia? Melhor dizendo, trata-se de que o silêncio corte a metonímia e se produza o sem-sentido. O momento se capta pelo tipo de angústia que está em jogo, com relação ao que haja sido dito antes, e porque não há equívoco na demanda. É certo que esta pergunta poderia derivar em metonímia, mas aí é onde o analista tem que funcionar, e a sua operação é o silêncio. Não se trata de calar, porque, como diz Wittgenstein, do que não se sabe não se fala. Não é este o ponto, e sim que o analista se encontra impossibilitado de falar. Por isto, um silêncio. É uma função do impossível. É que qualquer coisa que, neste momento, possa ser nomeada nomeia o que não se pode nomear. Então, a análise se relança em um rumo pelo qual poderá seguir dez, vinte, trinta anos, é interminável. É um dos efeitos possíveis. O ponto ao qual me estou referindo se situa por momentos, que podem ser mínimos, talvez depois do relato de um sonho; são momentos inespecíficos, que parecem pouco locais. No entanto, quando isto realmente ocorre, é local: há esta *outra parte*, há este objeto, e o analista não pode estar ausente ao encontro, que está relacionado com a castração do analista. Não se trata de um inefável, mas de uma relação com a castração, onde o silêncio não implica necessariamente privação e em que, seguramente, não é uma frustração. Parafraseando o título daquele seminário de Lacan, "De um Outro ao outro", o analista se situa ali como outro com minúscula e tampouco responde a partir daí e, então, cai no lugar de objeto. Nunca pode cair diretamente, a partir do grande Outro, no objeto. O analista, posto no lugar do grande Outro, nunca pode cair no objeto, e sim deve passar, primeiramente, pelo outro com minúscula.

Participante: De qualquer maneira, uma mudez do analista pode ficar referida à rejeição.

Norberto Ferreyra: Bem, o analista poderia dizer algo para demonstrar que... ainda fala. Mas o problema é que, neste ponto, qualquer coisa que seja dita pelo analista, na sessão, situa dificuldades. Aquele que formula este *Diga-me a minha verdade* está pedindo: "Jogue-me qualquer palavra, que me cairá bem". Vai-lhe fazer bem, porque nomeia tudo; nomear-lhe-á o todo.

Badiou observa algo mais a respeito do indecidível. Diz – e nisto me parece totalmente lacaniano – que, a rigor, todo enunciado tem algo de indecidível. Se o indecidível fosse atributo de alguns enunciados e não de outros, se não houvesse em cada enunciado uma possibilidade de indecidibilidade, então haveria na própria *lalangue* um valor atribuído, em lugar de um valor referido à efetiva consecução do enunciado. A princípio, todo enunciado tem algo de indecidível; das condições em que suceda dependerá que seja ou não um acontecimento.

12 de agosto de 1992

9. Anônimo e subtração

O genérico e o inominável – A errância e o excesso –
O anônimo e o nome – *Versagung* e sinal de angústia –
O objeto e o desamparo – O objeto e o supereu

Tenho uma dívida com vocês: situar o que é o genérico e o que é o inominável, no quadro *gamma* que Badiou desenvolve no artigo "A subtração". Após isto, vamos entrar novamente em questões que têm a ver com a prática e com os limites da análise, em sua relação com certos pontos lógicos no desenvolvimento do que Badiou chama o processo de uma verdade. Badiou é um filósofo francês, cuja orientação, pelo menos desde os anos 70, é nitidamente lacaniana; ele assim o reconhece, de maneira explícita. A partir dos 80, com seus livros *Teoria do sujeito*, *O ser e o acontecimento* e muitíssimos artigos, foi tomando uma posição dentro da filosofia francesa. Talvez nem todo o seu pensamento, mas, sem dúvida, a orientação de seu discurso está ligada a Lacan. A referência mais próxima ao artigo que eu tomei está em *O ser e o acontecimento*. De qualquer maneira, entre o aparecimento deste livro e o do artigo, passaram-se três anos, de modo que há questões que não estão situadas no livro do mesmo modo que neste sucinto e poderoso artigo. Badiou, junto com François Regnault, Milner e alguém mais, fazia parte do comitê de redação de *Cahiers pour l'analyse*, revista onde se publicaram vários artigos de Lacan nos primeiros anos.

Vamos falar do genérico. Vocês recordam que, no ângulo inferior direito do quadro (veja-se Reunião 7), do indiscernível passa-se, por uma linha chamada "a ficção", ao genérico. Vamos ver o desenvolvimento formal. Há que captá-lo primeiramente em abstrato; se não se entende o funcionamento de sua lógica, não se pode operar com ele. O propósito de trazer aqui o artigo de Badiou é que se possa operar com a lógica que contém. Há diferenças com Lacan; vimo-lo, na vez passada, quanto à repetição. Além disto, a respeito do que ele aqui chama de o processo da verdade, em um de seus livros usa com relação à verdade uma bela expressão: "A errância do excesso", o que não está longe do projeto, no Seminário "Les noms-du-père...", quanto ao errar. O quadro de Badiou, então, vem a ser uma construção da errância da verdade. E o genérico é importante pelas conseqüências que, deste ponto, podemos extrair para explicar certas questões com relação à análise.

GENÉRICO

DADO UM UNIVERSO U

1 OBJETO DE U: a_1 // a_2 objeto fixo em U

$F_{(x)}$ lugar de 1 função

Se a (x) vai a a_1 - F a $_{(1)}$

F $_{(a1)}$ 1 certo valor

'x é maior que a_2'

Se $a_1 > a_2$ valor verdadeiro

$F_{(x)} - F_{(a1)}$ TODOS $> a_2$
CONSTRUÍDO

Insisto, de Badiou tomamos uma abstração, o esqueleto de sua lógica. É muito mais complicada; definem-se também mediadores de verdade. Porém o funcionamento do quadro *gamma* é parecido com o de certos quadros de Lacan. Verão que é muito útil dispor desta lógica. Para começar, abre a cabeça, traz novos ares e, ao mesmo tempo, permite pensar certas coisas de maneiras diferentes. Não falo aqui exatamente do pensamento de Badiou, mas do que alguém possa pensar a partir dele.

Vamos ao formal, que é implacável. Em seu esquema, Badiou parte de um universo, U, o que quer dizer, simplesmente, um estado de situação. Já comentei que "situação" é um termo importante para Badiou. Podemos dizer, talvez exagerando, que se trata da apresentação do ser em determinada situação. O universo, U, é o mesmo que vale para o indiscernível e o indecidível. Há um objeto de U, que é móvel, isto é, ao qual podemos atribuir função: é a_1. E há outro termo de U, que é a_2; este é fixo. Tomamos isto como regra de construção, como cláusula. $F_{(x)}$ é o lugar de uma função, x. Se levamos a_1 ao ponto x, que é o elemento móvel, cria-se uma função, $F_{(a1)}$, que tem certo valor. A função diz que "x é maior que a_2". Quando a_1 vai a este lugar, tem que se verificar $a_1 > a_2$. De outro modo, não é aceito pela função x. $F_{(x)}$ é uma função, seja qual for; como tal, organiza o universo, U. Quando situamos que o elemento fixo, a_1, vai ao lugar de x, estamos situando uma condição de substituição. Para ficar neste lugar, para ser aceito nesta função, a condição é que a_1 seja maior que a_2. Se a_1 é maior que a_2, então este valor é verdadeiro.

Note-se que, no genérico, não tomamos o valor verdadeiro de que a_1 seja maior que a_2, mas que, enquanto a_1 é maior que a_2, é possível fazer em x, por esta substituição, um conjunto $F_{(a1)}$, que é, por sua vez, um subconjunto de U; digamos, uma parte de U constituída por todos os a_1 que cumprem a condição de que, quando vão a x – o movimento de substituição é importante –se verifica que a_1 é maior que a_2. Isto não é exatamente o genérico, mas a construção de um conjunto. Agora, suponhamos que há elementos a_1 que cumprem a condição de que, quando vão a x, são efetivamente maiores que a_2, e que há outros elementos a_1 que não cumprem esta condição. Então, a função de x não constrói um conjunto no universo, U; seria um conjunto não construível. No caso que exemplifiquei, é construível, porque todos os a_1, quando vão a x, confirmam a função x, por serem maiores que a_2; é um conjunto construído. Todo conjunto que não cumpra esta função em x, suponhamos um conjunto de a_3, tal que alguns são maiores que a_2 e outros não – Badiou não situa aqui a função do *não-todo* e sim no inominável; parece-me que esta função vai no genérico: este conjunto não é construível com relação àquilo que constrói o subconjunto em U. Este subconjunto, não construível, é o genérico. Badiou diz que ele tem um pouco de tudo, por isto é genérico. Tal subconjunto nunca pode ser construído segundo as normas ou as regras de construção que caracterizam tal universo.

Este conjunto genérico, não construível, está subtraído a toda identificação. Por outro lado, quando a_1 é sempre maior que a_2, podemos dizer que há um traço – traço unário – pelo qual este termo é identificável como fazendo parte deste conjunto construído. Quando o conjunto não é construível, não está no universo, mas tampouco se extrai daí, e sim suplementa o universo; a rigor, está no universo, mas não é passível de ser construído. Então, é um suplemento. Neste sentido, está subtraído a toda identificação. Não há predicação formal, dentro do universo, U, que identifique os membros do conjunto genérico, já que uns cairão nesta identificação – maiores que a_2 – e outros, não. Isto é importantíssimo, porque não há predicado da língua que faça isto.

E demonstra-se que é infinito. Dados todos os valores de $a_u...a_n$, se tomamos a_j, que é um valor fixo, tem que ser infinito, porque, senão, sempre seria construível. Se é finito, sempre é construível; se é infinito, não é construível. $a_u...a_n$ são todos os valores de um subconjunto. Se é finito, sempre é construível, porque, de 1 a n, toma um valor, que chamaremos j, que é situável na série; sempre vai ficar dentro do conjunto, não fica nada que não possa responder à norma. Então, como diz Badiou, é uma subtração infinita à assunção do múltiplo – o múltiplo é a apresentação do conjunto – sob o Um do conceito.

"Um do conceito" quer dizer várias coisas. Vocês vêem que há certa relação entre o indiscernível e o genérico. Dissemos que o indiscernível tem como característica que a permutação de a_1 e a_2 em uma fórmula não varia seu valor; ou seja, é indiferente. Então, é indiscernível quando a_2 está em um lugar e quando o que está é a_1. Podem ser substituídos. Sempre se cumpre, também, uma substituição; vejam que isto é muito importante. No indiscernível, a permutação não altera o valor; é indiferente. Badiou situa os indiscerníveis como conjuntos sem conceito, já que não há nada que os diferencie nem marca que os una em um conjunto, sendo que a_1 e a_2 são indiferentes entre si – já comentamos que o indiferente são as relações e não os valores. Recordem que, em tudo isto, se trata do processo de uma verdade: um trajeto, uma errância. *A errância de um excesso*, diz Badiou, com termos muito belos. O excesso se refere aos suplementos que se constituem em cada vértice do quadrangular; não complementos, mas suplementos.

Quando falamos da assunção do múltiplo sob o Um do conceito, devemos ter em conta que isto vem desde o indiscernível que, como tal, é sem conceito. O que é sem conceito pode ir fazer parte de um conjunto genérico; vai pressionar – esta idéia de pressão é importante em Badiou – para que isto suceda. Pode-se dizer isto de outra maneira: "subtração da marca do múltiplo pelo efeito do Um da língua"; a subtração daquilo que marca o múltiplo para um conjunto, pelo efeito do Um, que é traço da língua. É que tudo isto é na língua. Não digo *lalangue*, com o qual estaríamos em outro terreno, onde já se situa o gozo; na reunião passada, dissemos algo a respeito disto.

O conjunto genérico se subtrai ao ser marcado pelo Um da língua, que é o que ordena. Por exemplo, se há um S_1 (para usar um termo mais familiar e, para que, assim, o imaginário de vocês esteja mais tranqüilo), este traço faz com que o conjunto caia sob o conceito do Um da língua. Não sucede assim com o genérico.

Inominável

Dado um universo, U

$F_{(x)}$ *nomeia* um termo de U

$F_{(x)}$ tem valor de nomeação

DADOS 2 TERMOS: a_1 e a_2

Escolhe-se: VALOR DE NOMEAÇÃO < V / F / Outro

$F_{(x)}\ x > a_2$

Se a_1 é efetivamente $> a_2$

$a_2 > a_2$ FALSO

$F_{(x)}$ nomeia a_1

O inominável é um pouco mais complicado; não em sua lógica, mas sim quanto à possibilidade de captá-lo. É o que escapa a alguém, assim como na reunião passada lhes comentei que me ocorreu uma subtração da subtração. Trata-se também de um universo, U, mas há duas variantes fundamentais. A função de *x* tem de entrada a possibilidade de nomear algum termo de U. Por outro lado, no genérico, a função não tinha faculdade de nomeação. E acrescentamos algo mais à cláusula: escolhemos um valor de nomeação. No caso do genérico, que o valor fosse verdadeiro e que a_1 fosse maior que a_2 eram uma conseqüência da demonstração, do desenvolvimento pelo qual os termos iam substituir *x*, enquanto no inominável só podem ser substituídos em *x* aqueles *a* cujo valor seja verdadeiro. A condição de verdadeiro se requer desde antes. Por exemplo, se a_1 é efetivamente maior que a_2, se isto é verdade, então vale a fórmula, ao substituir $F_{(x)}$, este a_1 entra na função, que é função de nomear. Ter-se-ia o esquema do nome próprio. Quando a_1 vai a este lugar, onde está a função de nomear; toma o seu nome próprio. Vocês vêem que assim se pode construir um conjunto. Aqui mesmo, com vocês, segundo o tamanho do cabelo ou o que quer que fosse, poderíamos dar o nome próprio a cada um dos presentes. E, se viesse alguém que não cumprisse as condições, não poderia ser nomeado aqui: grande problema, sobretudo para os analistas. Não poderia ser nomeado na medida em que, onde o valor de nomeação é verdadeiro, não há nenhuma fórmula do conjunto que lhe dê este valor. Seria um termo qualquer, onde não se cumpriria que, ao se substituir em *x*, fosse verdadeiro (isto é, que cumprisse uma condição como $a_1 > a_2$, etc.). Por exemplo, $a > a_2$ é falso; também o é $a_2 > a_3$; é outro valor; tampouco entra. Isto é referível à lógica modal. Não entra porque, já desde o princípio, escolhemos o que vai nomear. Vocês vêem que, quando se trata de nomeação, há dois traços importantes: atribui-se à função um poder além da própria função, no sentido de que esta função nomeia um termo; além disto, desde antes fica estabelecido que o valor para nomear será o que se situe no "verdadeiro". Se se situa em "falso" ou em "outro" ("outro" pode ser uma questão modal), não terá o seu nome aí.

O que suplementa o universo assim conformado por este conjunto? Para Badiou, trata-se do inominável. É aquele termo, pelo menos um, que não pode ser nomeado por nenhuma fórmula do universo. Não há nenhuma $F_{(x)}$, nenhuma fórmula que dê conta daquele termo, que, assim, não cumpre as condições para poder ser nomeado. Não vai encontrar aí, nunca, o seu esquema de nome próprio.

Dizer que não tem nome não equivale a dizer que seja anônimo. O não ter nome – vocês podem ver aqui a negação – complementa o universo. Esta negação tem a ver com o sujeito, anuncia o sujeito, como já disse claramente Freud. É porque há um sentido de fechamento, de complementação que, por sua vez, faz do próprio sujeito um suplemento. Há dois momentos. Complementa: porque não tem nome, complementa os que têm nome. Porém, ao mesmo tempo, se cria um suplemento, com relação a que este não está no conjunto, não está nele e, no entanto, não existe senão com relação a ele. Este, que não toma o seu nome neste conjunto, tem como condição a existência do mesmo; porém não toma o seu nome deste conjunto e fica de fora, como inominável.

Quando falei, na reunião passada, de subtrair a subtração, trata-se de que se realize esta subtração. Por exemplo, que ocorra que tudo seja nomeável; que se possa construir um universo onde não haja nenhum termo não nomeável; onde todo termo encontre em algo do universo uma fórmula que lhe dê acesso à nomeação, que lhe dê o esquema do nome próprio. Neste caso, não é oportuno dizer que não tenha nome; é o inominável, o que não se pode nomear.

Participante: Não é anônimo.

Norberto Ferreyra: Não. *Anônimo* seria um nome do inominável. Dizer que isto é o anônimo tem, então, o risco de implicar que o inominável teria nome. É certo que o anônimo é inquietante, e alguém se pode perguntar se é o nome disto que não se pode nomear; mas é, em si, um nome e, então, já não faz parte do inominável.

Parece-me importante que isto fique mais ou menos claro. Especialmente *le forçage*, denotado no quadro por uma flecha que vai do genérico ao inominável (veja-se reunião 7). Como já disse, não é somente forçamento e sim encurralamento; algo que força porque encurrala – no sentido correspondente à caça. Pode haver um desejo – é a palavra que usa Badiou, e me parece que pode tocar a pulsão – fictício, porque vem do lugar da ficção no esquema de nomear. Este desejo de nomear se cumpre, por exemplo, na suposição de que o anônimo é o nome do inominável. "Desejo" é o termo que Badiou usa aqui; não é o que eu utilizaria neste ponto com relação à psicanálise. Trata-se de algo que busca, pressiona para ser nomeado. Vocês vêem que a demanda não está muito longe disto. Quando dizemos que a demanda sempre é de outra coisa..., outra coisa..., outra coisa..., é assim se há a função desejo do analista; senão, não é assim. A função do analista é o que torna possível que a demanda sempre seja de outra coisa. E, se não fosse assim, poderia haver uma posição do analista, cuja particularidade fosse dar o nome de anônimo ao inominável, isto é, fechar o conjunto, nomear o que não se pode nomear. É uma posição na transferência, cujas conseqüências são outras que não as que têm lugar quando se deixa em suspenso a última subtração. Por outro lado, a função desejo do analista não subtrai a subtração e deixa existir isto como inominável.

Participante: A postulação do anônimo subtrairia a subtração.

Norberto Ferreyra: A satisfação estrita da demanda é subtrair a subtração, isto é, que o inominável possa obter o seu nome. Isto tem importantes conseqüências clínicas.

Não irei além em minha explicação com relação ao artigo de Badiou, que volto a pôr à disposição de vocês.

Vamos considerar agora algo que, como poderão reconhecer, à medida em que eu vá falando, se desenvolve em *Inibição, sintoma e angústia,* com particular referência ao sinal de angústia. Este sinal está basicamente referido à situação de perigo. Esta última é aquela onde aparecem certos dados ou índices – significantes, poderíamos dizer – que fazem prever ou podem prevenir o sujeito, antecipar-lhe uma situação traumática. Há uma diferença entre a situação de perigo e o trauma. Nisto estou repetindo Freud. Na outra vez, recordei que Lacan diz que é fundamental para a posição do analista, para que seja possível uma análise, que o analista não dê o sinal de angústia. Isto se pode interpretar como se ele não devesse angustiar-se, mas não é assim. Evidentemente, o analista se angustia. Desconta-se que não é isto o que vai aparecer ou o que vai mostrar; mas o analista não está imunizado contra a angústia. Deve, sim, abster-se de dar este sinal. Deve recusar (*Versagung*): não exatamente renunciar, mas recusar-se a dar o sinal de angústia.

Lacan, no Seminário "A transferência", situa que, apesar das aparências, não há metalinguagem. A *Versagung* do sinal de angústia precisamente quer dizer, em termos teóricos, que, apesar das aparências, não há metalinguagem. Creio que se trata de que vale o que se diz. Qualquer indício, por parte de quem está no lugar de analista, de que há outra coisa além do que se diz é um sinal de angústia. "O que se diz" refere-se ao que dizem tanto o analista como o analisante. A experiência da análise leva a descobrir e a se inserir, quase no seu final, onde, depois de tudo... é o que se diz. Está o que se deixa de dizer, o não dito, como vocês queiram, mas, na experiência da análise, chega um ponto em que *é o que se diz.* Isto quer dizer que não há além do que se diz. Sinal de angústia é que o analista dê motivo, dê indicação – como vocês vêem, falo do fantasma; da realização do fantasma – para este além. Se isto sucede, realiza-se um determinado fantasma, o que estiver em questão. Depois, veremos como se pode interpretar isto no quadro de Badiou.

Trata-se de conduzir uma análise na direção de ir cercando algo do fantasma fundamental de cada sujeito, em termos de uma frase ou uma série de frases, construídas de determinada maneira. É isto e somente isto. Não se pode passar por cima ou ao largo desta frase. O fantasma só pode ser atravessado respeitando-se esta dimensão: aquilo que se diz é o que se diz. É, se quiserem, o oposto ao que é a regra fundamental para o analisante. Porém, a rigor, está em correspondência estrita com a regra fundamental. O analista não pode ir além do que se diz, nem mesmo do que ele pode provocar dizer. Não há um além do que se diga. A nível da *parole* (a palavra falada; não do *mot*, a palavra escrita), não há metalinguagem. Como vocês vêem, esta é uma lógica simples, mas que, também, escapa. Se houvesse metalinguagem, o grande Outro tomaria toda a sua consistência, já que cumpriria a função de estar no lugar de metalinguagem do que se diz. Se a posição do analista confirma que há metalinguagem, faz consistir este grande Outro, com o qual o fantasma, embora possa ser desdobrado em certa medida, chega a um ponto de obturação ou de sem saída, porque se realiza. Realiza-se a consistência do grande Outro, o que é, no nível do fantasma, a sua realização.

Tomemos isto a partir de outro ponto de vista. A função da alienação, que tem a ver com que "o desejo é o desejo do Outro", é de estrutura. Na reunião passada, com relação a um momento de suspensão do sujeito, nós nos perguntávamos o que é do desejo, quando é o desejo do sujeito, se isto ocorre. Isto tem relação com a inconsistência do grande Outro. Não me refiro à função do grande Outro no que tem a ver com a constituição do sujeito, e sim com o que ocorre em uma análise e, estritamente, com a função do desejo do analista com relação à estrutura. Lacan diz que esta alienação é subtrair o desejo; que há, na alienação, um ponto que subtrai o desejo, pega o sujeito e o lança ao mercado. O termo "subtração" está aqui usado, a princípio, no sentido de "extração". Quando Lacan diz que, na alienação, se trata de subtração do desejo como confirmação de que o desejo é o desejo do Outro e, neste ponto, há consistência do grande Outro, então o sujeito é deixado sem o seu desejo. Por que, se o desejo é o desejo do Outro? Sim, isto faz a constituição do sujeito, mas, inevitavelmente, há um desejo *do sujeito,* que é... o desejo do Outro. Digo-o neste paradoxo porque não há outra maneira de dizê-lo.

A suspensão da consistência do grande Outro toma o sujeito em relação com o seu desejo. É aquilo a que me referi na reunião passada com o sem-sentido, é o tema do atar e desatar dos nós em Milner. Quando o nó de quatro se desata por um ponto, em seguida volta a se atar. Este instante em que se desata é, para Milner – no livro *Os nomes indistintos* – a nomeação real de um desejo. O real está, obviamente, em relação com o vazio assim criado. O que quero transmitir-lhes é que, neste caso, há esta subtração do desejo.

Falei do fantasma. Passemos ao sintoma. Apoiando-me em Badiou, interpretei, no que me diz respeito, que em cada ponto do processo a verdade aparece como suplemento – assim no indiscernível, no genérico, no inominável. Se não se formam os sintomas, se não há formações substitutivas, diz Freud, surge o perigo. No nível da análise do fantasma, referi-me ao sinal de angústia e à *Versagung,* na qual se situa a ética do analista, em recusar-se a dar o sinal de angústia. Agora, o que quer dizer que os sintomas estão na transferência? Que, tendo ocorrido a possibilidade de formações substitutivas na transferência, isto protege o sujeito da situação de perigo. A experiência da análise inevitavelmente atravessa o traumático. Porém, estar em relação com o traumático, com o que possa surgir ou fazer-se traumático na própria análise, que isto tenha o seu lugar na análise não equivale a que a análise consista nisto – no sentido de fazer-se consistente, o que sucederia se, na análise, não houvesse sintomas que produzissem esta proteção referida ao sujeito.

Em *Inibição, sintoma e angústia*, podem ler que o fato de haver objeto protege o sujeito. Protege-o do desamparo. Freud estabelece uma série de alternativas em gradação: o desamparo, a falta de objeto, a castração e o medo moral ou social. São formas da ameaça para o sujeito. O objeto protege do desamparo. Recusar o sinal de angústia é não deixar o sujeito sozinho com relação ao Outro. Costuma-se dizer que é difícil suportar a posição de objeto, não só pela referência ao resto, mas especialmente porque, então, não há subjetividade nenhuma por parte do analista, não há sujeito, mas um objeto. E isto, em última instância, é o que está protegendo o analisante do desamparo. Se, por outro lado, há uma consistência do grande Outro, embora este possa parecer o Grande Amparador, fará apenas deixá-lo no mais estrito desamparo.

Participante: Não entendo bem a passagem do sintoma ao objeto.

Norberto Ferreyra: Trata-se da possibilidade de substituição e, por isto, marquei-a especialmente nos exemplos que dei. Se há possibilidade de substituição é porque há um objeto que pode ser substituído. O sintoma é criar uma relação com o objeto que protege do "amparo" do grande Outro. Se o grande Outro, na análise, não estivesse mediatizado pelo objeto, o desamparo se faria presente a todo instante. Isto é difícil e, até que não se crie o sintoma, a situação é em si mesma traumática. Não só continua sendo rara a partir do ponto de vista da cultura, por mais que hoje a psicanálise esteja na boca de todos, como também a disposição das coisas impõe uma consistência do grande Outro, pelo próprio dispositivo, até que haja certo sintoma. Recentemente, então, com relação ao que se conforma como sintoma, o objeto estará em disponibilidade para proteger o sujeito do grande Outro; para mediatizar a sua relação com ele.

Faz uns dias, e com relação à angústia, um analisante disse uma frase onde surgia como inquietação, como algo que lhe podia criar uma inibição

– neste caso, a de continuar falando: "Tenho medo de não ter medo". Vemos aqui a angústia como sinal, de acordo com a última teoria freudiana; como advertência diante da situação de perigo. E não é precisamente um ponto de "liberdade", mas um ponto onde está suspensa qualquer mediatização entre o sujeito e o grande Outro. O medo de não ter medo se situa neste ponto lógico. Eu diria que, nas análises, muitos (não todos) dos silêncios do analisante se referem a este medo de não ter medo. Freud diz que, quando o paciente se cala é porque teve pensamentos acerca do analista, e acrescenta, em outro lugar, que se trata de um pensamento "homossexual". Não se trata de entendê-lo na literalidade do homossexual, mas na relação com o grande Outro, onde "homossexual" é que não esteja presente a diferença que seria criada pelo objeto.

No "medo de não ter medo", a angústia é viva, já que a "in-diferença" está associada ao instinto de morte. Por isto, o silêncio. São silêncios particulares em uma análise. Este medo de não ter medo é uma relação particular com a angústia, onde o "sem objeto" da angústia fica sem o "sem objeto"; fica com um objeto, que é o Outro... que não é um objeto. O grande Outro nunca é um objeto; isto é uma lei. O "medo de não ter medo" é o de ficar sem este sinal, sem esta advertência. É uma angústia particular, porque a função do "sem objeto" da angústia se preenche: é com objeto, o Outro, sendo que o grande Outro não pode ser um objeto. Ao perder-se um objeto, então se perde a sua proteção.

Existem diferentes maneiras de dizer "gozar".

Goza-se

N *Goza de... com...*

P *Goza com... de...*

Pode-se dizer "goza-se". Somente se goza do corpo. Esta é uma verdade freudiana, diz Lacan: só há gozo do corpo. A partir da função do objeto parcial, como vocês devem conhecer, é possível a seguinte formulação: *Goza de... com...*: é passar a gozar de algo, isto é, de um recorte deste corpo, por função do objeto parcial, por função do objeto *a,* que é o incomensurável, onde se mede o objeto parcial. E é *com:* goza-se com algo. Na neurose, o sujeito goza de algo, com algo. Este *algo* não é um atributo do objeto e, sim, com algo dele, goza disto.

Porém, podem inverter-se os termos: *Goza com...* (e vai o instrumento do sujeito) *de...* (e vai o objeto). Minha hipótese é que isto é a perversão.

Todos os passos destes enunciados correspondem a momentos na transferência. Já na primeira frase escrita, vocês vêem uma função do objeto: goza-se o corpo. E Lacan diz que, na psicose, a angústia é tão particular e tão intensa porque o temor é de ser reduzido ao próprio corpo. Em *Goza de... com...*, como em *Goza com... de...*, a função do objeto está em relação com este desamparo: protege o sujeito do *se goza*. A redução ao corpo está no *se goza*. O corpo é o corpo do Outro. O único que se goza é o corpo, isto é, trata-se de um gozo com relação ao grande Outro. As estratégias, na neurose como na perversão, apontam para mediatizar este *se goza*, que é o maior perigo; é a angústia de ser reduzido ao próprio corpo e ser reduzido ao próprio corpo é o desamparo.

Badiou se refere a *le forçage* – que vai do genérico ao inominável – como o que procuraria ser nomeado, mas, por proceder do genérico, não encontra algo que o nomeie. Chama *le forçage*, como tal, uma hipótese; chama-o assim porque ele está situando um sistema lógico com relação a uma ontologia matemática no sujeito. Esta hipótese, como toda hipótese, quer confirmar-se como tal; ainda que seja pela rejeição, procura confirmar-se. O limite a esta força (*le forçage*) da hipótese é o inominável: nunca vai encontrar este nome ao qual aspira. E podemos dizer que esta hipótese, aproximativamente, é a frase que constitui o fantasma. Assim sendo, não é que se vá nomear como frase: tal nomeação seria a realização do fantasma, o que já está em relação com o grande Outro. Esta hipótese é em termos da língua da qual se trate; em termos do que possa ser dito; nos termos em que os dizeres de um sujeito em uma análise possam aproximar-se da construção do fantasma. Mas o fantasma quer confirmar-se pelo gozo que comporta. Procura confirmar-se. Vocês vêem a possível relação entre o recusar-se, a *Versagung* a respeito do sinal de angústia, e o inominável. Se a última subtração se subtrai; se esta subtração, que é a quarta, a inominável, não fica como tal; se, por exemplo, o anônimo passa a ser o nome do inominável – então se realiza o fantasma, e o genérico encontra nome. Recordem que o impulso, *le forçage*, vai desde o genérico até o inominável. Então, o esquema de Badiou serve logicamente para entender questões que fazem o próprio movimento da análise. Assim o entendo, e creio que não estou fazendo reducionismo com respeito a este esquema; trata-se de, neste processo da verdade, pôr em jogo o gozo.

Quando, por exemplo, o anônimo nomeia o inominável, Badiou diz que isto libera uma grande capacidade de destruição. Se pudesse cumprir-se que o inominável encontrasse nomeação, isto liberaria uma grande capacidade de destruição, que não tem outro nome senão instinto de morte. Esta "liberação" quer dizer que... se ordenou sozinho; com uma grande capacidade de destruição. Vêem, assim, a relação que há entre algo que, sendo inominável, encontrasse o seu nome, e o suicídio como passagem ao ato.

Participante: Identificação com o inominável.

Norberto Ferreyra: Retoricamente pode-se dizer assim, mas cria-se uma identificação no genérico, sendo que ele está definido por não ter identificação. Se o genérico encontra a sua identificação, somente pode achá-la no inominável: recordem que o que constitui o conjunto genérico, como suplemento, é que está conformado sem nenhum traço de identificação. Se o genérico encontra a sua identificação, ocorre que o inominável adquire nome e, então, tem lugar, por exemplo, a passagem ao ato.

Participante: Simultaneamente desapareceriam o genérico e o inominável; é uma forma da forclusão.

Norberto Ferreyra: É uma maneira de explicar a forclusão e também de entender que, pelo menos neste desenvolvimento, não é suficiente dizer que a falta não funciona. Que a falta não opere quer dizer que se cumpre a subtração da subtração. O que falta não é apenas uma adequação do nome à coisa na série significante e o que disto se segue; o que falta refere-se a que sempre vai haver algo não dizível, por não ter nome, porque é inominável. Não se trata, neste caso, de que não seja dizível por fatores vinculados ao supereu, à consciência moral; isto tem o seu lugar na clínica de outra maneira. O supereu, pode-se dizer, teatraliza esta função para o próprio sujeito. Estes diálogos imaginários do sujeito com o supereu – estará mal ou bem? – em sua precariedade quase teatral estão sempre sob a ameaça de: "completa ou não completa?". E isto quer dizer que o que não está assegurado é que a última subtração, a do inominável, não seja subtraída. A ameaça é que possa ser subtraída.

A castração, neste ponto que vínhamos considerando, refere-se a que algo se mantenha como não dizível. Não no sentido daquilo que não se pode dizer, ou, pelo menos, não só neste sentido. Não pode ser dito porque tem, em termos de Badiou, uma função de inominável. Não encontra fórmula, na língua, para se dizer. Então, a castração adquire maior consistência, passa a ser uma ameaça, a ser algo que permite ao sujeito funcionar em relação ao *goza de...*, passa a ser algo cumprido, realizado, já que se realiza o fantasma. A castração é o que permite, em sua função do não dizível, a estruturação do fantasma na análise. Esta hipótese quer nomear-se, quer encontrar o seu nome: na medida em que não o encontre, estrutura-se o fantasma. Que se estruture não quer dizer que se realize.

Úrsula Kirsch: Um dos níveis do dito é o desenvolvimento que fez Norberto sobre o que se põe em jogo em uma análise a cada vez que o analisante fala. Neste sentido, perguntei-me se o que aparece como não estando à disposição das associações – como experiência da castração – é referível ao inominável e, ao mesmo tempo, ao genérico; refiro-me à presença de uma função própria da própria linguagem. Por outra parte, nos últimos tempos estive em contato com teorias das chamadas sistêmicas ou construtivistas: é interessante observar que os conceitos com os quais se movem põem em função, ou, se se quer, em ato, a realização do fantasma, em lugar da possibilidade de subtração.

Norberto Ferreyra: A respeito do que primeiramente observou Úrsula, efetivamente eu marcava a presença desta pressão. Além da "situação de língua" a que se refere Badiou, aqui, sim, se trata de *lalangue*. Quando Lacan diz que não há metalinguagem, entendo que não há outra coisa além do recalcado. A posição do analista não está por fora do recalcado. O fato de que se recuse, de que tenha lugar esta *Versagung* a respeito de dar o sinal de angústia, indica um correr com relação ao recalcado. A pulsão também acossa o analista; não me refiro a ele como pessoa, mas ao próprio dispositivo. Por outra parte, Badiou qualifica como "praticável" esta hipótese, o que remete a desenvolvimentos em relação com o objeto *a*. O praticável é esta hipótese que vai praticar, tentar alcançar a nomeação. Há uma função com relação ao objeto por fora da linguagem. E, com relação à posição do analista, a pressão que vai sobre ele é a de fazer-se sujeito desta pulsão, em lugar de estar como objeto. Estar como objeto quer dizer, simplesmente, recusar a dar o sinal de angústia.

Participante: Nas fórmulas do *se goza...*, há apenas uma mudança de posições nas preposições, ou mudam também as reticências? Suponhamos que usemos duas designações para distinguir as primeiras reticências das segundas: seria *goza de x com y* e, abaixo, *goza com y de x*.

Norberto Ferreyra: As primeiras correspondem ao objeto e as segundas, ao instrumento. Situei, como questão para pensar, se na perversão o gozar (que, em todo caso, não é o *se goza*, está recortado libidinalmente) enfatiza o instrumento; então, se na primeira frase o instrumento era *y*, aparece *goza com y de x*, onde *x* é o objeto. O que, em cada caso, nas reticências, fica em ausência, é diferente. A questão é o que constrói as reticências.

Participante: Se invertidas também as variáveis, pareceria que, na segunda fórmula, o objeto de gozo vai recair no corpo; em lugar de *...com y de x,* poder-se-ia dizer: *... com x de y.* Vira instrumento do que antes era objeto de gozo. Da outra maneira, só mudaria a ordem.

Norberto Ferreyra: Você diz que as reticências, com relação ao *com* ou ao *de*, fariam mudar o *x* ou o *y*: pode ser.

Participante: Há certa classe de funções que gera o genérico como suplemento, ou toda função gera este suplemento?

Norberto Ferreyra: O genérico é suplemento de uma determinada função que ordena U, qualquer que seja esta função. O genérico em si mesmo não tem nenhuma função que o ordene. Se tivesse uma, já não seria suplemento; passaria a ser parte de U, complemento, etc.

Participante: O genérico seria uma função que pode ser satisfeita, verdadeira ou falsamente, ao contrário do inominável.

Norberto Ferreyra: No genérico, pela lógica das cláusulas, quando se cumpre que a_1 é maior que a_2, então se pode substituir em *x*. No inominável, por outro lado, há duas decisões. Uma é que a função pode nomear e, acompanhando esta, decide-se que pode nomear quando o valor é verdadeiro, ou quando é falso, ou quando é outro. Vemos que há duas condições que não estão no genérico.

Participante: No genérico, a função pode-se satisfazer falsamente?

Norberto Ferreyra: Sim. No conjunto genérico, na $F_{(x)}$ do conjunto alguns *a* a satisfazem, outros, não. Nem todos respondem a um valor exigido pela demonstração. No inominável, têm que responder a um valor, a escolher: falso, verdadeiro ou outro. Podemos escolher o falso; podemos escolher a_2.

Participante: "Outro" se refere a que não fosse nem falso nem verdadeiro.

Norberto Ferreyra: Pode ser de tipo modal, pode não se encontrar na lógica verdadeiro-falso, não estar no campo de valor da verdade. Trata-se de quando este outro, qualquer que seja, é regrado, é tomado como aquele valor que a fórmula que pode nomear exige para a sua satisfação. Então este outro, independente de que seja falso ou verdadeiro, responde para constituir o conjunto do nominável.

Participante: Com relação à proteção ou ao amparo do objeto durante a análise, como se dá isto com relação ao final da análise?

Norberto Ferreyra: É um tema que eu ia deixar para a próxima vez, mas aproveitarei para dizer algo. Costuma-se falar de uma solidão, até de um desamparo no final de uma análise; são termos usados freqüentemente entre os analistas para se referir a analisantes no final de análise. Porém, esta solidão não implica um desamparo; isto é fundamental. Se implicasse um desamparo, o sujeito ficaria exposto continuamente ao *se goza*, o que daria lugar a infinidade de sintomas, por exemplo, psicossomáticos. Em princípio, o fim de análise dá como lugar uma proteção do sujeito, enquanto este desamparo tem escassas possibilidades. Desde já, a vida é a vida, há o acaso e o acidente, e pode ocorrer que algo venha a demolir o que foi construído. Mas, em princípio, ampara o sujeito do desamparo. Isto não quer dizer que o sujeito esteja acompanhado; não o ampara com Outro. O outro é reconhecido, mas não para ampará-lo e sim para outro tipo de relação. O outro, o semelhante, não é procurado como sede de um amparo. A relação é com outro, com minúscula. Está *enclausurada* a possibilidade de que o Outro seja um amparo. O que é uma maneira de falar, em termos da análise, disto que se diz em termos mais sucintos como inexistência do grande Outro. Não é que o grande Outro, após um final de análise, fique sem existir, o que seria absurdo: o que faria o sujeito, deixaria de falar? É que há uma relação com o grande Outro onde a proteção a respeito do desamparo foi construída. E disto se depreende uma questão fundamental: *fazer com o sintoma*. O sintoma permite aquela relação com o grande Outro e, então, *fazer* com isto. Sempre se *faz* com referência ao grande Outro, de diferentes modos lógicos. Ocorre que, neste ponto, o desamparo encontra um *não*; uma recusa que não é cópia da recusa do analista.

Não é cópia. Alguém, talvez da IPA ou talvez não, poderia perguntar-me: o senhor diz, então, que, em um final de análise, o sujeito se identifica com a recusa do analista? Evidentemente não se trata da mesma recusa. Não é cópia. Há um recusar-se a respeito do grande Outro por parte do sujeito. O que tem a ver com isto mesmo que constitui o sintoma; o *fazer* com isto. Nem a inibição, nem o sintomático.

Osvaldo Arribas: Você fez referência ao sinal de angústia e ao Seminário "A transferência". Lacan fala ali da contratransferência e situa que os textos dos analistas sobre a contratransferência são um sinal de angústia no discurso da psicanálise. E Lacan, neste mesmo seminário, fala do "supereu analítico", referível a ter que fazer relação ali, onde ela não existe. A pergunta é se o objeto *a* não é uma interpretação que Lacan faz do supereu. Refiro-me a que o objeto *a* põe em função o inominável na análise.

Norberto Ferreyra: Poderia ser assim, não sei. Talvez haveria que se pesquisar pelo lado de algo que Freud situa em *Inibição, sintoma e angústia.* Diz então, em 1926, que não está comprovado que o supereu esteja entre o primeiro e o segundo recalque, entre o recalque primário e o secundário. E o objeto *a* está em relação com o recalque primário. Você postularia então a possibilidade de que o supereu esteja entre o primeiro e o segundo recalque, o que situa uma linha de pesquisa interessante. Penso no que, em outras reuniões, dissemos sobre o supereu com relação ao sexo; ou talvez nos diálogos com o supereu, que, na psicose, são extraordinários, isto é, fora do ordinário.

Participante: E, quanto ao que você dizia sobre a teatralização do inominável pelo supereu, "completa ou não completa", com o objeto *a* se trata de um suplemento.

Norberto Ferreyra: O objeto *a* faz com que o suplemento tenha seu lugar. É o outro lugar para o suplemento. Em tudo isto que se constitui como suplemento, nos diferentes pontos a respeito de U, no esquema *gamma,* em cada uma das esquinas do quadrangular, este outro lugar que se cria, este suplemento, é possível de qualquer maneira pelo objeto *a.* É outro lugar, diferente do A, do grande Outro. Este outro lugar é possível pelo *a.* Quanto à referência ao supereu, talvez se pudesse pensar que a psicose, quanto à presença do supereu nela, está entre o primeiro e o segundo recalque; porém isto é uma hipótese. É uma hipótese que Freud só anuncia sem verificar. Quanto ao supereu analítico, pode consistir, efetivamente, em fazer relação onde não há, isto é, não abster-se ali, onde não há relação; porque há um ponto em que há, sim, o que conflui com o tema de recusar o sinal de angústia. Que se cumpra a angústia quer dizer que há relação... onde não há.

26 de agosto de 1992

10. Os indiscerníveis em Leibniz

O quadro Gamma de Badiou – O indecidível e o indiscernível – A verdade e o gozo – O acontecimento e o não ser – O construtivismo e o infinito atual – O *clinamen* – Cantor e o Um – Lanade – As unidades mínimas e o gozo – A letra

Na reunião de hoje, voltaremos a um tema, que será particularmente apresentado por Diego Halfon-Laksman. O título de sua exposição é "Os indiscerníveis em Leibniz". Vou explicar por que convém enfatizar os indiscerníveis. Como já lhes disse, talvez tenhamos que nos atrever a utilizar o quadro *gamma* de Badiou, no sentido de tomar a lógica que dele se desprende para pensar algumas coisas a respeito do gozo. O quadro está feito para o trajeto de uma verdade; a partir da psicanálise pensamos a irmandade entre verdade e gozo. Por isto, o importante é captar a estrutura lógica para pensar questões que têm a ver com o discurso próprio da psicanálise. E há pontos no discurso e na teoria psicanalítica que levam a isto. Um é o problema da identificação: se neste ponto se trata do discernível ou do indiscernível. Outro é o problema do gozo no sintoma. Em "A lógica do fantasma", Lacan diz que o este gozo é indiscernível. Há também outros pontos aos quais me referirei depois da exposição de Diego. Consideramos Leibniz porque, mesmo sem ter sido o primeiro, é quem inaugura a questão dos indiscerníveis.

Diego Halfon-Laksman: Nas apresentações que Norberto Ferreyra fez, com relação ao discurso de Badiou, o indiscernível apareceu como um momento na trajetória de toda verdade. Como primeiro momento no trajeto da verdade, aparece o indecidível. Depois deste, há um momento em que a própria verdade tem o caráter de indiscernível. Depois de produzido o acontecimento, que é algo da ordem do não ser – especificaremos em que sentido e com que alcances está tomada a noção de acontecimento – tem lugar o caráter de indecidível deste acontecimento. Que o indiscernível apareça como um momento no trajeto da verdade situa a primeira diferença com o discurso de Leibniz, de onde Badiou toma este termo, e não de um modo acessório ou marginal, já que o problema do indiscernível como tal ocupa um lugar central no desenvolvimento do discurso de Badiou.

O autor se encarrega de caracterizar o discurso de Leibniz como construtivista. A tese de Badiou é que a audácia conceitual à qual em certos momentos o discurso de Leibniz se eleva – por exemplo, na colocação do problema do contínuo – tem a ver com o modo pelo qual, previamente, seu discurso se assentou, ontologicamente, em certa relação com a verdade, entendida como cálculo. O pensamento que Badiou qualifica de construtivista, em Leibniz, está historicamente ligado, na matemática, com a tarefa de eludir o problema que os infinitos atuais situam. Este pensamento é algo assim como uma gramática lógica, que situa a prevalência da língua como norma, para o que é possível sustentar na ordem da representação.

Mas, para esclarecer os termos nos quais o discurso de Leibniz se sustenta, vamos apresentá-lo mais ordenadamente. É preciso fazer, primeiro, uma distinção, referida a esta submissão à língua na qual se encontra tudo o que é. Há um processo de construção do estatuto daquilo que é enquanto é, que é devedor de uma submissão, de uma subsunção à operação de nomear a coisa. Neste sentido, o pensamento de Leibniz situa a sujeição a dois princípios: o de contradição e o de razão suficiente, que se aplicam a dois âmbitos claramente diferenciados do ser. Para Leibniz, há um âmbito do ser possível; alcançam-no os seres enquanto não repugnam o princípio de contradição. A condição de ser possível se adquire enquanto este ser, em seu caráter de essência, residente na inteligência de Deus, se situa sob a égide do princípio de contradição, segundo o qual o seu contrário incorreria em uma contradição. O modo deste ser possível na inteligência divina não é inerte ou abstrato; ele se situa como aspirando à existência. Mais ainda, Leibniz diz que o ser possível se situa com uma exigência de existência.

Dito de outro modo, e para mostrar em uma fórmula radical o caráter logicista desta ontologia: todo não contraditório deseja existir. Pois bem, para que possa existir, para salvar o hiato, o abismo que se abre entre o ser possível e o ser existente, faz falta alguma causa ou alguma razão. Porém, uma vez adquirido o estatuto de ser existente, uma vez que da quantidade de combinações possíveis, dos seres possíveis, uma vez que Deus se decidiu por uma delas, a melhor – já que Deus escolhe o melhor dos mundos possíveis – uma vez que se decidiu por uma das opções, esta fica regida pelo princípio de razão suficiente, que, em sua forma mais abreviada, diz: *nada é sem razão.*

Que nada é sem razão estava suposto em quase toda a filosofia, de Platão em diante. O fato de que Leibniz o tenha expressado sob a forma do "princípio de razão suficiente que se dá" nos indica o caráter paradigmático que este princípio ocupa na história do pensamento. Leibniz o nomeia como: "princípio de razão suficiente que tem que dar". Heidegger se perguntará por que se tem que dar a razão, que classe de razão se tem que dar e a que se tem que dar a razão. Tem-se que dar a razão porque a verdade a que pode aspirar um existente só é verdade enquanto se dá a razão dela. E a classe de razão que se dá não é qualquer uma; é uma razão ligada ao fundamento, uma razão que traduz o latim *ratio,* que já não é o *logos* grego. Esta *ratio* se entende no sentido de conta: é a conta que tem que dar; na ontologia leibniziana, abre-se o horizonte do cálculo. A verdade como cálculo é o que resulta possível constatar na relação do sujeito com o predicado, ou seja, a forma privilegiada em que se pode constatar a legitimidade da existência de um ente: pela relação que estabelece o sujeito com o predicado.

Este "princípio de razão...", traduzido literalmente do alemão, seria "proposição de razão...", *Satz von Grund.* A proposição de razão é, como vimos, um princípio, o princípio que rege o que é. "Princípio" se diz em alemão *Grundsatz*: "proposição fundamental", de modo que o princípio de razão é um *Grundsatz von Grund*, um princípio essencial do fundamento; um princípio que fundamenta qual é o caráter em que se deve dar o embasamento para que a coisa exista como tal.

Este plano da totalidade do que existe, que se subsume sob o princípio de contradição, que rege os seres possíveis, e o princípio de razão suficiente, que rege os seres existentes, este plano da existência é sem hiato, sem descontinuidade, sem furo. Nele, tanto os entes como as razões que fazem com que algo seja o que é, depois de haver algo e, não, nada, são razões encadeadas umas às outras em um modo absolutamente contínuo.

O propósito de Leibniz, que albergava desde a sua mais prematura idade, era fundar o que chamava de uma característica universal: uma linguagem que pudesse expressar sem equívocos a totalidade do que é, pelo menos no limite em que o pensamento finito pudesse concebê-lo. A totalidade do que é está pensada sem hiato. Seria possível que alguém, a cada instante, desse conta de por que se passa de um estado a_1 para um estado a_2, porquanto se trata de evitar a irrupção do acontecimento? Neste ponto, Badiou toma o princípio de indiscernibilidade para entremeá-lo em um discurso que se situa nas antípodas do de Leibniz.

O princípio de indiscernibilidade em Leibniz afirma que não existem dois seres no real que sejam indiscerníveis. Não há dois seres iguais. Em primeiro lugar, por que razão Deus e a Natureza haveriam de tratar de forma diferente a dois seres indiscerníveis? – Não há razão suficiente. É assim, na medida em que não há nenhum acontecimento, ou seja, nada que escape à ordem do saber, que aqui se conjuga e, poderíamos dizer, se iguala ao saber dizer, posto que o ser se constrói no nomear. Este ser, que se constrói no nomear, constrói a realidade sem salto e sem erro.

Então, é possível construir a cada vez a explicação do que se passa. A primeira explicação que se tem que construir é: por que é algo e, não, nada? O nada é muito mais simples, diz Leibniz. Por que, em geral, há algo e, não, nada? E, depois, o que é, por que é desta maneira e não de outra? Localmente, segundo Leibniz, haveria que circunscrever as condições, os requisitos e as disposições convenientes para produzir o fato. Globalmente, na cadeia das razões, vamos parar em Deus, que é a razão suficiente de tudo o que é. É razão suficiente enquanto designa o lugar das leis do nomeável. Por isto, a aspiração de Leibniz é formular uma linguagem sem equívocos e a mais completa possível.

Lugar das leis do nomeável ou "região das verdades eternas" são outras expressões com as quais podemos situar Deus, ou, ainda, construtibilidade do construível, programa do mundo e, fundamentalmente, língua suposta completa. Isto é Deus, no esquema de Leibniz: uma língua suposta completa. Deus é o ser da língua à qual o ser está submetido. Então, este ser pode resolver-se ou dissolver-se nestes dois enunciados: o princípio de contradição e o princípio de razão suficiente.

Em Descartes, o *verissimum* entrava pela janela para validar que dois mais dois são quatro; *verissimum*, por oposição à cadeia de *entissima*, de entes supremos que o haviam precedido. Trata-se de alguém que vem garantir uma verdade. Esta aspiração de garantia de uma verdade, Leibniz a mantém. É uma aspiração que a modernidade mantém. A modernidade é este projeto de garantia. E Leibniz, indica Heidegger, é o fundador dos seguros de vida.

O pensamento construtivista não poderia tolerar o abismo sem razão que se abriria entre o espaço do possível, o regime da possibilidade, e a existência como regime da contingência da apresentação. Deus não tolera esta falha em sua linguagem. Nada se pode subtrair ao que é pensante e, então, nada se pode subtrair à nomeação. O que exemplifica de modo privilegiado este caráter do universo de Leibniz é precisamente o princípio dos indiscerníveis. Se dois seres são indiscerníveis, o Um dos dois a que daria lugar, indiferente a toda língua nomeável, não se poderia qualificar quanto à sua razão de ser, porquanto o que é deve dar a razão de sua existência. E Deus não pode suportar este inominável. O pensamento construtivista, em particular o de Leibniz, não pode suportar nenhum "a mais", como o que poderia produzir o acontecimento. Para dar um antecedente ilustre: o *clinamen*, em Epicuro: uma decisão fortuita, quase diríamos uma aposta do átomo, que se desvia de sua trajetória prefixada sem que haja razão suficiente para isto. Há um hiato, há uma casualidade que, aí, joga sua parte. Isto não se pode sustentar em um universo como o de Leibniz.

Neste sentido, podemos dizer que o indiscernível é, em Leibniz, também o impredicável. Vimos que, em Badiou, o indiscernível está ligado à ausência de uma marca. O pensamento construtivista se ergue em torno da evitação da indiscernibilidade, sendo o indiscernível esta ausência de marca, esta exclusão da marca após um processo de permuta.

No universo leibniziano, por oposição ao universo no qual Badiou tenta adentrar-nos – que tem algumas de suas raízes no discurso de Lacan – não há lugar para o acontecimento nem para a intervenção. Isto é, não há lugar para o *um a mais* nem para o *um a menos*; não há lugar para a subtração, que supõe o indecidível de uma proposição que não é verdadeira nem falsa, e não há lugar para este "um a menos" a que dá lugar o que não tem nome.

Esta língua completa é literalmente cálculo integral, em Leibniz. E uma aproximação local autoriza o cálculo diferencial. São as duas operações que fundam o cálculo infinitesimal e que abrem para os problemas que farão cair definitivamente em desgraça o modo grego de pensar o número. Lacan, em "O saber do psicanalista", faz alusão a um livro que havia aparecido recentemente, chamado *Cantor a tort*; "Cantor sem razão", poder-se-ia traduzir. Supõe-se que é um jogo de linguagem para mostrar que Cantor estaria equivocado. Lacan, antes de entrar na discussão específica que poderia situar este livro – que, por outro lado, recomenda – observa que a razão está do lado de Cantor em um ponto fundamental: o ponto em que o Um se funda no conjunto vazio.

Os problemas que Leibniz tenta sanar, ou que pelo menos provoquem o menor dano possível em uma língua suposta completa, são os que trazem aparelhados a irrupção do infinito, sobretudo na forma do infinito atual e sobretudo na forma da relação de inclusão, e não de pertinência – questão que me parece importante desenvolver em outro momento. E também o problema do zero, depois introduzido na teoria matemática fundamentalmente por Frege; conviria também examinar as vantagens e desvantagens que o lugar privilegiado do zero situa. A terceira questão, que faz naufragar definitivamente o conceito grego de número, é o deslocamento, a separação, a disjunção que se produz entre o ser e o Um. Leibniz tenta mostrar o inseparável do um e do ser e diz que, para que uma coisa seja, deve ser uma. Destaca o fato de que uma coisa é apenas quando é uma. Porém os desenvolvimentos da matemática moderna produzem este deslocamento entre o ser e o Um, que estava formulado, de modo enigmático, paradoxal e que marcaria para sempre os desenvolvimentos do pensamento quanto à coisa em sua relação consigo mesma, já no *Parménides* de Platão. A ruptura definitiva na relação do Um com o ser provoca estas tentativas de parar o excesso – diz Badiou – de frear o descontrole que se produz por fora da possibilidade de nomear, por fora do cálculo possível.

Lacan, também em "O saber do psicanalista", faz, em grandes traços, a resenha destes problemas que provocam ou suscitam ao pensamento; não no sentido do que se opusesse à ação, mas pensamento quanto ao que é possível sustentar em uma fundamentação. Lacan recorda, primeiro, a irrupção da raiz quadrada de dois, com os pitagóricos. Em seguida, o buraco que abre a raiz de –1, tomada como unidade dos números chamados imaginários. E finaliza na empresa cantoriana, onde o um se fundamenta no conjunto vazio. Parece-me que a tarefa que se deu Badiou é em muitos trechos solidária com o discurso de Lacan. O modo como Badiou concebe o Um como não ser permite pensar em Lacan certas questões, às quais Norberto vem-se referindo. Por isto, pareceu-me interessante trazer o lugar de onde Badiou extrai a categoria do indiscernível.

Acrescento algo mais. Se o ser é co-extensivo a uma língua suposta completa, é que está submetido a determinações intrínsecas, diz Leibniz. São determinações intrínsecas e não de exterioridade, relativas à sua posição no espaço e no tempo. Então, Leibniz enraíza a sua construtividade no problema do contínuo, que – parece-me – é o modo de nomear o problema fundamental que se situa neste não ser do Um. Problema do contínuo, enquanto a distribuição que põe o discreto do lado da aritmética e, do lado da geometria, o contínuo não se sustenta mais. O problema do infinito atual abre a infinidade do que é no espaço do segmento que vai do 0 ao 1, não no infinito potencial, onde, algumas vezes, Pascal ficará sozinho. Lacan ri desta solidão. Este não é o problema, diz. O problema é a infinidade que se abre na não numerabilidade que situa o abismo do intervalo dos números reais. Aí se joga o tema do vazio como unidade pontual, que não se pode pensar como ser.

Porém, dizíamos que, para Leibniz, tudo estava encadeado. Inclusive, quando fala do destino, usa a palavra *Verhängnis*. *Hängen* é "pendurar". Em Leibniz os princípios da natureza e da graça têm alcance de destino, e ele escolhe esta palavra porque contém a raiz *Hängen*, mediante a qual tenta mostrar o modo como estão concatenados todos os fatos: "como os elos de uma cadeia", diz. Trata-se de *encadeamento*; o encadeamento do destino, outra vez sem hiato. Nesta cadeia, nesta série ininterrupta, contínua, que cabe bem em um gráfico ortogonal cartesiano, cabe nas coordenadas e abscissas de uma curva e, se se permitisse a regressão ao infinito, cair-se-ia precisamente no que se quer evitar, que é a indiscernibilidade, na qual iriam parar as minúsculas unidades de existência. É aí que Leibniz detém o movimento da concatenação para situar unidades mínimas. É certo que o átomo repugna o pensamento de Leibniz, tanto quanto o vazio. Diz que Deus poderia encher todo espaço vazio com matéria, sem prejuízo da matéria já existente. Por que não o faria, se a matéria é mais perfeita que o vazio? Porquanto a diferenciação é mais perfeita que a indiferenciação. Não há, então, vazio. E, portanto, tampouco há átomo, porque o que são os átomos senão a pura "in-diferença" quantitativo-qualitativa? Assim, o modo como Leibniz detém o movimento é estabelecendo a existência de mônadas, *monades*. E Lacan, em "O saber...", diz que o que sustenta este Um é *lanade*, fazendo um jogo com *monade*, "mônada".

A preocupação de Leibniz marcou o sujeito moderno. A preocupação com a indeterminação, por se assegurar no saber, por um ser que, cada vez que se pensa, se escapa ao instante anterior ao de haver pensado, esta preocupação leibniziana é do sujeito moderno e está em Lacan quando, ao nomear o Um, que surge do conjunto vazio, chama-o *lanade*. Porque já não se trata de mônadas no sentido leibniziano; não podem ser mônadas entendidas como unidades.

Estas mônadas ficam esvaziadas de quantidade, porquanto são pontos metafisicamente considerados, mas não detêm o movimento do contínuo material. Leibniz diz que em cada galho de uma planta, em cada peixe de um lago, em cada parte minúscula da matéria de cada um destes entes encontramos, por sua vez, bosques e lagos cheios de peixes, até o infinito. A audácia de que falei no princípio, a que pode chegar o discurso de Leibniz, esta audácia lhe é permitida porque se assegurou previamente deste piso ontológico que lhe garante que a existência é sem sobressalto. O que são, então, as mônadas? Pontos metafísicos quantitativamente vazios e qualitativamente plenos, já que a plenitude alcança a mais mínima porção da matéria. As mônadas são unidades de pura qualidade: unidades de puros nomes. Poder-se-ia dizer: interioridades puras. Leibniz se encarrega de esclarecer: "As mônadas não têm janelas". Poder-se-ia dizer: são sujeitos. Sempre que esclarecemos que estes sujeitos, interioridades puras, mônadas, não pode fissurá-los nenhum descentramento da lei; nenhum objeto pode causá-los. Trata-se de um sujeito lógico gramatical a quem tudo o que lhe possa advir não é mais que o desdobramento de seus predicados qualitativos.

Contra este discurso da garantia da verdade, onde ela é entendida como cálculo, Badiou constrói a categoria do indiscernível como um momento na trajetória de toda verdade.

Norberto Ferreyra: Vou situar algumas questões muito próximas do que disse Diego. De minha parte, não com o propósito de contrapor a teoria de Badiou com formulações de Leibniz, e sim mais precisamente, por enquanto, com relação ao que quer dizer, neste ponto, "interdiscursividade". Não quer dizer "interdisciplinário". Melhor dizendo, o interdisciplinário é um esforço da vontade da espécie humana, nesta modernidade, para buscar conhecer alguma coisa. A interdiscursividade, como bem se vê nas referências que Diego fez de Badiou e especialmente de Lacan, em "O saber do psicanalista", com relação a Leibniz, a interdiscursividade surge, não por vontade mas por necessidade, por um movimento do discurso. Quando há *impasse* no progresso ou na progressão de algum discurso, neste ponto se faz necessária logicamente alguma interdiscursividade. Lacan situa o amor como causa, nos *quatro discursos*, e, efetivamente, pode-se dizer que, na interdiscursividade, o amor não está ausente em sua potência de causa.

Porém, indo mais atrás, volto a uma referência que trouxe em uma reunião anterior, a propósito de *Os dois princípios do suceder psíquico*, onde Freud se refere ao discernível: *O discernimento é uma instância imparcial* cuja função é discernir se uma representação é falsa ou não, em termos de uma comparação (que, sem dúvida, não é analógica, mas de três termos; o inconsciente se situa como terceiro termo) com as impressões mnêmicas da realidade. Quero reafirmar que esta função se situa em lugar do recalque. É um movimento na constituição da realidade psíquica, onde esta assume a possibilidade de discernir em termos de verdadeiro/falso com relação às impressões mnêmicas. Insisto, isto vai em lugar do recalque, o que quer dizer que há uma substituição; não diz o texto que o recalque esteja anulada, mas que vai *em lugar de*, o que pode parecer distante do que dizia Diego, mas não está, no sentido de que nos situa aqui um limite da análise, o que Lacan nomeia em "A lógica do fantasma": aquilo com que contamos é com o recalcado. Vocês vêem que o discernimento é secundário num sentido forte: não quanto à importância e sim enquanto advém, no lugar do recalque, esta substituição.

Este discernimento, se mantemos o recalque entre parênteses, poder-se-ia pensar como possível em termos da teoria de Leibniz. Quanto às representações, poderia ser considerado assim. Porém – Diego mencionava as mônadas – nos encontramos frente a um problema ao qual Lacan alude em *La troisième*. Diz ali que há um fervor ou uma vontade de encontrar sempre, em cada discurso, uma unidade mínima: as mônadas, para Leibniz; talvez o *quark*, para a ciência; e, para a psicanálise, a letra – a unidade mínima que o discurso buscaria logicamente. Digo-o assim porque não é que o discurso só transmita gozo, mas que o busca através dos significantes.

E, neste ponto, situa-se o sintoma. Há relação entre a mônada e a letra, como unidades mínimas, e o sintoma. Como entender o sintoma em termos da teoria de Leibniz? É possível entendê-lo assim? Convém recordar que a verdade, para a psicanálise, não tem outra forma de se apresentar senão a do sintoma. É a função primária da verdade, *eu, a verdade, falo*, mas, em psicanálise, a verdade só se apresenta sob o sintoma. Considerando a teoria de Leibniz, haveria obstáculo para a produção de um deciframento, uma leitura, alguma letra a respeito do sintoma? Ou melhor, qual é a relação entre a letra, o discernível e o indiscernível?

Para isto, há que recordar algo mais: o sujeito é de um grau estrutural mais baixo que seu corpo. Nunca vai ser possível uma equivalência entre estes dois graus de estrutura, por mais que isto se confirme como ato. Dito de outra maneira, uma passagem ao ato – ou até, no outro extremo, o ato analítico – nunca vai dar ao sujeito a mesma qualidade, ou importância, que ao corpo. Isto é uma maneira de dizer que o corpo está perdido. Toda equiparação entre corpo e sujeito está perdida, de entrada, por uma razão de estrutura.

Considerando o que sucede em uma análise e considerando a teoria das representações de Leibniz, vejamos se é possível relacionar com a lógica daquela frase de Lacan que diz: *que se diga fica esquecido no que se diz naquilo que se escuta* (ou *(...) que se ouve*, segundo a tradução de *entend*). Esta fórmula nos anuncia a função do resto. "Que se diga fica esquecido..." quer dizer que sempre há um resto naquilo que se diz, porque se esquece "que se diga" o que se disse. E isto permanece como resto. Pois bem, há duas possibilidades de interpretar este resto, seguindo Leibniz. Poderia ser que o princípio de razão suficiente não tenha sido suficientemente potente para dizer tudo o que havia que dizer; talvez se pudesse continuar falando, de acordo com o princípio de razão suficiente, e se chegaria a um ponto onde se poderia dizer tudo com relação à língua. Trata-se do resto como o que fica pendente em uma escanção, em uma sessão, em uma série de sessões ou em uma série de sonhos – chamo séries às que estão conectadas por significantes – em uma análise; a função do resto enquanto ainda fica algo a dizer. Deste algo a dizer, há algo que ainda é em termos da representação, no sentido de que fica por dizer. Mas há outra função do resto, que é o resto como causa. Esta função se refere ao que é impossível dizer. Vocês vêem que há duas dimensões: pode haver resto porque ainda falta algo para dizer, ou, além disto, o resto pode ser o que é impossível dizer. Não me refiro ao não dito, que pode fazer parte do que resta para dizer, mas, em todo caso, o não dito em relação ao impossível; o que não pode ser dito em termos do impossível, não de que ainda não se chegou a dizer. São duas dimensões do resto na análise. Não vai uma sem a outra. A função de resto, que muitas vezes se tematiza acerca da posição do analista, se refere fundamentalmente à segunda orientação do resto, aquilo que é impossível dizer. Neste sentido, situa-se este lugar de causa, de objeto.

E há outra função deste resto, que permite a continuidade do discurso analisante, com relação a que *ainda fica algo para dizer*. Este "que ainda fique algo para dizer", na experiência da análise, de uma sessão a outra, de um hiato a outro no discurso, se refere exclusivamente à causa; *que ainda fique algo para dizer* não seria possível se não houvesse, por uma parte, a função do esquecimento, ou seja, o recalcado, e, por outra parte, a posição do analista, fazendo-se representante, causa disto.

Interroguei o discurso de Leibniz, através de Diego, no sentido de como tratar com o sintoma. Embora em algum sentido Leibniz evite a questão, penso que nele há uma idéia do sintoma, na ordem de que, como dizíamos, a verdade se apresenta apenas sob a forma do sintoma. Na fórmula *(...) fica esquecido no que se diz naquilo que se ouve, ou escuta*, fica estabelecida uma função fundamental, referida a este impossível de ser dito. O que se "diga" nunca chegaria a cobrir este impossível de ser dito.

Há outra função do resto, enquanto compreende a totalidade da experiência. É função do objeto *a*. Uma coisa é que o objeto *a* como tal se dê na totalidade da experiência, no sentido de se apresentar. Outra coisa é que tome função de resto, isto é, que esteja na experiência e, no entanto, permaneça ausente, sendo eficaz. Esta eficácia é a do real. Um artigo de François Baudry se refere a esta eficácia do real, enquanto este resto fica, não oculto e, sim, em reserva, porque nunca se chegaria a este impossível de ser dito.

Sempre resta algo a dizer, e nisto há duas dimensões, duas maneiras discrimináveis, discerníveis, do que é o resto. Destaco a efetividade, talvez no silêncio, no calar-se, no vazio, na ausência de representação que Leibniz encerra. Aí se situa a função do resto com relação ao que é impossível de ser dito.

No Seminário "O sintoma", Lacan diz que a operação do analista, da análise, é fazer um enlace entre o sintoma e o real parasitário do gozo. Esta operação é fundamentalmente a interpretação; dito de outra maneira, é fazer do sintoma um sintoma na transferência. Senão, não haveria lugar para este enlace. Falei acerca do real parasitário do gozo quando me referi ao *se goza* e à questão de ser reduzido ao próprio corpo. São dimensões (uma delas é fantasmática: ser reduzido ao próprio corpo, em termos da angústia) que anunciam o real parasitário do gozo. A interpretação analítica, a operação da análise, diz Lacan, se refere constantemente a enlaçar o sintoma com este real parasitário, o que é outra maneira de dizer que se trata de permitir uma leitura do sintoma. Porém vocês vêem que esta leitura, esta letra, só se pode encontrar depois de que algo seja escutado. Não é primeiro a letra. E, neste ponto, situa-se o discernível e o indiscernível do sintoma. Por isto, há que falar do indiscernível do gozo do sintoma, do qual algo pode ser discernido pela operação analítica e sempre vai estar em relação com este real parasitário do gozo, sem possibilidade de enlace.

E nisto volto a lhes recordar a possibilidade de discriminação em lugar de recalque. Podemos considerar o recalque secundário, mas também temos que recordar o primário, que é outra função, do qual, estando dentro do sistema, ou seja, dentro da língua, não se tem nenhuma notícia; o que é diferente do resto como causa. São duas dimensões a considerar.

Isto se relaciona com uma pergunta que se formulou na reunião passada a respeito da função do supereu com referência ao gozo. Há uma resposta, precária, a partir de Freud, enquanto situa a questão entre o recalque primário e o secundário. Assim, a respeito do supereu, situamos os termos entre aquilo do qual, estando dentro do campo da análise, não se teria nenhuma notícia, ou seja, o recalque primário, e aquilo do qual se teria notícia pela função do resto, como o impossível de ser dito.

Com relação ao que expôs Diego, trago a questão de como entender, segundo o discurso de Leibniz, a noção de sintoma. Isto não é alheio à psicanálise, porque há algo do sintoma que pode ser discernido. Se não houvesse esta ação do simbólico com respeito ao sintoma, não haveria possibilidade de trabalhar, não haveria possibilidade de eficácia. Porém, vemos que esta eficácia sempre depende do funcionamento deste resto: o único que, estando ausente, não se apresentando, é eficaz. Por isto, a posição do analista é tão equívoca, não mais em termos de linguagem. Trata-se de ser representante de algo que pode permitir algum discernimento a respeito do gozo inscrito no sintoma, a respeito da verdade que há no sintoma, mas, como pano de fundo, há um indiscernível.

Este indiscernível pode ser situado, no meu entender, entre o recalque primário e o secundário: o supereu, como um agente, uma exigência de discernibilidade. O supereu costuma dar ordens contraditórias; assim o escutamos habitualmente, inclusive em nós mesmos, nos diálogos que alguém pode ter com o supereu; ou, então, na psicose, de uma maneira mais trágica, com palavras impostas e outras coisas do gênero. O supereu, neste sentido, é agente da exigência de uma discernibilidade. Quando diz "é mau" ou "é bom", está exigindo que algo seja discernível. Para Leibniz isto seria possível. Para a psicanálise, enquanto existem a função do resto e o recalque primário, há um fundo indiscernível. Já nos aproximamos em outras reuniões – e retomaremos – do problema do sexo como um lugar do indiscernível. Porém agora estamos tratando de questões muito mais... sociais.

A pergunta que formulo, então, a todos e, em particular, a Diego, é como seria um sintoma, isto que pudesse indicar a Leibniz que algo não anda em seu próprio discurso.

Diego Halfon-Laksman: Parece-me que a metafísica de Leibniz se pode pensar como paradigma das metafísicas da representação. Neste sentido, o sintoma seria sempre a impossibilidade de uma leitura do excesso, que ficaria por fora da representação. Trata-se de um aplainamento da apresentação na representação, que não deixaria resto. "Apresentação" não equivale a "presença". Nos termos de Badiou, a apresentação é oposta à presença, no sentido em que a situam as ontologias da presença, mais ou menos nostálgicas. "Apresentação" é referível no discurso de Leibniz ao que se apresenta como tal, como conseqüência da escolha de Deus. Uma vez que Deus escolheu uma das possibilidades, o que excede a representação faz, na minha opinião, sintoma neste discurso.

Norberto Ferreyra: Entendi que você situa como termo importante, para julgar acerca do que aparece como sintoma, esta existência ou criação de Deus. Vou dar um exemplo muito banal; é algo que sucede habitualmente, todos nos expressamos desta maneira, porém em uma análise pode ter outra dimensão, segundo o que, felizmente, chegue a ocorrer. Alguém, acerca de suas angústias com relação à possibilidade de transmitir à sua filha certos traços que ele considera nocivos, diz: *Depois de tudo, o que me preocupa então* [este *então* é fundamental, porque marca a conexão de causa] *é que eu trato a minha filha da mesma maneira que meu pai me tratou.* Pode-se ler, em um primeiro momento, uma identificação secundária mais ou menos grosseira. No entanto, trouxe o exemplo porque é uma maneira habitual de se expressar, uma maneira lógica de se explicar algo para qualquer um de nós. Na realidade, a psicanálise contribuiu para que este tipo de "razões suficientes" tenham lugar; este "então" constitui a razão suficiente. Como operar com isto? Não se trata de lhe dizer que não é assim, porque a pessoa não sabe. Mas vale a aposta – que toca com o singular em Leibniz e talvez com o discernível – no sentido de que é impossível que ele trate a sua filha (não importa aqui que fosse filha ou filho) da mesma maneira que o pai o tratou: simplesmente porque o pai e ele são dois, diferentes. É uma explicação de Pero Grullo, mas, justamente por sê-lo, se converte no inverso da explicação que trazia esta pessoa. Parece-me que este é um exemplo de identificação em termos de extração: não se cria nenhum suplemento. E em Leibniz não há possibilidade de suplemento, já que um suplemento, o acontecimento, acrescentaria algo que não estava anteriormente. Para o caso, é certo que o filho que nasceu deste pai não estava anteriormente; o mesmo vale para sua filha. Porém a explicação dada, segundo aquele "princípio de razão suficiente", faz com que as coisas sucedam de outra maneira, pelo menos imaginariamente. A questão é como intervir nisto. Simplesmente é possível perguntar que segurança há de que seja efetivamente assim; interrogar esta certeza. Não é muito possível fazer mais do que isto.

De qualquer maneira, eu trouxe isto por Deus. Dizendo que ele se preocupa com sua filha, porque estaria no mesmo lugar em que ele esteve a respeito do pai, o fato é que não há nenhuma preocupação com a filha.

Gabriel Levy: ...Graças a Deus.

Norberto Ferreyra: Graças a Deus, porque é uma maneira de estar em relação com a dívida a respeito do pai que não o impede de criar algum suplemento. Dito de outra maneira, o *a*, como causa de seu desejo, não é eficaz nesta explicação que ele dá, porque não se pode contar como outro que não o pai. É o tema de Freud na "Acrópole...". Quando se diz *ir além do pai*, este além é criar um suplemento; ser outro que não o pai. Por que este esforço, se o é? Este é o sintoma. Neste sentido, Deus, o Pai, é uma das maneiras como aparece o sintoma. O que está claríssimo no Seminário "O sintoma", quando tanto o *Nome-do-Pai* como o sintoma se referem ao quarto nó.

Trouxe o exemplo para pôr em discussão, no nível da prática – embora não goste de dizê-lo desta maneira – a noção de suplemento e também o que Halfon-Laksman desenvolveu a respeito de Leibniz. Como disse recentemente Gabriel Levy, "graças a Deus". Esse "graças a Deus" implica uma posição em que não há nenhuma dívida, porque tudo se iguala, e o que se tenta é salvar o pai. Salvar o pai é, neste caso, isto que Leibniz diz tão claramente: que há uma garantia de vida. Ou seja, evita-se a castração. Salvando-se o pai, não opera a castração.

Há algumas coisas mais. Diego citava a relação entre a_1 e a_2: quem conta, o que conta, ou onde se conta a passagem de a_1 a a_2? Se trocamos estes símbolos por S_1 e S_2, vemos que aí, onde há esta conta, de S_1 a S_2, para Lacan está o sujeito, ou, em outras palavras, a passagem de S_1 a S_2 possibilita a suposição de um sujeito. De a_1 a a_2: o sujeito não está suposto mas, sim, de fato. São as verdades de fato e de razão que conformam o sujeito, para Leibniz.

Diego Halfon-Laksman: Em todo caso, aí se faz necessária a intervenção de Deus, que conte, que dê conta desta passagem. Aí, sim, como dizia Gabriel Levy, é "graças a Deus".

Anabel Salafia: Diego dizia que Badiou se situa nas antípodas de Leibniz. No meu entender, nisto interessa a questão, de certo modo simples, do "tudo se pode nomear", que, como vimos na reunião anterior, não deixa lugar à subtração, ou seja, ao suplemento. Seria interessante estabelecer uma diferença entre a língua em *lalangue*, de Lacan, e a língua universal leibniziana. Sem dúvida, *lalangue* se situa nas antípodas de Leibniz, mas há que se dizer que Leibniz tem que estar aí para que Lacan oponha *lalangue* à língua universal. A questão de que nem tudo se pode nomear, que parece remeter a algum impossível metafísico, não é metafísica, mas se refere à relação entre o real e o impossível. É o que nisto introduz Lacan. Levar em conta que nem tudo se pode nomear, nos termos da recomendação de Badiou, seria: embora nem tudo se possa nomear, algo se pode fazer para que pareça que tudo se pode nomear. E, se há algo que poderia fazer parecer que tudo se pode nomear, é a psicanálise e, com isto, a própria operação analítica operaria uma subtração que faria impossível toda relação da prática analítica com o sintoma. O sintoma surge do fato de que nem tudo se pode nomear. Digamos, embora seja provisoriamente, que há sintoma precisamente porque nem tudo se pode nomear. Uma interpretação poderia vir a nomear o que não se pode nomear; o que anularia a subtração. Refiro-me a uma "interpretação" – talvez com ou sem aspas – que viesse a nomear o que não se deve nomear e, deste modo, não desse lugar ao sintoma. Lacan estabelece uma relação entre o sintoma e o nome próprio, em que este último vem no lugar do que não se pode nomear e, como o sintoma, vem em função de suplemento.

Há outras questões, que me parecem igualmente importantes, naquilo que Diego e Norberto afirmaram. Uma é a distância entre o Um e o ser. Lacan nomeia três distâncias, uma das quais é a que intermedeia entre o Um e o ser. Isto permite discernir duas questões: a função da causa e a da culpabilidade. A causa e a culpabilidade são discerníveis, no meu entender, no que respeita à estrutura do sintoma, e o são porque há esta distância entre o ser e o Um. Dizer que algo sucede por causa do sujeito não é o mesmo que dizer que algo sucede por culpa do sujeito. Isto se refere à distância entre o ser e o Um.

Outra questão se refere ao que Norberto introduziu sobre a discernibilidade quanto aos dois princípios do suceder psíquico: Freud diz que o discernível vem em lugar do recalque, mas vem para impedir que haja acontecimento. Freud toma assim o discernível como uma vigência do princípio de realidade sobre o princípio do prazer, a serviço da evitação do acontecimento. A partir daí, seria difícil dizer como é possível que haja acontecimento psíquico. De fato, Freud deixa a questão com um ponto de interrogação. Neste sentido, o discernimento é uma degradação do recalque, porque, enquanto o recalque situa o retorno do recalcado e a relação com o sintoma, na discernibilidade impede-se o acontecimento, ou seja, impede-se o retorno do recalcado. Neste sentido, não permitiria a organização simbólica da repetição. Lacan, por sua parte, introduz uma função do discernimento pelo objeto *a*. Podemos dizer também: pela função da causa; com relação a esta distância entre o Um e o ser. Em todo caso, desde Lacan, a única possibilidade de discernimento é pelo objeto *a*. Como se discerne S_1 de S_2? Pelo objeto *a*.

Por último, com relação à questão do "um a menos", que Diego mencionou: a questão do "um a mais" é o sujeito. Refiro-me à questão do sujeito em Leibniz: parece-me que nem sintoma, nem sujeito.

Diego Helfon-Laksman: A palavra "sujeito" está aí para nomear o indivíduo.

Participante: Não entendi bem como se justifica em Leibniz a homologação entre o cálculo e a conta. Ele faz uma justificação matemática desta homologação?

Diego Halfon-Laksman: O cálculo é o cálculo da representação. Cálculo quer dizer: possibilidade de apreensão pelo conceito; que não haja perda na elucidação da cadeia das causas. A conta, há que rendê-la; é um cálculo que se tem que tirar para render ante alguma instância. A isto corresponde a terceira pergunta de Heidegger. A primeira dizia: por que há que se prestar conta? A segunda: de que há que se prestar conta? A terceira é: a que há que se prestar conta? E a resposta a esta é: ao eu. A conta é o cálculo que o eu se dá a si mesmo para se garantir, no mesmo movimento, a existência do ente como tal, enquanto objeto que se opõe ao sujeito da representação. É a garantia que o pensamento de Leibniz pode dar ao sujeito, igualado à consciência, estabelecida esta como representação. O abismo que o sujeito evanescente cartesiano abre, que salta do "penso" ao ser, do "penso" ao "sou", não tem a mesma resposta em Descartes, em Pascal, em Leibniz, em Spinoza, apesar de todos eles estarem comprometidos por esta mesma incerteza. Parece-me que Lacan, com relação a estes modos de tapar a hiância, considera o modo como cada um situa possíveis soluções (a aposta de Pascal, a mônada leibniziana, o sujeito cartesiano, o amor a Deus de Spinoza) com o abismo que se abre no incomensurável da relação do Um com o *a*. Na aposta de Pascal, há um pequeno outro e um grande Outro, ausentes no discurso de Descartes. Como diz Lacan no Seminário XI, o Deus de Descartes voluntariamente decide que, na ordem das operações algébricas que colocavam *um atrás do outro*, o quarto vai no lugar de "2 + 2". E isto, embora tente responder ao mesmo problema, não tem os mesmos alcances que a língua suposta completa em Leibniz, a qual dá a medida do cálculo possível, que sempre é cálculo da representação.

Norberto Ferreyra: Muitas vezes se fala do cálculo com relação à interpretação. Em 1972, quando Lacan inaugura a Seção Clínica, diz: *(...) dar as razões de sua prática*. Não é uma frase inocente. E a Seção Clínica é precisamente o lugar onde, como exigência da formação, se exige dar as razões da prática. E neste dar as razões de sua prática é possível entender como funciona – porque, de fato, funciona – o princípio de razão suficiente. Há muitas maneiras de expor casos, ateneus, apresentações em que nunca se chega a um acordo, e se discute, e os ateneus se transformam em supervisões... Todas estas transformações que há, quando se fala da clínica, são porque isto toca um ponto nodal na transmissão: dar as razões. E, neste dar as razões, o princípio de razão suficiente está presente como modo de entendimento. E talvez a eficácia – não no sentido de competência, mas com relação ao real – se possa ler ou escutar na transmissão, quando a clínica se refere – por exemplo, em um dispositivo à maneira da Seção Clínica – ao lugar das falhas. Não me refiro aos equívocos e sim à queda, às diferentes maneiras como pode cair o princípio de razão suficiente. Cairá aí, onde existam os hiatos, onde exista o que se orienta vetorialmente para o indiscernível.

Por isto há tantos problemas para construir um dispositivo de transmissão da clínica. É de estrutura. Com o princípio de razão suficiente Leibniz nomeia algo que faz o entendimento, a maneira de entender as coisas. Além de como ele o situe, o princípio de razão suficiente existe no discurso. Talvez a formação do analista, sua posição como tal, esteja em como *interpretar* frente ao princípio de razão suficiente. Trata-se de ter uma posição neste sentido. Não é o mesmo o *um por um* no discurso de Leibniz e no da psicanálise. Há algo do *um por um* que se pode sustentar em um princípio de razão suficiente. Há um *um por um* que pode fundamentar-se em uma razão suficiente. E há outro *um por um* que o princípio de razão suficiente não fundamenta; melhor dizendo, fica situado em sua suspensão de eficácia, em sua suspensão de ação. Este *um por um* está em relação com o discurso da psicanálise em particular.

Participante: Neste modo de operação do princípio de razão suficiente, poder-se-ia relacioná-lo com o modo de operação da causa eficiente? Refiro-me a algo para o qual Lacan alerta, recomenda ter cuidado, que são as razões da prática que se dão no modo da magia.

Norberto Ferreyra: E creio que não há que esquecer esta função do supereu que mencionei, como exigência de discernibilidade. Recordando o que Lacan toma na produção da língua francesa, *ouço-gozo*, por qur o supereu é tão fecundo e eficaz em seu engendramento de gozo? Por que sucedem, a respeito do supereu, estas questões já situadas por Freud com referência ao castigo, aos sonhos de castigo, etc., que, no primeiro momento, se lhe apresentam como obstáculo? Por que o supereu torna indiscernível algo a respeito do gozo? É por esta exigência de discernibilidade. A discernibilidade é o homólogo, o equivalente, na estrutura, ao "tudo se pode nomear". O supereu estimula este anelo, esta esperança. No último exemplo que dei, este recorte de um discurso analisante, vê-se claramente como recorre a culpa e, ao mesmo tempo, há uma projeção de clausura: o sujeito fica em um gozo, clausurado neste igualamento de lugares referível à causa que é o pai, sendo ele ou sendo o Outro, etc. E isto mesmo é o sintoma. Neste sentido, tomo o que dizia Anabel Salafia quanto a *a causa de* e *por culpa de*. Se é "por culpa de", só se engendra gozo. Por outro lado, *a causa de*, embora não exclua a culpa, anuncia uma dívida do sujeito, que está esvaziada de gozo porque é uma dívida de gozo. Então, aparece uma culpa que não engendra gozo, mas que está em relação com a causa, por ser causa desta falta de gozo. Já falamos desta última questão em outras reuniões. Esta dívida me parece fundamental com respeito ao sexo. Mas continuaremos isto mais adiante.

Anabel Salafia: Tem que haver uma relação entre a causa e a verdade, para que algo possa ser considerado na ordem da conseqüência. Se há uma relação entre a causa e a verdade, está dada pela insuficiência no que respeita ao gozo. Esta insuficiência introduz a questão do amor. *Lalangue* de Lacan difere da língua leibniziana no que concerne ao equívoco e ao amor de *lalangue*. Tudo seria muito claro, haveria entendimento se não se amasse *lalangue*, se se pudesse não amá-la.

Diego Halfon-Laksman: E o projeto leibniziano ficou comprometido em um projeto de perpétua paz mundial. Digo-o com relação ao que antes disse Anabel quanto ao entendimento.

Anabel Salafia: Sim, o entendimento em todos os sentidos.

Diego Halfon-Laksman: Também enquanto possibilidade de comunicação.

Anabel Salafia: Pode-se pensar que isto seria capaz de engendrar muitas guerras..., em nome do entendimento. É assim, se não se considera que não se pode não amar *lalangue*, este é o equívoco que situa o supereu, que também está no amor a ela. Não se pode não amar *lalangue*, seria impossível que um falante não a amasse. É em um sentido estrutural. Se não se pode não amar *lalangue* – e há um princípio de razão suficiente que anula que não se pode não amá-la, ou seja, que há o entendimento, a extração que aí se produz originaria automaticamente uma guerra.

Norberto Ferreyra: Para Lacan – recordo-lhes o que falei nas primeiras reuniões sobre a não-suposição da verdade ao sujeito suposto saber – a verdade não é o objeto de intercâmbio na experiência analítica. Em todo caso, o objeto de intercâmbio é o valor de gozo. Em seminários mais avançados – como o Seminário XXIV, "L'insu..." – Lacan fala do sem valor da verdade. Este sem valor é porque há um valor de gozo. E este valor de gozo tem sua origem na falha do gozo, ou seja, na falta marcada pelo complexo de castração, que, por sua vez, marca uma falha no gozo. Lacan diz: *(...) A proibição do auto-erotismo sobre um órgão preciso que não cumpre aí mais do que o papel e a função de introduzir o elemento de unidade.* Este elemento de unidade é o falo, com sua referência ao pênis ou ao clitóris nas vicissitudes sexuais do complexo de castração. Vocês vêem que este valor de gozo, em cujo pronunciamento não está ausente o falo, tem lugar porque a verdade não se intercambia. Se, na experiência da análise, a verdade se intercambiasse, ou, dito de outra maneira, se o analista tomasse o lugar da verdade ou supusesse que este lugar lhe é suposto, então cairia no engano do que Lacan fala em "Os quatro conceitos..." – o que mais teme o analisante, diz ali, é que o analista possa enganá-lo. Enganá-lo em quê? Em que lhe suponha a verdade.

Em Lacan, diferentemente de Leibniz, é pelo Um que há a unidade; sem prejuízo de que esta unidade tenha um lugar particular. E é importante ter em conta isto, quando se considera a fórmula: *há o Um.* É diferente, segundo a posição de onde se parta para chegar a este Um.

9 de setembro de 1992.

11. O supereu e a exigência de discernibilidade

O supereu, o gozo e a verdade – O valor de gozo e a potência fálica – A letra escreve o gozo – O Nome-do-Pai, termo da interpretação – O esquecimento do esquecimento – O supereu e a perda

Não pela primeira vez, cabe a mim fazer uma exposição no aniversário da morte de Freud. Faço, assim, a minha homenagem, não mais no sentido geral da vigência freudiana, mas quanto ao específico ensinamento de Freud em seus textos; e isto vem ao caso em relação ao que vou desenvolver.

A próxima reunião é no dia 14 de outubro, de modo que disporemos de três semanas, e eu gostaria de que houvesse respostas à hipótese que hoje apresentarei. Vamos voltar sobre passos que já demos, fundamentalmente com referência à função do supereu. Dissemos que, com relação à escolha de sexo, se abre uma decisão possível por parte do sujeito. Delineamos a possibilidade de que esta escolha se vincule com o supereu. A hipótese, em particular, é de que a exigência de discernibilidade concerne ao supereu. Tratando-se do supereu, é algo diferente do discernível, situado desde o princípio de realidade, tal como o apresentava Freud em seu texto de 1913; é diferente em sua tópica e também na função a que se refere a possibilidade de discernimento. Nos dois casos, trata-se de algo a discernir, mas, quanto ao supereu, o que se trata de discernir está em relação com o gozo e a verdade.

O sintoma, tal como se apresenta, tem um valor de gozo, ao qual se amarra uma verdade determinada. Há uma relação entre o valor de gozo que se joga no sintoma e a verdade. A verdade toma o seu valor do valor de gozo. De *per se*, ela poderia ser sem valor. O valor não lhe é próprio, porém, se o tem, provém do valor de gozo que há no sintoma com respeito a uma verdade determinada. Os casos de Freud, desde o princípio de sua obra, são exemplares neste sentido.

O valor que toma o gozo no sintoma depende, a princípio, da potência fálica. Para que seja possível uma operação a respeito do sintoma, o valor de gozo tem que estar em relação com a potência fálica, ou seja, com o falo, que pode situar-se como um significante, mas, por sua operação em ausência, é possível colocar a hipótese de que, a respeito dos outros significantes, tem uma posição de indecidível, no sentido de que não se pode dizer se pertence ao conjunto dos significantes ou se está por fora. Como vocês sabem, segundo o movimento do discurso o falo aparece por fora ou por dentro, incluído e excluído a respeito do conjunto dos significantes. Em sua verificação no sintoma, esta indecidibilidade do falo pode dar lugar a um indiscernível. O sintoma é uma verificação da existência da potência fálica, com relação à exigência superegóica de discernibilidade.

A exigência de discernibilidade requer que o valor de gozo posto no sintoma seja totalmente diferenciado (que adquira a marca de uma diferença, não uma marca de norma) do outro termo. Tem que ser termos diferentes quanto ao valor: segundo se ponha um ou outro em qualquer equação do sujeito, a equação variará.

A letra é o que escreve o gozo no lugar onde se entrelaça o que se escuta no que é dito, naquilo que se diz. Vocês vêem que deixei de lado o *que se diga* da famosa fórmula de Lacan, já que vamos por outra via, referida aos efeitos desta exigência do supereu.

Tal exigência do supereu tem, se me permitem a palavra, uma materialidade, que não é alheia ao gozo. A exigência de gozo é de discernimento de gozo, no sentido de separar o valor da verdade. Porém, ao mesmo tempo, como a própria ordem é *Goze!*, vai contra o que pode ser discernido.

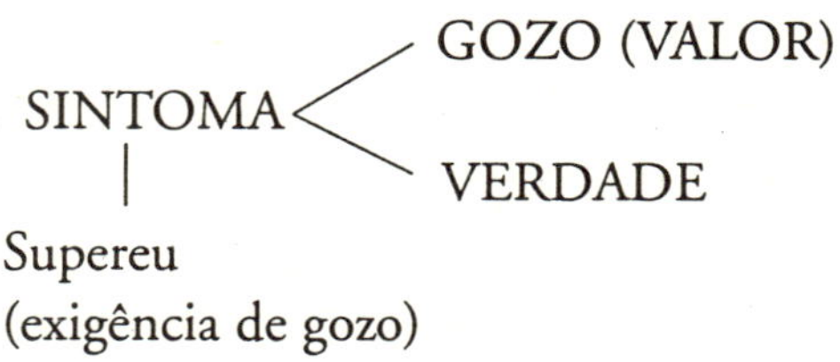

O supereu, com relação ao sintoma, exige que haja um discernimento entre o gozo e a verdade. A exigência de que o sujeito agrupe o que considere bom ou mau, para guiar-se em sua ação, aparece a partir do supereu como conectada com o princípio de realidade; porém, deixemos isto em suspenso. O certo é que esta própria exigência é gozo. Então, por sua vez, impede que se discirna entre valor de gozo e verdade. O gozo não depende de que seja bom ou mau; não é que, sendo bom, há mais gozo e, sendo mau, menos, ou ao contrário. Pode funcionar assim imaginariamente, mas se trata de que, por uma parte, o supereu exige que o sujeito aponte a sua verdade e, por sua vez, em oposição a este movimento, com relação ao sintoma a exigência do supereu é gozo. Então isto faz com que o que pede ser discernido possa tornar-se indiscernível.

Como se engendra este valor? Qual é a sua medida? A relação entre o supereu e o gozo implica fundamentalmente um objeto: a voz. Não é o único, está em jogo o olhar. Porém o lugar da voz é fundamental, e está ligado à maneira como Lacan anuncia a exigência do supereu, com relação à língua francesa, *lalangue*, no *j'ouis-jouis*, "ouço-gozo". Com relação a esta posição de *lalangue*, o sujeito se encontra em uma situação paradoxal, em que goza naquilo mesmo que lhe ordena não gozar. A ordem é exigência de discernir, porém esta mesma exigência engendra um gozo, com o qual altera a disponibilidade do valor de gozo e da verdade, como discerníveis a respeito do sintoma.

Tratando-se do sintoma, referimo-nos ao nível do fálico. Devemos situar o sintoma neste nível para que a sua conformação o torne passível de ser interpretado. A letra com a qual se vai interpretar a cifra do sintoma só tem possibilidade de ação quando a leitura da discriminação do fonetizado pode escrever-se. No meu entender, esta é a posição predominante em Lacan, embora talvez não seja a única. Dado o sujeito no interior de *lalangue*, aquilo que é fonetizado, na medida em que se pode ler, permite uma escritura. Aí, a letra tem o seu lugar.

Por isto, citei que a letra escreve um gozo onde se entrelaça o que se escuta no que é dito no que se diz. Entrelaça-se: a letra se inscreve com relação ao gozo no próprio tecido que o gozo é. É uma escritura a respeito do próprio gozo.

Vocês sabem que, sobretudo nas últimas reuniões do Seminário "De um discurso que não seria da aparência", Lacan desenvolve algo que está em relação estreita com o pai e a mãe. Não o papai nem a mamãe, mas os lugares do pai e da mãe. Lacan estabelece uma diferença fundamental: o que está do lado do pai, ou seja, o que o significante engendra como pai, e não ao contrário, é enumerável, isto é, pode-se pôr em disposição com o conjunto dos números naturais. Neste sentido, pode-se dizer que o pai é natural.

Em um Colóquio recente, Úrsula Kirsch apresentou um trabalho em que, a propósito do romantismo, falava da *Mãe Natureza*. Creio que de seu desenvolvimento se desprendia que, em sua função, a "Mãe Natureza" era um pai. A referência à "Mãe Natureza" concerne a este pai natural, que pode ser enumerado segundo o conjunto dos números naturais. Esta enumerabilidade do significante do Nome-do-Pai permite uma discriminação, uma distinção, que é diferente do que é engendrado pelo significante como mãe. Neste caso, não há enumerabilidade. Fala-se de "incomensurável", neste ponto; prefiro dizer: não enumerável. Não se pode fazer função entre o conjunto dos significantes, que se engendram a partir deste lugar, e o conjunto dos números naturais. Este lugar da mãe não é natural.

Uma das definições mais clássicas, claras e transmitidas acerca do supereu é: *o supereu é uma herança parental*. Assim está dito freudianamente que se trata de uma herança que concerne tanto aos significantes referíveis ao Nome-do-Pai como aos que estão em relação com a mãe. Concerne aos dois tipos de significantes. Insisto, a diferença entre os dois tipos de significantes é que o conjunto que em cada caso produzem é, respectivamente, enumerável e não enumerável. O que quer dizer, e isto se vê pelas gerações e pela função do nome próprio em nossa cultura, que não se pode partir de qualquer lugar na série materna. Dada a função do nome próprio, não se pode começar em qualquer lugar. "Mãe", "avó", "bisavó", "tataravó"..., não se pode cortar em qualquer lugar. Por outro lado, pode-se começar em qualquer lugar nos significantes que provêm do paterno. Porque a enumerabilidade deste conjunto permite que se possa cortar a cadeia em qualquer lugar e começar uma série.

Por isto a potência fálica, a significação fálica, está em relação com o que se chama habitualmente o Nome-do-Pai e, por isto, Lacan, estritamente, diz que o Nome-do-Pai é sempre uma referência. Pode ser uma referência porque tem um limite na série que inicia. Não é que não esteja discriminado o materno: "mãe", "avó", "bisavó", "tataravó"... Porém, esta discriminação, pela função do nome próprio, pelo sobrenome, se vocês quiserem, não permite cortar a série em um lugar determinado: sempre tem que ir mais atrás... mais atrás... se a guia é esta orientação dos significantes que dali provêm.

Então, quando falamos do supereu, no meu entender, devemos ter em conta que a sua função de discernimento, que situei como exigência, é parental, já que a discriminação também é exigida com respeito ao que seja do lugar *pai* ou do lugar *mãe*. Trata-se de lugares conformados por ação do significante; não é que os lugares conformem o significante.

Mas vocês vêem que tudo o que se diz acerca do Nome-do-Pai, seja a respeito da suplência ou de sua função mais clássica, e desde Freud – *Totem e tabu* – tudo está referido à possibilidade de um corte em algum lugar das gerações. A origem é arbitrária, quero dizer que pode escandir-se. Veremos os problemas que isto situa, porém, a princípio, é uma diferença. E situa uma relação de homologia entre a função fálica e o cumprimento da função do Nome-do-Pai.

Neste sentido, podemos entender algo que Lacan diz em "De um discurso que não seria da aparência" (1971–72) e retoma em "O sintoma" (1975–76). Diz que, na interpretação, sempre um termo é o Nome-do-Pai. Há que se esclarecer que "um termo" é: um termo ao qual se refere; o que aparece como referência. Não quer dizer apenas que a interpretação está dentro da função da linguagem, do simbólico. É que a interpretação como tal se apóia no Nome-do-Pai como única referência. Lacan pontua que isto que diz "no estado atual (1971-72) da psicanálise": situa sua formulação no estado do desenvolvimento do discurso neste momento; não fecha o discurso à possibilidade de que a referência da interpretação possa ser outro termo que o Nome-do-Pai. Se situasse de outra maneira, não deixaria lugar para outro desenvolvimento ou progresso do discurso que não fosse por esta via. Menciono-o porque isto, por sua vez, situa a via da interpretação, é também o grande obstáculo da psicanálise, enquanto a referência da interpretação é esta e não há outra. E Lacan, neste ponto, faz uma pergunta demolidora: *quem pôde analisar um pai como tal?* Não houve até agora, diz

Lacan, quem tenha podido interpretar como pai quem o seja; não por ter filhos, evidentemente, e sim por sua posição no discurso. A interpretação sempre vai apoiar-se em não considerá-lo como pai; em todo caso, a sua referência será o Nome-do-Pai. Refiro-me à estrutura da interpretação, além do anedótico.

Este problema concerne à transmissão da psicanálise. O pai é, neste sentido, o motor da interpretação, ou seja, concerne ao ato analítico por excelência, o que deixa a transmissão da psicanálise devedora de algo. Em uma das primeiras reuniões, disse que a relação com a dívida a respeito do pai é diferente, quando também existe uma dívida a respeito da mãe. O que se apóia na diferença que hoje assinalo entre os lugares "pai" e "mãe" no discurso.

Creio que, perto do final do "Informe sobre Daniel Lagache", falando do supereu, Lacan diz que é *um íntimo imperativo*. E comenta: *a voz da consciência*. Isto é interessante, não só porque empregue a palavra *consciência*. Parece-me que está em relação com algo a que se aludiu na reunião passada: *problemas de gozo-problemas de consciência*. No dizer de Lacan, os problemas de gozo são problemas de consciência; o que se dá porquanto esta se amarra com a voz da consciência, por onde se veicula o íntimo imperativo do supereu.

Com relação ao gozo e à verdade que encontramos amarrados no sintoma, qual é a operação da castração? A interpretação se situa como ato analítico porque produz, não a castração, mas um efeito de castração, entendido como este momento em que o sujeito está dividido, em que se representa como dividido. Então, como é possível a castração? Estamos dizendo que a função do Nome-do-Pai, que leva à castração, ela própria aparece como um termo da interpretação: se é assim, por sua vez, fecha o seu universo, na impossibilidade de analisar, como um pai, aquele que é pai. Isto fica como uma impossibilidade no discurso. O que é importante porque, no meu entender, o defrontar-se com esta *natureza* do pai é o que situa certos *impasses* em algumas análises.

Como opera a castração diante desta particular relação entre o gozo e a verdade? Há algo mais, presente na interpretação, algo que esta faz passar e que dá lugar ao efeito de castração? Insisto, com "efeito de castração": não me refiro senão à divisão do sujeito no momento da interpretação; pode-se dizer de muitas maneiras, pode-se também aludir, neste ponto, à banda de Moebius. Em todo caso, produz um discernimento entre gozo e verdade, através da disjunção entre o saber e a verdade.

Agora, vejamos: no discurso, há um termo que é a aparência, o *semblant* e, por sua função, tem lugar a interpretação. E Lacan diz que a psicanálise, o discurso do analista, estaria esperando um discurso que não fosse o do *semblant*. Viria a ser um outro discurso que não o do analista; seria o discurso que seguisse o do analista. A psicanálise estaria à espera disto. Vocês vêem que esta é uma resolução desta situação a respeito do pai como termo da interpretação. O *semblant*, que tem a ver com a interpretação, está amarrado à função do Nome-do-Pai, enquanto também está entrelaçado por significantes. Só que, como *semblant*, anota uma falta de ser, permite a possibilidade de que a referência a este termo da interpretação, o pai, se amarre com a falta, porque o *semblant* é o que traz a falta de ser; é o que leva ao discurso a falta de ser. Refiro-me particularmente ao discurso do analista.

Porém, o que permite que, no discurso do analista, ocorra esta operação? Como é que algo pode passar, do que é perda, para se colocar em relação com a função da falta? Dito de outra maneira: como há notícias da perda? A respeito do que é perda, as notícias sempre são pelo que é excesso. Qualquer caso de compulsão nos mostra isto. Pode haver sintomas onde o excesso apareça por defeito, mas até esta possível carência – não falta – está por excesso e, neste excesso, como produto do discurso do amo, se situa o *plus* de gozo.

Por esta função do excesso temos notícia da perda. No Seminário XVII, "O avesso da psicanálise", Lacan situa que, pelo trabalho do saber, se engendra a perda e se acumula como *a*, como *plus* de gozo no lugar do produto. Creio que ali mesmo situa um índice de dívida com relação ao objeto *a*, nesta posição de produto no discurso do amo. Isto é sempre por excesso: ou seja, que aí se toma notícia da perda.

Como se estabelece a relação com a falta? Este excesso tem por referência a falta, mas só passa a se situar como função da perda se o *plus* de gozo passa a ser o que comanda o discurso a partir do lugar da aparência, ou seja, que esta função da falta só opera com relação ao discurso do analista quando, no lugar do *semblant*, vai este *plus* de gozo. Aí opera como causa.

Opera como causa pela função do *semblant*. A letra *a* é tanto causa do desejo como *plus* de gozo. Quando é função de causa, é porque está operando no lugar do que comanda o discurso.

Que comanda o discurso: vocês vêem, pelo menos nos termos, uma proximidade com o que disse do supereu, quanto à exigência de discernimento da verdade e do gozo, engendrado, por sua vez, por tal exigência. Neste ponto, o *semblant* tem uma função próxima da do supereu. Não faço, evidentemente, uma equivalência nem uma homologia. Digo que, nesta exposição em particular, há uma proximidade, na própria transmissão da psicanálise e, fundamentalmente, no dispositivo analítico, entre a função do supereu e a do *semblant*. Por isto muitos dos diálogos com o supereu se dão na análise.

Lacan, em 1954, creio que na lição de 19 de maio do Seminário I, diz, em discussão com Hippolyte e com Octave Mannoni, algo que talvez antecipe muitas coisas. Vou tomá-lo pontualmente com relação ao que estamos tratando. Diz: *Toda integração simbólica lograda* [fala, não da própria interpretação, mas de um efeito de interpretação, em que algo passa ao simbólico, onde alguma letra toma valor de cifra, enquanto pôde ser feita uma leitura] *comporta uma espécie de esquecimento normal*. Quem, então, o escuta, assombra-se, e Lacan esclarece que *normal* quer dizer: sem retorno do recalcado. Esta "normalidade", que pareceria substancial ao ato analítico, está referida a que, na composição do simbólico, esteja presente uma espécie de esquecimento. Parece-me que diz "normal" com relação à *Psicopatologia da vida cotidiana*, onde o esquecimento, entre outros fenômenos, é tratado dentro dos fatos da cotidianidade. Porém, vejamos mais de perto o que é este esquecimento normal.

Esquecimento sem retorno do recalcado, diz Lacan. Em outras reuniões, dissemos que a possibilidade da análise tem seu limite no recalque, ou em seu retorno, dada a equivalência entre recalque e retorno do recalcado. Este é o limite da análise; não se conta com outra coisa. É certo que, durante uma análise, pode passar a fazer parte do recalque algo que antes não fazia; dito grosseiramente, algo que estava por fora do inconsciente passa a fazer parte do inconsciente; é uma passagem do irreal ao inconsciente, mas não vamos entrar agora neste problema. Refiro-me simplesmente a que a análise se maneja com o recalcado. No entanto, em 1954, Lacan insiste em um sem retorno do recalcado, quando algo se logrou (*réussi*). Hyppolyte e outros lhe respondem que, embora possa ser assim, ele, ao utilizar o termo *réussi*, está falando em termos terapêuticos. Lacan não tem inconvenientes em aceitar que assim seja: certa dimensão do terapêutico está ligada a que haja algo do simbólico que não esteja em relação com o retorno do recalcado. E, naquela lição de 1954, a frase que surge a respeito da enunciação que concerne a este que Lacan chama esquecimento normal, a frase é *o esquecimento do esquecimento*. Aquilo que é esquecimento do esquecimento é um *esquecimento normal*.

Faço um esclarecimento, já que em uma destas reuniões se fez referência a uma posição de Jean-Claude Milner a respeito de um paradigma freudiano: *não esqueçais o esquecimento*. Não é a mesma questão. O que venho dizendo agora não tem esta função superegóica, necessária, de constituir um paradigma na transmissão e, sim, outra função: é o esquecimento do esquecimento.

Lacan diz que não está em relação com o retorno do recalcado. Vocês poderiam perguntar: trata-se da sublimação? É algo que aparece logrado, *réussi*, na análise, e que anuncia uma espécie de sublimação como avanço terapêutico? Não sei, teria que estudá-lo com mais detalhe. O certo é que é terapêutico. Porém não é que seja normal por ser terapêutico, ou que seja terapêutico por ser normal. Trata-se somente, insisto, de uma função do esquecimento que permite esquecer o esquecimento.

Este *esquecimento do esquecimento* está, no meu entender, em estreita relação com o supereu, que ordena um gozo puro, gozo que suporta a ordem de gozar. Sua aspiração – uso esta palavra pelo fantasma que se ordena a este respeito, por exemplo, a aspiração do grande Outro – está referida a um gozo puro, ou seja, um gozo sem castração. Se a práxis psicanalítica é o tratamento de um real pelo simbólico, nisto logrado, *réussi*, havendo-se integrado no simbólico (uso estas palavras porque são as de Lacan) algo que já não tem relação com o recalcado, então isto, no meu entender, escapa a este gozo puro, ou seja, há um efeito de castração. Exceder-me-ia se dissesse que seria o oposto a este gozo, mas vale o cotejo entre este gozo puro, por uma parte e, por outra, isto, integrado ao simbólico, sem relação com a função do retorno do recalcado.

Com estes poucos dados que temos, podemos dizer que o supereu é o assentamento, a esplanada, a praça – no sentido de uma praça a ser ocupada – o assento do *logos* do gozo. Na medida em que este *logos* se assenta em um lugar, no supereu, cuja relação é paradoxal ou de difícil discernimento a respeito do conjunto de significantes que o conformam – o supereu é uma herança parental – este assento constitui o ponto de paradoxo do gozo. Não digo que o *logos* seja o gozo e, sim, que o ordena, não só no sentido de dar ordens, mas também em que a ordem que se impõe ao gozo provém do supereu. O lugar, a praça, a esplanada, onde isto se assenta, é o supereu. Estas complicações que vemos no supereu, trazem o paradoxo do gozo. Os sonhos de angústia, de castigo, tudo isto que Freud desenvolveu magistralmente neste sentido toma os seus alcances do fato de estar assentado neste lugar, o supereu.

É um lugar complicado, porque situa algo a que me referi há duas reuniões e em que insisti na última, com relação ao que Freud diz do supereu em *Inibição, sintoma e angústia*. Já lhes lembrei a hipótese que Freud formulou ali, sem confirmá-la, quanto a que o supereu estaria alojado entre o recalque primário e o secundário. Também é do conhecimento de todos que o supereu está feito com os restos, com a textura, com a matéria do isso; e isto é o que aponta a sua localização entre o recalque primário e o secundário. Então, o supereu ordenaria algo que está em relação com o recalque primário. As alucinações verbais (as alucinações são sempre verbais, pertencem à linguagem), quando são auditivas, dão o exemplo mais claro deste lugar, esta praça que é o supereu, entre o recalque primário e o secundário.

Porém há ainda um problema. Lacan, em 1971-72, em "De um discurso que não seria da aparência", homologa a ação do significante amo, o S_1, com o Nome-do-Pai. Posteriormente, em "O sintoma", vai tornar independente a ação do significante amo do Nome-do-Pai. Qual é a ação deste significante?

$$S_1 \text{ ——— } S_2 \text{ ——— } \begin{cases} \text{sintoma} \\ \text{símbolo} \end{cases}$$

Lacan diz, em "O sintoma", que o S_1 divide o S_2 entre sintoma e símbolo. O sintoma, por sua vez, como dizíamos, haveria que dividi-lo entre valor de gozo e verdade. O fato é que tudo parte de S_1. Sem a ação de S_1 sobre S_2, não haveria a divisão do S_2. Embora esteja dito assim como significante-amo e não como Nome-do-Pai, quando situa o S_1 como homólogo ou equivalente ao Nome-do-Pai resulta que este último – em 1971-72 – fica situado como um comando da ordem do gozo.

Se não há esta divisão entre sintoma e símbolo, não há sintoma. Que exista a possibilidade de que o S_2 se divida e haja sintoma e símbolo, anuncia dois níveis. Um é o do sintoma, para o qual vale o que disse a respeito de valor de gozo e verdade; onde, na separação entre o valor de gozo e a verdade, esta toma o seu lugar de sem valor; o valor está posto no gozo, e este se encontra demarcado pela função da castração. Quanto ao nível do símbolo, tomo-o no sentido daquela entrevista de Lacan em 1954. "Aquilo integrado ao simbólico": é, no meu entender, uma maneira explícita de falar do símbolo. Porém, trata-se do símbolo como efeito, em uma análise, da produção do que se situaria no simbólico, sem relação com o retorno do recalcado. E vemos que isto sempre está em relação com o S_1. Se o S_1 é homologado ao Nome-do-Pai (1971-72), vocês podem lembrar o que anunciei de outro modo, no princípio: o Nome-do-Pai, ao ser termo da interpretação, cria o problema de que, se é homologável ao S_1, engendra o gozo. É o mesmo gozo que podemos encontrar em um sintoma.

Pode-se descrever a interpretação como uma metáfora; isto não explica o que é uma interpretação, mas a descreve. A interpretação, como efeito de metáfora, se auxilia na proporção que está baseada na função do Nome-do-Pai, na metáfora paterna. Porém, insisto, se o S_1 está homologado ao Nome-do-Pai, este aparece como termo da interpretação e, por sua vez, como aquilo mesmo que engendra o gozo amarrado no sintoma. Este problema se apresenta a nós.

Na prática analítica, a vertente transferencial do Nome-do-Pai é o amor ao pai; o amor ao pai é em transferência. Verifica-se, então, o fenômeno transferencial de que aquilo mesmo que anuncia a via é, por sua vez, o obstáculo, que é a definição mais perfeita da transferência (isto não quer dizer a mais completa e, sim, a mais bem sucedida, *réussi*, neste desenvolvimento). Por isto, situei o supereu como praça, como assento do *logos* do gozo. Nele está assentado, não o gozo, e sim aquilo que tem a ver com ordem no gozo; este *logos* tem a ver com ordem no gozo, mas não o ordena. O que o ordena é o supereu.

Porém isto suscita o problema que descrevi no princípio. Por algo Freud diz que o supereu é parental. Isto quer dizer que há uma dimensão do supereu que não responde à função do Nome-do-Pai. Algo em relação aos significantes que vão ordenar o gozo não responde exatamente à função do Nome-do-Pai. Trata-se dos significantes correspondentes ao que não é enumerável, ao que não se pode cortar em um lugar e ser tomado como origem. O pai, desde *Totem e tabu*, situa o mito da origem, homologável, neste sentido, com o pai mítico, e sempre permite discorrer em alguma interpretação. Esta função do pai autoriza a interpretação. Por isto ele é amado. No entanto, se na análise só está presente este amor, fica excluída esta outra dimensão do supereu parental, a do não enumerável.

Claudio Glasman: Que seja parental quer dizer que pai e mãe não estão discriminados.

Norberto Ferreyra: Exatamente. Porém os dois estão. A metáfora paterna tem uma função de aparente discriminação de um conjunto de significantes, que se separaria deste outro conjunto correspondente ao lugar materno (há que se encontrarem outros termos para situar este problema; sirvam estes para discuti-los por agora). Isto é um efeito da função do Nome-do-Pai. Vocês vêem que é um limite à interpretação, na medida em que se sustenta na função do Nome-do-Pai; inclusive o lugar do objeto está em relação com a função do Nome-do-Pai, e é o lugar onde a interpretação se apóia para existir como tal. Há outra dimensão que, embora fique discriminada por sua relação com a função do Nome-do-Pai, de que maneira entra na interpretação?

No meu entender, trata-se aqui da dimensão do *semblant*. A verdade não está nos significantes, mas veiculada pelo *semblant*. Para Lacan isto é claro. A verdade é veiculada pelo *a* no lugar do *semblant*. No triângulo de *Encore*, a linha que forma a sua base vincula o real e o simbólico pelo *a* como agente, no lugar do *semblant*, para onde se dirige a interpretação, que discrimina algo com relação ao conjunto de significantes do Nome-do-Pai.

O que está por fora deste conjunto seguramente tem uma ordem, mas esta ordem corresponde especificamente à verdade e é veiculada pelo *semblant*. Entendo que, nesta ordem do *semblant* com relação à verdade, se vê a estreita relação que há entre o *semblant* e o ~~La~~ barrado mulher*.

~~La~~ <——————> $\overline{\forall}$

O ~~La~~, que pode ser o *não-todo*, é uma função da castração, o que se situa em termos da função do Nome-do-Pai. Por que o ~~La~~ é homologável ao *não-todo*? Simplesmente pela negatividade da barra? É certo que a função da castração, a função do Nome-do-Pai autoriza isto. Recordamos que, no quadro da sexuação, o *não-todo* é homólogo a ~~La~~ mulher. No entanto, há uma passagem do *não-todo* ao ~~La~~: o ~~La~~ é distinto do *não-todo* na medida em que supre ou ordena os significantes correspondentes àquilo que, discriminado pela função do Nome-do-Pai ou do supereu, é o não enumerável. A barra é função do enumerável, mas o lugar onde isto se assenta, que não é o "não- todo" e sim o ~~La~~, é o conjunto de significantes que estão no supereu, herdeiro parental, em um lugar que podemos chamar materno.

Por isto, uma das questões fundamentais da análise é a diferença entre o que é *mulher* e o que é *mãe*. Trata-se ali da castração, não apenas a nível do "não-todo", mas do gozo amarrado ao não enumerável. O materno anuncia sua castração, apresenta a função da castração não só pela barra, que tem a sua origem em uma função do Nome-do-Pai, mas também pelo *La*, onde a barra se situa, que não é o mesmo que o *não-todo*. E, pode pensar-se, esta é outra hipótese, que a passagem de termos, do *não-todo* ao ~~La~~, tem relação com a dimensão do supereu, onde os significantes que não estão estritamente discriminados, na herança parental, como pertencentes ao conjunto ordenado segundo o Nome-do-Pai, encontram uma ordem.

Evidentemente, estas são idéias para serem discutidas e talvez modificadas. Parece-me interessante a possibilidade de que, na passagem do *não-todo* ao ~~La~~ mulher, haja uma função da castração amarrada ao Nome-do-Pai, mas também outra função da castração, o que permite pensar

---

* Em francês, o ~~La~~ femme corresponde em português a $\not{A}$ mulher. Para não confundir o $\not{A}$ mulher com $\not{A}$ de Autre (Outro), optamos por manter o ~~La~~ em francês.

que, no quadro da função fálica, por isto se pode contar uma mulher. Esta possibilidade de contar está proposta pela função do Nome-do-Pai; o lugar onde isto se conta vai surgir como uma mulher. Neste sentido, a mulher não se pode contar. No conjunto que é a mulher, com relação aos significantes maternos no assento do *logos* do gozo, que é o supereu, se conta *uma* mulher, mas não *a* mulher. Por outro lado, é possível contar *um* homem e também *o* homem.

No Outro primordial coexistem os dois tipos de significantes aos quais fiz referência; não é que estejam discriminados. A operação da interpretação a respeito do gozo permite a sua discernibilidade. No entanto, isto é sobre um fundo indiscernível. Se atribuímos ao supereu a função de exigência de gozo e discernibilidade, e se tomamos a hipótese de Freud quanto a situá-lo entre o recalque primário e o secundário, resulta que há um fundo não discernível, aquilo que está referido ao recalque primário. Que as alucinações sejam de linguagem não quer dizer apenas que esta seja a ordem que as ordena, mas sim que também põe a questão em relação com o supereu. Não só pelo caráter imposto ou persecutório que qualquer alucinação possa ter; na função da alucinação, a voz traz esta indiscernibilidade, que se apóia no recalque primário. Efetivamente, como dizíamos, até da perda se pode ter notícias, mas não se pode ter nenhuma notícia do recalque primário.

Quando Lacan diz que a castração é uma composição particular do gozo e do *semblant*, refere-se à função do *semblant* no discurso do analista. É assim, fundamentalmente, pela passagem do *plus* de gozo ao lugar do *semblant*. Esta composição permite que a castração esteja guiada pela metáfora paterna, enquanto o *semblant* veicula a verdade, que está unida, ligada à função do ~~*La*~~ de ~~*La*~~ mulher. O *La* de *La* mulher se quebra na diferença entre *mulher* e *mãe*; é este outro nível da castração.

Anabel Salafia: Levando em conta o que Norberto disse a respeito do supereu e o indiscernível, surge uma primeira questão, uma pergunta: o que permite que ocorra esta operação que poria em jogo a discernibilidade entre o gozo e a verdade, no discurso do analista? Ou melhor, como há notícias da perda? A isto respondia Norberto: há notícias da perda enquanto há um excesso. E segue-se outro ponto, que talvez seja o principal: a citação de Lacan com relação a que toda interpretação simbólica alcançada comporta uma espécie de esquecimento normal, ou seja, um esquecimento sem retorno do recalcado. Esta seria uma função do esquecimento. E há um ponto sobre o qual quero perguntar: a questão do *esquecimento do esquecimento* é equivalente à subtração da subtração? Quando Milner diz *não esqueçais o esquecimento*, parece equivalente ao dizer de Badiou: *não subtraiam a subtração*. Neste caso, não entendi bem este *esquecimento do esquecimento*, que não seria uma subtração da subtração, sem ser tampouco o esquecimento das formações do inconsciente, que supõe um retorno do recalcado; isto, sim, está muito claro. Porém não entendo bem por que se trataria de um esquecimento do esquecimento, e não simplesmente de um esquecimento.

Depois, situou-se a referência ao supereu enquanto ordena um gozo puro, e a questão do *logos* tendo assento no supereu. Em seguida, a diferença, que me parece muito importante, entre o que Lacan situou em 1971-72 e mais adiante, a respeito da divisão do S_2 entre sintoma e símbolo. Parece-me muito importante em sua relação com a citação de 1954 a respeito da interpretação e do símbolo. O apoio da interpretação no Nome-do-Pai remete à função do símbolo. Então, ao símbolo corresponde o Nome-do-Pai, e ao sintoma o valor de gozo/valor de verdade. Esta divisão entre o sintoma e o símbolo em algum sentido desliga a interpretação de se apoiar no Nome-do-Pai.

Norberto Ferreyra: Quando Lacan fala do Nome-do-Pai, em 1971-72, estabelece uma equivalência entre Nome-do-Pai e S_1. No Seminário "O sintoma", já não faz esta equivalência. O progresso que pôde ter havido está em deslindar uma diferença entre o Nome-do-Pai e o S_1, o que talvez engendra, como dizia Anabel, uma função do símbolo como Nome-do-Pai, mas sem relação com o retorno do recalcado; porque isto vai pelo sintoma.

Carlos Quiroga: Lacan não situa também o sintoma como Nome-do-Pai? Poder-se-ia situar: do Nome-do-Pai, como símbolo, ao sintoma, também como Nome-do-Pai. Quero dizer: mais adequado que o Nome-do-Pai, os *nomes-do-pai*.

Norberto Ferreyra: Porém a função não é a mesma. Tomando aquela frase de Lacan em 1954, o símbolo seria tal na medida em que já estivesse sem relação com o retorno do recalcado. O símbolo, não mais como sintomático e sim como quarto nó, pode tomar este lugar. Isto se estabelece sem prejuízo das relações lógicas e topológicas que estão presentes. *Integrado no simbólico*, diz Lacan. E a resistência que suscita em seu auditório é porque isto é visto como terapêutico.

Anabel Salafia: Sim, porque tem uma função de dissolução de sintomas, no sentido do sintomático. É a via de um sentido conseguido; a interpretação, não a respeito da cifra do gozo, mas do sentido. É a interpretação pela via do significante, diferente da que faz suplemento pela via do sintoma.

Norberto Ferreyra: Tratando-se do símbolo, parece-me possível que o Nome-do-Pai cumpra uma função diferente, porque talvez não seja, então, o termo da interpretação; mas é quando se trata do sintoma. Este símbolo é algo logrado, *réussi*, é um produto; não é aquilo pelo qual se faz o produto.

Participante: S_1 muda o lugar no discurso. A questão é como passar da ordem à interpretação.

Norberto Ferreyra: Pela relação com o *semblant* é possível que a dimensão da ordem passe à interpretação. Como diz Lacan, a verdade vai no oco que há no *semblant*. Por este buraco, por esta falha no saber, veicula-se a verdade. Não a verdade do saber, mas a verdade.

Anabel Salafia: As relações entre saber e verdade são inversas. A relação entre o sintoma e o saber não é a mesma que entre o símbolo e o saber. Há uma relação inversa, porque o que é da verdade, no que concerne ao sintoma, é do saber, no que concerne ao símbolo. Tanto no nível do sintoma como no do símbolo, está a operação do saber e da verdade. Porém há uma inversão recíproca. O que tem a ver com o saber e o símbolo é a via do pai, do amor ao pai, onde a verdade tem um determinado funcionamento. No que tem a ver com o sintoma, a relação entre o saber e a verdade é diferente: a verdade está como valor de gozo e isto se relaciona com a potência do significante amo, enquanto o símbolo está em relação com a potência do falo como significante. Seria o nível freudiano da questão: a linha que inclui a simbolização, o Nome-do-Pai como metáfora e a potência do significante falo.

Norberto Ferreyra: O que dá um produto que é o símbolo.

Anabel Salafia: Sim, porém é o simbólico. É a definição que Lacan dá em 1954 para o registro do simbólico, onde o simbólico e o pai são a mesma coisa. Depois, Lacan vai situar a necessidade de discernir entre o símbolo e o sintoma.

Norberto Ferreyra: O que é paralelo à diferença entre o S_1 e o Nome-do-Pai. Na medida em que o S_1 é diferente do Nome-do-Pai, é possível distinguir entre símbolo e sintoma.

Participante: Você argumentava, Norberto, o discernimento do materno e da mulher. Quero perguntar-lhe sobre o discernimento do paterno e do homem: é uma operação que poderia situar-se em um destes conjuntos? Porque, se falamos dos tempos de um discurso, a questão do pai e de *l'homme* permite começar a pensar se é possível, na ordem dos conjuntos. Por outro lado, falava do limite da interpretação, tomando como referência o pai: isto mesmo que abre, fecha, o que me fez evocar que Lacan, creio que no Seminário "Encore", diz que o discurso do analista é *ao macho*. Nunca pude entender bem de que se trataria, mas, no contexto, refere-se a um certo limite, tal como está escrito o discurso do analista. E eu me perguntei se o limite tem a ver com que, neste discurso, a interpretação toma como referência o pai, ou melhor, se é possível tomar isto pelo lado do *semblant*. O que você argumentou sobre a relação entre gozo e *semblant* concerne à mulher.

Norberto Ferreyra: O *semblant* é efeito da feminização. Se o lugar de analista é essencialmente feminino, é porque o *semblant* é o ponto onde se reúne esta feminização feita pelo discurso. Por isto, disse que, pelo lado do *semblant*, a interpretação é referível a esta hipótese que dei para o supereu;

a de um conjunto de significantes que não poderiam ser recolhidos em sua totalidade pela metáfora paterna. Nestes termos, a interpretação é simbólica, porém, como a verdade não se veicula senão pela função do *semblant*, esta função é o ponto de feminização da posição do analista.

Participante: Poderia apoiar-se aí uma distinção entre a castração e os efeitos de castração?

Norberto Ferreyra: A interpretação tem como termo o Nome-do-Pai, mas opera pela função do *semblant*, e me parece que esta função é o que leva à castração. O demais é efeito de castração. Não há interpretação sem a função do *semblant*. Isto é o que veicula a verdade; não são os "conteúdos simbólicos". E este é o lugar de feminização da função do analista. Isto me parece claro e importantíssimo. É assim, seja qual for o *semblant*, inclusive o de *l'homme*. O "ao macho" alude a um *semblant* de *l'homme*, que até o saber comum diz que é o ponto máximo de feminização.

Participante: A feminização é dada pelo *semblant* em termos de ser, e em uma relação com a inexistência.

Norberto Ferreyra: Em relação com a inexistência, por esta perda de ser e porque é o *semblant* que faz um conjunto com o gozo e a verdade; não é o saber. Lacan se autoriza em *lalangue*, na língua francesa, para dizer que *as três são irmãs*: *semblant, jouissance, vérité*. Que sejam irmãs quer dizer que, no discurso do analista, não há interpretação sem a função do *semblant*, que veicula a verdade, à qual está irmanada, e põe um limite ao gozo. Assim é no famoso exemplo de Freud com Hilda Doolittle. Quando diz à paciente que ela não o ama porque ele é muito velho, etc., este salto em termos de *plus* de gozo, esta interpretação que opera como causa e recolhe, neste ponto, a pulsão de morte, esta interpretação não vai sem o *semblant*: o golpe na poltrona, a maneira de dizê-lo, tudo isto. O que se diz é sempre no interior de um *semblant*. Citei a frase: *que se diga fica esquecido atrás do que se diz no que se escuta*. Não se pode em uma análise lograr "que se diga" senão na própria função do *semblant*. Em outra reunião, disse que um dos pontos vinculados com o fim de análise é a constituição da crença em que aquilo que existe é porque se diz, e que o fato de que se diz é o que determina a alguém. A isto tem que acrescentar *(...) que se diga*, que é o que fica esquecido. Esta seria a função do esquecimento: ela opera no fato de que se diga; isto é o que fica esquecido. Porém isto é sempre pelo *semblant*. Por isto, *que se diga* está no subjuntivo, que é a via do *semblant* e do desejo.

Anabel Salafia: É interessante considerar que o supereu não permite a perda. Por exemplo, no luto, a dificuldade é pela função do supereu, que não admite a perda. Neste sentido, é uma memória de gozo, porque o supereu não permite o esquecimento, tampouco permite a perda. Dou um exemplo: é o caso de uma mulher que perde uma filha, e isto lhe é inesquecível, no sentido do supereu, ou seja, que não se constitui em nenhuma perda, até que um homem se interesse de uma maneira particular por ela. Só então é que se produz esta perda, isto é, quando a dimensão do amor pode entrar em relação com a perda. Antes, não estando em jogo esta dimensão, havia vigência plena do supereu e, com relação a esta perda, não havia outra coisa senão culpa.

Norberto Ferreyra: Que o supereu possa ser nomeado como memória de gozo sugere uma interação na estrutura entre o que é *memória de gozo* e o que é *índice de dívida*: se há memória de gozo, não há índice de dívida. E isto é o objeto *a* como *plus* de gozo. Aí, onde está esburacado o *semblant*, aí está a dívida, porque é a letra que vem do produto do discurso do amo, que, abaixo e à direita (na fórmula do discurso), passa acima à esquerda, passa ao lugar do *semblant*. A letra continua sendo a mesma, e também os lugares de agente e de produto. Que a letra seja a mesma quer dizer que o que era perda se anota como falta, como causa, como *a*, mas a letra escreve a mesma cifra a respeito do gozo. Por sua permuta de lugares, cria-se uma diferença. Ao passar de um lugar para outro, a própria materialidade da letra toma uma função diferente. Na memória de gozo tudo aparece como perda absoluta, sem buraco; não se pode perder nada. O buraco na perda se produz quando está a causa e, neste sentido, a causa é o amor.

Osvaldo Arribas: Você mencionou a sentença de Milner, *não esqueçais o esquecimento*: entendo que, ali, o esquecimento implica o retorno do recalcado e, assim sendo, também o sintoma. Quando falou do *esquecimento do esquecimento*, como *esquecimento normal*, aí, nesta duplicação, o segundo *esquecimento* é o esquecimento que implica o retorno do recalcado, então se trata do esquecimento do retorno do recalcado, um esquecimento sem retorno do recalcado. E pareceu-me que você referiu o supereu, por um lado, ao esquecimento, enquanto retorno do recalcado, ou seja, ao sintoma; e, por outro, a este esquecimento *normal*, *esquecimento do esquecimento*. Pareceu-me que, neste sentido, você falava de gozo puro, sem castração. Eu entendia: sem sintoma. Ou seja, a exigência de um gozo puro sem o sofrimento do sintoma. Neste sentido, recordei o texto de Freud *O humor*, de 1927, onde trata do que nomeia como *a única cara amável do supereu*. Nomeia-o como o núcleo do *Ich* e distingue o humor do chiste, situando-o com relação à neurose, ao delírio, etc., ou seja, com referência a todos os mecanismos destinados a evitar a compulsão ao sofrimento. Distingue especialmente o humor como o único mecanismo que permite evitar a compulsão ao sofrimento *sem perda da saúde anímica*, sem retorno, nem sintomático nem delirante. Também me pareceu interessante que Freud fundamente o mecanismo do humor com referência à função do amor e à dívida: diz que o processo pelo qual se consome o humorismo é *o débito do acento psíquico do eu ao supereu*. E acrescenta: *(...) o supereu trata o eu como objeto de amor*. Compara isto com o enamoramento. Diz que o humor tem uma cara grandiosa, pela qual alude à *inatacabilidade do eu* que suscita o humor, e também tem uma cara patética, enquanto no humor *não há perda do sentido de realidade*.

Diego Halfon-Laksman: Quero fazer uma pergunta com relação ao falo e o indiscernível: o falo como significante pode pensar-se como indiscernível de seu significado?

Norberto Ferreyra: Disse que o falo como significante pode tratar-se como indecidível. Quanto ao significado que engendra, é possível que a verdade neste sentido seja o indiscernível. O significado, em sua relação com a verdade, pode ser indiscernível. Assim sendo, parece-me que, efetivamente, o falo como significante teria que ser logicamente indiscernível de seu significado, na medida em que isto tem a ver com uma estrutura do sintoma. O sintoma se situa pela indiscernibilidade do falo como significante e como significado. Isto tem como corolário que, por mais que se possa discernir o significante falo de seus significados, há um ponto que se mantém sempre como indiscernível. Se fosse lograda a discernibilidade do falo e o significado, já não haveria sintoma. Não me refiro ao sintomático e sim ao sintoma como tal, porque o sintoma se apóia na existência desta indiscernibilidade no nível do falo. Por mais que a interpretação possa recair sobre um sintoma, o sintoma como tal – não o sintomático – mantém a sua estrutura. Por isto, se não houvesse sintoma, não haveria psicanálise, no sentido da relação com o discurso. Esta indiscernibilidade entre o falo e o significado é uma necessidade lógica do discurso da psicanálise. No interior do lugar do sintoma, analisa-se o sintomático, isto é, discernem-se o falo e os significados, mas o falo como tal e seu significado logicamente devem permanecer indiscerníveis. Se houvesse uma discernibilidade *réussi*, alcançada, do falo e seu significado, então tudo poderia ter nome: o que nos remete a algo que se estabeleceu há algumas reuniões, inclusive com referência à transmissão da psicanálise: que pela psicanálise tudo pudesse ter nome.

Renata Appel: É interessante, quanto à articulação entre *ordem* e *gozo* que, em alemão, a palavra *obedecer* contém a palavra *ouvir*.

Norberto Ferreyra: Está em *lalangue*. Uma linguagem é uma operação do saber sobre a língua e, com relação à *lalangue*, encontramos esta situação do supereu: por isto, se situa entre o recalque primário e o secundário. *Lalangue – lalengua ou alíngua* – é um ponto de construção quanto ao supereu.

23 de setembro de 1992

12. O supereu e a demanda

A melancolia, "uma disciplina da perda" – O luto é uma interpretação – A memória de gozo – A demanda na melancolia – A inexistência do Outro

Na reunião passada, pelo menos quatro ou cinco pontos importantes foram colocados como perguntas. Várias das questões têm referência ao que dissemos em outras reuniões. Trataremos de situá-las e, evidentemente, estão abertas a que vocês as considerem. O tema de hoje vai ser, fundamentalmente, o supereu e a demanda.

Na aula anterior, enunciei a hipótese de que o supereu seja o lugar, a praça, a esplanada do *logos* do gozo. Esclareci que o supereu não coincide com o *logos* do gozo e, sim, que é o lugar ou a esplanada onde se assenta a possibilidade de encontrar o gozo assim ordenado. Insistimos no que diz Lacan no Seminário XX, "Encore", através do qual encontra em *lalangue*, em seu caso a língua francesa, com o jogo de palavras *j'ouis-jouit*, "eu ouço" – "goza". Creio que Renata Appel foi quem disse que, em alemão, a palavra *obedecer* também contém em sua literalidade a palavra *ouvir*; assim seria em *lalangue* correspondente à língua alemã. Faço estas referências à *lalangue* segundo o idioma alemão ou o francês, nestes casos, porque o gozo está feito com *lalangue*, portanto, é em *lalangue* que encontramos o gozo.

Neste sentido, formula-se uma pergunta que foi questionada na última reunião: que relação há entre o supereu e o *semblant*? Ou melhor, o que quer dizer que o lugar do *semblant* seja um lugar de feminização?

Em "Encore", Lacan diz que o Outro funda a verdade enquanto esteja *déposśédé*: despossuído, descasado. Isto que faria o Outro estaria em função da possibilidade de que o discurso não fosse reduzido a partir do *semblant*. Na reunião passada, citamos Lacan, em 1971-72, dizendo que a psicanálise esperava um discurso que não fosse do *semblant*, ou seja, um discurso que tomasse uma via de verificação que fosse formal, no sentido da ciência, não uma verificação de sexo ou do sexo; acrescento, assim, hoje, a diferença entre estas duas condições de verificação, a da ciência e a da psicanálise. Esta esperaria um discurso que não fosse do *semblant*. Vocês vêem que, quando, neste lugar do Outro, se funda a verdade, a esperança é que a verdade se assente no Outro e já não se veicule na função do *semblant*, da aparência. O *semblant* sempre anuncia a presença da castração. No discurso do analista, este esburacamento do Outro – esburacamento do saber assegurado da verdade, suposto ao Outro – se deve à função do *semblant*, que produz um vazio no Outro, condição do discurso da psicanálise. Não haveria outro discurso que tivesse esta condição, através do qual funciona no lugar da aparência, do *semblant*, ou – como dizíamos em outra reunião – do objeto *a* como causa, através deste agente, deste *semblant* no comando do discurso. É condição do discurso do analista o esburacar o Outro, que é assentamento do saber em sua relação com a verdade. O *semblant* põe isto em disjunção; também neste sentido dá lugar ao buraco no Outro. Assim Lacan o situa, de algum modo, em *Encore*, quando diz que o Outro é um buraco.

Assim situadas as coisas, vamos considerar a questão da demanda e do supereu. No nosso idioma, o castelhano, em *lalangue* podemos encontrar uma ordem do supereu: "Deves ser...!". Evidentemente, isto se vincula com a função do ideal, mas, em todo caso, o supereu é uma instância em que o *logos* a respeito do gozo, a respeito do *dever ser*, encontra o seu funcionamento. O "deves ser" tem uma bivalência, tanto como o *j'ouis* na língua francesa: pode entender-se no sentido da ordem, mas também no da dívida. Lembrem que Freud, com relação ao sentimento inconsciente de culpabilidade, falava de uma dívida não estruturada como tal, mas que se refere a um gozo que se haveria acreditado ter ou ter que conservar. Não estou falando da função da falta e sim da perda. Esta perda de gozo aparece do lado do sujeito como uma dívida; ou seja, está no caminho da possibilidade de ser uma dívida. O "Deves...!" é uma variante do supereu que concerne ao objeto em sua função de índice de acumulação de uma dívida, tal como o mencionamos em uma reunião passada. No Seminário XVII, Lacan nomeia o objeto *a* como índice de uma dívida referida à linguagem.

Creio que Anabel Salafia disse na reunião passada que, tal como vínhamos formulando as questões, o supereu poderia ser algo assim como uma memória de gozo. Isto é importante, porque alude a que nada poderia perder-se. A memória de gozo conservaria o gozo; não possibilitaria que nenhum gozo se perdesse. O que está em relação estrita com o que o supereu ordena, nos dois sentidos: ordena como *logos* e ordena como mandato: *não perderás gozo*. A função, tão imaginária, pela qual o supereu martiriza o sujeito, na condição de devedor, resulta equívoca na clínica, porque, em primeira instância – depois sim, quando o discurso continua – não se pode decidir se esta dívida é tal, isto é, se há uma falta amarrada a ela, ou melhor, se o que se apresenta como dívida está ligado a uma ordem do supereu. E, pelo que estamos dizendo, a ordem do supereu se caracteriza por não estar amarrada a nenhuma falta. Esta memória de gozo tem como condição de existência que não haja perda. Então, clinicamente há que se ter cuidado em orientar o discurso, no sentido de que o supereu exigiria do sujeito o pagamento de uma dívida, sendo que se trata de um engendramento de gozo; engendrar gozo é equivalente a não dar condições para que algo do gozo seja perdido. O supereu se maneja, por um lado, como demanda ao sujeito, como um pedido de que não goze, mas tem que fazer isto segundo um *logos*, instituído a partir do próprio supereu, uma de cujas primeiras condições é que nenhum gozo se perca. Podemos situar, como princípio lógico do funcionamento do supereu, que não haja perda de gozo. E há que pôr o acento tanto na perda como no gozo. Somente onde houver perda de gozo haverá possibilidade de relação com a função da carência e, logo, com a função da falta.

Na aula anterior, referi-me a outra questão, que permanecia em termos do indecidível. O que hoje disse do supereu não remete ao indecidível, embora tenha observado que não é possível tomar clinicamente uma decisão rápida, quando, no discurso, há acusações ou recriminações em que o sujeito parece ajustar-se a alguma dívida; se isto se dá no diálogo com o supereu, há suspeita de que seja engendramento de gozo. E, quero esclarecê-lo bem, engendramento quer dizer mais gozo, ou a conservação do gozo, a não perda do gozo. Na realidade, é mais claro situá-lo desta última maneira, já que, em termos energéticos, permite preservar uma energia constante. Todo o problema do campo do gozo é que não há ainda uma fórmula ou uma equação que fale da energética neste sentido. Situar uma fórmula de energia constante não é mais que uma pretensão da psicanálise a respeito do campo do gozo.

Entre o supereu e a demanda: não é esta uma questão indecidível. O que aparece como indecidível, aquilo cuja função na estrutura do discurso está neste estado lógico, dissemos na aula passada, é o falo, que pode estar por dentro ou por fora do conjunto de significantes. É indecidível se pertence ou não ao conjunto de significantes. Lacan é bastante claro neste sentido. Em "A lógica do fantasma" diz que o falo é indecidível como significante de sua operação a respeito do sexo.

Tomando isto, há que se pensar que a castração é o que ordenaria o discurso da relação sexual. Porém que a castração pudesse ordenar o discurso da relação sexual implicaria que esta fosse possível de ser escrita. O falo criaria a necessidade lógica de escritura da relação sexual. O quadro da sexuação ou da função fálica, que está em "Encore", é a indicação. Porém, então a relação sexual teria que poder ser escrita, quando precisamente este quadro em "Encore" mostra que a relação sexual não pode ser inscrita como tal. A condição de indecidibilidade do falo faz com que o gozo a respeito do sintoma – orientado este em direção ao real da relação sexual, que não pode ser escrito –seja indiscernível. Lembrem que, no esquema de Badiou, onde, de minha parte, introduzi a questão do gozo, do indecidível ao indiscernível, há uma via que é a verificação. Na ciência, a verificação é formal, o que pode ser ou não uma pretensão da psicanálise. Pelo que estamos dizendo do falo, esta verificação, sendo de sexo, se torna indiscernível. O sexo como tal não é indiscernível, porque há dois: não há anjos. O indiscernível é a verdade que se há de comprovar a respeito do sexo. A ciência o pode comprovar através do formal; é o caso da biologia, embora ela mesma seja acusada por alguns de não ser uma ciência.

Referi-me ao Outro garantido como lugar da verdade; tomemos o discurso até aí. Lacan se refere a isto em termos de um pacto. Haveria um pacto com o Outro: enquanto o Outro seria sede da verdade, por ele garantida, este pacto impediria que o discurso se reduzisse a partir do *semblant*. Vocês vêem, então, como a função de castração aponta para a castração no Outro, ao buraco que o Outro é. Por isto, referi-me ao valor de castração do *semblant*. No discurso, sempre há a pretensão de que este Outro seja garantia da verdade. Há exemplos disto em filosofia e, a todo o tempo, na clínica. A verdade sempre está em algum Outro, e a possibilidade de que seja questionada se situa enquanto o buraco está no Outro. Tem que haver uma coincidência com a castração no sujeito; é um tempo da transferência. Em todo caso, Lacan enuncia isto como um pacto; assim o diz em "Encore". E o *semblant* atentaria contra este pacto, porque sua função questiona o Outro como garantia da verdade; já que não haveria discurso senão do *semblant*. Então, a base de um discurso, a verdade a seu respeito, já não estaria apoiada no Outro e sim na função do *semblant*. Neste sentido, digo que talvez a função do *semblant* de *per se* anuncia a presença da castração.

Desde já, o *semblant* não opera da mesma maneira no discurso do analista e em outros discursos. Tomemos o discurso do amo. O S_1, este enxame que é o significante amo, pode tomar características mais ou menos virulentas ou crispantes ou doadoras de gozo, etc,, para quem se encontre sob isto. (Qualquer um de nós se encontra a princípio sob isto, pelo inconsciente.) O que remete a uma das maneiras como, no discurso, se apresenta a castração. Não digo que isto seja a castração, mas que assim se anuncia a castração. Não é que esta seja a função da castração. Esta função entra através do *semblant*: não de qualquer *semblant*, mas quando se trata do discurso do analista: isto é, quando, no lugar de comando do discurso, há um objeto que é causa do desejo.

Feitas todas estas advertências, vou destacar dois pontos. Em "A lógica do fantasma", Lacan se refere ao *lapsus linguae* e ao *lapsus calami*, a propósito de um exemplo de um analisante. Creio que é depois deste exemplo, que ele diz que nunca falou do supereu. Este Seminário foi em 1966-67, e sua lição 10, que não é esta, finaliza com uma referência ao supereu que logo vou comentar. *Lapsus linguae* e *lapsus calami*: Lacan diz que a seu analisante lhe ocorreu duas ou três vezes dizer, em vez de "(...) estive com minha mulher", "(...) estive com minha mãe". Duas ou três vezes o diz assim e não lhe faz nem bem nem mal, simplesmente o diz. Lacan o deixa continuar falando uns minutos e outra vez volta a dizê-lo assim. Aqui temos a diferença entre a verificação formal e a verificação de sexo; creio que para isto aponta o exemplo. Lacan diz que, para ele, o sucedido não é um fracasso e sim o exitoso. Embora pareça ir contra o que ele mesmo diz, afirma que esta é uma palavra exitosa. Porém, diz: é uma palavra exitosa se não for escrita. Se houvesse escrito isto, em vez de dizê-lo, se houvesse sido *mot* em vez de *parole* – o idioma francês tem esta distinção – já seria diferente. Não é que tivesse que ser pior ou melhor, mas sim diferente. Porque, e isto é uma lei de leitura do discurso, só existe o *lapsus calami*; o *lapsus* de pena, escrito. Pensem em qualquer equívoco, onde se escuta uma coisa em vez de outra, por uma vogal a mais ou a menos, etc.: é porque há uma leitura. Porém a leitura se baseia sempre na escritura desta determinada palavra. Neste sentido, o escrito assegura a existência da palavra falada como tal, embora por sua parte não existiria sem a palavra falada.

Neste ponto, Lacan diz que até agora não falou do supereu. A esta altura, já leva doze ou treze anos de ensinamento em seu seminário, e o exemplo indica que, no *lapsus calami*, já cabe uma escritura a respeito do gozo. Alguns anos depois, em "Encore", dirá que o escrito pode enumerar as condições do gozo e também levar certa contabilidade a respeito dos resíduos do gozo. E creio que isto vem ao caso do *lapsus calami* e do *lapsus linguae*. Há resto enquanto se trate de *lapsus calami*. Se não, não há função de resto. Tem que haver alguma maneira de anotar o resíduo de gozo que há no *lapsus linguae*. A maneira de anotar este *lapsus* não é só a escritura; no transcurso de uma análise e, em particular, de uma sessão, a pontuação pode fazer-se, ao contrário do que se pudesse pensar, deixando que o analisante se equivoque muitas vezes. Lacan diz que deixou que corresse o tempo para que o *lapsus* voltasse a ocorrer.

Isto leva, simplesmente, a que não existe nada mais do que aquilo que o sujeito está dizendo; não escrevendo. O sujeito pode tomar ou não como problema o ter dito "mãe" por "esposa". Porém não pode deixar de se dar conta de que há alguma razão para este *lapsus*. Basta que o diga. A função do analista é marcar que isto foi dito. Porém, antes, como dizíamos na vez passada, é: *que se diga*. O fato de que se diga já é a própria função da castração. Porém esta função não tem lugar sem o *semblant*, que, por sua vez, é feito disto que se esquece, que é o *que se diga*. O sujeito vai lembrar que disse isto ou aquilo, mas vocês podem dar-se conta de que o que a alguém custa mais ter em conta é que isto se disse; que isto tem somente a existência de que se disse, e é assim porque existe o fato de que se diga. Este *que se diga* é a dimensão própria da análise.

Pois bem, o que ocorre com a demanda? A demanda é uma das questões que fazem com que se diga. Vou lembrar-lhes a fórmula da demanda de Lacan, tal como a situa no Seminário "... ou pire": *te peço que recuses o que te ofereço, porque não é isso.* O "isso" de "(...) porque não é isso" situa o vazio da demanda, que, em uma primeira época de Lacan, se refere à metonímia do desejo e, depois, ao objeto *a* como lugar onde se apóia a demanda. No sábado passado, tive a sorte de escutar Alain Badiou, que, falando de outro tema – era a apresentação de um livro sobre Kant – disse algo, de passagem, que vou comentar: *O melancólico trata de fazer uma disciplina da perda.* Pareceu-me particularmente interessante, além do discurso filosófico ao qual se referia naquele momento. O melancólico trataria de fazer uma disciplina a respeito da perda. Que diferença haveria com o luto? A primeira é que, no luto, efetivamente há uma perda. Ele se caracteriza porque o objeto, como diz Freud, *já* não está, o que dá lugar ao que se chama a dor. A partir de *Luto e melancolia*, podemos circunscrever a dor em sua referência ao que já não está. Na frase de Badiou, podemos perceber uma função típica do supereu: o melancólico tem que, volta e meia, construir algo – porque a construção cai – diante do que perdeu, mas no horizonte de que não o perdeu. Podemos tomar, como referência deste horizonte, que "a sombra do objeto cai sobre o eu". O melancólico trata de construir algo que já perdeu sobre a base de que não o perdeu, de que o conservou. Vocês vêem que isto corresponde à fórmula da relação entre o supereu e o gozo, em que a função do supereu se refere à não perda do gozo, à memória de gozo. Na melancolia, esta função do supereu é a que dirige o *logos*: dirige as coordenadas lógicas desta "disciplina", que fracassa porque está feita sobre o que se perdeu, mas sem perdê-lo.

Voltemos àquela fórmula da demanda: "te peço que recuses o que te ofereço, porque não é isso". Em um dos lugares onde enuncia esta fórmula, Lacan pede que o *(...) não é isso* não seja tomado como uma negação. Em todo caso, "porque [*parce que*] não é isso" tem que fazer parte da fórmula da demanda, porque remete ao lugar da causa. Não é que "porque" seja a causa, e sim que, sem ele a causa, isto é, o vazio da demanda, não teria onde sustentar-se na frase. Agora, como é a demanda melancólica? Poderíamos pensá-la assim: *te peço que recuses o que te ofereço, não é isso*, onde "(...) não é isso" tem valor de negação. Tem este valor não porque inclua a palavra "não", mas porque "porque", que é o *logos* que poderia fazer com que a frase existisse como fórmula, não tem lugar. Neste caso, há outro *logos* que se refere exatamente ao que situei sobre a relação entre o supereu e o gozo. No caso da melancolia, vê-se o que quer dizer esta *disciplina*. É uma disciplina sem relação com o necessário. Se a demanda é que se recuse o que ofereço *porque* não é isto, conforma o nível da necessariedade, em seus dois sentidos: faz uma passagem da necessidade à demanda, criando, pelo desejo, o vazio entre ambas e, também, é uma necessidade lógica, já que dá uma razão a respeito do desejo. Em *te peço que recuses o que te ofereço, não é isso* também se dá uma razão a respeito do desejo, porém esta razão tem como garantia o desejo do Outro. Não falo da demanda do Outro, mas do desejo do Outro, que conduz o *logos* que constrói a demanda na melancolia. Lembro-lhes que este *logos* se assenta no supereu; de outro modo, perder-se-ia a relação entre o supereu e a demanda. E aqui se vê bem a função do supereu: dá e exige muitas explicações; dá também algumas alegrias, talvez; mas sempre é sob a condição da presença do desejo do Outro. Na articulação da demanda, o desejo do Outro se faz presente de tal maneira que não se pode construir uma necessidade lógica. Já lhes disse que a fórmula da demanda, como a situa Lacan, é necessária logicamente. E há um ponto onde a lógica se toca com a existência, já que se trata de uma lógica frente ao que já não existe.

Esta *disciplina* na melancolia se constrói sobre a base de algo que não se perdeu, não só porque não há diminuição de gozo, mas também por uma particular construção. Na melancolia também há um *porquê*, porém este fracassa. Chamo *porquê,* não ao motivo nem à explicação, mas ao lugar lógico, onde, na fórmula da demanda, se faz lugar de um vazio. Na melancolia, embora se apresente sob a forma do negativismo mais profundo – não querer fazer nada, não poder nem se levantar, etc. – o que descritivamente é negativismo resulta ser o ponto máximo de uma demanda. Esta demanda é conseqüência da presença do desejo do Outro, selecionada pela possibilidade lógica que é o supereu, onde o *logos* toma um lugar pelo qual o *por quê* sempre resulta falido.

O falido, então, não é o recriminado. No luto, o recriminado não aparece tão esplendorosamente como na melancolia, mas, ante o desaparecimento ou a morte de alguém, não é que uma pessoa não se faça recriminações, nem por isto deixa de poder construir seu luto, no sentido de poder estar em relação com uma demanda, de poder construir uma frase com relação a uma demanda. Tomo o caso da demanda porque, na fórmula de Lacan, a demanda é o próprio fato de falar. Falar é demandar. Por isto, tomo a fórmula da demanda como o ponto onde anotar isto, ou seja, que, na melancolia, assistimos a uma construção constante, sempre sobre o mesmo e sempre falida. Falha no ponto onde o *porquê* nunca chega a construir-se. Cria uma infinitude a respeito da castração, que recusa o finito do que se perdeu. Não é a infinitude da castração no quadro da sexuação ou da função fálica. É a criação de uma demanda infinita, repetida. Porque a auto-reprovação não é senão uma demanda; demanda do que fosse; pode anunciar-se com qualquer semântica, porém é sempre uma demanda, na medida em que o sujeito fala. E as condições para que alguém fale dependem de que constitua ou não uma demanda.

Na função do supereu, com relação à melancolia, há esta construção incessante que nunca chega a ser tal e, por isto mesmo, cai, como cai o sujeito. Assim se representa a imagem do sujeito à vista de algum semelhante: "Está muito caído". Isto que se diz não deixa de dizer que o que cai é a possibilidade da construção desse *porquê*. O que não impede que, no imaginário, o sujeito apareça com muitíssimos porquês. E tem mais, poderia dizer-se que, quantos mais porquês houver, menor será a possibilidade de uma construção eficaz da demanda. Esta eficácia consiste em que o vazio da demanda esteja criado. Isto é, que o *porquê* esteja em relação com uma causa, com uma falta e com a persistência de uma existência sem fim.

Lacan, creio que na lição 10 de "De um discurso que não seria da aparência", diz que *o ordenamento do gozo pelo supereu tem referência em um pai original, mais que mítico. Isto é, como se se conduzisse um gozo puro. Ou seja, a não castração*. A *referência* a que Lacan alude aqui se liga com a referência na interpretação, da qual falamos na reunião passada. E a citação situa o contrário do que talvez se pudesse supor. Vocês vêem que o gozo puro é a não castração. É o que dizíamos, se entendemos simplesmente, ao menos pelo momento, que castração tem a ver com um limite que exista como tal; não que se efetive. Um melancólico pode pôr fim a seus dias, isto é algo que acontece. Sem entrar agora em categorias como a de passagem ao ato, digamos que se trata de pôr um fim; o melancólico pode encontrar este fim, mas ninguém, nenhum psicanalista vai pensar que neste fim se trata da castração, já que por castração entendemos um modo positivo, que não quer dizer "bom" ou feliz, mas positivado, não em negatividade. Este gozo puro, a não-castração, podemos encontrá-lo, por exemplo, na melancolia.

Tomei este ponto a partir daquela frase de Badiou. A *disciplina* a que alude não é a disciplina do luto. Nesta, o que faz o luto não fala de sua disciplina. No melancólico, por outro lado, há intermináveis relatos, e vocês talvez terão sido testemunhas de alguns; intermináveis relatos de como se constrói esta disciplina diante do que se perdeu, ou, para torná-lo mais geral, frente à perda. Porém prefiro dizer que é diante do que se perdeu, porque tomo a referência de Freud, em que, no luto, se trata do que *já* não está, e aí é onde está a dor. Por isto, na melancolia, embora haja sofrimento, não há dor, se entendemos por tal uma dor real, isto é, referida a isto que já não está. Não me refiro a que esteja ou não na realidade, mas sim a que já não existe, em nenhum termo existe. Que exista ou não na realidade é um tema que se poderia seguir em algum momento, mas não me refiro agora a isto. Trata-se de algo que pode continuar existindo na realidade, mas já não existe porque a causa, pelo que fosse, já não está em relação com este objeto que se perdeu. Às vezes acontece que alguém deixa de amar o outro, e isto também é uma dor; é uma dor real. Refiro-me a quando se perde o amado ou a amada porque se deixa de amá-lo. Então, não é apenas o caso do luto pela perda, no sentido de que o outro desaparece, morre ou deixa de querer alguém. Pode ser que o sujeito esteja diante do fato de que não ama mais o outro, e isto é uma profunda dor. Então, quando isto acontece, costumam dar-se situações sentimentais que vão como em cadeia, de uma mão para outra; para evitar esta dor; solta-se de uma mão para agarrar-se a outra, o que é evitar a dor e, talvez, no fundo, melancolia.

Participante: Lacan diz que o trabalho de luto consiste em fazer coincidir a hiância que a perda abre com uma hiância maior, a da falta simbólica. Isto é o que não funciona na melancolia. Norberto falou em uma destas reuniões de um mandato do supereu: *Nomeia!*. Não só *Goza!*, mas sim *Nomeia*. Aparece na melancolia isto de que tudo é possível ser nomeado, como função do supereu?

Norberto Ferreyra: Sim. O supereu é fundamentalmente nominalista. O que é importante, porque às vezes situa, na transmissão, o risco de que a psicanálise possa ser entendida como um nominalismo, entendido no sentido de que tudo possa ser nomeado. Em termos de Badiou, seria que a última subtração não se deixe de fazer. Que tudo possa ser nomeado remete ao critério nominalista: existe porque é nomeado. Por isto é muito diferente o silêncio na melancolia e no luto. Quando a referência do silêncio é melancólica, está referido ao pai da origem: gozo puro, não castração. Nenhuma separação – no sentido lógico que Lacan utiliza – corresponde à melancolia. Sem prejuízo de que a melancolia ofereça uma excelente oportunidade de ver como se entrelaça isto que Lacan nomeia, ao dizer que a própria estrutura está feita de gozo.

Participante: Em *L'Etourdit*, Lacan afirma que a demanda é modal. Tomando a formulação da demanda que Norberto situou a respeito da melancolia, pode afirmar-se que o modo da demanda na melancolia é demanda de inexistência? E é possível relacionar isto com o quadro da sexuação?

Norberto Ferreyra: É interessante a pergunta. Não poderia respondê-la agora. Posso dizer, para começar a pensá-la, que a melancolia não toca em nenhum lugar da inexistência. Contudo, tudo aparenta que assim fosse. A inexistência com a qual se veste o melancólico fala de que não há *semblant* funcionando aí. O melancólico se veste de inexistente. Alguém pode vestir-se de inexistente, e esta é a roupa, o hábito – nos dois sentidos da palavra – da melancolia. Porém é o ponto mais afastado do que é a inexistência, porque a inexistência, a princípio, é que algo já não está; então, inexiste. Isto é categórico e não está situado em termos de princípio de realidade. Trata-se de algo que já não está para a pulsão. O objeto da pulsão se conforma segundo a satisfação e a insatisfação. Sabe-se que a pulsão não tem objeto, porém podemos dizer que a pulsão constrói seu objeto. Não o digo no sentido kantiano. A pulsão, segundo duas coordenadas que são a satisfação e a insatisfação, constrói o objeto, nos dois sentidos: tanto no que a conforma – na satisfação ou na insatisfação – como na forma que pode ter o objeto. A dor é quando o objeto, nestes termos, já não está. Por isto mencionei a dor de quem, havendo sido amante, deixou de amar. Isto é uma dor e é uma perda. A inexistência é simplesmente um hábito, é um prazer habitual, se entendemos que o princípio de prazer quer dizer o menor gozo possível. No caso da melancolia, está exacerbado pelo hábito com que o melancólico se veste. E este caso é, no meu entender, o mais distante com o qual o sujeito se enfrenta com a inexistência do objeto. Esta inexistência não está presente para o melancólico. O que não quer dizer que não esteja presente em seu discurso; ninguém poderia falar sem esta inexistência.

Participante: Se no neurótico o objeto é a demanda do Outro, no melancólico se reduziria a um objeto caído ou a um resto do desejo do Outro perdido. E a existência ficaria reduzida, sem substituição, a este objeto, resto perdido pelo Outro. Haveria existência, porém assim reduzida. Por isto não poderia pôr o objeto no lugar da causa. Ele seria este objeto reduzido a um resto, perdido pelo Outro, sem possibilidade de substituição.

Norberto Ferreyra: Tomo o caso do luto. Uma situação de luto produz certa inexistência do Outro. O que é uma função da interpretação, que sempre engendra um luto, porque se perde uma dimensão da suposição de saber ao Outro e, neste sentido, é uma queda do Outro. Então, um luto sempre é uma interpretação. O luto tem este efeito de interpretação na medida em que gera esta certa inexistência do grande Outro. Recordemos a referência ao Outro como lugar da verdade, baseada em um pacto com o grande Outro. A este pacto se opõe o objeto *a*, que se faz de intermediário do sujeito e do grande Outro, impedindo que este pacto se realize. No meu entender, uma função básica do objeto *a* – e por isto é tanto causa como *plus* de gozo – é interpor-se entre o sujeito e o Outro. Esta interposição faz com que o pacto fracasse. Porém há pacto.

Participante: Trata-se de dar-lhe um lugar ao *a* como causa.

Norberto Ferreyra: Em termos lógicos, sim. Porém a clínica, que também tem a sua lógica, indica que a melancolia pode ser uma formosa ironia à função do pai; uma ridicularização, ao máximo, deste pai original. Estou baseando isto na função do supereu. O que busca o melancólico em suas auto-recriminações, quando quer ser limpo de suas más ações? Busca algo puro. Busca algo que nunca tenha sido causa de nada. Isto é o que parece relacionar-se com certa inexistência. Além de sua ironia, marca uma rejeição fundamental com relação ao pai.

Participante: Aquilo que se veria afetado pela inexistência seria o luto. O que inexiste é a possibilidade de anotar a perda.

Norberto Ferreyra: No luto é possível anotar a perda, porque as perdas se podem anotar com o objeto *a*, portanto, se o objeto *a* funciona, é possível anotar a perda. O objeto *a* é o escrito. Trata-se de se o gozo pode ser escrito. Por isto a diferença entre *lapsus calami* e *lapsus linguae*. Se o *lapsus* é *calami*, o gozo é escrito. Além de que, teoricamente, alguém escuta porque lê, porque há uma escritura. Além disto, o *lapsus calami* é importante enquanto escrito. Se aquele sujeito tivesse escrito "ontem me encontrei com a minha mãe" em vez de "(...) com a minha mulher", teria sido outra a condição do gozo: haveria anotado isto como condição de gozo. Por isto não há análise por escrito.

Participante: Norberto situava a negação, na melancolia, com relação ao '(...) não é isso'. A negação é uma operação simbólica. Então, não me impede situá-la neste ponto; eu o entenderia melhor em termos de negativismo.

Norberto Ferreyra: É certo, porém me refiro à negação funcionando na fórmula da demanda. Uma demanda não se estrutura como tal se está estruturada pela negação. Na melancolia, a lógica em que funciona esta negação não está em relação com a causa. Em "te peço que recuses o que te ofereço, não é isso", o melancólico interminavelmente trata de construir o "(...) porque (...)". Esta particularidade faz com que funcione a negação na demanda. E o efeito clínico é que não se pode levar a sério, isto é, em série, nunca, a demanda de um melancólico. Não pode fazer série com outras demandas. A tarefa da análise é, neste caso, modificar a estrutura da demanda, para que esta, em suas sucessivas construções, esteja em relação com o fantasma. De outro modo, não há nenhuma possibilidade: não se vai cernindo nada do que é o Outro como buraco. Não é um "não" que descompleta o Outro.

Participante: Penso na referência à reprovação, que Norberto estabeleceu a respeito da fórmula da demanda. É certo que, na reprovação, se pode entender uma demanda. Pode-se situar uma diferença simples, talvez muito simples: uma coisa é que a reprovação venha do Outro e outra coisa é que se dirija a um Outro. Na melancolia, a reprovação vem do Outro; não se dirige a um Outro. Com respeito ao analista, digamos: "não tomes uma reprovação por uma demanda, porque não é isso". Com respeito à função do *semblant* do objeto que o analista pode, se pode, cumprir na cura de um melancólico, situa-se uma dificuldade, já que a função da aparência se choca com a própria fórmula da demanda, que nadifica a função da aparência. Isto é próprio da melancolia. A nadificação da função da aparência é correlata do hiper-realismo, que também está presente no discurso melancólico. O melancólico irá dizer sempre: *(...) Sim, porém o objeto já não está*. E o *porquê*, que ali se apresenta como *logos* (na referência ao supereu como sede do *logos*, que Norberto situava) é o pedido de uma explicação. Porém esta afirmação hiper-realista é em proveito de uma nadificação da função da aparência. É um *não creio em nada*, em que se situaria algo além da aparência, mas que não é o real e sim o gozo. A ordem do supereu, em sua vertente melancólica, é *Não perderás o gozo*. Sob esta condição, o melancólico pode perdê-lo todo.

Quero fazer outro comentário sobre uma frase de Norberto: *Há dois sexos; não há anjos*. Isto permite um cotejo entre o discurso da psicanálise e o discurso da política, em relação à função da aparência. A noção de que não há discurso que não fosse da aparência poderia tomar-se em um sentido perfeitamente cínico. De fato, esta fórmula pode ser aplicada ao discurso da política, em que há anjos. Isto quer dizer: não há dois sexos. Não há apenas dois sexos. E o fato é que isto se pode sustentar como uma relação com a verdade ou com o real, em que não se põe em jogo a relação entre o saber e a verdade. Na comparação entre discurso da psicanálise e discurso da política, a do "anjo" é toda uma questão.

Norberto Ferreyra: Aquilo que em política começa com a proposta do "fim da história" e suas variantes, e todas as mudanças no real que houve a respeito da passagem de corpos e, neste sentido, politicamente falando, o gozo, tudo isto engendra uma possibilidade de pensar nos anjos, não no sentido da beatitude nem nada do gênero, e sim em que não haveria mais oposições. Em todo caso, as oposições religiosas e raciais, que efetivamente se dão, perdem certa dimensão geopolítica em um período onde talvez haja um grau máximo do angelical na política. Em relação à época do Holocausto, falou-se de *anjos da morte*, mas, em todo caso, havia um lado e outro lado. Agora, não há o outro lado, ou melhor, não é que não haja, mas que certa simbologia oferece a possibilidade de que existam os anjos. Faz um tempo, disse que a política, em psicanálise, é *~~La~~* mulher. Referia-me a isto. Na próxima reunião vou falar de *~~La~~* mulher com relação ao Outro barrado e ao *não-todo*. Tal como está no quadro de sexuação: *~~La~~* mulher com relação ao S(Ⱥ) e em referência ao quantificador universal, *não-todo*. Na próxima vez, vamos falar sobre isto.

14 de outubro de 1992

13. O supereu e a censura

A mulher e o não-todo – O isolamento do enunciado –
O sujeito, o nome e o supereu – O reparo da enunciação –
O feminino e o inominável

Quero situar um desenvolvimento mais específico da questão do supereu e, em relação a isto, voltar ao que comecei a dizer na última vez quanto à relação entre o *~~La~~* de *~~La~~* mulher e o *não-todo* da fórmula da sexuação. Vamos começar pelo supereu. De nossas últimas reuniões, pode destacar-se a hipótese de que o supereu é não tanto um lugar, mas uma esplanada, um planalto, onde se assenta o *logos* para ordenar o gozo. Já comentamos o efeito de paradoxo que pode ter *lalangue* ao ser trabalhada pela linguagem. Assim o vimos em alemão, em francês, em castelhano; nestas diferentes línguas e em *lalangue*, que corresponde a cada uma, víamos o efeito paradoxal do supereu a respeito do gozo. Assim estava no *j'ouis-jouit*, no termo alemão, correspondente a "obedecer", que contém "ouvir", e no "deves ser" da língua castelhana, com sua particular potencialidade de significância em *lalangue*.

Instalado o *logos* neste lugar, que está em relação com a pulsão invocante e com o Nome-do-Pai, a partir daí se ordena o gozo. A função do *logos* remete nisto a duas vertentes, com apoio na filosofia. Uma é o *logos* como o que mostra, que faz evidente, patente, acerca do gozo. E, por sua vez, não é excludente, este mostrar pode ser entendido como o que o torna inteligível. Esta função do supereu permite uma diferença, uma inteligibilidade do gozo, nas diferentes divisões que se podem propor: gozo fálico, gozo do Outro, gozo feminino. Ou, então, abrangendo algum destes, o gozo suplementar. Em todo caso, basicamente, trata-se do lugar onde isto se ordena. Esta maneira de ordená-lo está em estrita relação com a função de *lalangue* em cada trabalho da linguagem que sobre ela se tenha feito.

Também nos referimos, na reunião passada, a dois tipos de verificação no discurso. Uma é a verificação formal, que corresponde à ciência, e outra, a respeito do sexo, sobre a qual disse ambiguamente – e assim o mantenho – que pode ser verificação *do* sexo ou *de* sexo. A psicanálise tem uma estrita relação com esta verificação.

No Seminário I, Lacan disse coisas importantes acerca do supereu. A primeira é que o supereu, em Freud, provém da censura. Uma função da censura seria a base, o assento do supereu. E seu efeito é "uma cisão do mundo simbólico do sujeito". Lacan não fala exatamente de uma divisão, mas de uma cisão, cujo resultado é o inconsciente; cisão do sistema simbólico. Esta cisão se refere ao sujeito em sua relação com a lei. Como vocês vêem, introduz-se aqui outra função do supereu: que, pela voz do supereu, se possa proferir a lei, sob a forma paradoxal desta ordem de gozo.

Como ocorre isto? Evidentemente, nem todos os elementos da língua, embora possam estar disponíveis, são efetivos em sua ordem de gozo ou em seu ordenamento do gozo, no que diz respeito à função do supereu. Lacan destaca que a ordem do supereu provém de um estado de *lalangue*, onde é possível o isolamento de um enunciado. Talvez em algum momento possamos tratar as características deste enunciado. A noção de isolamento de um enunciado se pode ver no famoso exemplo do analisante de ascendência árabe que padecia de uma inibição manual, que não tinha podido ser interpretada com referência à masturbação, já que estava associada ao preceito alcorânico de que se cortará a mão a quem roube, com referência ao pai do sujeito. Rapidamente vemos que a questão do supereu pega todas as gerações e isola um determinado objeto; parcializa algo do corpo, neste caso, a mão. Até aqui o exemplo trazido por Lacan. Em um sentido manifesto, pode dizer-se que o isolamento de um enunciado o é a respeito do contexto em que é dito. Porém, além disto, trata-se de um isolamento no sentido de que a enunciação é estranha ao sujeito; não porque não lhe pertença, quando o diz, mas porque o próprio sujeito cumpre a sua enunciação: realiza a enunciação do enunciado. Não é o mesmo que estar em relação com a enunciação de algum enunciado e que isto ordene seu gozo. O enunciado está isolado não só do contexto, mas também da verificação do sexo – ou de sexo – que chega a tomar características dramáticas quanto à angústia. É o caso de "deverás ser uma mulher", é o caso das perguntas de ser: entram como enunciados que se isolam, e isto é função do supereu.

Pode dizer-se que, a nível do inconsciente, o supereu funciona com o isolamento do enunciado. Se o enunciado não estivesse isolado, o supereu cumpriria à perfeição o que talvez tenha sido um anseio ou um desejo de Freud: conservar a herança das gerações. Sim, o supereu tem esta cara, mas também tem outra, pela qual suas ordens podem ser isoladas enquanto enunciados, que não são vazios, mas onde o sujeito paga por sua enunciação. Às vezes paga com o seu próprio corpo, ou, nas psicoses, pode pagar com um delírio.

O isolamento deste enunciado é o que permite esta função paradoxal do supereu. Se o enunciado não estivesse isolado, recortado – nisto joga o papel da voz no supereu – as coisas ocorreriam de outra maneira; a ordem não teria a potência paradoxal que lhe dá o supereu, pois a potência paradoxal da ordem do supereu provém de que o enunciado se isola. E a neurose obsessiva é uma teatralização disto. Em casos de neuroses obsessivas graves, ocorre efetivamente que o enunciado é completamente isolado e não situa o sujeito em uma ordem simbólica geracional. Mais ainda, isola-o neste sentido, já que há uma mimese do sujeito com o enunciado.

A relação do funcionamento do supereu com a possibilidade de que um enunciado seja isolado é referível ao trauma. Isto pode ser lido, embora não muito claramente, no texto de Lacan que citei. O traumático é, então, tal, quando a presença do enunciado isolado se faz totalmente efetiva? Quero dizer que, neste caso, o sujeito não encontra lugar para nenhum tipo de enunciação que lhe permita descansar de sua falta de ser.

Na mania, isto é claro. O maníaco não se detém – em sua forma de falar, nos diferentes aspectos sintomáticos que aparecem na mania – porque não há nenhum tipo de enunciação. A metonímia é incessante; não há uma enunciação que permita este reparo, este descanso da falta de ser.

A falta de ser, quanto ao trauma, é correlativa ao isolamento do enunciado. E talvez se cumpra um isolamento do próprio sujeito a respeito da falta. A conexão está rota, porque a enunciação não é possível. É, como dizia, o caso da mania. E não me refiro exatamente à psicose: quando, em uma sessão, o analisante não pode deixar de falar, quando fala sem cessar, sem nenhuma pausa, descritivamente se diz que é uma mania, e vemos ali que, não exatamente o sujeito, mas o significante busca um descanso que produza uma enunciação, mas a enunciação não ocorre porque há um funcionamento do supereu, onde o sujeito, seguramente, está em relação a um enunciado isolado. O isolamento deste enunciado está cindindo o mundo simbólico do sujeito; não se trata simplesmente da divisão do sujeito, mas, dentro dela, é o momento em que a enunciação não cai como produto do falar, que, então, não se detém. Não se detém porque não há o reparo da possibilidade de enunciação.

Pode-se dizer que isto é o traumático, ou melhor, que isto é uma reação, uma resposta frente ao traumático. São duas maneiras de situar as coisas, e pode-se situar a discussão neste sentido. Se o entendemos como resposta ao traumático, talvez se deixe de lado que, por exemplo, a reação maníaca no discurso, sem prejuízo de que esteja, por sua vez, determinada por infinidade de questões, obedece a este não reparo para a enunciação.

E o que é a enunciação? Por que esta enunciação? A que se refere a função de reparo da enunciação, para que tenha lugar o sujeito da enunciação? Vamos entrar, seguindo o tema, por outro lado: o que seria do sujeito se o nome o representasse? Em algum sentido, a enunciação pode ter o efeito de representar o sujeito. Porém, particularmente, insisto, o que seria se o nome o representasse? Dito de outra maneira: a enunciação pode existir porque o nome não o representa?

Brigitte Lemérer, em um artigo que fala do passe e de outras questões, diz que a fórmula S(Ⱥ) indica uma função do nome, onde este está em relação com todos os outros significantes que representam o sujeito. O nome poria em relação todos os significantes que possam representar o sujeito, excluindo-se o nome desta representação. Por isto, associa-se com a barra do grande Outro. Se o nome representasse o sujeito, estaria nomeando, no lugar do grande Outro (lugar da verdade, lugar do inconsciente, para lembrar os termos mais simples), isto que, pela barra, seria a falta de ser do grande Outro. A questão é que o nome não nomeia isto. O nome nomeia isto que falta a esta falta de ser. São dois movimentos. O nome não nomeia o Ⱥ; nomeia o que falta a esta falta de ser, mas não nomeia esta falta de ser, porque, se a nomeasse, o Outro não estaria barrado. Repetindo: se se pudesse nomear a falta de ser, o Outro não estaria barrado.

Há uma clara função do supereu com relação ao nomear. A isto me referia quando falei da mania. Há uma efetividade do supereu quanto a que tudo possa ser nomeado, o que, a meu ver, deve ser entendido como se houvesse nome para esta falta de ser. Se se pudesse nomear a falta de ser, o Outro não estaria barrado; tudo poderia ser representado.

O nome tem o lugar de nomear o que falta a esta falta de ser, mas nunca pode nomear o que a constitui. Isto equivaleria a que o nome pudesse nomear o objeto *a*; o objeto *a* teria um nome, poderia ser dito. O que quero enfatizar hoje se refere a esta potência do nome a respeito do supereu. Vimos considerando o nome próprio, porém tomemos também os nomes e as coisas, ou as palavras e as coisas. No nível das palavras e das coisas, situa-se a discordância da linguagem, mas, fundamentalmente, a distância dada, porque nem tudo pode ser nomeado, porque o nome, inclusive as próprias palavras, quando funcionam como nome, não nomeiam isto que falta, mas o que falta a isto, que seria falta de ser a respeito do sujeito. Esta dupla volta faz com que o nome não represente o sujeito.

O que não impede que, como dizia para a mania, se busque que o nome, ou o nomear, ou o falar, tenha o valor de cobrir esta falta de representação; que este algo que constitui a falta de ser possa ser nomeado. Esta não é uma pretensão absurda ou vã; em certo sentido, é a própria potência do significante.

O significante que constitui um nome próprio não faz mais do que lançar uma atribuição, uma propriedade acerca de um ser falante. Porém, se o significante, funcionando como nome, pudesse representá-lo, então não haveria castração. A castração é a fenda entre o que pode ser representado e o que não tem representação. E na estrutura há um ponto, o do nome próprio, onde o sujeito não pode ser representado.

Neste sentido, o nome próprio determina a castração do sujeito. Não é que o nome castre, e sim que, ao funcionar como nome próprio, dá lugar à função da castração. Insisto com o exemplo da mania, porque é importante: neste estado do discurso, o sujeito fala como se não encontrasse nome para as coisas; como se as palavras não alcançassem dizer o quer dizer, o que pode dizer, o que está determinado a dizer. Não se trata de que faltem palavras, de que não alcancem, mas de que se tenta saltar o fato de que há pelo menos um nome, uma palavra, funcionando como nome próprio, que nunca pode representar o sujeito. Nunca, porque, se o representasse, o sujeito não poderia falar.

Assim, passamos ao tema do quadro da sexuação. Lembrem que, do lado direito se situam o ~~La~~ e o S($\not{A}$). Há questões interessantes quanto a se é possível fazer uma diferença a respeito; se esta maneira de anotá-lo pode implicar uma diferença. Qual é a diferença, se há, entre ~~La~~ e S($\not{A}$)? Que relação tem isto com *não-todo* Φx? Há duas marcas importantes. Uma coisa é *não-toda* e outra é *não-todo*. Como faz Lacan para situar que este *não-todo* não engendra uma particular afirmativa? Refiro-me a: se *não-todo* Φx, *existe um x que não* Φx, porque assim seria na lógica clássica. Como faz Lacan para sair deste embrulho? Por exemplo em "...ou pire", Lacan diz que este *não- todo* não é extensivo. Isto é, *não-todo* não quer dizer: "uns sim e outros não". Quanto à mulher, *não-toda* quer dizer que não toda está em relação com a castração. Não é que haja uns que sim e outros que não. Não é extensivo, no sentido de que dividiria o universo em dois, em cujo caso teria que haver um que não estivesse em relação com a castração – refiro-me sempre ao lado direito do quadro da sexuação. Por isto está a fórmula da inexistência: *não existe x que não* Φx. As duas fórmulas estão porque *não-toda* remete a que, em alguma parte, uma mulher, ou a mulher, não está em relação com a castração. Por isto *ela* é tomada não toda pelo discurso, seguindo a função fálica, quer dizer, em alguma parte *dela*. Não é que divida um universo entre as que sim e as que não. Isto faz parte do fantasma, como no exemplo de Freud: uma paciente dizia que havia compreendido o que é a castração nas mulheres; havia-se dado conta de que algumas não têm pênis... embora outras sim, e que eram muito mais valiosas! O extensivo fantasmaticamente do *não-todo*, o fantasma do *não-todo* a respeito da mulher, é que há algumas que sim e outras que não. Isto implica uma extensão do *não-todo*, sendo que, pelo *não-todo*, ela, a mulher, é tomada como *não-toda*, com relação à função fálica da castração. Não é que haja algumas *elas* que sim e outras *elas* que não, como no enunciado da paciente de Freud.

Na reunião passada, fiz uma afirmação talvez arriscada: que o *semblant* tem um efeito de feminização no discurso do analista. Este efeito de feminização é porque não é possível fazer *semblant* de A, do Outro; não por um capricho de Deus, mas pela relação entre o *semblant* e o grande Outro. Lembrem que, nesta relação, o *semblant* é o que orienta a verdade. Não haveria função primária da verdade se não fosse do *semblant*. Isto é o que implicaria que não há discurso que não fosse da aparência, porém, como também disse na vez passada, a psicanálise espera que haja um discurso – por exemplo, a ciência – que não seja da aparência; isto é, que tenha verificação formal. Se houvesse um discurso que não fosse da aparência, seria possível o *semblant* do grande Outro. Isto explica certos estados de estupor de cientistas célebres diante de alguma descoberta, onde a recorrência ao grande Outro, como Deus ou com outros nomes, é a saída para o fato de que não é possível que não haja discurso que não seja da aparência. Que o discurso não seja senão da aparência está em correlação com que exista o sintoma. Se o grande Outro nunca estivesse barrado nem fosse esburacado pela função da aparência, se o lugar da verdade fosse a sério, se a verdade estivesse garantida pela existência do grande Outro, não haveria sintoma. Na função do *semblant*, responde-se a partir do sintoma. Estou falando sempre do discurso do analista.

Lacan várias vezes diz algo que se lembrou em uma de nossas reuniões: a referência ao discurso "do macho" na psicanálise, enquanto o discurso toma sua potência da função do falo. É assim, quanto a que a potência de que se dispõe em uma análise, com relação à função da castração, não é senão fálica. No entanto, há *impasses* na análise que estão por fora, não da função fálica, mas sim da potência fálica. Este lugar, por fora da função fálica, toma sua particularidade do ~~*La*~~ de ~~*La*~~ mulher.

Destaco com insistência a função do ~~*La*~~ de ~~*La*~~ mulher, em sua relação com o *não-todo* e o S(Ⱥ). Há fenômenos que se relacionam com este tema quanto ao nome próprio; questões que entram em falha ou que, pelo menos em nossa cultura, podem ver-se de outra maneira com referência à adoção do outro nome, a suplência do nome de quem se toma como marido a respeito do Nome-do-Pai, etc. Porém não só por isto, mas porque o ~~*La*~~, que marca um limite a respeito do infinito que se abre com relação ao gozo feminino, mostra o infinito como inacessível.

Vou acrescentar duas ou três coisinhas antes de passar à discussão. Interessa-me que, na última reunião deste ano, a segunda quarta-feira de dezembro, entre várias pessoas situemos os termos a discutir, com respeito à experiência da análise e também à escolha de sexo, e com relação ao seguinte problema: há algo que, em Badiou, pode ler-se como objeção, e talvez das mais sérias, a respeito de um uso que Lacan faz do inacessível. Creio que o que há que situar são os termos aos quais teríamos que acomodar uma discussão. Seria então necessário que vários participantes pudessem falar disto, não para formular uma solução, mas para especificar os termos da discussão.

Não vou desenvolver o tema agora, já que, justamente, penso que se deve fazer desta maneira. Badiou diz que, para compor o quadro da função fálica, Lacan tomou dois recursos, que não são tão viáveis. Por uma parte, apela a uma teoria intuicionista; por outra, usa o infinito atual. Porém, acontece que não há combinação possível, em virtude da recusa ao infinito atual da teoria intuicionista. A discussão é sobre o quadro da sexuação, particularmente, com relação ao gozo feminino na infinitude que se abre: uma coisa é que seja inacessível e apareça como limite, e outra é que este infinito atual não exista. Para a teoria intuicionista, tudo teria que ser construível e, se é construível, não pode existir o infinito atual. Então, no quadro da sexuação de Lacan, o infinito apareceria como limite, mas por inacessível, não por existência. Por isso, talvez, esteja a inexistência deste gozo feminino. O que quero situar é uma questão que, parecendo totalmente lógica, não o é tanto. Uma das maneiras de dar existência a esta infinitude está no que disse a respeito da função do *não-todo* extensivo. Nesta função do *não-todo* extensivo, onde a mulher é tomada como *não-todo* Φx, etc., este extensivo divide o universo, "infinitiza"-o, neste ponto. ~~La~~ mulher vem fechar isto, porém mostrando-o como inacessível, não por uma existência do infinito.

Estes são mais ou menos os termos do problema, que tem conseqüências importantes. Não é exatamente que isto marque um erro de Lacan, mas sim que indica os passos que deu para construí-lo e situa os termos da discussão. Vemos que há uma situação diferente do lugar do infinito: uma coisa é que exista e outra é que apareça como limite. Isto é o que situa Badiou. E eu queria deixá-lo colocado aqui, para convidar, depois, algumas pessoas e, com ajuda deste artigo e com o que neste ponto se possa saber de Lacan com Freud, situar os termos de uma discussão, que ficará para o ano que vem. Não se trata de resolver já a discussão, mas de colocar os seus termos.

Quanto à função do *semblant* e seguindo com o tema da "feminização", se fosse possível um *semblant* do grande Outro não haveria feminização. Porém isto seria uma contradição, porque o *semblant* é justamente o que torna possível a castração no grande Outro. Por que esta feminização? Sei que não só em nosso país, mas em outros lugares, se disse que "se faz *semblant*". Isto deu inclusive lugar a chistes. "Fiz *semblant* de cobrar a sessão, e a cobrei"; "fiz *semblant* de terminar a sessão e a terminei"; "fiz *semblant* de saudar e saudei". Enfim, "fiz *semblant* de que estava aí...e aí não podia dizer se estava ou não". Neste "fazer *semblant*", o que implica o dispositivo senão um fazer a respeito do supereu? Para quem está para ser tomado em determinada função na transferência, fazer *semblant* o envia a um lugar de se deixar fazer *semblant*. Neste *deixar-se fazer* reside a feminização do *semblant*. Em outro momento, destaquei uma frase do Seminário XVII, onde Lacan, referindo-se à função do *semblant* como agente no discurso do analista, diz que *ele é feito atuar ou fazer (agir)*. Ele *é feito*: esta passividade ou, melhor dizendo, esta feminização do lugar do *semblant* no discurso do analista encontra sua explicação em que o *semblant* não se faz. Isto é muito duro: quer dizer que o *semblant* não implica uma questão ativa. Porém tampouco se trata de uma questão passiva, senão de uma feminização de quem esteja neste lugar, *deixando-se fazer*.

O que é o que o faz? Há uma resposta dogmática formal: é deixar-se fazer pelos efeitos do discurso. Porém, este deixar-se fazer tem uma função primária, que, em seguida, salta à luz: sem este deixar-se fazer, a posição do analista não poderia ter a função de resto que lhe é necessária, qualquer que seja o resto, de qualquer das quatro maneiras em que se apresenta o objeto *a*, fundamentalmente a voz e o olhar. Esta função de resto deve obter-se; "obter-se", no mesmo sentido em que Lacan, contrariando o discurso imperante em seu momento, dizia que era um êxito que houvesse um *lapsus linguae*; algo *réussi*, conseguido. Para que, na experiência da análise, isto seja alcançado a respeito do discurso do analisante, é necessário que o *semblant* não se faça, e sim que quem esteja neste lugar se deixe fazer este resto como efeito do discurso. Se não há este lugar, é impossível que isto, tão habitualmente dito sobre o objeto *a* como causa, no lugar do *semblant*, no discurso do analista, é impossível que isto se obtenha, com o mesmo valor do que se consegue quando há um *lapsus* no discurso do analisante. Talvez uma coisa vá com a outra.

Isto leva a um passo a mais. Este deixar-se fazer, no discurso do analista, é deixar-se fazer causa. Aqui, faço uma homologia com a referência à verdade. O que é isto, senão a função mais primária da transferência? Primária, no sentido mais banal do termo. Não há outra resistência tão primária, tão primeira, para o lugar do analista, como a daquilo que se oponha a se fazer causa. Isto toma o sentido mais banal e cotidiano, na cotidianidade das sessões. Não tem muitas voltas. Pode tê-las, se alguém se põe a pensar na questão. Porém, no que ocorre em uma análise, trata-se simplesmente de se deixar tomar por isto. O que se vincula, insisto, com uma das funções fundamentais do supereu. Disse, na reunião passada, que, com freqüência, há um diálogo entre o analisante e o supereu, que, neste sentido, se põe do lado do analista: isto resulta corroborado quando não se obtém esta feminização, este deixar-se fazer, necessário para a função do *semblant*. É algo a obter, não depende da vontade. O deixar-se tomar não depende da vontade e nisto apóia-se a formação do analista. É situar-se em uma posição especial, onde alguém pode deixar-se tomar; não é que o aceite, mas que pode deixar-se tomar. Os momentos de resistência em uma análise estão, às vezes, em relação com que este deixar-se tomar na transferência não se consiga.

Por isto, a transferência tem sua face de obstáculo e, ao mesmo tempo, de via, tão claramente situada nos textos de Freud e no próprio Lacan. É obstáculo enquanto traz o que há de repetição, de demanda insatisfeita, de insistência. Porém, o que insiste na transferência não pode ser recortado como causa, como objeto, se não há este deixar-se fazer. Deixar-se fazer *semblant* é fazer-se causa. Porém, insisto, isto não é algo que o analista possa provocar. A espera da transferência é esperar que haja lugar para que exista a transferência, isto é: esperar para ser tomado pela transferência. Nunca se pode dar este logro, a obtenção do se deixar tomar, se não há esta feminização de parte do analista.

Embora a análise tenha, como diz Lacan, sua vertente "ao macho", vemos que, no íntimo do dispositivo, mais próximo da afirmação universal, reside esta singular feminização no lugar do analista.

Há ainda um ponto a mais. Há pouco, nomeei como necessária, com relação à experiência da análise, uma potência fálica que, aparentemente (mas não no sentido do *semblant*), teria relação com uma espécie de dissimetria, que oporia o infinito. Por isto, trago o problema do infinito no quadro da função fálica. A infinitude com relação ao gozo feminino se opõe – não é o termo mais feliz, mas pelo menos indica que não é complemento – suplementa, neste ponto, o gozo fálico. A dissimetria que gera esta abertura à infinitude está em estrita relação com o *não-toda*, isto é, com que uma mulher não toda é tomada pela castração, com a restrição de que esta relação ao *não-todo* não é extensiva e, sim, particular a uma mulher. Quando Lacan diz tudo isto que já faz parte da linguagem habitual da comunidade analítica, *uma por uma*, etc., não exclui a questão da infinitude; pode apresentá-la como inacessível, mas não a exclui. É algo que se pode enumerar, mas aparece como inacessível; não exclui a questão da infinitude. Em todo caso, diz Lacan, não é extensivo. Este "uma" *é uma mulher*, não *para toda mulher*. Em sua singularidade, uma por uma, é tomada não toda.

Nesta posição particular a respeito do gozo feminino, deduz-se o lugar onde se assenta a função do analista, como uma condição de seu fazer, que é a feminização, nos termos que enunciei.

Vou estabelecer uma relação a respeito de algo sobre o que fui interrogado na última reunião e também em outras vezes: a função do inominável. O inominável, é necessário que não tenha nome; sua condição de existência é que não tenha nome. Vocês lembram também as circunstâncias que poderiam dar lugar a que tudo tivesse nome. Na reunião passada, perguntou-se pela relação entre a inexistência e o inominável, relacionando o inominável com a função fálica. É evidente que, para que algo permaneça como inominável, não se realizou a última subtração. Realizar a última subtração implica que o inominável tenha nome. Por exemplo, afirmar que o anônimo é o nome do inominável é realizar uma última subtração. Vêem-se as conseqüências. Se isto fosse possível, a infinitude que se abre no gozo feminino não teria lugar. O infinito se apresenta como limite (deixemos entre parênteses sua forma de existência, como conjunto ou como ponto inacessível, tal qual o toma Lacan) a que tudo possa ser nomeado. O Nome-do-Pai quer dizer que tudo pode ser nomeado. A falha do Nome-do-Pai é que há o inominável. Se tudo pudesse ser nomeado, haveria um funcionamento do Nome-do-Pai sem falha. Na psicose, a falha do Nome-do-Pai é que tudo pode ser nomeado; realiza-se, como algo conseguido pela função do significante, que tudo pode ser nomeado.

Assim, o enunciado isolado do supereu – na caracterização de Lacan em 1954, no Seminário I – se refere a que tudo possa ser nomeado, o que quer dizer que a enunciação pode ser apagada. Não me refiro a que, com isto, se apague o sujeito e, sim, a que o reparo que a enunciação é para a existência do sujeito não tem lugar, porque tudo tem seu nome; porque se realiza esta potência do todo. Lacan acentua a castração pelo lado de ~~La~~ mulher porque a barra de ~~La~~ mulher pode homologar-se ao inominável, não porque seja misterioso: que a mulher seja um mistério é um efeito do inominável que há na barra do ~~La~~ de ~~La~~ mulher. O mistério feminino existe – isto é o que existe – através da existência desta barra, isto é, pelo inominável, nos termos que situei, dando, por minha parte, situação ao gozo no esquema de Badiou. O inominável deve manter-se no funcionamento de uma análise, e não por uma questão moral. Uma análise pode funcionar cotidianamente bem e, no entanto, pode manter a potência de que tudo possa nomear-se, e isto dirigir a cura. O primeiro efeito é que a função do *semblant* a respeito da transferência, quanto a deixar-se fazer, é substituída pelo fazer; fazer *semblant*, como o dizia com algum exemplo ridículo. Então, a potência do "tudo tem nome" se realiza.

Se se realizasse totalmente, o sujeito poderia ser representado pelo nome; haveria um lugar onde o nome poderia representar o sujeito. O sujeito teria nome. Não haveria este efeito de castração. Vejam como todas estas questões se amarram. Neste ponto, situei o lugar de ~~La~~ mulher como aquele onde se assenta a função do desejo do analista. Não é este o desejo do analista e, sim, o lugar onde se assenta. Na próxima reunião, falaremos da função do desejo do analista com relação a este lugar, assim situado a respeito do *semblant*.

José Milano: Pareceu-me interessante destacar a questão do nome, especialmente com referência à psicose. Talvez lá seja mais patente a questão. A desintegração progressiva do discurso psicótico sempre antecede a queda do nome. O nome próprio parece que teria caído do equilíbrio que Lacan comenta, onde sua enunciação se iguala a seu enunciado. Lacan diz que é o único ponto do código onde a enunciação se iguala ao enunciado. Os desmoronamentos do discurso psicótico costumam começar por aí, pelo nome próprio. Ao ser o nome próprio o único ponto de fixação subjetiva, há, então, transtornos temporários, porque o nome tem a ver com a cadeia das gerações; há transtornos espaciais, etc. Porém, na decomposição do discurso, há operações a respeito do que poderia funcionar como nome, por via de cadências ou sufixos: em forma sincrônica, agregados que tentam um equilíbrio da enunciação. Isto é mais observável nos casos em que o nome passa a coincidir com a atividade do sujeito. Por exemplo, alguém que se chame Armando e cuja atividade esteja em função disto; ou "Ferreiro", nome que, inclusive, se faz profissão, ou, ainda, para ir a um ponto a que queria chegar, quando de um nome se faz um campo de ação, como "marxismo", "lacanismo". Em função disto, onde o enunciado se iguala à enunciação, pergunto se esta seria uma forma de situar a relação com o irrepresentável, já que, quando há este desequilíbrio, um nome passa a tomar tal declinação que pode constituir até um campo de ação do sujeito.

Norberto Ferreyra: A respeito da função do supereu, o isolamento do enunciado por ele recortado atenta contra este equilíbrio que se amarra no nome próprio. É um equilíbrio que pode ser desequilibrado pela ordem do supereu. O exemplo que deu Milano é claro: se alguém se chama Ferreiro, por exemplo, e isto provém de uma profissão, na cadeia patronímica, mostra-se a outra cara do supereu, onde se transmite a herança das gerações. Porém não é esta a única cara, porque com cada geração também vai este lado paradoxal, a ordem de gozo. O nome próprio se equilibra com respeito ao gozo que se amarra a este nome como sintoma. "Joyce, o sintoma": o nome amarra a relação com o sintoma e, de uma ou outra maneira, se estabelece um equilíbrio. Quando se rompe este equilíbrio, há um isolamento de um enunciado. O que, no meu entender, é função do supereu. Por isto, Lacan fala neste ponto de ruptura do mundo simbólico. Não é porque não tenha presente a divisão do sujeito.

Carlos Quiroga: Duas perguntas. Uma sobre a primeira parte da sua exposição, outra sobre o final. Que diferença há, se há, entre nome e patronímico? Refiro-me ao sentido do totem ou à função de fetiche, que pode ser organizadora com relação ao que nomeia e ao que não nomeia a falta de ser. No tocante à questão de deixar-se tomar no discurso pelo *semblant* e o tema da feminização, se se trata de Deus e do gozo de *La* mulher, tal como Lacan o diz em "Encore", o que impediria que o analista se torne místico ou romântico?

Norberto Ferreyra: Vou começar pelo final. Trata-se da experiência da análise: por que não místico ou romântico, o analista? Parece-me que isto se refere a algo que alguma vez dissemos aqui mesmo; algo que tem a ver com a abstinência do analista, a respeito deste misticismo ou deste romantismo potencial, latente. Trata-se da angústia. A formação do analista toma a sua consistência em que se possa saber – não conhecer e, sim, saber – como fazer para recusar o sinal de angústia: este é, entendo eu, o limite ao misticismo ou ao romantismo. Esta recusa, o recusar-se a esta promessa, é a própria possibilidade da análise. É o que se faz sentir – uso a propósito esta palavra já que estamos falando da angústia, do afeto – como a inexistência do grande Outro. Não há maneira mais radical que a angústia para fazer sentir a inexistência do grande Outro. Esta angústia é conseqüência de uma recusa. O misticismo ou o romantismo em um analista sempre está em relação com que algo desta recusa não foi realizado: houve motivo para que não se cumprisse.

Carlos Quiroga: A posição de feminização está em relação com o *não-todo*. Não dar o sinal de angústia, não articular, na transferência, a função do *ao menos um*? Refiro-me ao que se inscreve no lado esquerdo do quadro da sexuação.

Norberto Ferreyra: Porém eu queria acrescentar algo, que situamos no princípio deste ano: esta recusa tem uma condição na transferência: que a verdade não seja suposta ao analista. Esta é uma condição de estrutura da análise. Não é condição do analista, mas algo que tem a ver com a transferência. O sujeito suposto saber não inclui a verdade. Este limite da verdade faz limite ao misticismo e ao romantismo. "Fazer *semblant*", tomando-o ativamente, em lugar de deixar-se tomar pelos efeitos do discurso, leva talvez a este tipo de posições, na medida em que pode implicar que se inclua a verdade no transferido, sendo que não é o transferido, porque o próprio dispositivo faz com que não o seja. A abstinência, que implica recusar esta promessa, é de estrutura, já que vem porque a verdade não lhe é suposta. Ao não lhe ser a verdade suposta, o misticismo, ou o romantismo, não pode funcionar a respeito da experiência da análise quanto ao sujeito suposto saber. Isto não impede que, na transferência, possa haver efeitos do tipo que Carlos Quiroga marcava; porém não é condição que torne analisável a transferência analítica.

Quanto à questão do patronímico, nos exemplos que trouxe Milano vê-se como funciona; não há muitas voltas a dar. O patronímico toma a sua função porque existe o nome próprio. Não é que tenha a ver com o nome próprio, mas que é feito pela função do nome próprio. E o que é transmitido nas gerações, o patronímico, é possível pela função do nome próprio. Porém há algo mais: o que se transmite é o objeto *a*. Lacan observa que, nos índios mexicanos descendentes de astecas, a posição do corpo e a maneira de estarem situados no mundo têm a ver com uma transmissão do objeto *a*. Vocês vêem que são duas dimensões da herança. O que hoje digo é que, se na transmissão que tomamos como função do supereu predomina o isolamento do enunciado, a situação do *a* como transmissível, como causa que sustenta o sujeito, resulta pouco efetiva. Parece-me que há uma relação proporcional entre o um e o outro.

Participante: Há talvez uma relação de solidariedade entre a impossibilidade de que o nome represente o sujeito e a posição esperável do analista com relação ao se deixar fazer. Situo esta relação de solidariedade com referência ao "nem tudo pode ser nomeado"; mais precisamente, pensei isto a respeito do uso que, em certo momento da história do movimento analítico, se fez da interpretação da transferência. A pergunta é se neste modo de tratar a transferência, onde tudo podia ser interpretável com a pessoa do analista substituindo qualquer outro objeto e assim nomeado na transferência, a pergunta é se isto não resultava equivalente a esta posição do sujeito na mania, que não encontra lugar para a enunciação.

Norberto Ferreyra: A eficácia do *não-todo* está em relação com o *não-toda* e $\not A$ mulher: a sua eficácia implica a não extensão. Que nem tudo possa ser nomeado é precisamente pela existência de ~~La~~ mulher; senão, tudo poderia ser nomeado. Este é o ponto de limite. Pode-se falar, então, de uma relação de solidariedade, mas, por algum motivo, Lacan diz que a castração entra pela barra de ~~La~~ mulher, no sentido lógico; não é que entre pelo *não-todo*. Por isto, a barra do ~~La~~ tem relação com o inominável. Em um ponto da análise há um silêncio, que está a cargo do analista, e que tem a ver com esta função do ~~La~~.

Participante: Não há em Lacan uma diferença entre o *não-todo*, situado no quadro da sexuação, e a "*ex*-sistência" com relação ao gozo feminino? Lembro-me, embora não com precisão, de que ele faz aí uma diferença, e me pareceu que você, Norberto, os situava do mesmo lado.

Norberto Ferreyra: Sem a função do *não-toda* não haveria lugar para o gozo feminino.

Participante: Porém, parece-me que Lacan faz uma diferença lógica, no sentido de que o *não-todo* é algo mais que a condição da "*ex*-sistência". O *não-todo* é, em "Encore", condição necessária, porém não suficiente.

Norberto Ferreyra: Tomaria, aliás, o *não-toda*, porque é o que abre o campo do gozo feminino. A função do *não-toda* é de suplemento, por isto não é extensiva. A função de suplemento do gozo feminino é correlativa à infinitude, que encontra um limite no ~~La~~. O gozo feminino é com o que se faz este *não-toda*. Não é que o *não-toda* exista além do gozo feminino, mas que este, ao existir, responde a uma forma de se ordenar segundo o *não-toda*.

Anabel Salafia: Quero comentar algo sobre a questão do supereu. Nada funciona como imperativo independentemente da voz. Esta condição põe em jogo a dimensão do gozo. Não havendo imperativo independente da voz, não há imperativo que não se situe na dimensão da enunciação. O supereu não funciona, então, senão em relação com a causa do desejo. Se não articulássemos o supereu com a causa do desejo, nós o entenderíamos em um sentido fortemente kantiano, ou seja, como uma questão de ordem moral, desligada de sua referência ao gozo. O sujeito não se designa a si mesmo em nenhuma parte no enunciado, do qual surge a dimensão da enunciação. O ponto é: por que, para o sujeito, há uma falta pelo fato de não poder designar-se a si mesmo no enunciado? Por que há uma falta, se isto é impossível? O que introduz a conotação morosa e insalubre da falta? O que remete à questão do supereu; ao próprio funcionamento do supereu, tal como Freud o entende? O que introduz como falta o fato de que o sujeito não possa designar-se a si mesmo no enunciado? O que faz com que o sujeito tome esta falta a seu encargo? E, por outra parte, esta impossibilidade de designar-se a si mesmo no enunciado não é com relação a ela que surge a dimensão do 'não todo'? E não é a respeito disto que se vai situar o gozo feminino?

Norberto Ferreyra: Neste sentido, referia-me ao supereu como lugar onde uma ordem de gozo se estabelece. Não é que o próprio supereu seja esta ordem de gozo. Se se identifica o supereu com uma ou outra ordem, se está remetido à moral, à consciência moral, o que não é exatamente a dimensão ética que se abre no que dizia Anabel Salafia. Esta dimensão ética é com relação ao impossível, e não à impotência frente à moral. Há uma relação entre moral e impotência, e uma disjunção entre moral e impossibilidade. O que é impossível não concerne à moral e sim à ética.

28 de outubro de 1992

14. O *sujeito suposto saber* e a verdade

O nome próprio e o significante amo – Saber e verdade –
A dívida e o gozo – Função do esquecimento e desejo do analista –
O esquecimento e a medida – A mãe e a mulher –
Édipo e a psicanálise – Passe e fim de análise

Na última aula, procurei distinguir a verificação formal da verificação a respeito *do* sexo ou *de* sexo. Esta última é a que concerne à formalização em psicanálise. E isto se relaciona com certa ordem que se estabelece a respeito do gozo. Disse que o gozo é ordenado – nos dois sentidos da palavra "ordenar" – a partir da esplanada que é o supereu. Fizemos também um percurso acerca do nome próprio, referido ao que não tem representação, ao que não pode ser representado. E pusemos isto em relação com o lugar de *~~La~~* mulher em sua relação com o S(Ⱥ) e o *não-todo.* Diferenciamos então o *não-todo* do quantificador e o *não-toda* de *~~La~~* mulher. Também disse algo que me pareceu talvez arriscado: que o *semblant*, em sua função de agente no discurso do analista, tem certo efeito de feminização sobre o que se aloje neste lugar. A aula terminou com a promoção de um tema: a relação entre o desejo do analista e o *~~La~~* de *~~La~~* mulher.

Antes, também na reunião passada, havíamos citado Lacan no começo de seu seminário, em 1954, referindo-se ao enunciado isolado, que tem lugar no supereu e produz uma divisão no simbólico. A noção de enunciado isolado não se refere somente ao contexto do enunciado, mas a que o enunciado não esteja provido de uma enunciação ou, ainda, que o prover a enunciação já entre em uma ordem de gozo. O enunciado isolado não é vazio, mas sem enunciação, e faz parte de um ordenamento do gozo. Com relação a isto, referimo-nos, na última aula, à questão da representação do nome próprio. Referimo-nos a enunciados sem representação, quanto à situação do Outro ao qual necessariamente deve haver referência para constituir a enunciação. Há uma citação de Lacan, do dia 15 de março de 1981, quando, referindo-se à transmissão da psicanálise, diz: *Por que é que eles querem, sem mais nem menos, que meu nome se apague? É porque eles crêem que é o significante amo, aquele ao qual eu pus faz tempo o subíndice $_1$. Bem, eles se equivocam. Isso não é o um. É o outro.* A citação é de uma conferência de Lacan, mencionada por Solange Rabinovich em um artigo de *Les fils du discours analytique*. Lacan se refere a um processo de apagamento de seu nome, identificado, no sentido banal do termo, com o significante amo. É terminante neste ponto. Creio que estava totalmente a par do que é a herança na transmissão. Diz então que se equivocam (*se trompent*): não é o um, mas o outro; o outro significante. Lacan não faz coincidir o nome próprio "Lacan" com o S_1. E o S_2 é o lugar onde se aloja este nome próprio.

A primeira consideração que se pode fazer é que, quando o nome próprio – tomamos o caso, mais que exemplar, de Lacan – está no lugar do S_2, há enunciação. É lógico, porque, então, há presença do S_1 e do S_2. Quando o nome próprio está no lugar do S_1, não há enunciação. Veremos as conseqüências que isto tem. Por exemplo, alguém poderia perguntar-se se o nome próprio no lugar do S_1 já não é uma operação de metalinguagem. Que relação guardam a verdade e o saber, quando o nome próprio ocupa o lugar do S_1? Quero dizer, quando se identifica – agora sim, no sentido forte – o nome próprio alojando-se no lugar do S_1, isto é, como significante amo. Aqui se situa algo importante a respeito do discurso do analista. Vocês sabem que, no lugar do S_1, no discurso do amo, funciona o falo imaginário em sua função simbólica; o falo imaginário, no simbólico, funciona como S_1. Pretender que o S_1 também aloje o nome próprio estabelece uma relação em que a substituição do falo pelo nome próprio cria a possibilidade de que tudo possa ser nomeado. Em sua função imaginária no simbólico, o falo comanda o discurso, como agente, no discurso amo: se o nome próprio é identificado neste lugar, produz-se um efeito de que tudo pode ser nomeado. Lacan ensina a respeito do funcionamento do S_1 e do S_2, estes dois conjuntos de significantes, dizendo que, quando o nome próprio estiver no S_1, não haverá enunciação. A pergunta é: que relação tem o supereu com o problema do nome próprio no lugar do S_1? Aqui, situa-se uma linha de desenvolvimento: o S_1, o falo imaginário, funcionando no simbólico; com relação a isto, a questão do significante amo; e o nome próprio, tratando de cobrir tudo o que pode chegar a se nomear, através da única coisa que, neste ponto, existe para nomear, a saber, a função fálica.

Vocês sabem que o sujeito suposto saber toma o lugar do S_2 sem coincidir totalmente com ele. Assim está situado nas primeiras lições de "O avesso da psicanálise", onde Lacan toma os círculos de Euler com relação ao Outro, ao S_2 e ao sujeito suposto saber, e este último não é completamente coberto nem pelo Outro nem pelo S_2. Porém, tem a orientação de dirigir-se a outro, que, no dispositivo, é o lugar do analista. Vemos que este lugar, com relação ao sujeito suposto saber, não deixa de ser outro lugar. Pois bem, este sujeito suposto saber poderia dar crédito ao que lhe é suposto? O sujeito suposto saber, aí, onde se instala, na transferência, pode dar crédito ao que lhe é suposto? Dar crédito – quase no sentido literal. O sujeito suposto saber, ao dar crédito, pode fazer com que, na transferência, este seja o lugar onde se situe a dívida? Dar crédito é dar possibilidade a uma dívida. A pergunta é se o sujeito suposto saber pode dar crédito segundo o que lhe é suposto; digamos, segundo os pensamentos que lhe são supostos, que podem ser ditos ou não pelo analisante. A partir disto se cria a dívida? É por isto que dá crédito? Crédito não é outra coisa senão um lugar para a dívida, além de referir-se à confiança que permita ao outro falar. Há, assim, duas dimensões: a confiança, que permita falar e que, neste falar, se estabeleça uma dívida. A questão é se a dívida tem que se estabelecer a respeito do sujeito suposto saber neste ponto, onde se trata do que lhe é suposto, ou, ainda, se, neste ponto, a operação na transferência é recusar que a dívida seja aí.

Este chamado se produz na transferência, no interior da existência lógica do sujeito suposto saber. Com relação a este chamado, pode situar-se a questão do invocante, a questão do que faz falar ali e também a questão do Nome-do-Pai. O importante é a identificação da dívida com o que lhe é suposto. Esta é mais uma volta, por um percurso diferente, com respeito a isto que situamos a princípio: que ao sujeito suposto saber não lhe seja suposta a verdade. Há uma referência da não-suposição da verdade, que é por estrutura, à posição do analista como aquele a quem se supõe um saber e a quem se supõe ser sujeito. Não se trata apenas de que lhe seja suposto um saber, mas que, por esta mesma função lógica, ao analista lhe é suposto que seja um sujeito. Então, as preocupações ou os pensamentos que são supostos ao analista constituem certa dimensão do sujeito suposto saber. E o analista pode ou não recusá-la. Quero dizer, com "recusá-la", confirmar que o crédito está aí. Nesta diferença de pensamentos, de suposições, aí reside a dívida, ou, melhor dizendo, na base desta diferença a dívida vai-se assentar.

Como vêem, isto é correlativo à referência ao S_2, como lugar onde se aloja o sujeito suposto saber – sem recobri-lo. Ao se identificar a dívida neste ponto, cria-se na clínica uma situação onde o S_1 não resulta totalmente diferente do S_2. Quando Lacan diz "do S_1 ao S_2", e também na citação que li antes, onde diz que o S_2 é outro, há que entender literalmente este "outro", isto é, que não tem nada a ver com o S_1. O S_2 pode-se constituir como totalmente estranho ao S_1. Por isto, o chamado é o ponto de identificação de S_1 e S_2: é estabelecer uma relação – que não é senão a relação sexual – entre o S_1 e o S_2. É o ponto mais álgido da transferência e ali é necessário, no meu entender, não exatamente uma rejeição e sim uma recusa. Assim deve ser, quando, na transferência, a demanda esteja amarrada a que tenham relação o S_1 e o S_2; para que o S_2 não seja totalmente outro que o S_1. Quando Lacan, em diversos lugares, diz "outro significante", está dizendo que um não é outro e outro não é um. A isto se refere em todo o seu seminário com a fórmula de que o inconsciente está estruturado como uma linguagem. Esta fórmula e "do S_1 ao S_2..." são as duas que Lacan repete em seu ensino e que volta a destacar em uma de suas últimas lições, a que hoje citei, do dia 15 de maio de 1981, quando se refere à função do nome, neste caso, o seu nome, na transmissão.

Vemos que, como primeiro movimento para a possibilidade de criar uma dívida, é necessário que se dê um crédito na transferência. A questão é quando este crédito se pode dar e quando é necessário que se negue. O que, como vocês vêem, é outra maneira de falar do que quer dizer a satisfação da demanda. Há um nível onde a satisfação da demanda chama para que a dívida se estabeleça na diferença entre o S_1 e o S_2, sobre a base da suposição de saber, dos pensamentos que se supõem e se atribuem. Talvez a diferença se aloje em outra parte: em que o outro, por não ser um, e o um, por não ser outro, são totalmente diferentes. Esta é a diferença. Porém o que ocorre, e vocês o escutarão ou o dirão – segundo o lugar em que estejam em cada momento no dispositivo da análise – é que a função do chamado, que é uma demanda, tende a identificar o S_2 com o S_1. Identificar quer dizer, neste caso, relacioná-los, quando se trata de que a única relação que têm está na aparição, fugaz, do sujeito.

Como dissemos em uma reunião anterior, esta dívida é relativa ao gozo, nos dois sentidos. No sentido de que o sentimento de culpabilidade tem relação com um gozo perdido, articula-se no inconsciente com respeito ao gozo que já não é – estatuto mítico do gozo. E também esta dívida é relativa ao gozo no sentido de que sua própria substância é feita de gozo. A questão, então, é estabelecer uma medida a respeito do gozo com o qual a dívida está feita.

Esta identificação, esta relação que se pretende – digo-o de maneira impessoal, porque não se trata de um indivíduo e sim de que o sujeito surge justamente com relação a este movimento do significante – necessita de uma função para que a dívida se estabeleça com algo que está perdido. A dívida, aparecendo com relação ao sujeito suposto saber, está em relação com o que lhe é suposto: pode tratar-se de um saber acerca do gozo, como se disse. Em todo caso, vincula-se com os pensamentos ou com as intenções que lhe são supostas, ou seja, que são perguntas acerca do desejo, ou da demanda do Outro, segundo o nível em que se trate. Em um sentido, isto é a transferência. Porém há um ponto onde, se não está a função do esquecimento, não pode ocorrer que a transferência seja analisada à letra.

Aqui, situa-se uma questão a respeito do traço e da letra. O traço – vocês vêem que já nisto se apresenta o S_1 – permite à letra uma função de isolamento daquilo que fica do que se perdeu, mas desde que haja uma medida disto que se perdeu. Se a dívida se estabelece com relação aos "pensamentos", por assim dizê-lo, se supõem ao sujeito no lugar do analista; se a dívida se estabelece nestes termos, é impossível achar alguma medida, pois esta só pode ser tomada com relação a isto que se perdeu, que não tem outra forma de existência senão através do esquecimento. E o traço é o que permite que a letra isole o que resta do que se perdeu, que é um esquecimento.

É um ponto importante, porque tem a ver com a função do esquecimento e do desejo do analista. Vocês vêem que não estou falando senão do recalque e, em particular, de como algo se torna inconsciente na transferência, de como se extrai o saber inconsciente e, nesta extração, há sempre uma interrupção de gozo. Neste ponto, a interpretação é sempre uma extração. Uso este termo sem deixar de lado tudo o que disse nestas reuniões sobre a extração, não me retrato de nada. Porém, parece-me interessante dizê-lo assim: esta extração do saber inconsciente, pela qual algo toma existência como saber inconsciente, não é senão pela interpretação. E a interpretação permite que isto se produza, porque situa um limite a respeito do gozo. O entorno do falar é o gozo. Quando há uma interpretação, funciona um ponto de limite, de "Basta!", a respeito do gozo. A interpretação funciona se se produz esta detenção do gozo; então, há algo que se chama o saber inconsciente e neste caso surge o sujeito, como sujeito suposto a este saber; não é o sujeito suposto saber.

Vocês vêem que há uma relação entre a função da letra, permitida pelo traço ao isolar o resto do perdido, e o que situa Lacan, por exemplo em *L'Etourdit*, com sua famosa frase no subjuntivo: *Que se diga fica esquecido naquilo que se entende [ou 'se escuta'] no que se diz.* Já discutimos a possível função de imperativo de *que se diga*: optamos que não é imperativo, mas fica aberta a porta para explorar a sua possível função imperativa em algumas questões clínicas. Este ficar esquecido remete à existência de um recalque. Porém, para que possa ficar esquecido, para que exista esta função do esquecimento, tem que funcionar a dívida. Porque a dívida está feita de gozo e, se não encontra uma medida a respeito do gozo, tampouco poderá estabelecer-se a função do esquecimento, que funciona desde que haja uma medida possível.

O outro que está no lugar do sujeito suposto saber é tomado na transferência – e isto é, no meu entender, a alienação – como a medida disto que se perdeu. Porém, isto se dá mantendo, do lado do suposto saber, a suposição do sujeito. Se se deixa de lado a suposição do sujeito, poder-me-ia ser objetado que se trata do objeto. Mas não me refiro a que se trate do objeto e sim a quando se mantém a suposição de saber: há então um sujeito suposto, ao qual lhe são atribuídos estes pensamentos, matéria de gozo. A alienação é a suposição própria do sujeito suposto saber. A medida desta dívida a respeito do perdido é o sujeito que se supõe, o qual, a maioria das vezes – sem prejuízo de que se situem na transferência direções laterais – coincide com aquele que ocupa a posição do analista. Os fenômenos laterais na transferência são uma partição do sujeito suposto saber, e estão em função de manter o sujeito. Além das diversas razões que possa haver na lógica do discurso do analisante, com respeito à instalação da transferência, há uma razão primeira para as que descritivamente se chamam transferências laterais: manter um sujeito como suposto saber.

Enfatizo tanto a questão do que se supõe como a de supô-lo sujeito, que é uma maneira de entrar por outro lado na questão da alienação. A alienação está também em supor um sujeito ao saber; não só em supor o saber, mas também em manter a suposição deste sujeito.

Com referência ao sujeito suposto saber e sua relação com o desejo do analista, dissemos que, a respeito de ~~La~~ mulher, havia uma possibilidade de estabelecer para o desejo do analista uma relação com o ~~La~~. De uma maneira aproximativa, podemos referir isto ao que já dissemos a respeito da diferença dos sexos ou da escolha sexual, que é um dos lugares onde, diz Lacan, se supõe estabelecer-se a verdade. Temos que ter em conta que a mulher não entra na relação sexual, para o homem, senão enquanto mãe. No próprio nó da transferência, dissemos que a barra do ~~Lá~~ da mulher é o assentamento do desejo do analista. A isto são referíveis diversas fórmulas de Lacan; por exemplo, em seus primeiros tempos, *o desejo da máxima diferença*, etc. ~~La~~ mulher pode ser o suporte lógico do desejo do analista, desde que não entre na relação sexual senão como mãe.

Isto situa vários desenvolvimentos. A princípio, que entre como mãe é um dos pontos de apoio lógico da transferência, pelos quais, quando a verdade se põe em relação com o saber – operação que se realiza no discurso do analista – o que advém é o mito de Édipo. Édipo, como mito, advém quando o saber se põe no lugar da verdade, o que me permite dizer que, pela barra de A mulher, entra o desejo do analista. A função do desejo do analista entra tendo em conta que o que existe, ou inexiste – porque é uma inexistência – é a mãe. Lacan situa, na fórmula de cima, à direita do quadro da sexuação, a inexistência, o zero da sucessão; aí refere o gozo feminino. Também pode situar-se a mãe como uma inexistência, porque, embora entre quanto à relação sexual, não persiste em sua existência como mãe. Este não persistir em sua existência como mãe é uma função em que se apóia a função do desejo do analista.

Um tema no desenvolvimento das análises é a diferença entre *mãe* e *mulher*. Porém não me refiro somente a isto e, sim, especialmente, ao apoio lógico que o A barrado é para o desejo do analista. Testemunho disto é que o mito de Édipo entra na análise, porque traz a castração. Não pela castração de Édipo, mas porque, como mãe, a mulher entra na relação sexual com Édipo, ou seja, que há uma condição para que o saber se desenvolva: sempre se desenvolve desconhecendo-se; sem saber-se. A condição deste "sem saber-se", na transferência, é dada pelo fato de que a mulher entra como a mãe na relação sexual. Nisto, evidentemente, há diferenças quanto ao homem e à mulher como significantes, lugares de apoio da diferença sexual. Porém vocês vêem que se refere a qualquer ser falante. Desta maneira, a mãe entra e anuncia o complexo de Édipo. O mito de Édipo traz, então, duas questões fundamentais. De imediato, situa a questão da origem, que concerne à historicidade da análise. Refiro-me a toda a história que um sujeito pode desenvolver acerca de sua origem, fundamentalmente através dos fracassos do discurso, de seu saber. E, mais, a obstinação em buscar a sua origem pode interpretar-se como uma realização da relação sexual. Quando, na transmissão, se diz que a origem está perdida, não é exatamente assim, mas que algo da função da perda tem que ir substituir esta origem; há algo da perda de gozo, do gozo como perda e não como excesso, que vai substituir a origem.

Vocês vêem que, no cruzamento do complexo de Édipo e do complexo de castração, tal qual o estamos definindo, neste ponto se estabelece o desejo do analista, que, por sua posição, situado neste ponto, provoca que advenha o mito de Édipo. Este provocar não é uma proposta do analista; é algo que inevitavelmente vai advir, não só pela questão da origem, mas pelo que, quanto ao fantasma, há de realização da relação sexual; pela união fantasmática que se estabelece. Porém, recordemos que o do desejo do analista se apóia no *La̸* barrado. E já podem ir vendo as conseqüências disto. Se, em uma análise, há contingências em que o desejo do analista não está exatamente situado no *La̸*, a respeito da castração, então funcionará plenamente a potência fálica, ou seja, que o *ao menos um*, excluído do conjunto para poder nomear, tomará toda a sua potência. Neste sentido, o *La* barrado não é que complemente o *ao menos um* ou o S_1 – segundo o desenvolvimento que se tome – e sim que cria a possibilidade de um suplemento. Por isto, no meu entender, o gozo feminino é suplementar. É suplementar porque se desprende, como suplemento, de um gozo que está dirigido, a princípio, à mãe. Não me refiro à pessoa da mãe, mas à união a se estabelecer a respeito da mãe como lugar.

Precisa-se, assim, de uma relação entre mito e verdade. A função do saber com respeito à verdade é situada pelo mito. Isto permite que se continue falando. Se não existisse a dimensão do mito de Édipo como tal, não se poderia continuar falando. Lacan assinala muitas vezes – creio que também na *Proposição de outubro...* – que o mito de Édipo é necessário à extensão. Diz que é impossível que exista a extensão sem mediar a eficácia do mito de Édipo em sua função de produzir esta progressão da palavra. Neste texto ele vem tocando os temas das associações e das exclusões de analistas e, efetivamente, a prova está em como são fundadas diferentes instituições: sempre o imaginário do mito de Édipo entra em função. Porém isto não ocorre apenas na psicanálise em extensão, mas também na psicanálise em intensão, isto é, na própria análise. O ponto de cruzamento entre a extensão e a intensão está em que, em ambas as situações, a possibilidade de fracasso para a identificação, onde o discurso do analisante chama o analista, é o que – este é um paradoxo de gozo – por um lado permite continuar falando e, por sua vez, restringe, tira gozo do mesmo que faz falar. O que faz falar é a instalação do mito de Édipo com relação à verdade. O fato de que seja trágico o objeto com o qual Édipo paga a dívida marca uma relação, no meu entender fundamental, com o dispositivo da análise. Certamente, o mito tem uma dimensão imaginária: há nele, se se quer, a própria força do imaginário, em forma tal que uma das condições da transferência é que a função escópica fique totalmente limitada na análise. A indicação desta posição, onde a função escópica não encontra o outro que está aí, o fato de que se negue, de que haja uma recusa à escopia neste ponto – não em todos – isto fala de por que o mito de Édipo substitui o saber, quando se põe em relação com o saber e a verdade, na análise.

Poder-se-ia dizer, talvez, que a verdade não tem outro meio de expressão, não tem outro ambiente onde expressar-se, onde dizer-se, senão com referência a esta dimensão mítica. E, no meu entender, há uma relação quase direta entre manter esta dimensão mítica e manter o sujeito suposto. Não me refiro agora ao saber e sim ao sujeito suposto. O fato de que, quando o saber vai ao lugar da verdade, advenha o mito, faz com que a intervenção por parte do analista seja no interior deste mito, mas sem nele tomar lugar, no sentido de encarnar o sujeito que, nele, lhe é construído, lhe é suposto. Há uma recusa do analista para identificar a encarnação deste sujeito. Porém isto não vai somente por uma queda do saber. Vemos que, paralelamente à queda do saber, tem que haver uma passagem do sujeito, que se supõe ser, ao objeto.

Quando se diz que a transferência se resolve à letra, entendo que se trata de estabelecer esta função do esquecimento, pelo isolamento que a letra pode produzir. A letra é o que é recalcado e conserva o recalque. Por isto, Lacan não se cansa de dizer, sobretudo no Seminário "A transferência", que, para trabalhar, só contamos com o recalcado, mais ainda, com o retorno do recalcado. E isto tem que ser à letra, cuja leitura, isto é, o significante que surge da letra, não só é uma "*des*-suposição" de saber e, então, um fazer inconsciente, mas também uma "*des*-suposição" do sujeito, deste ser sujeito por parte do analista.

Apoiei-me neste ponto para dizer que há efeito de feminização sobre aquilo que vai ocupar lugar de *semblant* no discurso do analista. Por que digo "feminização"? Se há uma relação com o *~~La~~*, de *~~La~~* mulher, é pela relação com a inexistência. No Seminário XI, Lacan diz que os objetos que, sem ser o objeto *a*, são tomados como *a*, como é o caso da voz, do olhar, do excremento, estes quatro objetos que são tomados como *a* é necessário que o analista os *tenha*, quer dizer, que seja um sujeito. Ser um sujeito quer dizer ter isto, porém este sujeito está alojado e entra na relação a partir do lugar de mãe. Não é o *Nome-do-Pai*, não é a função do pai o que faz entrar o objeto na transferência, no sentido em que o estou dizendo. Sim, podemos dizer que a função do pai permite que algo se diga a respeito disto, na medida em que esta função vai escandir as diferentes sonoridades significantes com relação à letra, ao que se pode ler. Porém o objeto entra pela mãe. Entenda-se: a mãe no mito de Édipo e a mãe como a função lógica que se nomeia, quando o *La* não está barrado, já que a análise começa com o *La* sem barrar.

La sem barrar quer dizer que há uma progressão das palavras que é paralela à progressão do gozo. Com relação a este Um que se pretende fazer com a mãe, vai entrar o objeto, que pode ser um apoio, aquilo que é necessário que o analista tenha para que suceda a alienação. Não há alienação sem esta função do objeto. Por isto é tão pouco possível o fenômeno da alienação na psicose. Quando Lacan diz que é necessário que o analista tenha estes seios, essas mamas, refere-se a isto. Não porque as mamas evoquem a mãe, mas porque estas mamas tomam existência com relação a este lugar; também pode ser a voz, pode ser o olhar ou o excremento. A função do pai vem estabelecer limites quanto à possibilidade de enunciação disto. Ela faz com que isto possa ter enunciação, isto é, estabelece uma descontinuidade no gozo. Uma enunciação se estabelece sempre que há uma descontinuidade, uma disjunção, no gozo.

Por isto, a interpretação situa sempre o sujeito frente a uma culpa, que, por sua vez, terá que ser analisada, porque, se não pode ficar cristalizada no imaginário; por exemplo, sentir alguma culpa a respeito da origem é um fantasma clássico. Esta culpa é alienante, porque mantém a origem como o ponto da diferença, isto é, mantém a união como origem. Como sujeito do inconsciente, o sujeito não tem origem, é aquilo que aparece no intervalo entre o S_1 e o S_2. Neste ponto, não há origem. Podemos acrescentar que, quando o outro significante é sede do nome próprio, com referência ao qual o sujeito vai construir sua existência – com relação à fenda, ao abismo aberto entre as palavras e as coisas – este nome próprio, que o nomeia mas não o representa, cumpre sua função enquanto está em outro lugar. Porém este outro lugar deve diferenciar-se do outro lugar, que é o de A mulher sem barrar, isto é, neste ponto, a mãe.

Volto à fórmula de Lacan: *que se diga fica esquecido naquilo que se escuta do que se diz.* Vocês vêm que a fórmula implica uma maneira de dispor as coisas na análise, na transferência, para a interpretação, porque, se não há a função do esquecimento – assentada na função da letra – duas coisas são imediatamente "lembradas", ficam sem esquecer. Uma é o aparecimento de um enunciado isolado; insisto, isolado não por fora de contexto e sim por sua eficácia de não outorgar ao sujeito descanso na enunciação. A outra é que o sujeito veja instantaneamente afetado o que constitui o seu corpo. Por "instantâneo", refiro-me à contemporaneidade, não ao instante. Não se estabelecer como tal este esquecimento, que, em resumo, é um esquecimento do corpo, vai impedi-lo de falar, por mais que verbalize. Situam-se então diferentes questões clínicas: o que se chamou linguagem de órgão, a psicossomática. O aparelho de fonação, o aparelho que permite falar, não tem assim substituição pelo órgão da linguagem. Vocês poderiam objetar que, então, há uma falha na substituição e pode situar-se a função da metáfora e do *Nome-do-Pai*. Efetivamente, é assim, mas a função da metáfora e do *Nome-do-Pai* na análise só toma seu lugar enquanto estiver a função do objeto, ou seja, como diz Lacan com todas as letras, que quem esteja no lugar de analista tenha *isso*. Com relação a *isso* que tem que ter, terá lugar o traço do que é esquecido. Não há resolução à letra da transferência sem esta função do objeto. É necessário que o analista tenha *isso*: aquilo que faz as vezes de objeto *a*.

Então, se o *La* não é barrado e dá lugar a esta função do lugar da mãe – da qual poucas vezes se fala nestes termos – não há função do esquecimento. Aparece o traumático como o que não pode constituir-se como esquecimento. É certo que há esquecimentos de questões traumáticas, por exemplo, os sonhos traumáticos em Freud. Porém já é uma elaboração do traumático. O traumático é o encontro com *lalangue*, que não tem outra sede senão na *alíngua* materna. Não é que a língua tenha que deixar de ser materna, mas que é necessário que se produza uma função do saber sobre *lalangue*, da qual, na análise, o mito de Édipo é o primeiro índice. Deve-se ler a função do pai com relação ao mito de Édipo como o que dá existência a *alíngua* materna e, por sua vez, torna possível que algo dela se possa ler. Isto e falar do barrado do *La̸* são a mesma coisa, no sentido de que este barrado é o assento da função desejo do analista.

Em uma aula passada, lembramos que Lacan diz que se analisa *ao macho*, entendendo-se por tal a potência fálica, isto é, a potência do *ao menos um*. Não há dúvida de que é assim, mas isto encontra seu limite na passagem de sujeito a objeto, por parte do analista, em relação com o que pode chamar-se gozo feminino, entendido este como presença da castração a respeito de *La* mulher. É o que situa a diferença entre *mãe* e *mulher*, que se recolhe no discurso analisante. As questões do fim de análise, a passividade da qual fala Freud, o gozo feminino, tudo isto pode ser situado também dentro da análise, onde há um estabelecimento da dívida que não deixa de passar pelos objetos que têm seu assento em *lalangue* materna. Aqui, a função da potência fálica e a do *ao menos um* encontram um limite. Neste ponto, há uma virada da suposição do sujeito – ao qual se supõe saber – que *passa* – é também um momento de passe – à função de objeto; a posição do analista toma o lugar de objeto. Por isto, digo que esta questão não se refere somente ao final de análise, mas tem lugar no próprio interior da análise. E isto pode flutuar.

Com relação à potência fálica, está aquilo que, do *Nome-do-Pai*, permite a ligação literal, a ligação das letras. O fato de que as letras se liguem segundo uma ordem é função do *Nome-do-Pai*. O que estou dizendo, como hipótese, se estabelece somente de determinada maneira, se ocorre de não encontrar como limite a barra do ~~La~~ de ~~La~~ mulher. Este limite não é uma questão abstrata, mas o ponto de ancoragem do desejo do analista, entendendo este desejo como o que provoca o encontro do mito de Édipo com relação à verdade e, por sua vez, é o que desgasta o saber e, em outro movimento, por sua vez, é o que vai "*des*-supor" o sujeito do sujeito suposto saber.

Não basta apenas que o saber se "*des*-suponha". Pode haver momentos na transferência em que se mantenha o sujeito que lhe é suposto, o ser do sujeito. Se não tem lugar esta passagem, não chega a se cumprir uma função da castração. É um limite necessário; sem ele, a escanção seria apenas uma intervenção formal: a enunciação que deixa poderia escavar um saber constituído por parte do analisante, mas mantendo intacto o sujeito que é suposto a este saber. A queda não é homogênea. Requer-se uma "*des*-suposição" do sujeito, com passagem à função objeto por parte do analista, que se assenta em que a função desejo do analista se situa na barra do A.

Vocês podem ver por que provoca falar: porque anuncia a entrada da mulher na relação sexual, o que tem seu efeito de castração, mas não deixa de situar a dimensão da relação sexual como possível. A recusa para estabelecer a dívida pelo que de sujeito se supõe ao sujeito suposto saber situa a dívida em outro lado. Se se dá crédito à situação da dívida a respeito do ser – não da existência – que lhe é suposto ao sujeito suposto saber, então a dívida toma características tais que fica por fora da análise; como um âmbito onde, por exemplo, a escanção não impede que o ser suposto ao sujeito saber continue vivinho e dando rabanadas. A questão da morte do pai está em estrita relação com a questão que situamos, com relação à mãe. A fórmula segundo a qual não há outro lugar onde encontrar o desejo da morte do pai, e sim o desejo da mãe, está dizendo isto. Este desejo da mãe se sustenta naquilo que faz com que o analista tenha estes objetos.

Tê-los quer dizer sustentá-los; sustentá-los como existentes. Trata-se do que vai impedir o incesto. Por um lado, provoca-o e, por sua vez, dá-lhe limite. Tê-los situa algo que vai estar entre este sujeito, o analisante, e este outro que, do lado do analista, se supõe também sujeito, e a respeito do qual o analisante vai tender, como se diz, a se confundir com ele. A rigor, confundir-se seria um modo da alienação; melhor dizendo, vai tender a se fundir com ele, a ser um ser, um um, com ele.

Lacan diz que os objetos *a* são substitutos do Outro e que é necessário que seja assim. Esta fórmula é correlativa àquela formulação de anos atrás, no Seminário XI, quando disse que é necessário que o analista tenha estes objetos, que os sustente, o que requer que ele apareça funcionando como objeto. Por isto, a dívida se estabelece em apoio do objeto, com relação ao objeto e não ao que é suposto ao sujeito suposto saber, pelo que se supõe que pensa, que deseja, que demanda. Se a dívida fica estabelecida nestes últimos termos, a alienação se mantém em seu apogeu. Pelo limite que é o objeto, nos dois sentidos de ponto, de "Basta!" e de divisão, a dívida passa à relação com o objeto e encontra aí sua medida e, se a encontra, é provável que possa ler-se, ou seja, como dizíamos, que o traço permita que a letra isole o que fica como resto do esquecido. Esta função de isolamento que produz a letra pode acontecer se este resto do esquecido tem alguma medida. Se não a tem, estamos na dimensão incestuosa: não só porque esteja referida à mãe, mas porque está referida desta maneira à mãe. Não é que todo o referido à mãe seja incestuoso.

Participante: Tomando a articulação entre mito e verdade e função do esquecimento, qual seria o lugar da novela familiar no fim da análise?

Norberto Ferreyra: A novela familiar talvez não se mantenha como tal no fim da análise. Certa historização que um sujeito pode fazer no fim de análise não se refere à estrutura de uma história no sentido de novela familiar. Em todo caso, a história pode conjugar em diferentes tempos diferentes avatares a respeito do fracasso da identificação nos termos que situávamos. Pode conjugar em diferentes tempos o fato de que o S_1 não coincide com o nome próprio e o nome próprio está no lugar do S_2. Este saber que aparece ao final da análise está em relação com os fracassos desta identificação. Em outro nível, a respeito do fim da análise, ainda que seja possível conjugar nos três tempos, há um tempo que predomina: *já passou*. Não que tenha passado a análise. O fim de análise tem a ver com jogar uma posição a respeito do passado; algo se transforma em passado, no sentido forte do termo: um passado onde o que fica disponível sempre é atual. O atual é o que fica disponível do passado, porém, para que assim suceda, requer-se uma função, onde o passado passou. Passou, sem pisá-lo; isto é, sem pôr aí um ser. Entendo que esta é basicamente a função da novela familiar no fim de uma análise. Pode-se historiar uma análise em um fim de análise? É possível, mas parece-me que o termo "história" enganaria, já que a função da história é uma coisa e o mito é outra. O mito torna possível que a história tenha uma enunciação que encontra sua relação com a verdade. A história pode produzir um erro, não uma enunciação, não um equívoco, e este erro pode não ter relação com a verdade.

Verônica Cohen: A análise *ao macho*, com relação à potência fálica, seria *ao macho não- todo* e nesse *não-todo* se situaria a passagem do analista, a partir de um lugar de sujeito, ao lugar de objeto; o que tornaria isto possível seria um *nada* de objeto deste analista como sujeito no lugar da causa. Nada de objeto de desejo do analista; esvaziamento do lugar de objeto de desejo. Isto tornaria possível o analista como objeto.

Norberto Ferreyra: A passagem é, do *ao menos um*, não ao *não-todo* e sim ao *não-toda*. Se se tratasse do *não-todo*, não haveria a materialidade de gozo que há no ~~*La*~~ de ~~*La*~~ mulher. Por isso dizia que é uma passagem ao *não-toda* . Quanto ao esvaziamento, há um artigo chamado *Travers*, de Jean-Guy Godin, em que se pergunta se o suposto não é desejar; se ao analista se supõe desejar. Em todo caso, o esvaziamento, se há, não é uma extinção do desejo do analista. No entanto, mais se trata da elaboração de um luto particular a respeito do objeto no lugar do analista; não há um esvaziamento de objeto. Isto implicaria uma forma de resolução da transferência referível à citação de Lacan que comentei: quando o S_1 vai ao lugar do nome, resulta um lugar de esvaziamento de objeto. Não só no sentido de que não seja um sujeito, mas também em tomar este objeto como coincidindo com o significante amo, além de engendrar qualquer enunciação, com o qual se situa uma função de imperativo do supereu, que tem a ver com a transmissão; parece-me que, no final de análise, ocorre o mesmo.

Gabriel Levy: Muitas vezes em psicanálise se usa o termo "esvaziamento" com relação ao gozo. Porém uma pergunta: na enunciação de todo o seu desenvolvimento, você não está tratando a irredutibilidade do gozo? A partir do que você considera um começo, em função da transferência? Como dar lugar à medida do que há em defeito a respeito do que, no outro pólo, funciona como excesso, como *plus*? Outra pergunta é se, quando fala de esquecimento, você não se está referindo ao recalque primário, porque este seria o pólo a partir do qual situar todas as formações do inconsciente. Este esquecimento é algo a constituir como recalque primário? Se algo disto, e da irredutibilidade do gozo, está em jogo, como situar a questão do sintoma? Já que, ao se referir à letra, você alude a uma operação da verdade e do gozo.

Norberto Ferreyra: Sim, porém nesta operação coloquei o gozo em relação ao saber; a letra, separando o saber e a verdade; e o saber em função do mito de Édipo. Parece-me possível que a irredutibilidade do gozo, como resto de uma análise, fique no lugar do analista. Porém, como Lacan diz em alguma parte, este resto o é de tal maneira que tampouco lhe cabe a sublimação. Parece-me que o que tem relação com a sua referência é o recalque primário. Dei por suposto o recalque primário. Situei como fazer entrar algo no recalque com referência à função do esquecimento, que se apóia na existência do recalque primário. Porém, a respeito da função do esquecimento, situa-se a dimensão da lembrança sem esquecer. Não é casual que aqui se situe, como uma das questões, a do corpo; questões que, às vezes, se dizem por fora da ação do significante, no sentido de não libidinizadas ou não erogeneizadas. Porém, o resto que fica ao final de uma análise pode caracterizar-se pela irredutibilidade do gozo, aquilo que não aceita a sublimação.

A respeito do sintoma, há algo interessante. Para que o S_1 se constitua como tal, é necessário que algo seja rejeitado. O funcionamento do S_1 é contemporâneo ao que é rejeitado. Pode ser algo do sujeito ou o próprio sujeito. Isto pode retornar como sintoma. Há uma relação entre o que retorna como sintoma e o que é rejeitado. O S_1 provoca esta situação. Quando dizemos que isto se pode ler com relação ao S_2, tomamos este como lugar de assento do sintoma, não porque este último coincida com o S_2, mas quanto ao que da letra há nele; o que do sintoma se pode ler. Neste ponto, o rejeitado pode fazer-se inconsciente. Não é o mesmo que o rejeitado fique como tal, ou que se faça inconsciente. E, se o nome próprio não se situa no lugar do S_2, então o rejeitado se mantém como tal e não há possibilidade de eficácia do inconsciente. Ou então esta eficácia encontra o seu apoio em um S_1, com todas as características que mencionei com relação ao supereu: do lado feroz e cruel do supereu, onde não há possibilidade de nenhuma relação significante, porque a relação que se estabelece é tal que o S_1 tem relação com o S_2. O que há que se manter, como postulado, é que o S_1, como significante, não tem nada a ver com o S_2. Por isto, voltando ao exemplo de Lacan, é *outro* significante. As falhas na constituição deste outro significante como *outro*, isto é, o que faz sintoma, remetem a que o S_1 tenha a ver com o S_2. Dado o esquema do S_1, o S_2, o sujeito barrado e o *a*, sucede então que o sujeito é suporte desta união e não aquilo que é resposta desta relação, não implicando união, no sentido de que não implica semelhança entre o S_1 e o S_2. O *semblant* é por onde se introduz esta diferença. Ele tem toda a potência da função fálica (S_1 ou *ao menos um*), porém o que se chama o buraco do *semblant*, o buraco do saber, é o que vai estabelecer relação com o que não tem nenhuma relação. Não há nenhuma relação de semelhança entre S_1 e S_2. O nome próprio é aquilo que anuncia mais claramente como o discurso pode levar a que esta semelhança se cumpra, semelhança que implica termos de união, referíveis à interseção de dois conjuntos. O sujeito é suporte disto, enquanto mantém os termos de sua alienação na identificação do S_1 com o nome.

Comecei dizendo que a demanda é um chamado – e nisto não deixa de evocar o nome – para que se estabeleça esta identificação entre o S_1 e o nome; para que, digamo-lo vulgarmente, o S_2 tenha a ver com o S_1, no sentido de ter elementos comuns. Trata-se de demonstrar que o S_1 e o S_2 são diferentes; não têm nada a ver. O sujeito é quem faz que tenham a ver. E isto se apresenta na função de rejeição. O objeto é rejeitado pela relação impossível entre S_1 e S_2.

José Milano: O sintoma viria a fazer relação. Faz relação com o outro, o outro significante. Lacan, falando da mulher e do sintoma, diz que faz relação com o outro, o outro sexo; o outro sexo daquele que fala.

Norberto Ferreyra: Há uma diferença entre que a relação seja com o *não-todo* ou com o *não-toda*. Se é com o *não-toda*, há possibilidade de uma dimensão do outro que seja sexo; o outro sexo é claramente outro, porque há sexo. Senão, a diferença não seria sexual. Para que a diferença seja sexual, é necessário que o desejo do analista funcione na barra do *La*, e que o analista tenha os objetos que funcionam como se fossem objetos *a*. Tem que tê-los; é uma necessidade lógica. E o sintoma, depois de tudo, não é mais que o trabalho do mito de Édipo com relação à *lalangue*.

Participante: Um comentário a respeito da citação sobre o nome próprio com que você começou a apresentação; aquela identificação do nome "Lacan" com o S_1. Esta identificação, que implica postular uma relação entre S_1 e S_2, pode tematizar-se a respeito da transmissão? Tem a ver com uma sacralização do nome? Em "A instância da letra...", Lacan se refere ao que chama cancelamento metafórico, com relação ao exemplo de Booz e o feixe. A idéia de um cancelamento metafórico me fez pensar na questão da proporção, pela via da metáfora. A minha pergunta é se isto seria outra via a respeito do nome. Relaciono isto com o que Anabel Salafia situou em seu trabalho sobre *Kant com Sade*, onde alude ao que seria, não paternidade, e sim autoria. Por exemplo, chamar "freudiano" ao inconsciente remeteria à autoria e não à paternidade. O que me pergunto é se isto implica outra via na ordem da transmissão; pelo lado do cancelamento metafórico, a autoria.

Norberto Ferreyra: Algo se mantém como sagrado quando a medida é o possível. Quando o possível se mantém como medida, o sagrado vem ocupar um lugar de limite. Da colocação que fiz pode depreender-se, creio, que o sagrado não é necessário para que se tome o lugar de limite ou de apoio da diferença. Já que a introdução do A, de A mulher, não é só que fale da castração, e sim que isto mesmo é a castração, o que introduz uma dimensão da impossibilidade pela qual o sagrado, talvez, tenha outro tipo de existência, mas não a existência de ser apoio do possível.

O topólogo e analista Jean-Louis Vappereau diz que a pulsação do inconsciente define os termos do campo freudiano. Pode-se dizer que, dos efeitos desta pulsação, toma partido o gozo; o gozo se abre como campo com relação à pulsação do inconsciente. Então, o gozo toma os efeitos desta pulsação. Não é a própria pulsação. Isto é importante e situa uma separação com relação à transmissão no campo lacaniano, situa um hiato, uma diferença.

Com relação à citação de Lacan, quando diz que crêem que o seu nome está no S_1, mas que está no S_2, é que, se estivesse no S_1, manteria a relação de sacralização, onde nenhuma enunciação é possível; uma transmissão onde os enunciados sempre seriam isolados. Uma questão é a não relação e outra é o isolamento. Prova disto é a neurose obsessiva, que, em vez da não relação, estabelece o isolamento.

José Milano: Parece-me entender melhor uma expressão de Lacan, *gozar do inconsciente*. Situado o campo freudiano sem relação com o gozo, não se poderia entender o sintoma como gozo do inconsciente; ficaria o sintoma sem relação com o gozo.

Norberto Ferreyra: *Gozar do inconsciente* quer dizer *que algo se faça inconsciente*. Este gozo é uma restrição a respeito do excesso de gozo. Por quê? Porque é analisável. Se o gozo não se faz inconsciente, não é analisável. Isto é uma regra "técnica". De outro modo, a função do *semblant* como aquilo que vai para o real e leva a verdade, estaria sacralizada. Produziria mais gozo, por fora do inconsciente, porque não se trata da dimensão religiosa, e sim de afetar a possibilidade de diferenciar as letras, ou seja, que *lalangue* maternal apareça sem nenhum tipo de escansão. Se é possível a escansão, é porque já há um trabalho do mito de Édipo com relação à verdade. Há uma relação entre o mito de Édipo, o saber e a verdade, onde o trabalho do saber a respeito de *lalangue* aparece como o mito de Édipo. Por que analistas e analisantes, de um e de outro lado, estamos acostumados a escutar falar sempre do papai e da mamãe? Porque o mito de Édipo adquire existência como função de saber. As pessoas se cansam de falar do papai e da mamãe. O que ocorre é que este cansaço é um gozo e este gozo encontra seu limite a respeito da própria verdade, que é a castração estabelecida pela posição do desejo do analista.

Participante: Com relação ao que faria diferença entre campo de desejo e campo de gozo, o senhor dizia que, se o que diz respeito ao campo do gozo não se faz inconsciente, não é analisável. O que faz diferença entre o inefável e o indizível?

Norberto Ferreyra: Vou responder dogmaticamente. Se algo é dizível, é porque é possível uma leitura das letras, que está permitida pelo *Nome-do-Pai* e que encontra a materialidade de sua ação na castração que anuncia o *~~La~~*, de *~~La~~* mulher.

Participante: A medida que permitiria estabelecer a dívida é, então, *uma medida de letra.*

Norberto Ferreyra: A letra é aquilo com o qual se pode contar o gozo.

11 de novembro de 1992

15. Crédito e transferência

Crédito, dívida e transferência lateral – O convencimento real – O Um da diferença e o da unidade – Amor e cura – Corpo e gozo – O dispositivo é uma constante – Dimensões da angústia – O analista e o sinal de angústia

Gabriel Levy me antecipou que quer fazer uns comentários sobre o que eu disse na reunião passada. Vamos começar por escutá-lo.

Gabriel Levy: O meu comentário, que vai ser breve, é também um desejo de seguir com algumas questões que Norberto situou na reunião anterior. Parece-me que, para esta reunião e para outras, há um articulador, que é a relação entre a dívida e o gozo. Isto ficou estabelecido de forma explícita na última reunião, e não li muitos trabalhos onde se situe esta relação. Assombrou-me o que afirmou Norberto acerca do crédito com relação ao sujeito suposto saber: se o analista teria ou não que dar crédito ao que lhe é suposto. Parece-me que tem uma relação bastante precisa com algo que vim trabalhando a partir de um parágrafo de Freud em *Observações sobre o amor de transferência*. Ali, Freud é taxativo em que o analista não teria direito algum de negar o caráter de autêntico ao enamoramento em transferência. Segui por minha parte a derivação do termo "autêntico". A derivação de um termo geralmente não basta para justificar um conceito em psicanálise, mas serve para ajustar o sentido buscado, neste caso o que Freud sustenta. "Autêntico" é algo que se acredita de forma certa ou positiva, geralmente a respeito do caráter ou das circunstâncias de alguma coisa. Poder-se-ia situar em termos de *dar fé*. Porém o que me pareceu interessante, e nisto Freud é concludente, é que o analista não tem direito, não pode permitir-se negar este caráter de autêntico; ou, o que entendo é o mesmo, negar a possibilidade de que ali se acredite em algo que vai pela via do amor de transferência, não pela via do gozo. Neste acreditar pela via do amor de transferência, estabelece-se necessariamente uma dívida. Neste sentido, o acreditar estabelecido é próprio do amor de transferência.

O que coloca várias vias. Uma delas se refere ao que liga o amor com o gozo, que Norberto situava como a substância desta dívida. E, se efetivamente se pode considerar o acreditar e a dívida que se estabelece no dispositivo como algo referente ao próprio caráter do amor, que diferença haveria entre o caráter do amor em que se acredita, no dispositivo, ficando o sujeito devedor, e a substância da dívida, que é o gozo?

O que se clareia com outra questão, também pendente neste seminário, sobre a experiência da análise. Em muitos lugares, em Freud, encontrei a referência a *um convencimento real do sujeito*. Da leitura de Freud depreendo que este convencimento real está no próprio centro do fato do acreditar de que falo, com relação ao amor de transferência. Agora, se esta dívida, cujo acreditar o analista não se pode permitir negar, tem a ver com um convencimento real, a pergunta é se todo outro caráter da dívida poderia considerar-se em um sentido moral? Quero dizer que, fora do dispositivo, não haveria possibilidades de estabelecer esta relação entre a dívida e o *convencimento real.* O sujeito poderia reconhecer-se ou não devedor em muitíssimos sentidos, mas somente com relação ao dispositivo a dívida adquire esta dimensão.

Também referiu-se, na reunião passada, à transferência lateral como algo inerente à necessidade de manter o sujeito suposto saber. Parece-me que seria necessário ver se se pode considerar a lateralização da transferência à luz da dívida, no sentido real do amor de transferência no dispositivo. Creio que isto situaria outra volta, além da referência para manter a divisão do sujeito, no sentido do sujeito suposto saber, pela via da lateralização da transferência. E nisto sempre está a pergunta de *se a transferência é uma*, se o sujeito tem que pagar ou não fora do dispositivo.

Norberto Ferreyra: O que Gabriel Levy recolhe como questão aponta para algo que, ao mesmo tempo que é óbvio é também interessante e importante, já que, às vezes, justamente por ser óbvio, parece perder a precisão de seu perfil. Rapidamente, uma pergunta possível é se há efetividade do ato analítico por fora do dispositivo. Levy situou duas dimensões: a da transferência lateral e a da dívida que se estabelece na transferência, entendida ou não como a verdadeira ou a real. Há algo que é óbvio nisto, porém deve ser situado a cada vez, já que, embora a psicanálise não seja uma concepção do mundo, há questões acerca do discurso que não funcionam apenas com relação ao dispositivo. Os discursos existem segundo ordens históricas e lógicas, e é por isto que advém o discurso do analista, que não sai do nada. É necessário apontar isto historicamente com relação aos discursos, o que não impede, partindo do dispositivo da análise, que haja uma regra, que não é técnica, mas que deriva como ética da prática. Um analista fora do dispositivo não funciona como analista, pela impossibilidade de produzir ou ser suporte de um ato analítico e, se pretendesse fazê-lo, estabeleceria uma perversão no laço. É o que se diz comumente: não interpretar fora do dispositivo. Porém, vai além, porque concerne à posição do analista: fazer-se suporte de um ato analítico por fora do dispositivo leva a uma perversão do laço.

Em referência concreta à dívida, como seres falantes temos uma dívida que pode situar-se a partir de diferentes ângulos. Tomei um destes ângulos possíveis, com relação ao gozo, porém há outros. O importante é que não se trata de que seja mais verdadeiro ou mais real: a dívida que, pelo próprio movimento da transferência, se cria em uma análise, se resolve no interior dela, ou não se resolve. Há uma determinação pontual, de sessão a sessão, ou em seqüências de sessões, ou em toda a extensão da análise. Nada se pode tomar por fora da análise, nada poderia *acertar-se por fora.* O *acting-out* e, às vezes, a passagem ao ato são fenômenos que falam desta exclusividade. Parece-me que Freud, quando não nega o caráter autêntico do enamoramento de transferência, se refere também a que – di-lo-ei em termos freudianos – o elemento de verdade histórica que se articula em uma análise corresponde, sim, à vida do sujeito, mas não se pode elaborar nem construir por fora da própria análise. Parece-me necessário conservar esta dimensão.

Quanto à transferência lateral, não a situei estritamente com referência ao sujeito suposto saber. Referia-me ao fato de não deixar de supor o sujeito; fundamentalmente, referia-me *ao sujeito* suposto ao saber. Não se trata somente da queda do saber e sim de um ponto onde a transferência lateral aparece como uma espécie de resistência. Transferências laterais: correm *ao lado*, em um sentido quase topológico. Entendo que, nestas transferências, o que resiste no discurso é a passagem de sujeito a objeto, por parte do analista. Estes fenômenos costumam apresentar-se ali, onde se situa uma posição de objeto do analista; isto é, onde não há nada do sujeito que possa encontrar-se. Então, a transferência lateral pode servir como apoio para que o suposto da existência do sujeito do lado do analista se conserve. Não se trata somente da queda do sujeito suposto saber, mas também da queda do próprio sujeito. Não é apenas a queda do saber, que, por sua vez, arrasta o sujeito, mas sim que há momentos em que uma transferência lateral vem sustentar o que de sujeito se supõe no lugar do analista. Isto aparece como um fenômeno de resistência exclusivamente no discurso, e prefiro ser cauteloso nisto: não digo que apareça no discurso do analisante, e sim no discurso que se conforma no próprio dispositivo.

Há algo, sim, que tem a ver com certa autenticidade da dívida e também com a questão da lateralidade: concerne ao sexo, ao sexual, ao pulsional na análise. É a dimensão freudiana; no trabalho com relação à pulsão se constrói esta autenticidade, este caráter de *autêntico*, que marcava Levy.

Hoje, quero falar de algo que acabo de nomear de maneira indireta. Vou referir-me a questões que já comentamos. Propunha-me entrar diretamente em uma questão do dispositivo. Numa das aulas anteriores, recortamos duas maneiras diferentes de apresentar-se o *Um*: o Um da diferença e o da unidade, com relação à maneira de ordenar determinado gozo. Havíamos agregado – com todo o sentido de agregação ou suplementação – a idéia da função do supereu como lugar ou esplanada, a partir de onde se ordena um gozo. Insisto, nos dois sentidos da palavra "ordenar": tanto quanto à ordem na qual o supereu mantém certo aspecto da pulsão de morte, como quanto a estabelecer, não mais uma ordem, e sim uma ordenação. Na análise, há um campo que, talvez, se pudesse chamar do *Um*, onde situamos o concernente ao Um da unidade, que se anuncia pela força constante – neste sentido, pulsão – na transferência, tendente à fusão com o grande Outro. Isto está no dispositivo. Tem a ver com a dimensão do Um da unidade e nisto se apóia o amor, que não consiste somente nisto, mas aqui se apóia o amor de transferência, embora talvez não encontre aqui a sua consistência. Disse que esta busca é pulsional, no sentido de ser constante, tanto em sua intensidade como em sua presença, e busca esta identificação.

Vocês sabem como Freud define esta identificação, a partir da primeira identificação com o pai, a incorporação. Tanto em Freud como em Lacan pode-se verificar que a identificação, enquanto movimento de ir *para*, de ir fundir-se com o grande Outro, sempre corresponde ao nível do ser. Porém, se fosse somente isto, não haveria lugar para o que Freud também afirmou fortemente: *que não é pela via do amor como se pode alcançar uma cura.* Se Freud pensasse que só havia uma única dimensão em jogo na transferência, não teria podido afirmar que o amor não cura.

Isto é assim pela existência do significante em sua relação com o traço unário, com relação ao qual se produz a irrupção do Um no *a*. Não se trata mais apenas de encontrar uma unidade, uma fusão com relação ao grande Outro. É a irrupção do Um, ou, como dizia Quiroga em alguma ocasião, do "$_1$" do S_1, que corresponde ao traço unário: irrompe no *a*. Isto corresponde à própria divisão do sujeito. Divide o sujeito; simultaneamente, altera a função de fusão, postergada mas sempre esperada pelo sujeito com relação ao grande Outro; faz, não que se rompa a esperança, mas sim que se postergue a expectativa desta fusão, que não é senão a demanda. E, ao mesmo tempo, produz efeitos sobre o corpo, por exemplo, a referência ao corpo despedaçado, ao *corps morcelé*.

Vocês vêem, então, dois trajetos fundamentais na análise. Porém, como se pode fabricar, construir algo que seja fora do corpo? Pela relação com a palavra, no lugar que tem no dispositivo, para que o trabalho seja possível é necessário que algo possa construir-se por fora do corpo, ou seja, que o gozo do corpo, que, definitivamente, é o único que se pode gozar, resulte dividido pela função do sujeito, pois esta sofre esta divisão, a separação de corpo e gozo. A referência aos objetos parciais e às correspondentes zonas erógenas e às pulsões, em relação com cada uma das zonas erógenas, na análise, presentifica a dimensão de possibilidade desse *fora do corpo*. Com relação às zonas erógenas, constitui-se, freudianamente, um lugar outro, por fora do Um; Um que, neste sentido, poderia ser o sujeito em tal momento. Um lugar outro: uma diferença entre interior e exterior, mas isto é correlativo à separação fundamental entre corpo e gozo.

No entanto, no dispositivo se situa algo que tem a ver com o pirronismo, do qual falamos no princípio deste ano. Dissemos que o pirronismo, o ceticismo do analista, desencadeia a função do sujeito suposto saber ou está em estreita relação com ela, e que, neste ponto, o pirronismo se define por: "não mais disto do que daquilo", ou seja, nenhuma valorização acerca do que se diz. Isto dá lugar, no dispositivo, a que ocorram as coisas que têm que ocorrer; já veremos quais. Este pirronismo, sobretudo no começo da análise – embora não seja o único momento – se refere a que não se indica, não se anota, não se sublinha a valorização quanto a uma ou outra significação. Paradoxalmente, Gerard Pommier trabalha isto em seu seminário – o falar, que se dá na dimensão da função fálica, encontra no dispositivo não só a colocação em jogo do gozo fálico, mas também, ao mesmo tempo, seu desmoronamento. Que não se valorize mais uma significação do que outra pode produzir um desfalecimento, uma queda da função fálica. Neste ponto, entra em jogo, por exemplo, a relação com o corpo despedaçado. A função fálica é correlativa à *imago* corporal, e não ao corpo despedaçado. A *imago* corporal e a função fálica são correlativas desde o estágio do espelho; assim, amarram-se na teoria e a isto corresponde a clínica.

O efeito pulsional de certo despedaçamento, mais que divisão, atomização, segundo a ordem das zonas erógenas, se produz em relação com este desfalecimento da função fálica. Os dois objetos que o dispositivo da análise põe em jogo são o olhar e a voz. O uso do divã concerne a uma questão inaugural no dispositivo da análise, no sentido de estabelecer uma relação com o escópico, que, até então, não havia estado presente. Dos quatro objetos que funcionam com relação às zonas erógenas, há dois que vão tomar lugar preponderante no dispositivo. Tendo isto em conta, vamos a algo que diz Freud: *a escolha de objeto retrocede à identificação*. Podemos pôr a escolha de objeto em uma mesma linha com a referência ao S_1 e ao traço unário. A escolha de objeto pode retroceder à identificação, no meu entender, quando se apresenta este desfalecimento ou queda da função fálica, que, como disse, depende da posição do analista, que lhe dá lugar mediante o pirronismo, posto em jogo na análise.

Lembro-lhes aqui o lugar que dei ao supereu. Estes dois objetos, o olhar e a voz, estão totalmente identificados com o supereu; há que dizê-lo assim porque concerne ao *ser* do supereu. Quando me referi ao supereu como esplanada de ordem de gozo, referia-me também a que, no dispositivo, os objetos pelos quais a análise adquire possibilidade são fundamentalmente o olhar e a voz. Isto é o que se joga no dispositivo, e é onde se põe em jogo a função da abstinência do analista. E, precisamente, são objetos que têm a ver com o supereu.

É possível então situar uma linha com relação ao *ser* e à identificação, por uma parte e, por outra, ao *ter* e à escolha de objeto. Uma vez que está estabelecida a escolha de objeto, passa-se de uma questão do ser ao ter, embora – e esta pontualização é importante – o objeto seja o próprio eu. Isto é importante. Já falamos da melancolia, mas não só na construção melancólica o próprio eu pode tomar-se como objeto, em cujo caso há uma escolha de objeto e, neste sentido, uma passagem do ser ao ter. A análise constantemente provoca não só mudanças a respeito das zonas erógenas que se põem em jogo, conduzidas pelo olhar e pela voz, mas também pode suportar que o que há de ser comece a ter vigência por este retroceder a partir da escolha de objeto. Este retrocesso é provocado pelo mesmo dispositivo da análise e, sem isto, não haveria pulsão na análise, porque há uma relação pontual entre a função da identificação, o ser, e o pulsional.

Passagem da escolha de objeto à identificação, que Freud qualifica como retrocesso: cabe a pergunta de se se trata de uma regressão. Em todo caso, há uma regressão a respeito da função fálica como englobadora de todo o pulsional em relação às zonas erógenas. Penso que, efetivamente, isto é habitual na análise. Por algo, Lacan, ao mediar o seu ensino, se dedicou especialmente a considerar as conseqüências das funções do *ideal do eu* e do *eu ideal* no lugar do analista. Isto podia ser resposta ao conceito que então se tinha da transferência, porém talvez possamos compreender melhor por que isto se dava, o que era o intrínseco ao dispositivo da análise. Depois de tudo, este dispositivo sempre foi basicamente o mesmo, a respeito dos campos pulsionais, desde que se criou a análise. Depois, vem toda conversa fiada. Porém, o dispositivo existe como tal desde que Freud o criou, o usou e o transmitiu. E as possibilidades de tergiversação ou desvios na direção da cura não alteravam, mantinham o *back ground*, o fundamento do laço dado pelo dispositivo. Houve algumas tentativas por parte de

Ferenczi, mas este é, em todo caso, um capítulo à parte, a se tratar em algum momento. Estabelecido o dispositivo a respeito do espaço e do tempo na análise – neste sentido, a respeito da voz e do olhar – como constante em algum sentido e, até certo ponto, além da direção da cura, então, a função do ideal do eu, por parte do analista, tinha a sua base, ou a sua razão de ser, no próprio dispositivo. As teorizações acerca disto e as diferentes posições a respeito do conceito de transferência que Lacan enumera em "A direção da cura..." têm a ver com a questão, mas tendo presente que o dispositivo se mantém constante. Do contrário, não se poderia discutir, porque a experiência seria outra; não seria a experiência da análise. Situamos esta experiência como dando prioridade ao funcionamento das pulsões com relação ao olhar e à voz, e isto tem sido constante. Tomando-o assim, vemos que a questão do *ideal do eu* no lugar do analista, sem dúvida, tinha a ver com uma maneira de dirigir a cura e com um conceito da transferência e da resistência – que, neste ponto, são a mesma coisa – porém sob o fundamento de que o dispositivo como tal é uma constante.

Quero dizer que o próprio dispositivo provoca este lançamento do *ideal do eu* para o lugar do analista. *Ideal do eu* é uma das funções do supereu. Não me refiro agora à consciência moral, que é outro de seus aspectos. Vocês vêem que há uma razão de ser (admito aqui o equívoco) para a existência destes diálogos com o supereu, tão habituais no dispositivo analítico, nos quais o analista funciona como ponto de chegada ou de fusão, com relação ao que o supereu poderia representar. Há, assim, uma linha que passa pela identificação, o ser que ali se põe em jogo, a escolha de objeto, o traço unário com relação a estas duas dimensões da análise, e o próprio dispositivo, provocando a função de ideal. A relação do sujeito suposto saber com a função do *ideal do eu* implica não exatamente uma relação pulsional – é um fantasma da relação sexual – e sim um mesmo ponto de referência; não vai uma sem a outra. Não se trata de uma relação, e sim que há uma razão pulsional para o fato de que o *ideal do eu* vá ao lugar do analista e, neste aspecto, funcione no dispositivo como algo referente ao supereu. O qual é correlativo ao que se produz por este pirronismo que não valoriza uma significação mais do que outra, a partir do lugar do analista.

Isto pode parecer simples, porém quero atualizá-lo com algo que situa Freud. Nas *Novas conferências introdutórias à psicanálise*, pergunta a que chamamos inconsciente, e diz: "Chamamos inconsciente a um processo *ativo no presente*, embora *no presente* não saibamos nada dele" (os itálicos são do texto, na versão de Ballesteros). Trata-se, então, de algo que se faz atual. De onde provém a sua atividade? Tanto para a forma ativa como para a passiva, para qualquer lugar pulsional, é necessária uma atividade, já disse Freud. Por que podemos reconhecer o inconsciente quando é ativo e no presente, *(...) embora no presente não saibamos nada dele*? Parece-me que este é um lugar muito circunscrito e claro onde trabalha isto de tomar o que Lacan disse acerca da causa e, em especial, acerca da função do *não saber*. Freud diz que o inconsciente é algo ativo e no presente: não é que possamos inferi-lo, não é que possamos construir uma espécie de inferência acerca do inconsciente. O que chamamos inconsciente – tenham presente neste ponto a referência ao nome – se constitui por não se saber nada dele. Esta função da causa, com relação ao inconsciente, está magnificamente dita nesta frase freudiana, onde se situa concretamente qual é a função do *não saber*. A função do *não saber* é algo sempre atual na transferência, no dispositivo. Esta atualidade do *não saber*, do lado do analista, dá lugar a que possamos reconhecer o inconsciente enquanto ativo no presente. Este presente consiste em que não se sabe nada dele.

Vocês sabem que no dispositivo se trata de ler tudo para trás. Alguém explica o que se diz agora pelo que se disse antes. Então, o analista sempre está atrasado a respeito do que se está dizendo. Aqui, toma seu lugar o não saber. O não saber não é algo abstrato e sim muito claro e concreto: não se sabe porque se lê sempre com atraso e não se pode saber o que vem a seguir. Quando se diz C, o analista está lendo A e B. Este atraso é a colocação em ato da função do não saber. O presente que são as sessões da análise – não há outro presente para a análise – não se atualizaria se não estivesse em jogo esta função do não saber por parte do analista. Observem que isto é paradoxal: o modo de ler, que implica certa relação com o saber, funda a função do não saber. Fundá-la é dar-lhe lugar que a estabeleça na transferência.

Nesta fundamentação e fundação do lugar do não saber, o dispositivo provoca, no discurso analisante e em relação com aquela função pirrônica, este declínio da função fálica. Há, por parte do analista, um pedido de falar, como ordem e demanda: "Diga o que lhe ocorra". Esta lei da análise e este pirronismo permitem a conexão com o pulsional na análise, quanto ao declínio da função fálica.

Vocês sabem que, para Freud, duas questões têm a ver com a angústia, duas dimensões da angústia. Foi com relação a isto que me referi ao pulsional. Assim o situa Freud a partir de 1932, em *A angústia e a vida instintiva*. Na última formulação a este respeito, da angústia como sinal, Freud diz que há dois tipos de angústia; introduz uma memória e, ao mesmo tempo, o trauma. Na última elaboração de Freud, a angústia ocorre desde o eu, é sinal de angústia; o *eu* tem uma mimese, com relação a sua memória ou à memória que o determina, a respeito de todas as situações perigosas que consegue discernir (aqui intervém a questão do discernível e da verdade) como traumáticas já passadas. Isto é clássico. O sinal de angústia segue a série onde se trata de: a angústia como sinal; a mimese do *eu* frente ao sinal de angústia, ou seja, a lembrança de todas as situações semelhantes discerníveis pelas quais o sujeito passou, lembrança de situações traumáticas. É claro que trauma é aquilo que ocorre quando fracassa o princípio do prazer. Com relação a isto, o sinal de angústia desencadeia o processo conhecido: mimese do *eu*, automatismo do princípio de prazer-desprazer. O automatismo da angústia está guiado pelo princípio do prazer-desprazer, a partir da discernibilidade de algo referível ao gozo, na medida em que está em relação com os pontos traumáticos, onde o gozo se fez presente pelo fracasso do princípio do prazer. Fracasso do princípio do prazer e gozo: isto é reconhecido como trauma. Com respeito a isto, ocorre o sinal de angústia e a mimese do *eu*, a imitação do que se fez nestes momentos anteriores; e o estabelecimento do automatismo do prazer-desprazer.

Freud comenta que, frente à fortaleza do *eu*, que há de detectar a angústia e prevenir o que possa ser um perigo para o sujeito, em seguida se instaura a sua debilidade, porque, neste processo, através do recalque, volta a ficar débil frente àquilo mesmo que antes o alertava. Entendo que Freud chama instantes traumáticos àqueles pontos da história onde o princípio do prazer fracassou. Porém, vocês vêem que há um percurso *significante*, que tem a ver com o processo do sinal de angústia. É possível postular na própria análise um percurso significante para o desenvolvimento do discurso em relação com o processo que o *eu* está fazendo a respeito desta angústia. Há um percurso significante, ou seja, palavras que, em termos de conjuntos, se relacionam para ir guiando, ordenando este gozo, que é para se produzir. Porém, vocês vêem, uma vez mais, que o discurso escutado pelo analista vai muito além de onde é escutado. Esta antecipação do *eu* é algo importante no dispositivo.

Então, há outra origem da angústia, e Freud a situa ao final de *A angústia e a vida instintiva*. Ali, pergunta se haveria outro tipo de angústia que fosse provocada diretamente por um instante traumático atual. Entendo que ele se está referindo ao ponto – memória de gozo – onde não haveria um percurso significante em relação com esta angústia. O instante traumático seria atual, no sentido de não existir este percurso significante, que são umas palavras mais na sessão: não se trata de muita conversa fiada, são coisinhas, nada mais; pequenas palavras. Não havendo este percurso significante, apresenta-se outra dimensão da angústia.

E parece-me que estas duas dimensões da angústia estabelecem duas dimensões a respeito do ser e da escolha de objeto. Isto é para continuar trabalhando, porém me parece que talvez haja uma relação efetiva entre ser, identificação, campo do Um, mãe e este tipo de angústia; havendo outra relação entre ter, traço unário, função do pai e o outro tipo de angústia, referida ao sinal. Observem que a única coisa que Lacan adverte fortemente ao analista, em sua formação, é que possa abster-se de dar o sinal de angústia. Porém é a única coisa previsível para o analista. Isto implica não se fazer de *eu* do analisante, não cumprir a função de ideal. Deste ponto, tiram-se conseqüências em cascata. Não dar o sinal de angústia se refere não simplesmente a não desencadear angústia. Não se trata de não angustiar o outro. O cuidado na cura não vai por este ponto, mas sim que o sinal de angústia deve ser encontrado no discurso do analisante, pela própria derivação deste discurso. Obviamente, este discurso está pontuado pela leitura, mas não é o analista o encarregado de dar o sinal de angústia, o que favoreceria a linha do ser e a identificação, ficando cada vez mais longe o ter e a escolha de objeto.

Situa-se aqui, no meu entender, uma relação entre o lugar *mãe* no discurso (recordem o que dissemos na última aula sobre a mãe, o *a*, etc.), uma relação entre o Um da unidade, da fusão com o Outro, e o instante traumático que se situa na análise, quando não se põem em jogo a memória de gozo e as lembranças do eu acerca de outros instantes traumáticos, vividos antes. É uma dimensão da angústia que ocorre no que fazer da análise e que, como bem diz Freud, é diferente da outra. É necessário diferenciar estas duas dimensões da angústia na análise. Ainda que esquematicamente se possa aproximar um e outro tipo de angústia da neurose e da psicose, respectivamente, na interioridade do processo vemos uma estreita relação entre o sinal de angústia e a memória e, por outra parte, o instante traumático, onde a função da falta aparece de outra maneira, como uma carência da função significante com relação a esta memória. Parece-me que aí o pulsional entra em jogo de uma maneira diferente da que entra quando está processado ou orientado pela função fálica. Aqui entra como corpo despedaçado (*corps morcelé*), como retrocesso da escolha de objeto à identificação. Isto fica referido à distinção entre estas duas dimensões da angústia.

Mais uma questão, antes de passar à discussão. Freud destaca algo que, parece-me, tem a ver com a possível interpretação da "desintrincação" pulsional, com o valor de intercâmbio que se rompe na queda da função fálica. Encontramo-lo no elogio que faz a uma frase de Lou-Andreas Salomé. Freud vem falando de diferentes conformações, historicidades do desenvolvimento pulsional, e cita exemplos anatômicos, embriológicos, vocês conhecem o estilo freudiano. E ali cita uma frase de Lou-Andreas Salomé, que, em relação ao gozo e à zona erógena, diz algo que me pareceu extraordinário nos termos que emprega: diz que a vagina está "arrendada ao intestino cego". Além do certo que possa haver quanto aos intercâmbios entre as zonas erógenas e as diferentes passagens pulsionais, o uso por Lou-Andreas Salomé e a aprovação, por Freud, do termo "arrendada" (talvez isto seja uma resposta tardia ao que hoje dizia Levy) fala de uma dimensão da dívida e de que esta dívida sempre tem um estabelecimento pulsional. A dívida não se faz com poesia. Quero dizer que se trata da pulsão. Na frase citada por Freud, poderiam ser outros os orifícios em jogo, mas o arrendamento que Freud aprova, como quando diz que, na reação terapêutica negativa, o sentimento de culpabilidade tem como origem uma identificação *emprestada*, marca na obra freudiana uma dimensão da dívida que não se joga senão no interior do pulsional.

Tanto o *arrendamento* como o *empréstimo* implicam uma função de intercâmbio. A vagina aluga o intestino cego para seu gozo – ou, na homossexualidade, é o inverso? – este aluguel de uma zona de gozo situa um intercâmbio para reger o que na função do falo é central. Não vamos entrar nos termos mais específicos, que alguma vez situamos, do *plus* de gozo. O intercâmbio, o valor de gozo, assim criado está em estrita relação com o pulsional.

Ainda quero referir-me a algo mais. Trata-se de uma fórmula que vou escrever para explicar algo da aula passada. Corresponde a um trabalho publicado no número 2/3 de *Scilicet* (1970). O trabalho não é anônimo mas não leva assinatura, como era costume nesta publicação. Marca a relação entre a castração no Outro e o fantasma, situando o objeto *a* como *aquela parte do corpo onde o gozo pode refugiar-se*. A fórmula é esta:

$$S(\not{A}) \rightleftarrows \quad \$ \diamond \underset{\text{refúgio}}{\overset{a}{\downarrow}}$$

O comentário que a fórmula recebe, neste trabalho ,é pertinente ao que disse a respeito da função fálica, só que aí vislumbramos o objeto *a* em sua função e, precisamente, situado no fantasma. É a parte do corpo – recordem que é necessário constituir um "fora do corpo" – onde o gozo pode refugiar-se. Até agora, fomos muito cuidadosos com o sujeito: falamos do seu desamparo, do descanso que, para ele, é a enunciação; de que o enunciado isolado o deixa desguarnecido. Agora vemos, neste trabalho de 1970, que o *a* é nomeado como parte do corpo e refúgio do gozo. Assinalo esta dimensão de refúgio não somente pelo que possa evocar, pela poesia que ali possa haver, mas também porque isto é, basicamente, o que há de pulsional no objeto *a*. Trata-se de uma relação com objeto *a* em termos da pulsão, da função do objeto *a* recortada em termos da pulsão; trata-se de que ele ofereça um lugar para este gozo – o que é uma maneira de nomear o *plus* de gozo. É o lugar onde o gozo se refugia da queda do ser do sujeito, da divisão, desta perda que vai anotar o objeto *a*, que leva a conta, outorga a possibilidade da cifra em relação à memória de gozo. O objeto *a* é, como diz Lacan, o que anota as condições do gozo; permite levar a conta do que a memória de gozo faz presente na análise. Concerne a esta dimensão da angústia. E há outra dimensão da angústia, onde, seguramente, a função do objeto *a* é diferente: é quando, ao fazer-se presente o instante traumático, não há possibilidade de memória de gozo.

Quero sublinhar algo, para explicar a lógica deste outro lugar, este *fora do corpo*. O sujeito não pode tomar gozo de si mesmo. E, se existe o sujeito, não há gozo do corpo. A existência da função do sujeito e o gozo do corpo são, neste sentido, excludentes. A castração, esta separação corpo-gozo, chama a atenção sobre o fato de que o sujeito não pode tomar gozo de si mesmo, sempre há de haver outro para que este gozo seja tomado. Embora se trate de uma regressão ao auto-erotismo, sempre há um apoio em outro. Em "...Ou pire", Lacan diz que, se há gozo, há outro. Não se refere ao grande Outro e sim ao outro com minúscula. O gozo que assim existe implica uma dimensão da castração, enquanto o sujeito não pode tomar gozo de si mesmo; esta é a castração. Se há existência do sujeito, a relação entre corpo e gozo está interrompida e o sujeito não pode tomar gozo daí. Por isto, os intercâmbios.

Noemí Sirota: Encontro uma solidariedade entre o esclarecimento da aula de Norberto e o que Gabriel Levy abordou no começo com relação à autenticação do amor de transferência. Dado que *O amor de transferência* se situa entre *Lembrança, repetição e elaboração* e *Introdução ao narcisismo*, parece-me que esta autenticação que Freud faz tem a ver com situar o amor como fundamento; não como causa de cura, mas sim como fundamento da experiência. No movimento que Freud faz, desde o amor como fundamento aos fundamentos infantis do amor, nisto me parece que radica a autenticação. E creio que é referível à autenticidade tal como a situa em *A negação*, ou seja, como certificado de origem, o *Made in Germany*. Situar o amor assim como fundamento é reconhecer que tem uma marca de origem e que esta marca é o pulsional infantil.

Norberto Ferreyra: A referência ao certificado de origem me leva a estas duas questões que, talvez de maneira um pouco esquemática, consegui nomear. Na origem, entendida como unidade perdida, não cessa de estar ausente a dimensão do amor; recordem o mito, a referência à Aristófanes. E no "certificado de origem" está a letra: ou seja, as duas dimensões, do *ser* e do *ter*, em sua referência aos dois tipos de angústia que se podem produzir em uma análise. Neste caso, sim, o pulsional infantil, mas não sem relação com a função da letra no certificado.

Gabriel Levy: O tempo inteiro me pareceu que esta aula era sobre a repetição, embora não estivesse explicitamente colocada assim. Porém, as perguntas que se formulavam estão, me parece, no próprio centro da questão da repetição. Por exemplo, a pergunta de como algo se faz atual põe em jogo a dimensão do tempo, e o tempo, no dispositivo, só se pode fazer atual pela via da repetição. A definição que Norberto citou de Freud, acerca do inconsciente, diz: *processo ativo no presente*; porém, o que é este ativo no presente? Alguém tende mais a pensar na função do não saber, *não saibamos nada dele*, porém a noção de um processo ativo não vai, em si mesmo, além da dimensão do ser falante como tal. Neste sentido, de que se necessita para que algo se faça atual? A dimensão da repetição. Como comentava Noemí Sirota e com relação ao parágrafo que destaquei de *O amor de transferência*, no desenvolvimento de Freud há algo decisivo para o analista, que se refere a como considerar a repetição. É um ensinamento que começa em *Lembrança, repetição e elaboração* e se significa em *Além do princípio do prazer*. Freud se pergunta o que é que se repete: encontra que se repetem tendências inibidas, se repetem questões do caráter patológico do sujeito, porém todas as questões que ele poderia somar aqui levam a estrutura do fracasso, o que, tal como o situava Norberto, coincide com o que poderia fundamentar o instante traumático, que, por sua vez, diferencia as duas angústias. É, neste ponto, o instante traumático atual.

Por outra parte, fica uma pergunta que provém do comentário de Lacan sobre a angústia como sinal. Ele diz que, embora a sede da angústia seja o *eu*, a angústia se dirige ao sujeito. Aqui se situa talvez um dos fundamentos de que o analista vá ao lugar do *a*. Se o sujeito começa como *a*, no sentido de seu nascimento no campo do Outro, se é esperado como *a*, o fato de que o analista esteja em função de objeto é o que dá lugar a esta espera, que vem a pôr em jogo a mesma questão. Porém a pergunta é a seguinte: o *eu* poderia discernir as situações perigosas mas, a nível do *a*, não há discernimento possível para o sujeito?

Norberto Ferreyra: Um dos pontos de que tratamos acerca do discernível e do indiscernível se referia a que algo se torna discernível quando, tratando-se da mesma letra em duas fórmulas diferentes, os efeitos são diferentes em cada uma delas. Isto é o discernível. O fato de que *a* esteja à direita ou à esquerda é importante, já que a função é diferente em cada caso. Assim entendido, o discernível parece-me que o *a* é um apoio para a discernibilidade. O *a* não discerne; é objeto. O objeto não discerne. O objeto pode dividir, mas a divisão não é um discernimento. A discernibilidade é referível ao suplemento de que o sujeito necessita para fazer o seu sintoma, o que abre a porta ao indiscernível a respeito do sujeito. Neste sentido, o *a* não discerne. O que é correlativo à questão do que há de sujeito no analista, que se situaria no lugar do sinal de angústia. Se o analista tivesse uma função de discernimento, estaria alterada sua função de objeto, porque o objeto não discerne. Se o objeto discernisse, haveria uma produção de saber, sendo que a única coisa que funciona no lugar do analista como saber é a função causa do não saber. Refiro-me ao sentido estrito do que sucede no dispositivo. Tal como se dão as coisas, o analista está não sabendo, está ocupando este lugar de não saber, no qual passa à função de objeto. Qualquer analista, segundo o momento da transferência, pode ver-se levado a uma função de sujeito que introduz a não posição do analista como objeto, já que o discernimento tem a ver com uma função que é a possibilidade de existência do sujeito como tal. O sujeito se funda sobre a possibilidade de um discernimento; que isto fracasse é outra questão: por isto, é o sujeito do inconsciente.

Participante: O instante traumático pode ter a ver com uma antecipação do analista? Ou seja, com que o analista, em lugar de estar atrasado, esteja adiantado, sem prejuízo de outros fatores do lado do analisante. Digo isto com relação ao que no trauma há de antecipação.

Norberto Ferreyra: Não saberia responder taxativamente. Porém lembro a função, para Freud, das construções na análise. No texto que leva este título, Freud diz que as construções e as interpretações sempre as fazemos para nós mesmos; refere-se aos analistas. A construção não é uma antecipação em sua organização lógica, não diz nada do futuro; sempre chega até este presente do qual há que sair de uma maneira ou de outra, é um apoio no próprio relato, com relação à transferência e talvez a respeito de uma detenção da análise. O outro aspecto da pergunta é se a antecipação é um instante traumático: sim, porém o instante traumático remete a uma violência que o sujeito possa sofrer, que está sempre presente na análise, não porque se faça efetivo e sim porque pode ocorrer. A própria função do analista é apoio para este instante traumático. Não é que o analista o provoque. A contingência do *que fazer* analítico, concretamente, do transcurso de uma sessão, pode entrar no que é instante traumático. Com maior nível de generalidade, é possível, com relação a certa versão do pai, que o instante traumático se apresente a respeito do analista. Porém, prefiro considerar a noção de instante traumático pontualmente, não tanto referida à antecipação do analista – sem prejuízo de que se possa pensar neste sentido – e sim, em outras palavras, a uma diferença de qualidade da angústia; a uma ausência, que é realmente ausência de representação, onde não há significantes que possam recorrer à memória de gozo. Neste sentido, o instante traumático está em relação com a contingência e, como contingência, é função do analista cruzá-lo com o que é causa. Neste ponto, a função do analista é que aquele contingente, que pode desencadear o instante traumático – podem ser detalhes no próprio relato, aconteceres prévios ou no transcurso da sessão – fique enlaçado de alguma maneira à função da causa. Se o analista dá, neste ponto, o sinal de angústia, cria-se, há que dizê-lo, um "desnudar-se". Com o seu sinal de angústia, o analista provoca a ação em outro nível, desencadeia uma mimese, um processo na sessão ou na entrevista. É por outra via que se poderia pôr em relação com a causa; não pela via do sinal de angústia. O próprio Freud diz que, como antecedente do instante traumático, poderíamos colocar o nascimento: é uma maneira formal de situar que isto não vem do nada. Porém, parece-me que, aqui, se apresenta a questão da carência no Outro – não equivalente à falta no Outro – onde se instala a dimensão do materno. Não é que não haja então significante; não é que isto não possa processar-se por meio do significante; porém, se está em ausência de conjuntos de significantes que recorram à memória de gozo, o sujeito não reage. A angústia é sua resposta. E é certo que o analista se anteciparia, se desse o sinal de angústia; se sua resposta com relação à demanda estivesse no nível do sinal de angústia. O dispositivo não deixa de estar vinculado com o desencadeamento destes instantes traumáticos, que talvez correspondam às mudanças pulsionais. E as duas dimensões que prevalecem com relação às zonas erógenas são aquelas que Lacan situou a respeito do desejo do Outro, ou seja, a voz e o olhar. Não são dimensões que tenham a ver com a demanda. Podem reconhecer-se níveis na demanda: na enunciação e também na angústia que a acompanhe, segundo a sua qualidade ou a possibilidade de situá-la. No Seminário "A angústia", Lacan faz muitas observações sobre a angústia como índice na análise.

25 de novembro de 1992

16. Masoquismo e complexo de castração

Um fora do corpo – Masoquismo erógeno, feminino e moral – Sadismo e constituição de outro lugar – Sadismo e masoquismo: mensagem invertida – Criação de lugares de satisfação – A carta 52 – Os seres puros: masculino e feminino – A bissexualidade e o genérico – Masoquismo moral e substituição

Hoje é a última reunião deste ano, de modo que vou deixar um tempo maior para possíveis perguntas e comentários sobre o que viemos trabalhando desde abril. No que me diz respeito, vou fazer umas pontuações sobre o que deixei situado na reunião passada. Estabelecemos então uma relação entre o ser e a identificação, por uma parte e, por outra, o ter e a escolha de objeto. E vinculamos isto – seguindo Freud – com a angústia: a angústia referida à memória de gozo, e a angústia associada ao instante traumático. Nas últimas duas ou três aulas, orientamo-nos especialmente para a construção de um *outro lugar* como necessidade lógica para a constituição do sujeito. Escrevemos uma fórmula onde o objeto *a* se apresentava como refúgio que oferecia um lugar a este gozo possível por fora do corpo. Situaram-se também questões sobre a dívida e a moral. Gabriel Levy especialmente se referiu à articulação do pagamento da dívida no interior do dispositivo analítico.

Vamos agora tratar da problemática do *ser* e o do *ter*, com relação ao complexo de castração, especialmente em sua possível vinculação com o masoquismo. Veremos como a satisfação pulsional não só regula a demanda, como também estabelece a possibilidade de construí-la. Vou propor uma hipótese em que, com relação ao masoquismo e ao sadismo, se aborda a base libidinal a partir da qual se pode situar a fórmula de Lacan, segundo a qual o sujeito recebe a mensagem de forma invertida. Referi-lo-ei não ao nível da demanda e sim a seu contrário, que é a pulsão. Procurarei formular a hipótese de qual movimento pulsional corresponde a esta fórmula.

Vou começar por coisas conhecidas; não por serem óbvias deixam de ser cada vez mais frutíferas e interessantes, na medida em que falar sobre elas apresente os problemas de uma maneira nova. Ser e ter, em sua dialética, são formas que ordenam a demanda. Tomarei um artigo de Freud, *A dissolução do complexo de Édipo*. Ali, como sempre – a descoberta freudiana se apóia nisto a respeito do sexo – Freud coloca que a castração se faz presente de duas maneiras: a necessidade de castigo e a premissa. Aquilo que, do lado da menina vem para o menino, é referível à premissa, que remete ao fato consumado: *não tem pênis*. Pelo lado do menino, é: *tem-no, mas pode perdê-lo*. São duas articulações da castração: para o menino, a partir da menina, e no menino. É a partir da menina que o menino deduz estar determinado com relação à castração, por um lado, pelo castigo que poderia "lograr-se" – digo-o com ironia – por ter o pênis e, pelo lado da premissa, pela referência a alguém que não o tem. Há diferença entre o que é castigo e o que é premissa. No cruzamento entre ambos, surge para o menino o complexo de castração.

Assim, a respeito da castração, a diferença fundamental entre menino e menina é que, nela, não há o que perder, que ficasse associado à necessidade de castigo. Por mais que Freud baseie as teorias sexuais do lado da menina em fórmulas como "teve e se perdeu", "crescerá", em todo caso a dissimetria a respeito do menino está baseada em que, na menina, não há o que perder. Neste ponto, podemos considerar a questão do masoquismo, para ver como esta posição a respeito do supereu, que é diferente na menina e no menino, talvez tenha também sua origem em que, a partir da menina, não há em que cair este castigo. Se é castigo, trata-se de um fato já consumado; não o é como possibilidade. Pode manter-se como possibilidade enquanto teoria sexual infantil, mas, quanto à estrutura, se trata de um fato consumado.

Vamos considerar *O problema econômico do masoquismo* (1924). Vocês conhecem o texto, vou lembrar alguns pontos. Freud parte, ali, do princípio do Nirvana, que está associado à pulsão de morte; pela modificação daquele, existe o princípio do prazer. Este último é, diz Freud, *ao que aspira a libido*. O princípio de realidade, em seguida, se construirá com relação ao do prazer. Deixo agora de lado a pontuação de Lacan quanto à coincidência, em definitivo, do princípio do prazer e do princípio de realidade.

Vocês sabem que há três classes de masoquismo: o *erógeno*, que é uma condição da excitação sexual; o *feminino*, que tem a ver com um traço, com uma "manifestação da feminilidade", e o *moral*, que é, diz Freud, "uma norma da conduta vital". Freud começa tratando do masoquismo feminino, em seguida, vai tratar do erógeno e, mais tarde, do moral. É importante a diferença que propõe entre os três masoquismos. Lembrem que sempre está em jogo uma satisfação pulsional. Freud propõe que, tanto o masoquismo feminino como o erógeno, são eficazes como fixações libidinais sob a condição de que a pessoa, nesta posição masoquista, seja amada. Há uma relação estreita entre o ser amado e o fenômeno do masoquismo, tanto erógeno como feminino. Não é assim no caso do masoquismo moral. As conseqüências são interessantes, e comentarei algumas.

Freud começa por desenvolver o masoquismo feminino a respeito do menino. Refere-se a um menino tratado como "pequeno inerme" e, principalmente, tratado como um "menino mau". É importante que o menino, na posição que concerne ao masoquismo feminino – referindo-se ao menino, não à menina – é tratado especialmente como um menino mau. Já nesta pontuação do masoquismo há uma presença do *mal*.

Com relação ao movimento que se dá no masoquismo, Freud divide a questão em duas partes. Quanto à pulsão de morte, há uma colocação na qual se apoiarão desenvolvimentos posteriores a Freud: algo é expulso para o exterior; a ação da pulsão de morte produz uma divisão. Uma parte da libido, desde a "intrincação" pulsional, é desviada como pulsão de morte para o exterior; e outra parte não é desviada, e sim conservada no interior do sujeito. A tradução de López Ballesteros diz que *sobrevive no organismo e fica fixada com a excitação*. Vemos que, a respeito da excitação sexual, há dois movimentos: para o exterior, que dá lugar ao sadismo; e para o interior, fixação de uma *excitação libidinal interior desse organismo*. Acrescentamos por nossa parte: ... *do sujeito*.

Pode-se, então, construir certa equivalência, não uma igualdade. Trata-se de termos que funcionam de modo equivalente para "o organismo", para o sujeito, neste ponto: masoquismo primitivo erógeno, que atua no interior do sujeito – estamos falando da "intrincação" pulsional e do desdobramento da pulsão de morte – em equivalência com o sadismo primitivo anterior. É anterior, não em um sentido histórico, e sim quanto a que não há uma coisa sem a outra: o movimento para o exterior, o movimento da pulsão de morte, que constitui um exterior do sujeito, e o rumo que concerne ao masoquismo erógeno no interior. Algo se apresenta como sádico, enquanto em seu movimento se constrói um exterior do sujeito.

Em seguida a este movimento, vem o que se chama o masoquismo secundário. Este é a volta deste sadismo sobre o sujeito. Se a demanda está dirigida a outro lugar, podemos fazer o seguinte esquema:

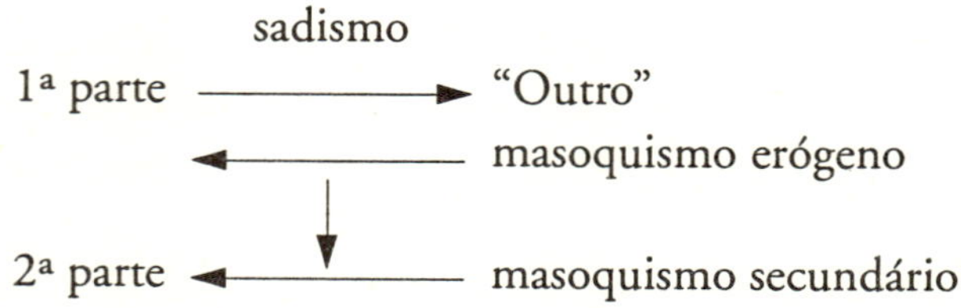

De acordo com Freud, dissemos que há duas partes. Na primeira, para a constituição de um exterior, "Outro", coincidentemente, se constitui, para o interior do organismo, o masoquismo erógeno. Este é um primeiro momento da demanda. O segundo corresponde ao masoquismo secundário, que é pela volta do sadismo. É a explicação clássica de Freud: situar o masoquismo secundário pela volta do sadismo sobre o próprio sujeito. O lugar do masoquismo secundário é posterior. Então, é uma resposta à mensagem que é emitida através do sadismo. A idéia que estou situando é simples; por não ser complicada, talvez possa discutir-se muito. A mensagem, não uma mensagem do Outro para o sujeito e sim a demanda do sujeito para o Outro, constitui o *lugar outro* com que se faz a estofa libidinal. O movimento para algo que não é o sujeito cria um *lugar outro.* Por sua vez, há uma volta. É um segundo momento onde, pelo masoquismo secundário, na volta do sadismo sobre o próprio sujeito, este literalmente recebe a sua mensagem em forma invertida. A sua posição a respeito da mensagem é invertida com relação à inicial.

É fundamental considerar que, neste primeiro momento, o movimento do sadismo e do masoquismo erógeno são simultâneos. Não há uma anterioridade para fora, e sim que este movimento já cria no "organismo" um lugar masoquista. De outro modo, poder-se-ia cair em que é uma influência exterior com relação a Outro, a outro lugar, o que constitui o masoquismo secundário. Já há um lugar de constituição no interior do sujeito, que é apto para isto que volta para ele em forma invertida. Esta é minha hipótese, é o que entendo quando Lacan diz que o sujeito recebe a sua mensagem em forma invertida. A colocação de Lacan é no nível do discurso, mas este nível está em relação com um movimento libidinal. Este, no meu entender, está dado pela articulação entre o sadismo, que tem a função de constituir um *outro lugar* (que pode ou não encontrar) e a constituição simultânea de um interior no sujeito com referência à satisfação. Nisto, trata-se de satisfação sexual, libidinal. E o masoquismo secundário é o que se aloja no sujeito quando este sadismo volta. O que, então, se forma no sujeito é a inversão da mensagem quanto à sua posição na dupla sadomasoquista.

Este é, no nível libidinal, todo o movimento da demanda. Lembremos que a fórmula $\$ \lozenge D$ concerne tanto à demanda como à pulsão. O masoquismo secundário, que é efeito da volta do sadismo constituído em outro lugar, é chamado secundário porque vem depois; há uma separação fundamental, qualitativa, entre o primeiro momento e o segundo. No segundo, trata-se de algo que vem de fora para o organismo; no primeiro, o movimento é para fora e também para o interior do organismo. O masoquismo erógeno situa um movimento para o interior. O retorno do sadismo parece provir de fora, mas lembrem que, no primeiro movimento, já ficou estabelecido um lugar de satisfação sexual correspondente ao masoquismo erógeno.

Este movimento pulsional permite situar de outro modo o fato de que volte para o sujeito a sua mensagem de maneira invertida. O que é sempre, no final das contas, a resposta à sua demanda; a demanda volta para ele em forma invertida. Este texto de Freud nos dá motivo para pensar esta hipótese. Há que se ter em conta que, na primeira parte, o que tem a ver com o masoquismo que Freud chama primitivo erógeno e o concernente ao sadismo primitivo resultam equivalentes; estão feitos da mesma coisa. A sua orientação para fora ou para o interior cria um lugar dentro e um lugar fora do sujeito.

Freud fala de *os tormentos* que, com relação ao masoquismo, são condição da excitação sexual. Destaco o fato de ser *condição*: não haveria excitação sexual sem este funcionamento do masoquismo. Interessa-me isto enquanto criação de lugares que resultam aptos para a excitação sexual, ou seja, lugares de satisfação. Um, pela firmeza no interior, cria um determinado modo de satisfação. Outro, na orientação da pulsão para o exterior, cria outro lugar de satisfação. O que volta para o sujeito depois deste movimento é sua posição invertida com relação à sua posição anterior.

O que é que cria o masoquismo primitivo, erógeno? Com que, por que se faz este lugar no interior do "organismo"? Freud situa um nível fantasmático, ao dizer que é pelo *animal totêmico*, o pai. Depois, situam-se diferentes formas com relação à sedução. Porém, em todo caso, situa o pai totêmico, que engendra a fantasia de *ser devorado*. Lembrem que este ser devorado não é senão o retorno da mensagem invertida. Ser devorado é o que volta como mensagem depois de sua inversão. E, em todo este movimento, é condição indispensável que o outro, com o que se tem relação, seja uma pessoa amada. Trata-se de uma função do amor.

Neste artigo, Freud também diz que, no masoquismo moral, se cria uma dimensão onde já não é necessário o amor; que é, assim, impessoal. Inclusive, e esta é outra hipótese, poderia ser anônimo. No masoquismo moral, há uma função do impessoal, que a princípio não equivale ao anônimo, mas, no meu entender, se aproxima da dimensão do que não pode ser nomeado. Freud ordena o masoquismo moral com relação ao sentimento inconsciente de culpabilidade e à reação terapêutica negativa. Este artigo toma sua base nos desenvolvimentos de *O eu e o isso*. E, como vocês lembrarão, Freud comenta que se pode verificar o desaparecimento de sintomas neuróticos quando o indivíduo tem um casamento infeliz ou perde a sua fortuna ou contrai uma doença orgânica. Isto é referível às três dimensões do masoquismo: o casamento infeliz concerne ao masoquismo feminino; a perda da fortuna, ao masoquismo moral; e a doença orgânica, ao masoquismo erógeno primitivo. E Freud diz algo fundamental, que me animou a situar a hipótese desta base pulsional para a fórmula da mensagem recebida em forma invertida; ele diz que, nestes três casos, há substituição de um padecimento por outro. Freud mesmo está falando de uma substituição da satisfação, que não vai sem o discurso, que requer a operação da linguagem. E é, diz Freud, *para poder conservar certa medida de dor.*

Freud situa o masoquismo moral como testemunho clássico da mistura ou "intrincação" dos instintos. O perigo é que a parte não derivada para o exterior, ou seja, o masoquismo primitivo erógeno, por seu componente de pulsão de morte, leve a uma satisfação libidinosa tal que conduza à destruição do indivíduo por si mesmo, a qual não pode ter efeito sem esta satisfação. Trata-se da ação da pulsão de morte. Este *não... sem...* lógico, que tantas vezes se pode ler em Lacan, se refere fundamentalmente às pulsões: não há este efeito de destruição do indivíduo, no masoquismo erógeno, sem uma satisfação libidinal.

Estou tratando de recortar, de acordo com o que disse nas últimas reuniões, como se constitui este *outro lugar*, que a princípio é o lugar aonde se dirige a demanda. E trata-se de situar a diferença entre o que, no quadro da função fálica, aparece como o A, e o *~~La~~*. Já disse que a posição do *~~La~~*, no quadro da função fálica, tem a ver com a posição do analista.

Em outros textos, pode-se tirar uma conclusão freudiana acerca do masculino e do feminino. O masculino, diz Freud, é ativo, é sujeito e possui pênis. O feminino é objeto, é passivo e, em vez da posse de pênis, está a vagina, cujo lugar libidinal suporta uma fantasia comum: albergue do pênis e herdeira do seio materno. Vocês vêem que a vagina não deixa de ter relação com o pênis, como albergue. A questão do masculino pode cruzar-se com o que dissemos na última reunião acerca do *ser* e do *ter*, particularmente a relação do ser com a identificação e do ter com a escolha de objeto. Especialmente levando em conta que, sublinha Freud, a afinidade da vida sexual infantil e da adulta vai além da escolha de objeto.

Peço-lhes um pouco de paciência, já se vai esboçar alguma conclusão com relação ao que venho dizendo. Vocês lembrarão a *Carta 52* de Freud a Fliess. Ali, Freud relaciona a transcrição ou a não tradução de algo com um desprendimento de desprazer. E tira duas conclusões: se imaginamos um *ser puro masculino*, este desprendimento sempre é de prazer e estaríamos frente à perversão; se imaginamos um *ser puro feminino*, sempre há um desprendimento de desprazer. Podem ver aqui a função do masoquismo feminino e a dimensão sádica que, a princípio, se associa ao ativo por parte do sujeito e que coincidiria com o masculino. Porém Freud anuncia, nesta carta de 1896, a referência do "ser puro masculino" à perversão, com relação ao qual se situa a sedução pelo pai. Escreve que, na primeira geração, está a perversão e, na segunda, a histeria. E acrescenta algo que não saberia explicar neste momento: *a histeria... com sua esterilidade.* Nesta ordem, a histeria não é sexualidade reprimida e sim perversão repudiada. Freud não diz aqui que a defesa seja o recalque, que vem sendo a defesa patológica por excelência; neste desenvolvimento, a histeria é perversão repudiada. Está-se referindo à perversão, que se impõe a partir deste "ser puro masculino". E acrescenta que o ataque histérico não é uma descarga e sim uma ação. Parece-me fundamental, ainda que possa aparecer como desordenado, à maneira de uma descarga, Freud especifica que é uma ação que leva a um desprendimento libidinal, neste caso, de prazer.

Há um parágrafo que, em 1896, me pareceu extraordinário. Diz que o feminino busca *outro lugar, um outro pré-histórico e inigualável.* É certo que podemos fazer aqui referência a este "ser puro masculino", à perversão do pai, etc. Porém, o fato é que esta situação do feminino já marca a busca d*o outro.*

E Freud dá condições para o recalque, como defesa patológica: sempre é de índole sexual, e sempre há uma fase anterior. É o que observávamos acerca do dispositivo, quando dizíamos que o não se pronunciar por nenhuma significação podia levar o sujeito a uma regressão libidinal. O recalque, sempre de índole sexual, tem que ocorrer com referência a uma fase anterior. Esta referência tem como base lógica necessária o movimento pulsional que nomeamos, com a criação do lugar de masoquismo primitivo erógeno e com a combinação que conduz a receber a mensagem invertida. Porém, diz Freud que esta vivência sexual é lembrada em uma fase distinta daquela na qual o sujeito se encontra e, ao mesmo tempo, há um desprendimento. Novamente introduz aqui a questão do masculino e do feminino. Se este desprendimento é de prazer, há compulsão. Se é de desprazer, há recalque.

Freud, nestes textos, maneja noções do masculino e do feminino que não estão imediatamente associadas a sadismo e a masoquismo, respectivamente. Em todo caso, há duas linhas, sujeito-atividade-posse do pênis, objeto-passividade-vagina como albergue do pênis, na definição de masculino e de feminino. Porém, o que é puro, o ser puro da masculinidade ou da feminilidade, está referido ao prazer e ao desprazer. Há uma base dada pela existência do masoquismo primitivo erógeno e a volta do sadismo como masoquismo secundário, que não se pode constituir sem este masoquismo erógeno e sem a existência de um masoquismo feminino, "ser devorado", na constituição libidinal do sujeito. O que nos conduz à questão da bissexualidade. A noção de bissexualidade situa que há algo em comum; uma comunidade libidinal; uma disposição libidinal comum para homens e mulheres, ou, em outras palavras, para aqueles indivíduos situados em posição masculina ou feminina. Isto é difícil de sustentar, quando se observa, pelo menos no curto percurso que fiz, como o masculino e o feminino vão dividindo águas, ficando o sujeito em uma posição ou outra. No entanto, o bissexual, na lógica que estudamos com Alain Badiou, poderia ter o lugar do genérico, ou seja, daquele que quer forçar (como na caça, ao aproximar-se de uma presa) a busca de um nome. Poderíamos sustentar a hipótese de que a bissexualidade é algo genérico, que tem a ver com o gênero (humano?). Sendo do genérico, é o que necessita ser nomeado e tem sua existência por ser impossível nomear.

O percurso que estou fazendo, servindo-me do entrelaçamento entre os três tipos de masoquismo, leva em consideração que não se trata de uma ação do exterior e que, embora possa depender de um fator quantitativo, há uma qualidade que se cria pela própria constituição do exterior. Por isto, não são a mesma coisa o masoquismo secundário e o masoquismo primitivo erógeno. No masoquismo secundário, já há um funcionamento libidinal pelo qual este *lugar outro* se constituiu como tal.

Por que Freud dá um lugar tão destacado ao masoquismo moral, ao diferenciá-lo do masoquismo primitivo erógeno e do masoquismo feminino? Por que esta satisfação sexual não está em relação com alguém amado, seja pela presença ou pela ordem do amado? Por que não entra em jogo o amor no masoquismo moral? Em Freud, a referência ao sentimento inconsciente de culpabilidade e à reação terapêutica negativa, de acordo com o desenvolvimento em *O eu e o isso*, é a base onde se sustenta o masoquismo moral, sendo, por sua vez, testemunho da fusão das pulsões. O supereu, herdeiro do complexo de Édipo, tem como função primordial ser testemunha ou testemunho de uma substituição. Lembrem que o fundamental é, neste ponto, uma substituição com referência à satisfação. No masoquismo moral, este amor que necessitava estar presente é substituído por outra coisa. Aparece então a lei do supereu, que faz ordem – nos dois sentidos do termo – que faz do supereu uma esplanada de distribuição e ordenamento do gozo. E, quanto ao masoquismo moral, a função da lei está esvaziada da função que possa ter o amor com relação ao supereu, ou seja, há uma função do supereu que vai além do amor. E, a respeito do ordenamento do gozo, esta função não coincide com o lugar do supereu em termos de herdeiro do Édipo, quanto a amar o supereu, como idéia do casal parental, herdeiro da cultura, eco da filogênese.

Há, assim, no supereu um nível formal, lógico, impessoal, uma dimensão que não tem a ver com o amor. Isto, no meu entender, permite ao supereu o lugar possível de ordenador do gozo. Trata-se de uma ordem que é sem amor. Pode-se amar a ordem, mas, para a efetividade do masoquismo moral, para o funcionamento do supereu como testemunha desta "intrincação" pulsional, não é necessário o amor. Assim, na segunda tópica freudiana, estabelece-se algo por fora da relação com o amor e que é a sustentação do masoquismo moral. E outorga ao supereu o seu lugar estritamente relacionado com o gozo. Clinicamente, tem lugar o amor a esta lei, mas não é exatamente um amor ao supereu. O que está firmado pelo amor, enquanto se refere ao supereu, está sempre em termos de *ideal do eu* e *eu ideal*. A respeito do masoquismo moral, esta dimensão do supereu não parece estar presente. Está presente, sim, a ordem lógica inflexível, a cara feroz que menciona Lacan, que, depois de tudo, não é senão uma ordem lógica a respeito do gozo.

Isto me parece importante, não só pela função do supereu na direção da cura. Creio que permite amarrar uma ordem lógica do gozo que obedece a uma lógica libidinal regida pelo supereu. Neste sentido, há diferentes questões a tratar. Por exemplo, o que significa isto que, tanto Freud como Lacan, retomam, a respeito da experiência: as maneiras diferentes de aparecer o supereu no homem e na mulher. Também poderíamos perguntar-nos se a posição da bissexualidade, enquanto é referível ao genérico, escapa ao ordenamento pelo supereu. O que, não obstante, concerne à sua potência pulsional, posto que em suas raízes, no isto – seguindo *O eu e o isso* – estaria a comunidade libidinal para os dois sexos.

Há um artigo de Badiou, chamado *O que é o amor?*, no qual se podem estabelecer proximidades e diferenças com relação a Freud e Lacan, onde surge um problema para a posição do analista. Badiou coloca como questão lógica, de existência, que há dois sexos, que são posições a respeito da experiência. Diz que isto está em disjunção, o que se pode entender como a disjunção entre o que concerne à mulher e o que concerne ao homem, a partir de uma comunidade primeira. Outra referência possível é que esta disjunção impede qualquer comunidade libidinal. Vê-se como o masculino e o feminino foram trabalhados nos textos que vim citando, na fórmula da demanda, em sua base libidinal. A posição de Badiou é a de uma disjunção total: não há um terceiro sexo, *não há um anjo*. Não há combinação bissexual possível. Não há, diz Badiou, uma terceira posição sexual que *olhe* para estas duas primeiras. Porém, parece-me possível apresentar um problema que tem a ver, no meu entender, com a direção da cura: como pronunciar, diz Badiou, a disjunção? Como pronunciar a disjunção homem-mulher sem recorrer ao anjo, a alguém que fosse testemunha desta dupla, e sem fazer o anjo?

Creio que isto tem a ver com a posição do analista. Quando tratei de fazer-me entender quanto à relação entre o objeto parcial, com seu lugar como causa, e a posição do analista, segundo o desenvolvimento de Lacan, no Seminário XI, estava tratando de dizer que *o analista não é um anjo*. Quero dizer que não está por fora da sexuação; vai pronunciar a disjunção, encontra-se como suporte da disjunção, o que concerne a seu desejo, porém sem recorrer ao anjo e sem se fazer de anjo. Recorrer ao anjo ou fazer-se de anjo são funções do *eu ideal* ou do *ideal do eu*.

E Badiou lembra a *malédiction*, a maldição dada pelo refrão, segundo o qual *os dois sexos morrem cada um de seu lado*. A ética que Lacan chama do bem dizer, que relação tem com esta *malédiction*? É o amor o que cria um lugar para interrogar, para pronunciar, a partir dali, a disjunção? Badiou se pergunta.

Interessa-me destacar duas ou três coisas. Uma é a pergunta que acabo de formular, pela relação entre a ética do bem dizer e esta *malédiction*, referida à sexuação. Vejam que há um fio entre isto e o que dissemos quanto ao masoquismo e à castração: ser tratado como um *menino mau*. Qual é, com relação a isto, a função do *mal* ? Se, como diz Lacan, a demanda é sempre demanda de amor, como se ordena a demanda com relação ao masoquismo moral? Já que este não se ordena pelo amor. Haveria, então, um nível da demanda – e quando digo *demanda* peço que se escute também a *pulsão* – que não é ordenado pelo amor; no entanto, toda demanda é demanda de amor. É o resto que tem relação com aquilo que, na demanda, fica excluído do amor? Insisto, a demanda, que é demanda de amor, desde a ordem pulsional contempla dois masoquismos, o feminino e o erógeno primitivo, mas não contempla o masoquismo moral. E falamos da *impessoalidade*, da formalização do supereu, que talvez seja referível ao que não pode ser nomeado, nem sequer pelo supereu. Isto que não pode ser nomeado parece ser que não obedece ao amor. Badiou se pergunta se o lugar onde se poderia pronunciar a disjunção homem-mulher é o amor. Talvez sim, talvez não. O que estou situando é que esta disjunção, quanto ao destino sexual de cada ser falante, inclusive tendo em conta a bissexualidade, que pugna por ser nomeada e não consegue sê-lo, mesmo levando em conta esta função do genérico, é por fora do amor. Então, a pergunta é se a função do resto na demanda está presente nesse *por fora do amor*; se há uma função na satisfação libidinal no interior da demanda que obedece ao masoquismo moral e não ao que há de amor na demanda. É certo que a fenomenologia da demanda parece contradizer isto. Mas o masoquismo moral vai além do amor. Esta é a divisão mais clara que Freud estabelece em seu escrito de 1924 sobre o masoquismo. E há uma relação entre o testemunho, como uma das funções do objeto *a*, e o masoquismo moral como testemunho da "intrincação" pulsional.

Nos diferentes textos de Freud que citei, pode-se ler o princípio de que há zonas erógenas abandonadas. Nisto se estabelece uma função a respeito do luto e da melancolia. O abandono destas zonas erógenas é condição para estes avatares libidinais e para os da demanda. Já na *Carta 52* Freud estabelece esta condição, que retoma, por exemplo, em *O eu e o isso*. Sempre há uma regressão a algo anterior, que implica a existência de uma perda, um luto ou uma melancolia, com relação a esta posição anterior. O que quero dizer é que há uma função do objeto, como *a*, no supereu, que estaria por fora do amor e corresponderia ao masoquismo moral, situado como substituição, como desprendido do amor; é algo que se desprende do amor e sem o qual não haveria esta *impessoalidade*, este lado feroz ou cruel do supereu.

Queria dizer algumas coisas mais, porém prefiro deter-me para que falemos sobre estas questões. Para demarcar a discussão, lembro-lhes a referência, em Freud, do masculino ao prazer e do feminino ao desprazer, em termos de desprendimento.

Carlos Quiroga: Com relação ao esquema que você traçou do sadismo e do masoquismo, Freud estabelece claramente que a mãe sádica é, em qualquer sentido, primeira, ou seja, que há uma dimensão do sadismo que é do Outro. Norberto, como você situa esta anterioridade do sadismo? Depois, o desenvolvimento sobre o pai totêmico e, inclusive, a citação da *Carta 52* (creio que Lacan retoma isto no Seminário "A ética..." com relação a *das Ding* e à questão do Outro pré-histórico) situam uma dificuldade no ponto de discernir, em Freud, as dimensões de *mãe fálica e pai totêmico*. Muitas vezes estas duas posições parecem homologadas. Creio que não é assim. Mãe fálica é uma criação com relação ao sistema percepção-consciência; não se pode situar que seja uma dimensão do fantasma. Não há fantasma de mãe fálica. A dimensão do fantasma concerne mais ao segundo tempo do Édipo, a respeito do *pai do sexo*. Para tomá-lo em termos pulsionais, o próprio excedente da pulsão cria a necessidade do mito do pai totêmico. Neste ponto, há duas dimensões que suscitam uma divisão interessante: o plano de agressividade especular, jogado com relação à mãe fálica, e outro plano, referido ao submetimento ao pai totêmico. Este submetimento se situa também na via do masoquismo. Neste sentido, entendo que na bissexualidade se podem considerar duas caras do amor ao pai. Seguindo outro desenvolvimento de Freud com relação à angústia, o amor suporia já a existência de um objeto em permanência. Quero dizer, haveria um tempo, anterior a este ponto do amor.

A respeito do que diz Badiou, creio que em *O que é o amor*? há muitas coisas em que continuar pensando e me parece que se joga algo que ele não diz e que está em Freud e que Lacan retoma. Para a psicanálise, haveria duas posições, homem e mulher, e um único símbolo, que é o falo. Toda a série das conceitualizações do amor que, tal como o situa Badiou, são recusadas – o pulsional, o oblativo e o supra-estrutural ilusório – se correspondem com as que podemos chamar maquinações do Um, do fantasma, com relação à articulação da fixação do falo. Há uma espécie de fixação do falo que estabeleceria as distintas dobras e redobras do fantasma a respeito do amor e do desejo. Agora, Badiou afirma que há uma segunda. Quando diz que não há terceira posição, parece sustentar que há o dois, não havendo diálogo possível entre as duas posições. E sua idéia é de que o amor é o próprio processo. Aqui, aparece-me a pergunta de como pensar isto, com relação ao ponto em que haveria uma queda do falo ou o ponto onde o fantasma já não sustenta o que sustentava. Inclusive Badiou corrige a primeira hipótese: primeiro, diz que há duas posições e, em seguida, corrige, no sentido de que há uma posição homem e uma posição mulher; uma e uma. Creio que é para evitar esta idéia do dois, dada na estrutura. Parece-me que haveria certo efeito de esburacamento do fantasma na sustentação deste único símbolo, o falo, que faz união entre esta *uma* posição e a outra *uma* posição. Badiou fala também do acaso: creio que há que considerar uma função do acaso com relação a este esburacamento.

Norberto Ferreyra: Por qut a mãe como sádica? Toda dor está em relação com uma insatisfação libidinal, uma insatisfação sexual. Se a finalidade do movimento pulsional é conservar este pouco de dor, em termos da relação com a demanda do Outro, entendida como materna, este Outro real, este pouco de dor, é a única possibilidade de diferença a respeito do Outro maternal. Isto só pode ter lugar no sujeito sob a atribuição deste sadismo à mãe. A insatisfação que pode proceder por ser o falo, nunca tão completo para satisfazer a demanda materna, esta diferença é o único resto que causa dor. E este sadismo da mãe, entendido em termos de estrutura, é condição. Se não, não se criariam, nem o lugar outro nem a diferença na qual se sustenta. É uma diferença de insatisfação, como desprazer. Pode-se aduzir, a partir de uma lógica fria, que isto seria um masoquismo erógeno primitivo, combinado com um masoquismo feminino, enquanto é algo que o sujeito sofre em posição de submetimento. Mas a referência ao desejo da mãe, onde está o pai, não quer dizer senão isto. O masoquismo, efeito de um sadismo atribuído à mãe, não se estrutura como tal, como lugar de excitação sexual no sujeito, sem a intervenção do pai. Porém, o pai não está senão no discurso da mãe, o que quer dizer, em termos lógicos, que é efetivo pelo masoquismo feminino.

Carlos Quiroga: A formação do *eu*, enquanto supõe a criação alucinatória da mãe fálica, já é erótica. Podemos ir a Freud ou a Lacan em suas teses sobre a agressividade. É erótica, marcada pela agressividade. O erigir-se da mãe fálica é fonte de erotismo.

Norberto Ferreyra: É o nível da imagem no espelho.

Carlos Quiroga: E seria anterior.

Norberto Ferreyra: Por isto falei do masoquismo erógeno primitivo, não tanto referido à imagem especular e sim à atomização do corpo; ao corpo despedaçado. Há duas dimensões. A imagem no espelho responde a isto que vem depois, posterior, ordenado pelo Nome-do-Pai e pela função fálica. Porém, esta satisfação anterior, inclusive no interior da relação do sujeito, ou do sujeito-menino-sujeitado-com o grande Outro, que é a mãe, não está presente sem a ameaça do corpo despedaçado. Se há uma satisfação anterior, é esta atração das zonas erógenas que ainda não estão em relação com a função fálica. Entendo que esta é a única satisfação anterior à atribuição da mãe fálica. Quando há esta atribuição, há imagem no espelho e tudo se ordena. A falha na psicose é da imagem no espelho; o *corps morcelé*, o corpo despedaçado, está ali em seu hábitat. Nesta satisfação, anterior inclusive à mãe, há um ponto que tem a ver com o corpo despedaçado. A pergunta é se isto é sem o Nome-do-Pai. Este ponto é ausência disso? Não digo "em defeito", mas "ausência". Neste ponto, haveria este sadismo, mas ainda sem estar referido a uma posição masoquista feminina quanto ao pai totêmico. Tudo isto é um problema na teoria: o deste ponto anterior a toda imagem da mãe fálica, que já se ordena pelo masoquismo erógeno e pelo masoquismo feminino. Pai totêmico e mãe fálica são, efetivamente, um par; parecem indiscerníveis mas se discernem, porque os discerne a existência de zonas erógenas que foram abandonadas – perda de objeto – e a possibilidade sempre latente de um regresso a esta fase anterior que não está em relação com a satisfação e a insatisfação, no interior da demanda ao grande Outro, neste caso, a mãe. Não é que esteja por fora: é que, sem isto, não haveria demanda. Ela se ordena em termos da função fálica; há uma atribuição do falo; há este pai totêmico, a que Freud refere o masoquismo feminino. Porém, há outra ordem da demanda, que não é a da função fálica e sim a daquilo que ameaça a construção da demanda e aparece no libidinal com o corpo despedaçado, sempre latente, sempre ameaçador para o sujeito. É ameaçador e, no entanto, em termos do todo, não se poderia assegurar que seja uma ameaça com relação à castração. Mais ainda, é uma ameaça que nunca chega a ser tal e, por isto, a desagregação do corpo, que segue a linha das zonas erógenas abandonadas. É assim, parece-me, que, pelo inconsciente, se ordena a demanda. Vou fazer o esquema da *Carta 52*:

		I	II	III	
	P	Sp.	Ic.	Prc.	Cc.
1º	*xx*	*x x*	*x x*	*x x*	*x x*
2º	*x*	*x x*	*x*	*x*	*x*
3º			*x*		

No que me diz respeito, somente acrescentei os números na margem esquerda, indicando os distintos níveis. Há um só x no terceiro nível. Nesta tradução, pela qual se chega ao inconsciente, há uma letra, *x*, que está em um nível onde não há nenhuma outra. Não me vou deter a explicar o esquema. Só quero destacar que, no inconsciente, que estrutura a demanda, se trata deste *x*, desta função da letra. Não é que seja uma letra restante, já que são quatro como ela na coluna anterior. Porém, anota-se em uma dimensão diferente. Esta função da letra é do próprio inconsciente. Não se trata de que haja algo mais a dizer ou de que algo sobre ou falte. Cria-se uma função da falta pelo inconsciente, nesta referência à demanda, porque há uma letra que não está anotada por nenhum dos outros sistemas; em todo caso, não nos esqueçamos de que são transcrições: a do signo perceptivo, a do pré-consciente e a consciência. No desenvolvimento freudiano, há uma letra que está em outro nível, diferente das outras. A função do inconsciente é criar esta dimensão da falta, que é tal porque algo se anota em outro nível, diferente de nos outros sistemas, o que estabelece talvez a medida de todas as transcrições. Sem esta leitura, sem esta letra, não haveria a demanda; assim é, inclusive, nos fracassos da demanda. A falta de uma transcrição é um impedimento para desprender desprazer. Há uma função do inconsciente, com relação à letra, que torna possível um desprendimento de desprazer, o que, no meu entender, se refere a este pouco de dor que, em termos metafóricos, é a dor de existir.

Anabel Salafia: Sem esse *x* não ficaria, inclusive falando de inconsciente, não ficaria outra coisa que o fantasma. Esta função da falta, que se anota do lado do fantasma, ficaria reduzida a isto, ou seja, ficaria no âmbito da significação fálica, da significação do falo. Este *x*, como função do inconsciente, é do sintoma. É a função da falta, mas em sua referência ao sintoma. A diferença que faz a dor é relativa ao sintoma. A referência ao masoquismo primitivo erógeno é diretamente uma relação com o sintoma que, como transcrição, é, no esquema, relativo ao masoquismo primitivo erógeno. O masoquismo moral é impensável sem a colocação em jogo do narcisismo, enquanto o masoquismo erógeno é relativo ao que, para Freud, seria o auto-erotismo, assim como o masoquismo moral seria relativo ao narcisismo, o que quer dizer que está ordenado segundo a significação fálica. Não digo função fálica e sim significação fálica, a significação do falo. Narcisismo e significação do falo são a mesma coisa. Freud diz que o amor é a condição deste masoquismo primitivo erógeno; o amor, ou seja, a demanda do Outro. Porém, demanda do Outro enquanto não se pode satisfazer. É a diferença entre a satisfação e a insatisfação. A satisfação é relativa ao que se vai organizar como masoquismo moral. A insatisfação é relativa ao que se vai estabelecer, se vai fixar – nos termos freudianos de fixação e zona erógena – como masoquismo primitivo erógeno.

Norberto Ferreyra: Também falei do que podia apresentar-se como sem nome quanto ao supereu e sua relação com o pulsional proveniente do isso; a função do objeto no supereu, onde já não se trata do amor ao supereu como herdeiro.

Anabel Salafia: Creio, no entanto, que se trata do amor ao pais e do supereu como herdeiro do complexo de Édipo e, ao mesmo tempo, do *desamor*, no sentido impessoal que você mencionava. Porém, parece-me que, aqui, há algo bivalente. Ordenado à significação fálica, o supereu é herdeiro do complexo de Édipo. Em sua relação com a pulsão, não. Entre as pulsões e o amor há discordância. É uma discordância invertida, referida ao que, para Freud seria auto-erotismo, ainda que relativamente, porque já está assinalado este lugar do Outro. É, então, auto-erotismo enquanto neste está em jogo uma dimensão do Outro, este *lugar outro* que suporta o retorno da própria mensagem sob forma invertida. No fantasma, esta forma invertida é *tu me bates*. O *tu* é e não é a segunda pessoa: é o pequeno outro. Então, a dimensão do amor em jogo no auto-erotismo é diferente da que está em jogo no narcisismo. Quando Freud fala do amor, entende-se como a demanda do Outro, a respeito da qual há duas alternativas. O que demanda o Outro? Se, classicamente, situamos a mãe neste lugar, ela demanda amor ou, em termos do que se articula como mãe fálica, demanda significação? A demanda de amor é demanda de significação. E o falo veicula a significação. Outro nível do amor, completamente diferente, está em jogo no pulsional. Na ordem pulsional, o amor é a respeito do que não se pode satisfazer, pelo parcial da pulsão. É uma insatisfação que comporta uma perda. Isto é o que, entendo, diz Freud, quando fala de zonas erógenas perdidas, abandonadas: que comportam uma perda, com relação ao que não se pode satisfazer; aí a dor e o sintoma. Em termos do narcisismo, seria: o que se pode satisfazer. Nesta dimensão do amor do que se pode satisfazer, aí se assegura a demanda. No que não se pode satisfazer, assegura-se a pulsão.

Norberto Ferreyra: Inclusive, o referido à pulsão, em termos deste pouco de dor a conservar, você o situa, neste caso, dentro do amor.

Anabel Salafia*: Sim, tal como está em jogo no sintoma. Isto está na dimensão do* mal, *assim como a área do narcisismo está na dimensão do* bem. *O sintoma está articulado com esta dimensão do* mal. *O* mal *está em relação com o que não se pode satisfazer. E, a este respeito, o supereu castiga.*

Participante: Com relação a isto que situou Anabel, queria fazer a seguinte observação: no além do amor, há duas referências distintas: quando o além do amor está referido ao ódio e quando está referido à indiferença. Talvez por esta via se possa situar o que situa Anabel a respeito do que se pode satisfazer e do que não se pode satisfazer. Freud situa a oposição, não mais entre amor e ódio e sim o amor e o ódio em oposição à indiferença.

Anabel Salafia: Neste sentido, a *indiferença* está na ordem do narcisismo, na linha do masoquismo moral. O ódio está do lado da pulsão. Com relação ao parcial da pulsão, articula-se o ódio, no nível do sintoma, da dor, do auto-erotismo. A articulação do ódio é ali uma função do amor. Não é o amor-ódio do narcisismo, não é a ambivalência relativa ao narcisismo. Há um ponto onde não há ambivalência. O *amor-ódio* do narcisismo diz respeito à satisfação com relação à demanda, enquanto o *ódio* como tal é relativo ao parcial da pulsão, porque aí há dor, há uma função do amor.

Gabriel Levy: Em outra reunião, Norberto retomou um comentário de Badiou quanto a considerar a melancolia como a *disciplina da perda*. Situa-se neste sentido a relação entre melancolia e masoquismo. Talvez a forma melancólica da demanda não seria estritamente uma demanda articulada. Toma a forma de uma queixa, que corresponde quase à forma de uma zona erógena; poderia ser uma boca. Porém não termina nunca de articular-se como demanda. Em um manuscrito também próximo de 1896, Freud diz que há uma satisfação erótica na melancolia. Havendo, como se articula com relação a esta demanda não conformada? E, a respeito do que comentava Anabel, na melancolia não me parece que o caráter do ódio corresponda ao ódio próprio do narcisismo; creio que se trata de outra coisa.

Norberto Ferreyra: De todos estes comentários volta-me a noção de que há dois tipos de satisfação e insatisfação. Um está referido ao que ordena a função fálica. Mal ou bem (não se trata, neste ponto, do mal), há uma concordância, uma arrumação acerca da satisfação e da insatisfação. Algo acorda. O valor de gozo que surge com relação à função fálica é um acordo, uma medida. Se tudo fosse isto, não haveria problema. Porém, parece que existe uma satisfação sexual erógena que não entra no "mal ou bem", que está do lado do *mal*. Talvez seja anterior, mas creio que, mais que entre o anterior e o posterior, a distinção é entre o que entra na significação fálica e o que não entra nela. Dizia que, na insatisfação a respeito do supereu, quando está referida ao registro por fora da função fálica (não digo que esteja além desta função), há talvez certa dimensão do amor, porém em uma função do amor onde o sujeito ama segundo o modo que lhe impõe a zona erógena. Não há submissão da satisfação erótica, que provém da zona erógena, como para chegar ao acordo de valor de gozo que estabelece a função fálica, ou seja, há algo aí que não é intercambiável, que está por fora da dialética da demanda. No entanto, isto não intercambiável é o apoio da existência da demanda. Se a demanda fosse só entendida em termos de "mal ou bem", sempre seria satisfeita. Então, quis referir a insatisfação da demanda ao ponto onde há uma satisfação da zona erógena, em termos de fixação, e isto é uma questão sexual. O problema é se esta questão sexual é da bissexualidade, esta comunidade libidinal dos seres falantes, ou então definitivamente tal comunidade sexual não existe. Digo "comunidade sexual" com todas as ressonâncias que tem esta expressão. Por isto, pareceu-me interessante o que disse Anabel quanto a que este *x* do inconsciente permite que o gozo amarrado ao sintoma seja diferente do gozo da zona erógena, em termos de fixação. Na clínica, o problema é como fazer entrar este gozo na dimensão da demanda. O problema continua presente. Freud nunca renuncia à idéia de bissexualidade. Mantém uma disposição bissexual do ser falante. Isto tem suas conseqüências. Parece-me que certos avanços na teoria permitem ir pensando isto de outra maneira: referido a duas caras ou a duas maneiras de gozo ou, então, como uma disjunção total desde o princípio. Quando comentei a frase de Badiou a respeito da melancolia como disciplina da perda, quis fazê-la ressoar no sentido de que esta disciplina, regida pelo supereu, é quase uma suplência com relação à não função da falta. Vou dizê-lo mais que exageradamente: a função do inconsciente não tem ainda letra para isto. Trata-se de uma insatisfação anterior, que é função do Um.

Anabel Salafia: Quanto à disposição bissexual, a disjunção está estabelecida pela existência deste *x*. Neste sentido, o inconsciente é um obstáculo à bissexualidade. Isto me parece evidente. Freud mantém a disposição bissexual do ser falante. Agora, podemos dizê-lo assim: somente com relação ao ser falante pode considerar-se uma disposição bissexual. Pois bem,, esta letra relativa ao inconsciente torna impossível a bissexualidade. Disse que é evidente porque, quando Freud descobre o inconsciente, abandona sua teoria da bissexualidade, embora não da disposição bissexual. A disposição bissexual é a condição para que esta letra relativa ao inconsciente funcione. O único que se opõe à disposição bissexual é o inconsciente, que é o relativo ao que Lacan chama o *outro sexo*. O inconsciente é o único que se opõe a uma disposição bissexual imposta por *lalangue*.

Norberto Ferreyra: A questão que assim se estabelece é, com relação a este *x*, que recortei como a única existente em um terceiro nível, qual é a posição do analista? No dispositivo, a posição do analista faz parte do conceito de inconsciente, diz Lacan. Parece-me que a posição do analista está dada, inicialmente, pela existência deste *x*. Se não há esta letra, não há posição do analista. A interpretação ou o ato analítico não podem compreender-se sem a letra; na existência desta, o analista, como função, pode tomar lugar. E o amor que lhe está dirigido pela transferência pode tomar a forma de narcisismo ou a desta outra forma de satisfação, até talvez dentro do amor, relativa às zonas erógenas. A respeito da condução da cura, o analista nem sempre está neste lugar. Os diálogos com o supereu, aos quais me referi nestas reuniões, permitem marcar estas duas maneiras do supereu: a que afeta o narcisismo e a que afeta algo irredutível, que é outro tipo de satisfação ou insatisfação. O que não quer dizer que não esteja ordenado pela função fálica e sim que, quando esta desfalece, aparece esta insatisfação, que não é própria da função fálica. Pela existência do inconsciente, desta letra, ordena-se a função fálica. Na fórmula da transferência, o *x* que aparece no lugar do analista pode ser pensado a partir deste ponto de vista.

Como fazer de alguém, que é qualquer um, algo que, nos termos que hoje se situaram, não seja indiferente? Isto é, que se situe no *bem dizer*, que é um dizer ordenado pela existência desta letra.

Participante: Com relação a este *x* não anotado, pergunto-me se pode situar-se a função de recusa, ou o que de traumático possa ter a recusa. Quando Lacan situa a demanda em termos de enunciação, no segundo andar do gráfico, situa a recusa com relação ao significante do Outro barrado.

Norberto Ferreyra: Recusar-se, entendo-o de duas maneiras. É recusar-se a que o analista tenha a letra, o que tem a ver com a função da suposição de saber. Por outro lado, é recusar-se a uma satisfação em termos de narcisismo. Por isto, situei os termos, fundamentais, de *eu ideal* e *ideal do eu*. A recusa tem, assim, estas duas vias. Espero que na reunião passada tenha ficado claro que esta função do *eu ideal* ou do *ideal do eu* tem a ver com o próprio dispositivo, além da teoria que se formule a respeito. Isto sempre está em funcionamento, porém a seu respeito se pode fazer uma ou outra coisa. No ensinamento de Lacan, formulam-se as conseqüências de desvios da cura, quando se aceitam sem recusar os termos de *eu ideal* ou *ideal do eu* no lugar do analista. Trata-se de buscar outro lugar. Há um exemplo de um analisante de Lacan que queria começar a ir para o divã e lhe perguntou. A resposta foi: *Ainda tenho que desocupar um lugar*. O lugar ao qual se referia Lacan é, parece-me, este que aparece na transferência como primeiro horizonte.

Ao terminar, quero agradecer aos que vieram ao seminário este ano. Trabalhamos em conjunto e, a partir das distintas posições, comentamos as várias questões que surgiram. Para mim, todos os comentários e intercâmbios foram muito úteis para o desenvolvimento do seminário, assim como também tratar de dizer, por diferentes caminhos, alguma coisa acerca da experiência da análise. Não há conclusões definitivas, não teria por que havê-las, porém, parece-me que, ao longo do seminário, foi possível reunir alguns pontos de orientação a respeito da singularidade da experiência da análise. Contudo, o comentário a respeito das fórmulas da sexuação e da função do Um, a partir do artigo de Badiou, fica postergado. Talvez possamos desenvolvê-lo em outra oportunidade: com duas ou três pessoas que preparem a leitura para deixar estabelecidos os termos da discussão. Badiou, embora não seja analista, formula questões que vale a pena levar em conta a respeito da sexuação, do Um, etc. É interessante, no meu modo de ver, cruzar dois discursos para desenvolver o que nos importa: o questionamento do discurso do analista.

9 de dezembro de 1992

Companhia de Freud
editora

OBRAS PUBLICADAS

Psicanálise e Tempo
Erik Porge

Psicanálise e Análise do Discurso
Nina Leite

Letra a Letra
Jean Allouch

Mal-Estar na Procriação
Marie-Magdeleine Chatel

Marguerite ou "A Aimée" de Lacan
Jean Allouch

Revista Internacional nº 1
A Clínica Lacaniana

A Criança na Clínica Psicanalítica
Angela Vorcaro

A Feminilidade Velada
Philippe Julien

O Discurso Melancólico
Marie-Claude Lambotte

A Etificação da Psicanálise
Jean Allouch

Roubo de Idéias?
Erik Porge

Os Nomes do Pai em Jacques Lacan
Erik Porge

Revista Internacional nº 2
A Histeria

Anorexia Mental, Ascese, Mística
Éric Bidaud

Hitler – A Tirania e a Psicanálise
Jean-Gérard Bursztein

Littoral
A Criança e o Psicanalista

O Amor ao Avesso
Gérard Pommier

Paixões do Ser
Sandra Dias

A Ficção do Si Mesmo
Ana Maria Medeiros da Costa

As Construções do Universal
Monique David-Ménard

Littoral
Luto de Criança

Trata-se uma Criança – Tomos I e II
Congresso Internacional de Psicanálise e suas Conexões – Vários

O Adolescente e o Psicanalista
Jean-Jacques Rassial

— Alô, Lacan?
— É claro que não.
Jean Allouch

A Crise de Adolescência
Octave Mannoni e outros

O Adolescente na Psicanálise
Raymond Cahn

A Morte e o Imaginário na Adolescência
Silvia Tubert

Invocações
Alain Didier-Weill

Um Percurso em Psicanálise com Lacan
Taciana de Melo Mafra

A Fantasia da Eleição Divina
Sergio Becker

Lacan e o Espelho Sofiânico de Boehme
Dany-Robert Dufour

O Adolescente e a Modernidade – Tomos I, II e III
Congresso Internacional de Psicanálise e suas Conexões – Vários

A Hora do Chá na Casa dos Pendlebury
Alain Didier-Weill

W. R. Bion – Novas Leituras
Arnaldo Chuster

Crianças na Psicanálise
Angela Vorcaro

O Sorriso da Gioconda
Catherine Mathelin

As Psicoses
Philippe Julien

O Olhar e a Voz
Paul-Laurent Assoun

Um Jeito de Poeta
Luís Mauro Caetano da Rosa

Estética da Melancolia
Marie-Claude Lambotte

O Desejo do Psicanalista
Diana S. Rabinovich

Os Mistérios da Trindade
Dany-Robert Dufour

A Equação do Sonhos
Gisèle Chaboudez

Abandonarás teu Pai e tua Mãe
Philippe Julien

A Estrutura na Obra Lacaniana
Taciana de Melo Mafra

Elissa Rhaís
Paul Tabet

Ciúmes
Denise Lachaud

Trilhamentos do Feminino
Jerzuí Tomaz

Gostar de Mulheres
Autores diversos

Os Errantes da Carne
Jean-Pierre Winter

As Intervenções do Analista
Isidoro Vegh

Adolescência e Psicose
Edson Saggese

O Sujeito em Estado Limite
Jean-Jacques Rassial

O que Acontece no Ato Analítico?
Roberto Harari

A Clínica da Identificação
Clara Cruglak

A Escritura Psicótica
Marcelo Muniz Freire

Os Discursos e a Cura
Isidoro Vegh

Procuro o Homem da Minha Vida
Daniela Di Segni

A Criança Adotiva
Nazir Hamad

Littoral
O Pai

O Transexualismo
Henry Frignet

Psicose, Perversão, Neurose
Philippe Julien

Como se Chama James Joyce?
Roberto Harari

A Psicanálise: dos Princípios
Ético-estéticos à Clinica
W.R. Bion – Novas Leituras

O Significante, a Letra e o Objeto
Charles Melman

O Complexo de Jocasta
Marie-Christine Laznik

O Homem sem Gravidade
Charles Melman

O Desejo da Escrita em Ítalo Calvino
Rita de Cássia Maia e Silva Costa

O Dia em que Lacan me Adotou
Gérard Haddad

Mulheres de 50
Daniela Di Segni e Hilda V. Levy

A Transferência
Taciana de Melo Mafra

Clínica da Pulsão
Diana S. Rabinovich

Os Discursos na Psicanálise
Aurélio Souza

Littoral
O conhecimento paranóico

Revista Dizer - 14
A medicalização da dor

Neurose Obsessiva
Charles Melman

A Erótica do Luto
Jean Allouch

Um Mundo sem Limite
Jean-Pierre Lebrun

Comer o Livro
Gérard Haddad

Do pai à letra
Hector Yankelevich

IMPRESSÃO

GRÁFICA MARQUES SARAIVA
Rua Santos Rodrigues, 240 - Estácio / RJ
Telefax: (21) 2502-9498